Die Geschichte eines Kämpfers

Hamid Rahimi
Mariam Noori

Hamid Rahimi
Die Geschichte eines Kämpfers

Osburg Verlag

Zum Schutz von Persönlichkeitsrechten wurden einige Namen, Orts- und
Zeitangaben sowie sonstige Hinweise auf Personen geändert.

Erste Auflage 2013
© Osburg Verlag Hamburg 2013
www.osburgverlag.de

Lektorat: Clemens Brunn, Hirschberg
Umschlaggestaltung: Rothfos & Gabler, Hamburg
Satz: KCS GmbH, Buchholz/Hamburg
Druck und Bindung: GGP Media GmbH, Pößneck
Printed in Germany

ISBN: 978-3-95510-024-7

Inhaltsverzeichnis

Prolog: Kabul 2012   9

Der Reissack   12

Die Eier der Silberadler   19

Tränensuppe   33

Der kleine Löwe   44

Rettung vorm roten Teufel   55

Das Geburtstags-Feuerwerk   64

Der Verrückte und der Kämpfer   72

Die drei Musketiere   81

Als die Welt stehenblieb   91

Sabr – Die Geduldsprobe   99

Flucht   106

Der Raupennarbenmann   115

Ich will zurück!   123

Andere Länder, anderes Spielzeug   132

Ein Dummer   142

Die Demut der Öl-Augen   149

Auf der Sonnenseite des Lebens   160

Schulqualen 171

Hass bis aufs Blut 179

Ein Psycho 188

Sport 197

Der Traum von Blankenese 205

Wiedersehen macht Freude 215

An der Wegscheide 225

Gangster 233

Knochenbrecher 247

Der Schnee in meinem Herzen 256

Der schwarze Rabe 271

Der Tiger im Käfig 291

Durchboxen 304

Unschuldig 317

Der Friedenskämpfer 348

Seht her! Ein brennender Vogel am Himmel!

Das Herz in Flammen,
der Körper verraucht.
Zerfallen zu Asche, zu Asche und Staub.

Seht her! Da steht er wieder auf!

Aus Asche und Staub,
dem Himmel so nah,
fliegt er talauf.

Seht her! Wer hätte noch daran geglaubt?

Prolog
Kabul 2012

Am Abend des 30. Oktober 2012 klopft es an der Tür der Suite. »Wir müssen los – das Land wartet auf dich«, sagt mein Bruder. Ich streife routiniert meine Boxerhose über, doch beim Zubinden der Schuhe streiken meine vor Nervosität zitternden Finger. Die Bewegungen fallen mir schwer, als wäre mein Körper mit Zement übergossen, der langsam hart wird. Laut und eifrig pocht mir das Herz in der Brust, als ich in den Lift steige. Es ist so weit. Der Tag, auf den ich seit dem Moment gewartet habe, als ich aus diesem Land fortgegangen bin und mir geschworen habe wiederzukommen.

Vor dem Hotel Kabul Star stehen sechzehn gepanzerte Wagen. Soldaten mit Helmen warten in Schutzwesten. Ihr Blick ist ernst und wachsam. Türen werden aufgehalten, ich springe in einen der Wagen. Sirenen ertönen, durch das Panzerglas der Scheibe sehe ich Polizisten auf Motorrädern, die uns zusätzlich eskortieren. Es ist, als würde ich eine Armee anführen. Eine Armee, die bereit ist, mit mir in den Kampf zu ziehen.

Außer meiner Eskorte ist fast niemand unterwegs – kein Auto, keine Eselskarre, kein Fußgänger. Alle sitzen gebannt vor ihren Fernsehgeräten oder warten vor der Halle. Ruhe liegt über den sandigen Straßen meiner Geburtsstadt. Kabul. Kabuljan. Die Straßen sind so leergefegt, als hätte Gott über die Gassen und Ecken gehaucht.

Je näher wir dem Veranstaltungsort kommen, desto mehr Menschen tauchen auf, desto lauter wird es auch wieder, desto stärker pocht mein Herz. Vor dem Gelände hat sich eine gewaltige Menschenmenge versammelt, das müssen Tausende sein, zehntausend. Über dreitausend haben einen der heißbegehrten Plätze drinnen im Saal ergattert, ein Vielfaches drängt sich vor der Halle, und ein Millionenpublikum hat sich um die Fernseher im ganzen Land geschart. Als ein traumatisiertes Flüchtlingskind von Hunderttausenden habe

9

ich diese Stadt einst verlassen, und jetzt, bei meiner Rückkehr, bin ich in meiner Heimat so berühmt, dass mich von den Straßenkindern in den Gassen bis hin zum Präsidenten jeder kennt.

Seit langem war Afghanistan nicht mehr so ruhig und friedlich wie an diesem Abend, an dem sich alle sonst verfeindeten Volksgruppen, Paschtunen, Hazara, Usbeken, Tadschiken, im Saal und überall im Land versammeln, alle Zwistigkeiten vergessen und einfach nur *Afghanen* sind. Afghanen, die dieser eine Kampf vereint.

Wir bahnen uns unseren Weg zwischen Pick-ups mit aufmontierten Maschinengewehren hindurch, Hubschrauber kreisen über unseren Köpfen. Der Präsident hat die höchste Sicherheitsstufe verhängt. 1800 Soldaten und Sicherheitskräfte bewachen die Loya-Jirga-Halle im Parlamentskomplex von Kabul, wo sonst die Häupter des Staates über Fragen von politischer Wichtigkeit debattieren. Im Saal sind Politiker, Polizeichefs und Generäle, Reiche und einfache Menschen, verfeindete Warlords, fromme Mullahs und selbst einige Frauen. Und jetzt warten sie alle auf mich. Wegen mir sind sie hier.

Terrorismusexperten haben auf der Suche nach Sprengstoff Glühbirnen und Lautsprecher auseinandergeschraubt. Jeder, der hineinwill, muss durch mehrere Sicherheitsschleusen und Metalldetektoren hindurch.

Wir betreten das Gebäude durch den Hintereingang. Fast jeder Journalist des Landes ist präsent. Heute werden sie nicht über Selbstmordattentäter oder gefallene Soldaten schreiben. Heute haben sie den Krieg vergessen. Heute dreht sich alles um *meinen* Kampf – den Kampf meines Lebens.

Irgendwer reicht mir ein Telefon – der Präsident von Afghanistan persönlich. Hamid Karzai entschuldigt sich, nicht persönlich anwesend sein zu können, aber er wünscht mir viel Glück. Glück – das kann ich brauchen. Ich bin durch sehr viel Pech und Glück gegangen, um heute Abend hier kämpfen zu können.

Das ist *mein* Traum. Ein Traum, gezeugt aus Freude und Leid. Ein Traum, in einer verwundeten Seele gereift. Ein Traum, aus einer langen Vergangenheit gewonnen wie Honig aus dem Nektar Tausender Blüten. Wie weit bin ich gegangen, um endlich anzukommen?

Ein Mullah spricht ein Gebet und segnet die Veranstaltung.

Dann endlich werde ich angekündigt. Die Stimme des Ansagers überschlägt sich. »*Ladies and Gentlemen, please welcome, from Kabul, Afghanistan, the Peace Fighter – Hamiiiid Rahimiiii!*«

Ich betrete die Halle. Jubelrufe ertönen. Blendende Scheinwerfer. Tosender Lärm. Der Saal ist in blaues Flutlicht getaucht. Zu heißen amerikanischen Rhythmen bahne ich mir einen Weg durch die tobende Menge. Ein Hauch von Las Vegas liegt in der Luft. *Las Vegas in Kabul*. Als ich den Ring erreiche, schlägt meine geballte Nervosität plötzlich in Angst um. Angst, nicht vor einem Bombenanschlag. Angst, nicht vor meinem Gegner. Angst, meine Landsleute zu enttäuschen. Sie setzen ihre Hoffnungen auf mich. Ein Land glaubt an mich.

Entschlossen steige ich durch die Seile in den Ring. Menschen kreischen und jubeln, recken die Hände in die Höhe, schwenken die afghanische Flagge. In der blauen Ecke mache ich mich warm, lasse die Hüften kreisen, bewege mich wie ein Tänzer durch den Ring und boxe mit meinen Handschuhen in die Luft, atme noch einmal tief durch.

Grauer Dunst liegt über dem Saal. Kunstnebel. Zigarettenrauch. Die dampfende Wärme der Leiber.

Der Gong ertönt. Es geht los.

Der Tag, an dem ich in den Ring stieg, um den bedeutendsten Kampf meines bisherigen Lebens anzutreten, ist nicht der Anfang meiner Geschichte. Meine Geschichte beginnt viel früher. In meiner Kindheit, die in Kabul ihren Anfang und ihr Ende fand. Hier ist sie, meine Geschichte.

Kapitel 1

Der Reissack

An einem wunderschönen Tag im Spätsommer 1983 bin ich zur Welt gekommen. Schon die Umstände meiner Geburt waren so außergewöhnlich, wie mein Leben es werden sollte. Die Sonne ging gerade über dem Hindukusch auf und färbte den Himmel flammend rot, von den Minaretten brüllten die Muezzins den frühmorgendlichen *adhan*, den Aufruf zum Gebet. Das Zimmer meiner Mutter war feuchtwarm, sie wälzte sich im Bett und nässte das Baumwolllaken mit ihrem Schweiß ein.

Kurz darauf, als wären die Schmerzen nie gewesen, knöpfte sie ihr mintgrünes Kleid zu, steckte die Haare zum Dutt und machte sich auf den Weg. Der Bauch wog schwer und mit annähernd dreißig fühlte sie sich fast schon zu alt zum Kinderkriegen. Doch bevor sie *dieses* Kind auf *diese* Welt bringen würde, gab es da noch etwas zu erledigen, vorher würde sie nicht entbinden – so hat sie es mir jedenfalls später erzählt. Dank ihrer außerordentlichen Fähigkeit, bis zum Vergessen zu verdrängen, hatten die Krämpfe sie zunächst auch nicht aus der Ruhe bringen können. Doch nach den ersten Schritten unter der Kabuler Mittagssonne fühlte sie erneut diesen entsetzlichen Druck im Unterleib. Die Wehen. Zweifel begannen in ihr aufzukeimen. Was, wenn sie es nicht mehr rechtzeitig schaffte? Was, wenn sie in Ohnmacht fiel? In Zeiten wie diesen konnte niemand auf helfende Hände hoffen.

Am 25. Dezember 1979 war die Rote Armee ins Land einmarschiert. Sowjetische Fallschirmspringer waren im Kabuler Flughafen Tapa-i-Maranjan gelandet, Militärflugzeuge am Himmel erschienen, Panzer über die staubige Erde gerollt. Eine Ära des Krieges war eingeläutet worden, das Problemkind Afghanistan war geboren, nun war ihr eigenes auf dem Weg. Seitdem hatten sich die Menschen verändert. Die Gesetzlosigkeit, die sie tun ließ, was ihnen gefiel, und die

Tatsache, dass, *was* ihnen gefiel, über den Grad ihrer Menschlichkeit entschied, spalteten die Bevölkerung in Engel und Ungeheuer. Und Engel waren in diesen Tagen eine ungeheuerliche Seltenheit.

Weiß Gott, was ihr die dogmatischen Mullahs unterstellen würden, wenn sie es nicht rechtzeitig ins Krankenhaus schaffte und sich mit gespreizten Beinen auf den Bürgersteig legen musste. Verlassen durfte sie sich nur auf sich selbst. Irgendwie würde sie die Geburt hinauszögern können. Irgendwie würde sie das schon schaffen. Irgendwie schaffte sie es doch immer.

Die Straßen waren menschenleer, eine beklemmende Stimmung lag in der Luft. In der Nacht hatten Widerstandskämpfer, die Mudschaheddin oder »Gotteskrieger«, mithilfe ihrer Bazookas einen Panzer abgeschossen. Nun musste der Feind Vergeltung üben und seinerseits etwas in die Luft sprengen, was den Afghanen gehörte, und da die Afghanen nicht viel besaßen, wurden stattdessen ihre Heimat in Schutt und ihre Körper in Asche gelegt. Seit die Gotteskrieger vom US-amerikanischen Geheimdienst finanziert und mit Waffen versorgt wurden, war der Krieg brutaler geworden. Die Menschen flohen in Scharen aus dem Land. Warum war sie noch hier? Warum?

Die bedrohliche Atmosphäre bereitete ihr Unwohlsein. Sie mied die Hauptstraße. Der Weg führte über eine Gasse, wo es nach allem stank, was Menschen und Köter ausscheiden konnten. Die Sonne stand im Zenit, die Luft war zum Schneiden dick, es wehte nicht einmal das leiseste Lüftchen. Mit flauem Magen und weichen Knien stützte sie sich gegen eine Lehmwand. Sie atmete schwer, ihre Wangen glühten und das Herz hämmerte in ihrer Brust. Doch wäre sie wohl kaum meine Mutter gewesen, wenn diese Strapazen sie zum Umkehren bewogen hätten. Aufzugeben, ohne getan zu haben, was sie tun zu müssen glaubte, kam für sie nicht infrage.

Sie dachte an den Sack Reis, den Grund ihres irrsinnigen Ausflugs. Ein Sack Reis, glaubte sie, könne bei sparsamer Rationierung ein Kind mehrere Jahre am Leben erhalten. Am Abend zuvor hatte sie in der Vorratskammer drei Reissäcke zählen können. Drei Reissäcke für drei hungrige Kindermägen. Jedes ihrer Kinder hatte den Anspruch auf einen eigenen Sack Reis – wer will auch nur ein einziges Reiskorn mit anderen teilen, wenn der Magen vor Hunger an der

Wirbelsäule klebt? Nun würde aber ein viertes Kind dazukommen. Ein Baby wächst rasch zum Kleinkind, es hat ständig Hunger und fühlt sich schnell benachteiligt. Es zermürbte sie, nicht eher daran gedacht zu haben. Kriege beginnen mit Raketen und Bomben und enden in Hunger und Armut. Mit Gottes Hilfe würden sie und ihre Kinder vielleicht den Beginn überleben. Doch nur mit ihrer Selbsthilfe würden sie auch das Ende des Krieges erleben.

Es war nicht der richtige Zeitpunkt zum Einkaufen. Die Menschen hatten sich in ihren Häusern verbarrikadiert und die wenigen verkaufsbereiten Händler schliefen oder beteten das Mittagsgebet. Sie machte einen Bogen um einen offenen Gully. Die Straßen waren uneben und löchrig, tiefe Krater hatten das Gelände in eine Mondlandschaft verwandelt. Mit schweren Schritten trug sie ihren birnenförmigen Leib durch die schmalen Gänge, bis sie endlich einen geöffneten Verkaufsstand erreichte.

So schwer die Zeiten auch waren – später sollte sie sich mit Wehmut an diese Jahre zurückerinnern. Was für ein Privileg es damals doch war, sich als Frau unverschleiert und ohne Begleitung aus dem Haus wagen zu dürfen! Bevor die selbsternannten Sittenwächter das Land einnahmen, Freiheit priesen und Sklaverei verschrieben, bevor sie Frauen Burkas wie Leichensäcke über die Köpfe stülpten, bevor sie Menschen ihr Menschsein verboten.

Der Standverkäufer war ein ungebildeter Narr, ein *besauod* – das konnte sie ihm an der Nasenspitze ansehen. Er trug einen staubbedeckten Turban, einen fleckigen *tumban* – weite Hosen – und einen ungepflegten Schnauzer, an dessen buschigen Borsten gelbes Irgendwas klebte. Während er eine gellende Unterhaltung mit einem anderen Mann führte, popelte er in der Nase. Kreisende Bewegungen. Er pulte einen schleimigen Popel heraus und streifte ihn an seinem *tumban* wieder ab. Meine Mutter rümpfte die Nase. Sie musste ihn dreimal ansprechen, bis er sie überhaupt wahrzunehmen geruhte. Sein träger Opiumblick signalisierte Abscheu und Ekel. Seinen popeligen Zeigefinger auf sie gerichtet, bellte er: Halt den Mund, halt den Mund, wenn Männer Männergespräche führen. Der Schatten seines Turbans fiel auf ihren üppigen Bauch. Dumme Hazarafrau, plusterte er sich auf. Dumme Hazarafrau, wiederholte er grinsend und entblößte braune Kautabakzähne.

Meine Mutter blieb ungerührt. Hatte sie es doch längst aufgegeben, solche Menschen belehren zu wollen. Das wäre, als wolle man einen Waldbrand mit einem Wasserglas löschen. Sie erinnerte sich an ein Zitat ihres Lieblingsdichters Scheich Saadi: Ein Dummer ist wie eine Trommel – nach außen laut, von innen leer.

Erneut durchfuhr sie ein qualvoller Schmerz, sie fühlte sich wie aufgespießt und presste die Lippen aufeinander. Das Kind. Der Reis. Wortlos streckte sie dem Verkäufer den von ihrem Schweiß nass und klebrig gewordenen Geldschein entgegen. Der Mann warf einen gierigen Blick darauf und schürzte die Lippen. Dann holte er tief Luft: Zum Schuhputzen tauge sie, ein Schlitzauge sei sie – eine Hazarafrau mit einem Braten in der Röhre. Und so weiter. Er rotzte braungrünen Geifer auf den Boden.

Für gewöhnlich passierte ihr so etwas nicht mehr so häufig. Als stellvertretende Schulleiterin genoss sie in der Nachbarschaft Ansehen und Respekt. Dieser *besauod* musste ein besonders dummes Exemplar Mann sein. Sie ertappte sich beim Gedanken, ihn rügen zu wollen. Doch das Atmen fiel meiner Mutter immer schwerer, ihr stures Baby drängte unerbittlich darauf, zur Welt gebracht zu werden. Sie hatte keine Zeit mehr. Mit fester Stimme forderte sie ihren Reissack ein.

Hazarafrau, Hazarababy, schnaubte sie, die widerten ihn wohl an – aber Afghanengeld, das möge er doch. Also hier, nimm, nimm dein Afghanengeld! Nimm es und gib mir den Reis für mein Kind, keuchte sie und warf den Geldschein in die Luft. Er sank in gleitenden Bewegungen, wie eine Feder, zu Boden. Den Opiumblick geweitet, hob der Verkäufer den Schein auf und wischte mit seiner Handfläche sorgfältig darüber.

Dieser Geldschein, er hielt das blassgrüne Papier gegen das Sonnenlicht, ist wertvoller als du und dein Balg zusammen. *Hazar Hazara*, tausend Hazara, haben nicht den Wert eines einzigen echten afghanischen Geldscheins.

Wieder rotzte er braungrünen Geifer auf den Boden. Braungrüner Geifer verschmolz mit lichtgelber Erde. Braungrüner Geifer sickerte in den Boden. Womöglich wird an dieser Stelle bald eine Pflanze wachsen, überlegte meine Mutter. Eine hässliche, braungrüne Kautabakpflanze.

Dann warf er ihr den Sack Reis vor die Füße. Los, hau ab! Er wedelte mit der Hand, als wolle er eine lästige Fliege verscheuchen. Na, hau doch ab!

Müden Schrittes, den Reissack wie einen Säugling im Arm, machte sie sich auf den Heimweg. Sie wusste nun, dass sie es nicht mehr rechtzeitig nach Hause schaffen würde. Von Schmerz und Hitze übermannt, setzte sie sich auf eine steinerne Bank. Sie konnte nicht weiter. Es ging nicht mehr. Sie würde es hier zu Ende bringen müssen. Alleine.

Und dort, im Schatten eines blühenden Akazienbaums, sollte ich zur Welt kommen. Ihre milchweiße Haut war von der Sonne versengt, die Füße aufgebläht, das mintgrüne Sommerkleid raubte ihr die Luft wie eine Korsage, doch sie trug ein zufriedenes Lächeln auf den Lippen. Denn den Reis hatte sie besorgt. Nun gab es nur noch eine letzte Pflicht gegenüber ihrem ungeborenen Kind zu erfüllen: Sie musste mich auf *diese* Welt vorbereiten. Also wandte sie sich an mich, wie sie mir später erzählte, und gab mir einige Worte mit auf den Weg. Entscheidende Worte.

Ein Monolog

Bitte entschuldige, was du heute mitanhören musstest. Es tut mir leid. Du darfst den *besauod* dieser Welt nicht böse sein. Die Dummheit anderer ignorieren zu können zeugt von innerer Kraft. Sie zu ignorieren bedeutet nicht, sie akzeptieren zu müssen – du *darfst* sie nicht akzeptieren! Sie ist die Wurzel allen Übels. Intoleranz, Faschismus und Fügsamkeit wachsen aus ihr. Dummheit bringt Menschen dazu, alles zu glauben, weil sie nichts wissen, und die Meinungen anderer anzunehmen, weil sie keine eigene besitzen. Nie darfst du akzeptieren, was nicht zu akzeptieren ist, verstehst du?

Auf die Frage, was mir am liebsten wäre, Junge oder Mädchen, habe ich immer geantwortet: ein Mädchen. Dabei ist es mir eigentlich ganz egal, was für ein Geschlecht du hast, nur sage ich gerne Dinge, die sonst keiner sagt. Auch das möchte ich dir beibringen: auszusprechen, was sich keiner sonst auszusprechen traut.

Warum wünschst du dir ein Mädchen, Fatima? Wünsch dir lieber einen Jungen, Fatima. Bete, und vielleicht bekommst du einen Jungen, Fatima. Jungen ernähren die Familie, Mädchen kosten nur

Geld. Jungen besitzen einen gesellschaftlichen Wert, Mädchen nicht. Das sagen sie – kannst du dir das vorstellen? Beten soll ich für einen Jungen. Gott hat weit Besseres zu tun, als alberne Sonderwünsche zu berücksichtigen. Draußen auf dem Land, wo der Anteil der *besauod* besonders groß ist, ertränken manche Mütter ihre neugeborenen Mädchen. Ihre leblosen Körper treiben wie welke Seerosen an der Wasseroberfläche. Und warum? Weil sie das Pech hatten, als Mädchen auf diese Welt zu kommen.

Wenn du ein Mädchen bist, wird das Männergeschlecht es dir schwermachen. Du musst wissen, Männer hegen große Furcht vor ihren Frauen. Sie werden versuchen, dich zu zähmen, wie ein wildes Tier, denn du könntest eine eigene Meinung entwickeln, davonlaufen und sie so vor der afghanischen Gesellschaft bloßstellen. Mit Verboten, Erniedrigungen und Prügeln werden sie versuchen, deinen Willen zu brechen, um dich in ein gehorsames Schoßhündchen zu verwandeln. Lass das niemals zu, hörst du? Wähle immer lieber die Strafe für Ungehorsamkeit als die Belohnung für Fügsamkeit.

Keine Frage, als Junge hast du es einfacher. Wäre die Welt ein Männerkörper, Afghanistan wäre sein Herz. Als Junge wirst du spucken, fluchen und gewalttätig sein dürfen, ohne verurteilt zu werden. Man wird dich entschuldigen – du seist eben nur ein Junge. Niemand wird dir vorschreiben, wie du zu leben oder wen du zu lieben hast; und das alles nur, weil du ein kleines Stückchen Fleisch mehr zwischen den Beinen hast. Wenn du deine Frau prügelst, wird man dich dafür nicht ins Gefängnis stecken. In unserer Gesellschaft hat dein Wort, wenn du ein Junge bist, mehr Gewicht als das von zehn Frauen – eine schreiende Ungerechtigkeit, findest du nicht?

Ein Mann zu sein hat aber nicht nur Vorteile. Du wirst immer, zu jeder Zeit, in jedem Moment, stark sein müssen. Wenn du dir wehtust oder Kummer im Herzen trägst, wird niemand deine Tränen trocknen wollen. Man wird dich für jedes Anzeichen von Schwäche auslachen und dir zurufen: Sei ein Mann! Du wirst deine Brust aufblähen und alles tun, was ein Mann eben so tun muss.

Sobald du deine ersten Schritte gegangen bist, wirst du lernen müssen, auf eigenen Beinen zu stehen. Sobald du Frau und Kind hast, musst du ihre Ehre und ihren Stolz, *nang* und *namooz*, mit deinem Leben verteidigen. Sobald das Land vom Krieg heimgesucht wird, wird man dich in die Schlacht zwingen, wo du gegen deinen Willen kämpfen, töten oder sterben musst. Keiner wird fragen, wie es *dir* dabei geht, denn du bist ein Mann, und die Freiheit, ein Mann zu sein, hat eben ihren Preis.

Ganz gleich, welches Geschlecht du hast, wünsche ich mir, aus dir einen ordentlichen Menschen machen zu können. Nun liegt aber nicht alles an mir. Wenn das Leben dich mit Bitterkeit und Leid straft, die Menschen dir mit Boshaftigkeit und Eiseskälte begegnen, wirst du dich schützen und dein Herz verschließen wollen, und die Gefahr ist groß, dass dich das kalt, grausam und einsam machen wird. Die Rohheit der Menschen wird dich wie ein plötzlicher Wintereinbruch überraschen. Das Schicksal ist oft ungerecht, mein Kind. Noch kannst du dir nicht vorstellen, welche Ungerechtigkeit da auf dich zukommt. Ungerechtigkeit ist ein unzumutbarer Schmerz – diesen Schmerz werde ich dir nicht ersparen können.

Es heißt, ein Kind sei schon im Mutterleib empfänglich für die Außenwelt. Du spürst meine Sorgen, Ängste und Freuden, du verstehst sie nur noch nicht. Du hattest es schwer. An manchen Tagen habe ich ängstlich meine Fingernägel in den Bauch gebohrt oder geheult und dich dadurch in Unruhe versetzt. Der Krieg macht mir Angst. Er dringt bis ins Innerste ein, bis er die Seele erreicht. Er macht uns verrückt, ängstlich und kalt, und wir gebären verrückte, ängstliche und kalte Kinder. Ich habe versucht, ihn von dir fernzuhalten, nur manchmal bin ich machtlos. Einfach machtlos.

Nun muss ich feststellen, dass ich dir nur Schlechtes über die Welt und ihre Menschen erzählt habe! Dabei wollte ich dich auf das Leben vorbereiten, nicht etwa Angst verbreiten. Selbstverständlich hat dieses Leben auch unvorstellbar Schönes zu bieten. Du in deiner warmen Höhle kannst dir die Größe unseres Planeten gar nicht ausmalen. Du wirst es gar nicht glauben, wie erfüllt plötzlich dein Herz sein wird, wenn du einem echten Freund oder der großen Liebe begegnest. Allein der Liebe wegen lohnt sich ein Aufenthalt auf Erden.

Natürlich findest du hier Dunkelheit wie Licht, Schlechtes wie Gutes, und genau das wird deine Reise so aufregend machen. Du wirst erstaunt sein über die Schönheit, den Mut, den Willen und die Stärke mancher Menschen; deinen Mund wirst du aufsperren und das Herz wird dir vor Bewunderung höher schlagen. Hier gibt es Menschen, die wie Helden kämpfen, um diese Welt zum Guten zu verändern. Ich hoffe, dass du dich an ihnen orientieren wirst, und vielleicht darf ich sogar hoffen, dass du selbst einer von ihnen wirst.

Weißt du, es ist überhaupt nicht schwer, die Welt zu verändern. Veränderung ist nichts Großes. Heute entscheidest du dich, einer streunenden Katze Milch zu geben, morgen pflanzt du einen Samen, übermorgen teilst du dein Brot mit einem Hungernden. Du meinst, damit doch die Welt nicht verändert zu haben? Aber sagen wir, die Katze bekommt Junge, der Baum trägt Früchte, der Hungernde teilt seine Brothälfte wieder mit einem anderen Hungernden. Ein Leben erzeugt neues Leben, eine Veränderung bringt neue Veränderungen. Begonnen hätte alles bei dir – wärst du dann nicht schon ein Held?

Oft ist es das Leid, das uns zu Veränderungen zwingt. Das uns zwingt, uns selbst zu verändern, um nicht unterzugehen. Das Leid ist eine mächtige Kraft, wenn man sich ihm stellt. Es wird dir große innerliche Stärke abfordern, am Leid zu wachsen, nicht zu zerbrechen. Aber du kannst es schaffen, mein Kind.

Wenn der Schmerz unerträglich wird, erinnere dich an die Legende vom *Simurgh*. Er ist ein mächtiger Vogel mit dem bunten Körper eines stolzen Pfaus, den scharfen Krallen eines starken Löwen und der Kraft von dreißig Vögeln. Er musste erst verbrennen, um aus seiner Asche wiederauferstehen und im neuen Glanz erstrahlen zu können. Begreifst du, was das bedeutet? Hör nie auf zu kämpfen. Denn am Ende deines Leidensweges wirst du ein Neuer sein. Stark. Siegreich. Und frei wie ein *Simurgh*.

Kapitel 2

Die Eier der Silberadler

»Du hast recht«, antwortete ich. »Ich höre es auch.«

Ssssschhhhhhüüüüüüüüüüüüüüüüüüüü pfiff es, wie Wind, der sich an Bäumen rieb. Khalil schaute in den Himmel, der dieselbe blassblaue Farbe wie seine Augen hatte.

»Wenn der Himmel Geräusche macht, schlägt entweder ein Blitz oder eine Rakete ein.« Sein Kinn zitterte, wie immer wenn er nervös war.

»Das ist doch nur ein Flugzeug. Du bist ein Angsthase, Khalil.« Ein Angsthase ohne *dil*, Mut. Ich stupste ihn freundschaftlich an. Er reagierte nicht und stierte weiter zur Himmelsdecke hinauf. In seinen Pupillen spiegelten sich buttergelbe Wolken. Himmelaugen, Khalil hat Himmelaugen, überlegte ich.

»Ich habe ein ungutes Gefühl, wir sollten zurückgehen.«

»Das kannst du vergessen«, entgegnete ich harsch. Das gefiel mir nicht. Ganz und gar nicht. Ich hatte lange auf ihn einreden und eine Menge Überzeugungskraft einsetzen müssen, um ihn hierherzulotsen. Schließlich war es uns streng verboten, unser Plattenbau-Wohnviertel Makrorayon zu verlassen. Wir waren über das Feld gerannt, von dem man sich erzählte, es sei voller vergrabener Minen, und waren dann durch ein Loch im Stacheldrahtzaun in die Nähe der Kaserne gelangt. Ein Stück Stacheldraht war herausgesprungen und hatte sich in meine Wange gebohrt. Es hatte geblutet und etwas wehgetan. Kurz darauf hatte sich aber schon eine geronnene Kruste über dem Kratzer gebildet. Wie schnell das geht, dachte ich. Wie schnell manche Wunden heilen.

»Du weißt genau, wenn in der Nähe des Makrorayon eine Rakete einschlägt oder eine Bombe hochgeht, werden unsere Eltern nach uns suchen, und dann erfahren sie, dass wir uns davongeschlichen haben.« Khalils Gesicht war knochenweiß. »Meine Mutter bringt mich um.«

»Jetzt mach dir nicht ins Hemd, du Angsthase«, spöttelte ich. Ja, Khalil war ein geborener Angsthase. Er fürchtete sich vor Dunkelheit, Gewitter, Sprengkörpern, Soldaten, davor, bestraft zu werden, und vor hundert anderen Dingen, vor denen sich Kinder eben fürchten. Zudem hatte er noch allerlei idiotische Phobien. Zum Beispiel fürchtete er sich vor Knöpfen: Große, kleine, bunte, schwarze, weiße oder graue Knöpfe – vor einfach *allen* Knöpfen hatte er Angst. Der Anblick eines Knopfes jagte ihm einen Schauer über den Rücken, deshalb *mussten* alle Knöpfe von seinen Kleidern entfernt werden. Eines Tages bat er uns darum, in seiner Gegenwart bitte keine Knöpfe mehr zu tragen. Seine Eltern lachten. Ich lachte. Wie sollte das funktionieren – ein Leben ohne Knöpfe? Doch Khalil lachte nicht. Entweder er oder die Knöpfe. Anfangs provozierte ich ihn absichtlich und trug Hemden mit besonders vielen Knöpfen. Einmal rastete Khalil aus und riss mir einen Knopf aus dem Saum. Einfach so. Der besonders große blauschimmernde Plastikknopf landete auf der Erde und Khalil zertrat ihn wie eine Kakerlake. Gewöhnlich war Khalil friedlich wie ein Lamm, aber so ein Knopf konnte ihn fuchsteufelswild machen. Ich lachte, bis ich Bauchschmerzen bekam. Khalil ließ vom Knopf ab und sah mich vorwurfsvoll an – der Ausdruck tiefster Traurigkeit erschien auf seinem Gesicht. Nur eine Bitte hatte er gehabt. Nur eine Bitte, mehr nicht – war das denn von seinem besten Freund zu viel verlangt? Seine Lider zitterten. Eine dicke Träne kullerte über seine Wange. Ich verstummte. Beschämt schaute ich zu Boden. Er wischte die Träne weg, drehte sich um und ging. Ganze drei Tage sprach er kein einziges Wort mit mir. Es waren die längsten drei Tage meines Lebens. Da verstand ich: Mit der Knopf-Sache war nicht zu spaßen. Also trennte ich die Knöpfe von meinen Kleidern ab.

Eins sei an dieser Stelle betont: Khalil war kein Feigling. Um das zu verstehen, muss man sich den Unterschied zwischen Feiglingen und Angsthasen vor Augen führen. Angsthasen sind furchtsam, zurückhaltend und weinerlich, sie können aber auch mutig sein. In Extremsituationen, wenn beispielsweise ein Freund in Gefahr ist, können sie ihre Ängste überwinden und heldenhaft handeln. Die Angst, durch Nichtstun etwas Schlimmes geschehen zu lassen, ist größer als die, sich selbst in Gefahr zu begeben. Feiglinge sind da anders. Sie würden in jedes Loch kriechen, um vor der Gefahr zu fliehen, ganz egal, was auf dem Spiel steht. Sie sind elend, ehrlos und gemein, haben keine Moral.

Khalil war kein Feigling. Das ließe sich anhand vieler Episoden aus seinem Leben belegen. Zum Beispiel der folgenden: Eines Tages fand er einen Grashüpfer, und Khalil hatte Riesenangst vor Grashüpfern – mehr noch als vor Knöpfen. Es lag an ihrem eigenartigen Aussehen oder den antennenartigen Fühlern – er konnte es nicht genau erklären. Der besagte Grashüpfer war außerdem kein gewöhnlicher Grashüpfer. Er war absonderlich groß. Khalil kam es vor, als würde der Grashüpfer immer größer werden und von Sekunde zu Sekunde wachsen. Seine giftgrüne Haut schimmerte wie Fischschuppen, die blutroten Augen starrten ihn an und seine Fühler waren lang und spitz wie zwei Pfeile. Khalil fröstelte es beim Anblick dieses absonderlich großen Grashüpfers. Normalerweise hätte er einfach einen Bogen um das hässliche Insekt gemacht, doch dieses Mal war es anders, denn der Grashüpfer zappelte in einer Pfütze und war dabei zu ertrinken. Khalil beobachtete ihn. Er paddelte mit seinen hässlichen dürren Beinchen und schlug mit seinen ekelhaften Grashüpferfühlern um sich. Soll er doch ertrinken, versuchte Khalil sich einzureden. Ein Paar Fühler weniger auf dieser Welt!

Doch plötzlich überkamen ihn merkwürdige Gedanken; er glaubte, Verzweiflung in den Augen des Grashüpfers zu sehen. Vielleicht versteckte sich hinter dieser giftgrünen Schale ein warmes, weiches Herz. Vielleicht hatten Grashüpfer warme, weiche Herzen wie Menschen. Und was würde Gott wohl davon halten, wenn Khalil einfach weiterging? So entschied Khalil, das einzig Richtige zu tun: Er tauchte seine kleinen Hände in die schmutzige Pfütze und fischte den Riesengrashüpfer heraus. Die Fühler bohrten sich in seine Fingerspitzen. Khalil bekam eine Gänsehaut. Schließlich setzte er das Insekt an einem sicheren, grün bewachsenen Plätzchen wieder ab. Wochenlang verfolgten ihn Albträume, wie ihn riesengroße Grashüpferfühler aufspießten. Doch Khalil war glücklich. Mit Albträumen lebte es sich besser als mit einem schlechten Gewissen.

Sssssschhhhhhüüüüüüüüüüüüüüüüüüüüüüüüü …

Ich horchte auf. Das Geräusch erinnerte an das wilde Rauschen von Baumkronen während eines wütenden Orkans. Ich sah mich um.

Schneeflocken rieselten vom Himmel und begruben die Erde unter einer weißen Decke. Eine Krähe setzte sich auf einen kahlen Ast und ließ etwas Schnee herabstäuben. Ein Militärlaster überquerte die Straße, die gefrorene Erde knirschte unter seinen Rädern, vereiste Pfützen brachen ein. Hinter der Kaserne rauchte ein uniformierter Soldat eine Zigarette. Er wirkte noch sehr jung. Halb Mann, halb Junge, dachte ich. Wir versteckten uns hinter einem verlassen herumstehenden Panzer. Von dort aus ließ sich die Gruppe von Jungen gut beobachten. Es waren fünf, und extra wegen dieser Jungen war ich hierhergekommen. Jamal und seine Bande. Ich wollte einer von ihnen werden.

Einer der Jungen sprach mit dem Soldaten, der Soldat steckte ihm etwas zu.

Ssssschhhhhhüüüüüüüüüüüüüüüüüüüüüüüü ...

Der Junge gab ihm ein Päckchen.

Ssssschhhhhhüüüüüüüüüüüüüüüüüüüüüüüü ...

Der Soldat musterte es prüfend.

Ssssschhhhhhüüüüüüüüüüüüüüüüüüüüüüüü ...

Er zog an seiner Zigarette. Die Glut brach ab und zerbröselte in der Luft.

»Ich hab ein ungutes Gefühl«, wiederholte Khalil flüsternd. Ich verdrehte die Augen und schnaufte genervt. Dabei hatte er recht; Geräusche, die vom Himmel kamen, ließen nichts Gutes erahnen. Ständig flogen Düsenjets und Kampfflugzeuge über unsere Köpfe hinweg. Sie kamen aus Bagram, dem sowjetischen Luftwaffenstützpunkt, und bombardierten Orte, an denen sie Mudschaheddin-kämpfer vermuteten – oder auch nicht. Es kam nämlich auch vor, dass sie ihre Bomben über belebten Straßen abwarfen. Vielleicht war es der verzweifelte Versuch, einen Krieg zu gewinnen, den sie nicht mehr gewinnen konnten.

Die Sowjetunion und die von ihr gestützte kommunistische Regierung Afghanistans drohten an den Widerstandskämpfern zu scheitern, und nun rotteten sie das Volk aus. Die Gotteskrieger waren keine Soldaten, sondern überwiegend von den Mullahs angeworbene Bauern, die zumeist noch nie zuvor gekämpft hatten. Doch waren sie bereit, in diesem Krieg ihren letzten Tropfen Blut zu opfern – und genau das machte sie so stark. Auf zehn getötete Mudschaheddin folgten zwanzig neue. Das afghanische Volk stand überwiegend hinter ihnen, denn es liebte seine Unabhängigkeit. Schließlich waren es *Gotteskrieger*, die sich zusammengetan hatten, um den Feind zu vertreiben. *Noch* kämpften sie für ihr Vaterland. Noch waren sie Helden.

1980 war ein Bündnis aus verschiedenen islamischen Splitter-gruppen gegründet worden: die Allianz für die Freiheit Afghanistans. Die sieben wichtigsten Mudschaheddingruppierungen hatten ihren Hauptsitz in Pakistan und wurden von der CIA unterstützt. Unter-einander heftig zerstritten, waren sie sich nur in der Bekämpfung des Kommunismus einig. Dafür kassierten ihre Führer Milliarden Dollar und lebten selbst in Luxus, weit weg von den Gefechten. Und jetzt, gegen Ende der achtziger Jahre, waren sie ihrem Hauptziel schon sehr nahe gerückt: der Vertreibung der sowjetischen Soldaten aus dem Land.

Beim Blick nach oben zeigte sich mir ein trügerisch friedvoller Himmel; nur wenige zarte Wolken verdeckten die blasse Sonne wie ein dünner weißer Schleier.

»Das Warten ist am schlimmsten. Minuten vergehen wie Stunden«, murmelte Khalil.

»Keine Angst«, beruhigte ich ihn. »Ich pass schon auf dich auf.«

»Was willst du überhaupt von Jamal und den anderen?« Er kickte gegen einen Kieselstein. »Du hast doch mich – bin ich nicht dein Freund?« Sein Blick war gesenkt.

»Natürlich bist du das.« Ermunternd ergriff ich seine Hand. Sie war trotz der Eiseskälte warm, wie die Haut eines Tieres. »Der beste Freund der Welt.«

Ich musterte Khalil. Seine weizengelben Locken lugten aus seiner Mütze heraus, ein Schleimfaden troff aus seiner roten Nase und seine blaue Cordhose war an den Knien verdreckt. Khalils Mutter Eva war eine junge Russin, die besonders viel Wert auf die Kleidung ihres Sohnes legte. An diesem kalten Wintertag trug er einen karamellfarbenen Mantel aus Lammfell, ein königsblaues Halstuch und eine aus weißem Kaninchenfell gefertigte wärmende Uschanka, die typisch russische Mütze. Hier draußen, vor einem verrosteten Panzerwrack auf kahler Erde, umgeben von nackten Ästen, die an den im Wind zitternden Baumkronen froren, und von Stacheldraht, der all diese Trostlosigkeit umrahmte, wirkte er verloren. Er war wie eine weiße Mohnblume, die aus einem Misthaufen ragte.

Ich kann mich nur noch aus Erzählungen daran erinnern, wie Khalil und ich Freunde wurden. Es passierte, noch bevor ich meinen ersten Schritt gegangen bin oder mein erstes Wort gesprochen habe, an einem wundervollen Nachmittag im Frühling. Damals wehte eine milde Brise, grünes Gras tanzte im Luftzug, sonnengelber Ginster blühte und versprühte würzigen Blumenduft. Über den Balkonen der Wohnungen im Makrorayon blähten sich frisch gewaschene Kleider wie weiße Friedensflaggen im Wind. Ringsum war es laut, Mütter lachten schrill und tranken Tee, Kinder kicherten und verschlangen schmatzend Wassermelonen. Alle genossen das Picknick mit den Nachbarn. Nur ich nicht. Abseits der Gruppe zupfte ich gedankenverloren Grashalme mitsamt ihrer Wurzel aus der Erde.

Den kleinen Jungen, der auf mich zugekrabbelt kam, bemerkte ich zuerst nicht. Ehe ich verstand, was los war, riss er mir das Gras aus der Hand und bewarf mich damit. Die feuchten grünen Halme blieben an meinen Wangen kleben. Der Junge gluckste vergnügt. Es hieß, dass ich daraufhin die Augen weitete und die Brauen zusammenkniff. Der Ausdruck eines unschuldigen Kleinkindes war aus meinem Gesicht verschwunden. Ich schnappte mir einen Erdbrocken und warf damit nach ihm. Die schwarze Erde verfing sich in seinen weizenblonden Locken. Er schüttelte sie ab und lachte erneut vor Freude. Ich schäumte vor Wut und wiederholte den Vorgang. Khalil blinzelte mich verständnislos an. Dann senkte er den Kopf und rammte ihn mir wie ein Stier in die Brust. Ich kippte nach hinten um. Er kicherte. Wütend trat ich nach ihm, verfehlte ihn aber, verlor die Geduld, versuchte es erneut, um zuletzt erschöpft aufzugeben. Khalil, der noch immer heiter kicherte, ließ sich zu mir fallen. Dann legte er seinen Kopf auf meine Brust. Verblüfft über diese Geste, stieß ich ihn beiseite, woraufhin er nur noch lauter lachte und seinen Kopf fester an mein Herz drückte. Ich unternahm noch einige Versuche, bis ich es einfach geschehen ließ und irgendwann in sein fröhliches Glucksen einstimmte.

So zumindest haben es uns unsere Mütter erzählt und ich glaube diese Geschichte gern. Wir besiegelten damit eine Freundschaft, die nicht lange währen und doch die einzig wahre in meinem Leben bleiben sollte. Einige Jahre später fand man uns in derselben Position wieder, nur dieses Mal lag ich mit meinem Kopf auf seiner Brust und suchte seinen Atem.

»Ich spüre deinen Puls.« Khalil drückte meine Hand.

»Was?«

»Über unsere Hände. Spürst du meinen nicht?«

»Doch.« Über meine Hand fühlte ich das Pochen seiner Schlagader.

»Ich glaube, unsere Herzen schlagen im selben Takt«, sagte er leise. Sein Blick war in die Ferne gerichtet.

»Ich glaube auch«, stimmte ich ihm zu.

Sssssschhhhhhüüüüüüüüüüüüüüüüüüüüüüüü …

Das Pfeifen war ganz nah. Es war so weit: Das erste Kampfflugzeug erschien am Himmel, dicht gefolgt von einem zweiten. Wie zwei silberne Adler, dachte ich im Stillen.

Eins. Zwei. Zwei silberne Adler.

Mit ihren spitzen Stahlmäulern zerrissen sie die Wolkendecke und hinterließen zwei klaffende Wunden im Himmel.

Eins. Zwei. Zwei klaffende Wunden.

Als sie über unseren Köpfen vorbeirauschten und sich entfernten, setzte ein silberner Adler zum Tiefflug an und verlor dabei zwei Eier.

Eins. Zwei. Zwei Eier krachten auf die Erde.

Eins. Zwei. Zwei Eier zerbrachen.

Eins. Zwei. Zwei Explosionen.

Die Adler flogen davon. Sie schauten nicht zurück – nicht einmal nach ihren verlorenen Eiern. Mein Herz schlug schnell. Khalils Hand war nassgeschwitzt. Ich spürte seinen Puls. Sein Herz schlug schnell. Unsere Herzen schlugen schnell – im selben Takt.

Wir beobachteten die Feuerbälle, aus denen eine dunkle, pilzförmige Rauchwolke aufstieg. Nicht weit davon entfernt standen Häuser und ragten Minarette auf.

»Ich glaube, unsere Schule wurde getroffen.«

»Wie kommst du darauf?«

»Dort liegt unsere Schule.« Er deutete Richtung Rauchwolke. »Und dort haben sie die Bomben abgeworfen.« Der graue Qualm schwebte wie eine schwere Gewitterwolke über der Stelle.

»Von hier aus kannst du das doch gar nicht erkennen.« Ein kalter Windstoß fegte über das offene Gelände.

»Ich glaube doch.«

»Und wenn schon«, erwiderte ich achselzuckend. Es war Wochenende, somit stand das Gebäude leer. Ich hatte ohnehin keine großen Sympathien für die Schule, und der Gedanke, dort vielleicht nicht mehr hingehen zu müssen, gefiel mir gut.

»Ich mag die Schule.« Khalils Hand umschlang noch immer meine. Anders als ich war Khalil ein fleißiger und guter Schüler.

»Hm«, meinte ich abwesend und peilte die Gruppe Jungen hinter der Kaserne an. Jamal und die vier anderen.

»Wir sollten nachschauen«, raunte Khalil. »Das sollten wir wirklich, denn ...«

»Psst«, fiel ich ihm ins Wort. »Sei mal kurz still.« Die Jungen interessierten mich momentan mehr als die Schule. Wie sollte ich an sie herantreten? Obwohl ich es oft geprobt hatte und die verschiedensten Möglichkeiten durchgegangen war, schien auf einmal alles wieder vergessen. Da schüttelten sich die Jungen plötzlich die Hände und gingen auseinander.

»Nein!«, rief ich lauter als gewollt. Verdammt, wieder eine verpasste Gelegenheit! Ich überlegte einen kurzen Augenblick, Jamal hinterherzulaufen, doch das hätte armselig ausgesehen.

»Hamid ...«

»*Waaas?*«, fuhr ich Khalil an.

»Ich glaube ... ich bin mir nicht sicher ... ich denke ...« Er hielt inne.

»Nun spuck's schon aus«, sagte ich genervt.

»Ich glaube, meine Mutter hat da heute etwas gesagt ...« Er atmete ungleichmäßig. Eine trübe Atemwolke bildete sich vor seinem Mund. Allmählich fing er an, mich nervös zu machen.

»Los, jetzt sag schon«, forderte ich ihn auf.

»Ich glaube, sie hat gesagt, dass sie heute nicht in die Schule gehen würde, weil sie krank sei ...«

»Ich verstehe nicht – was hätte sie denn *heute* in der Schule gewollt?«

»Ich glaube, sie meinte, sie würde heute nicht zum Treffen in die Schule gehen. Ja, ich glaube, das meinte sie. Ja, ich bin mir sicher.« Khalils Blick war besorgt.

Und da begriff ich. »Was meinst du damit? Welches Treffen?« Mein Herz pochte. Die Fragen waren überflüssig. Ich kannte die Antwort bereits.

»Ein Lehrertreffen. Sie wollten den neuen Stundenplan besprechen, deine Mutter ...«

Ein Gedanke. Meine Mutter. Ich löste mich aus seinem Griff und rannte los. Es fiel mir schwer, durch den trüben Vorhang aus mühsam zurückgehaltenen Tränen den Weg zu erkennen. Kieselsteine sprangen gegen mein Hosenbein, die kalte Luft kratzte in meinem Rachen, Rotze lief aus meiner Nase. An einer glatten Stelle rutschte ich aus und schlug mir das Knie auf. Hinter mir hörte ich Khalil rufen. Ich rappelte mich wieder hoch, lief weiter, ohne zurückzuschauen. Meine Gedanken kreisten nur um meine Mutter. Wie hatte ich das vergessen können? Gestern erst hatte sie darüber gesprochen. Heute trafen sich die Lehrer in der Schule. Heute. In der Schule.

Vielleicht war ja gar nicht die Schule getroffen. Khalil irrte sich bestimmt.

Er irrte sich häufig.

Ja.

Bestimmt.

An den Krieg hatte ich mich gewöhnt. An die Angst. Die Gefahr. Damit konnte ich mich irgendwie arrangieren. Wir spielten, aßen Eiscreme, feierten Geburtstag, besuchten die Schule – und zwischendurch wurde Kabul durch Granat- und Raketenbeschuss in einen Trümmerhaufen verwandelt. Wenn es knallte, hielt ich meine Ohren zu und duckte mich. Wenn es qualmte, schloss ich meine Augen und hielt ein Tuch vor meinen Mund. Wenn es blutete, wischte ich es einfach weg wie einen Kleckser Marmelade. Wenn nachts die Bomben fielen, kroch ich unter die Wolldecken meiner Mutter, wo es gemütlich und sicher war. Und wenn ich Angst hatte, betete ich zu Gott. Für alles gibt es eine Lösung, hatte meine Mutter einmal gemeint.

Nur an eines gewöhnte ich mich nie: an diese ungewissen Sekunden dazwischen. Wenn ich wusste, gleich wird etwas Schreckliches passieren, gleich werde ich etwas sehen, was ich nicht sehen will. Die Sekunden, in denen eine Rakete sich am Himmel zeigte und ich nicht wusste, wo sie einschlagen würde. Die Minuten, wenn Mutter zum Einkaufen ging und draußen die Kalaschnikows abgefeuert wurden. Diese Momente schnitten mir zersetzend ins Mark, und so erging es allen.

Diese Angst hatte zur Folge, dass man am Leben festhielt. Man wollte *leben* – koste es, was es wolle. Ja, sogar solche, die dieses Dasein leid waren, denen alles genommen war, die alles verloren oder nie etwas besessen hatten, denen nichts heilig war und die nur dahinwelkten wie vertrocknete Blätter an morschen Bäumen, sogar sie verspürten im Angesicht des Todes einen neu gewonnenen euphorischen Willen zum Leben. Der Grund waren die *Bestien* – die

Bomben, Raketen, Minen. Jeder wusste, wie grausam sie waren. Wir hatten davon gehört oder es mitangesehen. Wenn sie angriffen, rissen sie ihren Opfern Arme und Beine aus, sprengten Rückenmark und Gehirne, verbrannten Haut und Haare. Die Opfer schrien. Sie schrien, während sie brannten, schrien, wenn sie halb tot, halb lebendig aus der Ohnmacht aufschreckten und zwischen fremden Körperteilen ihre eigenen suchten. Das Schreien hatte erst ein Ende, wenn sie tot waren. Sobald aber ihre Mütter, Väter, Töchter, Söhne, Schwestern und Brüder die Unglücksstelle erreicht hatten, fing das Geschreie wieder von vorn an. Die Angehörigen rupften sich die Haare aus der Kopfhaut, wie sie es sonst nur mit den Federn ihrer Hühner taten. Sie schrien *Allahu akbar!*, Gott ist groß, wenn sie inmitten von Trümmern und Leichenbergen die Reste ihrer Liebsten fanden. Noch Jahre später, als die meisten der Erinnerungen an meine Heimat verblasst waren, hallten ihre Schreie nach – eingefangen in meinem Gedächtnis wie das Rauschen in der Muschel.

Der Weg erschien mir wie eine Ewigkeit. Je näher ich der Unglücksstelle kam, desto mehr verdichtete sich der dunkle Rauch, desto heftiger zitterten mir die Knie und desto klarer wurde, dass Khalil wohl recht gehabt hatte – unter den getroffenen Gebäuden schien auch unsere Schule zu sein. Wieso bombardierten sie *unsere* Schule? *Warum?* Als würden Mudschaheddinkämpfer die Schulbank drücken und sich mit Mathematikaufgaben abplagen! Mein Bauch füllte sich mit Wut. Warum war unser Leben so wertlos? Warum taten Menschen anderen Menschen so etwas an? Ihre Herzen mussten kalt sein. Eisig wie der Wind. Bitterkalt wie der Schnee. Gefroren wie das Eis.

Als ich ankam, war ich außer Atem. Meine Augen tränten, ich hechelte und meine Nase lief. Ich wischte mir mit dem Ärmel übers Gesicht, meine Rotze verteilte sich auf den Wangen. Ringsum war der Schnee von der Hitze der Rakete geschmolzen. Dunkler Rauch vernebelte die Sicht. Einige Helfer stemmten bereits Trümmer und hoben Bretter an. Ein Nebengebäude der Schule war eingestürzt. Ich übersprang die Trümmerhaufen und kämpfte mich nach vorne. An einer Stelle brannte es, Rauchwolken stiegen auf, ich entdeckte eine Blutlache am Boden. Mein Rachen füllte sich mit Galle, mir wurde übel vor Angst. »*Madar!*«, brüllte ich.

Feuer, Qualm, Trümmer. Verzweiflung machte sich breit. Wo sollte ich nach ihr suchen? Das eigentliche Schulgebäude war stehen geblieben, nur die Fenster waren auf breiter Front geborsten. Überall lagen Glassplitter auf dem Hof verstreut. Blutige Glassplitter. Die Schule schien mich aus leeren Augen stumm anzublicken.

»*Madar!*«, winselte ich. Eine Hand legte sich auf meine Schulter. Ich drehte mich um. Die Kaninchenfell-Uschanka war verrutscht.

»Hamidjan, ich bin da.« Auch Khalil war den ganzen Weg gerannt, seine Wangen waren glühend rot und die Augen glasig. Vielleicht vor Kälte, vielleicht vor Mitgefühl. Brüderlich ergriff er meine Hand. Hand in Hand, Puls an Puls, bahnten wir uns einen Weg durch Qualm und Trümmer. Wo nur war meine Mutter?

Was geschah mit Kabul? Letzte Woche noch ein Haus, heute ein Trümmerhaufen. Gestern noch ein Kino, heute ein Trümmerhaufen. Eben noch eine Schule, jetzt ein Trümmerhaufen. Heute noch Kabul, morgen ein Trümmerhaufen. Das geschah mit Kabul – Trümmerhaufenkabul.

Ein Polizist versperrte uns den Weg. »Hey, was wollt ihr hier? Das ist kein Spielplatz.« Er stemmte seine staubgraue Hand gegen meine Brust.

»Ich suche meine Mutter«, stotterte ich. »Sie … sie … ist … Lehrerin.«

»Sie ist nicht hier. In der Schule war nur ein alter Hausmeister, den hat's erwischt, als er gerade den Hof gefegt hat.« Er kratzte sich teilnahmslos am Kinn. »Der ist mausetot.«

Mein Atem stockte. »Sind Sie sich sicher?«

»Ja, und jetzt haut hier ab.«

Ich dachte an den Hausmeister. Er war ein alter Mann mit weißem Haar und runzeliger Haut gewesen. Die Zähne waren ihm ausgefallen, und wenn er lächelte, sah er wie ein Säugling aus. Jeden Tag fegte er mit seinen klapperdürren Armen den Hof und den Flur der Schule. Er fegte sehr langsam. Manchmal brauchte er einen ganzen Schultag nur zum Hof-und-Flur-Fegen. Die Schule entließ ihn trotzdem nicht: weil er alt war und nicht mehr lange zu leben hatte. Soll er doch fegen, wenn er unbedingt fegen will. Eines Morgens zog ihm Jamal den *tumban* herunter. Der alte Hausmeister trug keine Unterhosen. Jeder konnte einen Blick auf seinen hängenden Pimmel werfen, der aussah wie eine schrumpelige Dattel. Als er sich hektisch bemühte, seinen *tumban* wieder hochzuziehen, geriet er ins Wanken, fiel vornüber, und wir sahen seinen Hintern, der aussah wie ein alter Kürbis. Alle lachten. Ich auch. Der Hausmeister wurde puterrot. Nie hätte er erwartet, in seinem Alter noch derart beschämt zu werden. Mit wackeligen Beinen rappelte er sich wieder auf und wir sahen ihn und sein runzeliges Säuglingslächeln nie wieder. Hof und Flur fegte er nur noch, wenn die Schule leer stand. So wie heute. Und nun war er tot. Mausetot. Wegen einer schrumpeligen Dattel und eines alten Kürbisses.

»Er tut mir leid«, meinte Khalil mit wässrigen Augen.

»Du hast ihn überhaupt nicht gekannt.«

»Er war alt und hätte es verdient gehabt, in seinem Bett zu sterben.« Er zog schniefend den Schleimfaden an seiner Nase hoch und rückte die Uschanka wieder gerade.

»Das stimmt. Mir tut er auch leid.« Ich rieb mir die Augen, einerseits betrübt, anderseits dankbar, dass es nicht meine Mutter erwischt hatte. *Allah shukur.* Gott sei Dank.

»Wir müssen nach Hause«, sagte ich.

»Warte, du hast da was.« Khalil fuhr mir mit der Handfläche über das Gesicht und wischte meinen Rotz und meine Tränen weg. So ein Freund war er. Er ließ meinen Schmerz einfach verschwinden. Dann säuberte er seine Hand an der Lammfelljacke und lief voraus.

Ich blieb kurz stehen und schaute ihm nach. Seine Uschanka hüpfte wie ein weißes Kaninchen auf und ab. Seine Stiefel malten Spuren in den Schnee. Ein wundervolles Gefühl strömte durch meinen Körper. Wohltuend wie ein raumfüllender, blumiger Duft. Warm wie ein lichter Sonnenstrahl. Ein Gefühl der Dankbarkeit. »Khalil!«, rief ich. Er blieb abrupt stehen und drehte sich um. Ich formte ein Horn mit meinen Händen. »Du bist der beste Freund der Welt!« Zuerst verstand er nicht, dann errötete er und ein scheues Lächeln erschien auf seinen Lippen. Zusammen rannten wir zurück nach Hause. Unsere Füße malten Spuren in den Schnee. Zwei paarige Linien von Fußspuren im Schnee. Zwei Freunde. Zwei Herzen. Ein Takt.

Aus der Ferne konnte ich die bleigrauen Fassaden der Wohnungen des Makrorayon ausmachen. *Shurawi*-Wohnungen, Russen-

Wohnungen, deren Bau von den Sowjets veranlasst worden war. In diesem Stadtgebiet lebten russische Staatsfunktionäre und kommunistisch ausgerichtete Afghanen oder solche, die für die Kommunisten arbeiteten. Mohammed Nadschibullah hatte zwei Stockwerke über uns gewohnt, bevor er Präsident von Afghanistan geworden war. Zu diesem Zeitpunkt war mein Vater Landwirtschaftsingenieur gewesen und bekam vom Staat gut honorierte Auslandsaufträge.

Der Makrorayon war die Miniaturausgabe einer typisch sowjetischen Plattenbausiedlung. Klein-Moskau. Als hätte jemand ein Areal aus einer sowjetischen Stadt herausgeschnitten und es, wie ein unpassendes Teil in ein Puzzle, in Kabul platziert. Die Außenfassaden der Häuser hatten eine entsetzliche Farbe, der Putz fiel von den Wänden, und doch waren es Luxuswohnungen. Der Luxus bestand darin, dass aus den Wasserhähnen Warmwasser floss, der Strom meistens funktionierte und wir richtige Toiletten mit Spülung besaßen, während die meisten Afghanen ihr Geschäft noch auf Plumpsklos verrichteten. In Afghanistan *war* das echter Luxus. Die gewöhnlichen Häuser in Kabul waren einstöckig und von Mauern umgeben, die *shurawi*-Wohnungen dagegen mehrstöckige Plattenbauten mit Balkonen. In der näheren Umgebung befanden sich Kindergärten, Eisdielen, Restaurants, Supermärkte und Basare, wo es nach Gewürzen und gerösteten Erdnüssen roch und bunte Stoffe und Teppiche feilgeboten worden. Im Sommer schmeckte die Luft im Makrorayon nach frisch gegrilltem Hammelfleisch und die Kronen der Bäume trugen Granatäpfel, rot wie die untergehende Sonne Kabuls. In den Innenhöfen standen Sitzbänke aus Stein, dort aßen Männer gesalzene Pistazien und stritten über Politik. Im Sommer picknickten Eheleute mit ihren Kindern im nahe gelegenen Park.

Khalil verabschiedete sich. *Khodahafez*, auf Wiedersehen; Gott schütze dich. Unser Wohnviertel war in weiße Farbe getaucht, Schnee lag auf Schaukeln und Sitzbänken. Kinder hatten Schneemänner gebaut. Ein schöner Ort. Mein Makrorayon war noch kein Trümmerhaufen. Gott schütze dich.

Kapitel 3

Tränensuppe

Ich klopfte an die Haustür. Meine Mutter schloss auf, sie war kreidebleich und hatte gerötete Augen.

»Wo warst du?«, fragte sie. Ihre Stimme klang wütend und erleichtert zugleich. Ich schlang meine Arme um ihre Hüften. Ihr warmer Mutterkörper wärmte meinen. Ich drückte meinen Kopf gegen ihr Mutterherz. *Dumm dumm, dumm dumm, dumm dumm*, schlug es schnell. Ein warmes, weiches Mutterherz. Ich atmete ihren Duft ein: Minze, Mehl und Seife. Ein wirklich wundervoller Geruch. Sie streichelte meinen Hinterkopf. In diesem Moment gab es für mich auf dieser Welt nichts Schöneres, als meinen Kopf für immer in ihrer Kleidung zu vergraben und ihren Duft einzusaugen.

»Sie haben die Schule bombardiert.« Sie löste sich aus meiner Umarmung. »Ich habe überall nach dir gesucht.«

»Ich weiß«, antwortete ich zögerlich.

»Wie oft habe ich dir gesagt, du sollst den Makrorayon nicht verlassen?« Sie schaute mich klagend an. »Das Herz bleibt mir stehen, wenn ich nach dir suche und dich nicht finden kann. Wie viele Mütter suchen nach ihren Kindern und finden sie *nie* wieder?« Sie schluckte. »Solche Gedanken machen mich verrückt.«

Sie berichtete, dass sie sich heute früher als sonst auf den Weg zur Schule gemacht habe, um aufzuschließen. Als stellvertretende Direktorin hatte sie einen Zweitschlüssel. Da habe sie das Pfeifen der Kampfflugzeuge gehört. Zuerst sei sie weitergegangen. Schließlich kreisten die Bomber oft wie Aasgeier über Kabul. Meistens drehten sie ihre Runden und flogen davon, ohne Bomben abgeworfen zu haben. Warum auch sollten Kampfflieger eine Schule oder den Makrorayon bombardieren?

Warum? Warum? Warum? Darum. Sie taten es einfach. Darum. Das war halt der Krieg. Darum. Das war die ganze Antwort. Warum? Darum. Ganz einfach.

Plötzlich, so erzählte meine Mutter weiter, sei sie dann losgelaufen und zurückgerannt. Wenn sie die Schule bombardierten, dann konnten sie genauso auch den Makrorayon bombardieren. Sie musste ihre Kinder einsammeln – eins, zwei, drei, vier Kinder – und in Sicherheit bringen. Im Laufen hielt sie ihre grüne Krokodilhandtasche wie einen Schirm über ihren Kopf. Hinter ihr hörte sie es knallen und bersten. Sie blickte nicht zurück. Auf dem Weg sammelte sie ihre Kinder ein. Kind Nummer eins, Jacqueline, die Älteste, band ihrem Schneemann eine Schleife um. Sicher hatte sie die Bomber gehört. Doch sie waren ja weit, weit weg. Jedenfalls weit genug, um sie nicht zu erschrecken. Schließlich war Jackie kein Mädchen, das schnell in Panik geriet. Sie war schon dreizehn. Halb Frau, halb Mädchen. Was die Krokodilhandtasche über ihrem Kopf solle, wollte Jackie wissen. Meine Mutter nahm den Arm herunter.

Die Flugzeuge haben Bomben abgeworfen.

Ja, das wisse sie, aber was habe die Krokodilhandtasche damit zu tun?

Zum Schutz. Meine Mutter kam sich lächerlich vor.

Eine *Krokodilhandtasche?* Jackie lachte sie aus.

Wo war Wahid? Er war Kind Nummer zwei.

Er rauchte heimlich drüben hinter der Mauer.

Wo war Julie? Sie war Kind Nummer drei.

Zu Hause.

Wo war Hamid, der Jüngste? Er war Kind Nummer vier.

Jackie überlegte. Bei Khalil. Er wohnte zwei Häuserblocks weiter. Sie klingelten bei ihm. Niemand machte auf, denn auch Eva suchte gerade ihren Sohn. Draußen begegneten sich die besorgten Mütter. Eva trug eine Schürze, und ihre honigfarbenen Haare waren in *bigudi*, Lockenwickler, gedreht. Wo sollten sie nach uns suchen? Im Makrorayon waren ihre Söhne anscheinend nicht. Khalil hatte nur Hamid, Hamid nur Khalil. Sie waren immer zusammen – nur: Wo waren sie?

»Eva war sehr aufgebracht«, berichtete meine Mutter.

»Es ist ja nichts passiert«, murmelte ich schuldbewusst.

»Ohne meine Erlaubnis darfst du die Wohnung nie verlassen, hörst du? Den Makrorayon schon gar nicht, hörst du?«

»Ja«, sagte ich.

»Versprich es mir.«

»Ich verspreche es dir.« Da fiel mir ein: »Der Hausmeister ist tot. Mausetot.«

»Woher weißt du das?« Meine Mutter sah mich mit großen Augen an. Sie hatte ihre Brille abgenommen, in einem der Gläser war ein Sprung.

»Ich war an der Schule.«

»Was um Gottes willen hattest du da zu suchen?«

»Dich. Ich hab nach dir gesucht.«

»Oh. Möge Gott seiner armen Seele gnädig sein.«

Ich nickte. »Mama, die Schule hat keine Fenster mehr. Und die Gebäude ringsum sind nur noch Trümmerhaufen.«

»Die ganze Stadt verwandelt sich nach und nach in einen Trümmerhaufen, mein Kind.« Sie schüttelte den Kopf, als könne sie es selbst nicht glauben. »Von heute an geht ihr nicht mehr in die Schule. Das ist zu gefährlich.«

Mir konnte das nur recht sein. »Aber du, Mama? Wenn es so gefährlich ist, darfst du auch nicht mehr zur Schule gehen.«

»Wenn ich nicht mehr zur Schule gehe, habe ich keine Arbeit mehr.«

»Das macht doch nichts, unser Vater verdient genug«, tröstete ich sie.

»Darum geht es nicht, mein Kind. Darum ging es nie«, sagte sie traurig.

Darum ging es nie. Meine Mutter liebte ihren Beruf als Lehrerin. Aus ihren Erzählungen wussten meine Geschwister und ich, dass es sie Fleiß und Durchsetzungskraft gekostet hatte, diesen Posten überhaupt zu bekommen. Sie liebte das Unterrichten. Es gab ihr das Gefühl, etwas Sinnvolles und Nützliches zu tun. Sie brachte Kindern etwas bei, bereitete sie auf das Erwachsenenleben vor. Sie war mitverantwortlich, *welche* Erwachsenen aus ihnen wurden. Meine Mutter war Lehrerin geworden, weil sie etwas verändern wollte. Bildung war für sie der Weg zu einem besseren Afghanistan. Wissen war wie eine kostbare Pflanze, die zwischen wuchernden Schlingranken wuchs, aufblühte und das Unkraut verdrängte. Die widersinnigen Ideologien und die fanatische Propaganda der fundamentalistischen Mullahs fielen nur dort auf fruchtbaren Boden, wo zuvor nichts Besseres gesät worden war. Kritische Gemüter waren dazu fähig, starre altertümliche Bräuche und Denkgewohnheiten aufzusprengen. So hatte sie schon gedacht, bevor der Krieg begonnen und das Land in Aufruhr und Chaos versetzt hatte. Und nun waren Menschen wie sie wichtiger als je zuvor. Die neue Generation war neuen Grausamkeiten ausgesetzt: Ihre Spiele wurden von Bombardements unterbrochen, ihre Freundschaften zerrissen, ihre Familien auseinandergesprengt.

Eine Kinderseele war zerbrechlich wie ein Kristallglas – damit spielte man nicht!

Sie war brüchig wie dünnes Eis – darauf trat man nicht!

Sie war rein wie ein weißes Laken – das beschmutzte man nicht!

Die Realität war anders. Die neue Kriegskindergeneration war sonderbar: Ihre Gesichter waren so ernst, ihre Blicke so streng, ihre Ansichten so radikal. Wie lange würde das gutgehen? Wie lange? Diese Kinder redeten schon in jungen Jahren über Politik und Krieg. Im Radio drehte sich alles nur um Politik und Krieg, die Eltern sprachen nur über Politik und Krieg – das steckte an. Aus ihnen wurden kleine Politiker, kleine Gotteskrieger, kleine Kommunisten, kleine Soldaten, kleine Mullahs – nur keine Kinder. Kaum hatte sich der erste Flaum auf der Oberlippe eines Jungen gebildet, wurde er in die afghanische Armee gezwungen, um die Widerstandskämpfer zu bekriegen. Er konnte weinen, kreischen und winseln – es nutzte nichts. Hatten die Eltern genug Geld und Einfluss, konnten sie ihren Jungen freikaufen und zurückholen.

Viel schlimmer war es da, wenn diese Jungen den Märtyrertraum träumten. Männer, die noch halbe Kinder waren, lächelten bei dem Gedanken, den bärtigen Helden zu spielen und für ihr Vaterland zu sterben. Als *schahid* umzukommen war gleichbedeutend mit einem Freifahrschein ins Paradies. Sobald diese halben Männer, halben Kinder einmal angefangen hatten, diesen Traum zu träumen, konnten ihre Eltern nichts mehr für sie tun. Sie verloren ihre Söhne – weil Männer mit Gewehren und Bomben die einzigen Helden im Land waren.

Diese Kinder verkümmerten an ihren Sorgen. Sie verdarben an ihren Erfahrungen und ließen sich das nicht einmal anmerken, weil sie stark wie Erwachsene sein wollten. Sie waren wie Äpfel, die von außen normal aussahen, während sie von innen her verfaulten. Das machte meiner Mutter Angst. Sie hoffte, als Lehrerin zumindest einen winzigen Beitrag zur Entwicklung ihrer Schüler leisten zu können, und wenn es ihr gelang, nur ein einziges Kind auf den richtigen Weg zu bringen, so meinte sie, habe sie ihr Soll auf Erden erfüllt.

Für dieses Ziel hatte sie hart gekämpft. Als sie neunzehn Jahre alt gewesen war, hatte ihr mein Großvater eröffnet, dass es Zeit zum Heiraten sei.

Zeit zum Heiraten? Niemals. Sie wolle noch so viel tun. Noch so viel verändern. Die Welt sei aus den Fugen, da könne sie doch nicht einfach heiraten. Sie kenne doch die afghanischen Männer; die und ihre Moral, die und ihre Traditionen, die und ihre dummen Vorschriften. Ein Mann würde ihren Bauch rund machen, sie an den Herd ketten und ihr die Träume ausprügeln.

So müsse das nicht sein. Es gäbe auch gute Männer. Er sei doch ein guter Mann, oder etwa nicht? Sie sei doch mit denselben Freiheiten aufgewachsen wie ihr Bruder, oder etwa nicht?

Ja, er sei meistens ein guter Mann gewesen und, ja, sie sei mit vielen Freiheiten, nicht aber denen ihres Bruders, aufgewachsen. Sie wolle selbst entscheiden, wann und wen sie heirate.

Mein Großvater unterdrückte ein Lachen. Nun sei es aber genug. Es sei beschlossene Sache. Wo käme die Gesellschaft hin, wenn Frauen ihre Ehemänner selbst aussuchen dürften?

Dann könne er auch gleich ihren Körper in einen Sarg stecken, ihn zunageln und unter der Erde vergraben!

Es sei beschlossene Sache. Seine Tochter habe nur Flausen im Kopf. Es sei an der Zeit zu heiraten.

Flausen im Kopf?

Ja, Flausen im Kopf.

Damit meinte er ihre ständigen Demonstrationsmärsche. Meine Mutter demonstrierte für Bildung, Frauenrechte, Menschenrechte, Meinungsfreiheit und allerlei andere Rechte. Der modern ausgerichtete König Sahir Schah hatte Afghanistan in den sechziger Jahren zwar zu einem freieren Ort gemacht, indem er für Frauen das Wahlrecht sowie das Recht auf Schulbesuch eingeführt hatte. Seitdem war das Land weltoffener und liberaler geworden. Doch schon damals gifteten die gespaltenen Zungen der Moralapostel gegen die neu gewonnenen Freiheiten. Altmodische Regeln und erstarrte Traditionen waren der Anker ihres sinkenden Schiffes, den sie nicht losließen und der sie nun mit in den Abgrund zog. Die rückwärtsgewandten Sittenwächter tolerierten keine Veränderungen, sahen jede Entwicklung Afghanistans als eine Annährung an den ungläubigen Westen. Mit ihren Hetzkampagnen fanden sie gerade in ländlichen Gebieten Gehör, wo hauptsächlich Analphabeten und strenggläubige Menschen lebten.

So kam es, dass in der Geschichte Afghanistans auf jeden Schritt nach vorn zehn zurück folgten. Schon 1928 hatte der König Amanullah Khan von einem fortschrittlichen Afghanistan geträumt. Er ließ einen Flugplatz bauen sowie auf den Märkten westliche Kleidung unters Volk bringen, und seine Ehefrau Soraya zeigte sich öffentlich ohne Schleier. Doch die erzürnten Mullahs stoppten diese Entwicklungen schnell. Der König musste fliehen, sein Flugplatz wurde in einen Folterort umfunktioniert, in Afghanistan wurden die Uhren wieder zurückgestellt.

Meine Mutter kannte die Geschichte ihres Landes. Jede neu erworbene Freiheit bewegte sich wie ein neugeborenes Lämmchen auf wackeligen Beinen. Sie sah es als ihre Pflicht an, diese Freiheiten zu verteidigen und zu schützen. Bei einer ihrer Demonstrationen streckte sie einem lüstern dreinblickenden Polizisten die Zunge heraus. Er verpasste ihr eine satte Ohrfeige und steckte sie ins Gefängnis. Beschämt zahlte mein Großvater dem Polizisten das für ihre Freilassung geforderte Bakschisch.

Von da an saß er auf heißen Kohlen. Seine Tochter war rebellisch. Er musste sie schnell verheiraten, bevor sich ihre Aufmüpfigkeit in der afghanischen Gesellschaft herumsprach. Denn, so versicherte er meiner Mutter, nichts sei den afghanischen Männern verhasster als rebellische Frauen. Er habe einen guten Mann für sie ausgesucht – einen Landwirtschaftsingenieur. Einen gebildeten Geschäftsmann, der sie mit zu sich nach Kabul nehmen würde. Dort könne sie studieren, müsse nicht sofort Kinder in die Welt setzen und hätte eine Hausangestellte, die an ihrer Stelle koche und putze.

Nein! Meine Mutter glaubte ihm kein Wort. Dann könne er sie gleich in ein Gefängnis stecken und den Schlüssel ins Meer werfen. Nein! Sie würde Wen-auch-immer nicht heiraten.

Nein? Doch! Aus.

Meine Mutter weinte drei Tage und drei Nächte. Vergebens, denn am vierten Tag kam Wer-auch-immer – *ihr* zukünftiger Mann –, um sie zu holen. Was blieb ihr schon übrig? Fortlaufen? Wohin? Zu wem? Sie hatte doch nur ihre Familie. Womöglich wäre es gar nicht so schlimm, verheiratet zu sein, redete sie sich gut zu. Es solle sie ja geben, Ehen, die gar nicht so schlimm waren. Er war ein gebildeter Geschäftsmann. Sie würde studieren dürfen, nicht sofort Kinder in die Welt setzen müssen und hätte eine Hausangestellte – das hörte sich doch gar nicht so übel an, wenn es denn wahr war. Womöglich war auch Wer-auch-immer gar nicht so schlimm. Vielleicht war er ein guter, interessanter, attraktiver Mann. Sie könnten zusammen ins Kino gehen oder ein Picknick genießen und über Gott und die Welt sprechen. Dann hätte sie endlich jemanden zum Reden. Er würde sie küssen. Sie würden sich ineinander verlieben. Ver-lie-ben, ver-lie-ben, ver-lie-ben, sang sie leise vor sich hin.

Wer-auch-immer weckte plötzlich ihre Neugier. Durch einen schmalen Spalt in der Mauer spähte sie auf die Straße, als der Wagen vorfuhr. Der Chauffeur kam aus dem Auto und öffnete die Hinter-tür – heraus trat ein alter Mann. Das war wohl der Vater ihres künf-tigen Bräutigams. Sie hielt die Luft an und drückte ihr Auge fester an den Spalt. Der Chauffeur schloss die Tür und setzte sich zurück in den Wagen. Niemand sonst kam heraus. Der alte Mann hatte einen Bund blauer Glockenblumen in der Hand. Die Blumen ließen ihre Blütenköpfe hängen. Traurige Glockenblumen, dachte meine Mutter bedrückt.

Der alte Mann sah sonderlich aus. Er war nicht hässlich. Ein-fach sonderlich. Meine Mutter konnte sich nicht erklären warum, doch je näher er kam, desto kleiner wurde er. Sein Kopf wurde klei-ner, seine Hände wurden kleiner, seine Beine wurden kleiner, alles an ihm wurde kleiner – nur die blauen Glockenblumen nicht. Er schrumpfte. Vielleicht hat er zu heiß gebadet, überlegte sie, und nun läuft er ein wie ein altes Kleidungsstück. Meine Mutter verspürte ein unbehagliches Gefühl in der Magengegend. Das konnte doch nicht wahr sein! Von allen Männern Afghanistans hatte ihr Vater diesen da ausgesucht? Sein Anzug hing schlaff an seinem Körper und sein Haar sah auch merkwürdig aus. Es war irgendwie bizarr. Braungrau und seitlich über den Kopf gekämmt.

Der Wind blies leicht, und die Glockenblumen hoben ihre Blü-tenköpfe, als starrten sie meine Mutter mit offenen Mündern an.

Sein Haar stellte sich wie ein Zeltdach auf, und in der Mitte erschien eine glänzende Glatze. Schnell zückte er einen Kamm und bürstete das noch vorhandene braungraue Haar über die kahle Stelle. Sie würde ihn nicht heiraten. Auf keinen Fall.

Kurz darauf saß mein Vater mit ihrem Vater auf der Couch und trank grünen Tee. Meine Mutter betrat das Zimmer. Mein Vater gab ihr das Bündel blauer Glockenblumen. Traurige Glockenblumen für ein trauriges Mädchen. Sie würde ihn nicht heiraten, diesen alten Mann.

Mein Vater verzog die Lippen zu einem Grinsen, grüner Tee tropfte aus seinen Mundwinkeln.

Er solle sich lieber eine Frau in seiner Größe suchen, meinte sie frech. In seinem Alter.

Mein Vater lachte und keuchte. Er war siebenundzwanzig Jahre älter als sie, und ein Lachen verwandelte sich da schnell in ein Keuchen. Grüne Spuckebläschen sprangen aus seinem Mund auf die weiße Bluse meiner Mutter. Angewidert wischte sie die Spuckebläschen weg.

Mein Vater fand, das Mädchen sei furchtbar amüsant. Mein Großvater räusperte sich, ja furchtbar amüsant, hehe. Furchtbar amüsant, hehe. Es täte ihm leid, seine Tochter sei eben noch jung und trotzig.

Das mache nichts, denn er liebe junge und trotzige Frauen.

Mit Henna bemalte Hände, ein grüner Schleier, blaue Glockenblumen. Ein Festmahl. Eine Hochzeit. Eine junge, weinende Frau heiratete einen alten, grinsenden Mann. Die Glockenblumen senkten ihre Köpfe, als wären sie damit nicht einverstanden.

Zwei Tage später kochte die frischgebackene Ehefrau für ihren frischgebackenen Ehemann *ash*-Suppe. Sie sah schlecht aus; ihre Augen waren geschwollen, sie hatte Tag und Nacht geweint. Sie rührte die *ash*-Suppe. Plubb, eine Träne, plubb, zweite Träne, plubb, dritte Träne. Tränen-*ash*-Suppe.

> *Wie gern wär ich eine Träne,*
> *dann würde im ash ich versinken,*
> *wie gern wär ich eine Träne,*
> *dann würde mich niemand finden.*

Sie sang, sie weinte und rührte Suppe. Mein Vater setzte sich an den Tisch, meine Mutter servierte ihm Tränen-*ash*-Suppe. Er probierte einen Löffel voll und schob den Teller beiseite: Die *ash*-Suppe sei versalzen. Kein Wunder bei dem ganzen Geheule, meinte er mürrisch.

Darum schere sie sich nicht, rief meine Mutter.

Das reiche ihm langsam, die Tränen, die Aufmüpfigkeit – er habe es lange genug ertragen!

Auch darum schere sie sich nicht! Er habe die junge, trotzige Frau haben wollen, nun habe er die junge, trotzige Frau.

Er schlug mit der Faust auf den Tisch, doch seine Faust war klein, der Tisch aus hartem Holz. Er biss die Zähne zusammen und stöhnte leise auf. Meine Mutter kicherte.

Er solle lieber aufpassen, sie wisse eine gebrochene Hand nicht zu versorgen.

Sein faltiges Gesicht verzog sich. Er würde sie prügeln. Meine Mutter kicherte. Er würde sie züchtigen. Sie kicherte lauter. Er würde ihr das Studium verbieten. Sie verstummte.

Das dürfe er nicht.

Mein Vater nickte zufrieden. Er hatte ihren wunden Punkt gefunden. Endlich.

Und ob er das dürfe, er sei ihr Ehemann – er dürfe alles. Sie solle eine neue *ash*-Suppe kochen und ihn fortan mit *Engineer-Sahib*, verehrter Herr Ingenieur, ansprechen.

Engineer-Sahib?

Engineer-Sahib.

Sie sei doch nicht seine Angestellte.

Wolle sie nun studieren oder nicht?

Ja, wolle sie.

Ja, wolle sie – und weiter?

Meine Mutter schnaubte verärgert. Ja, das will ich, *Engineer-Sahib*.

Was wolle die junge, trotzige Frau überhaupt werden?

Lehrerin.

Hm, Lehrerin, mal sehen. Mal sehen.

Für viele war die Schule ein schöner Ort. Die einen, wie meine Mutter, liebten das Unterrichten, die anderen, wie Khalil, das Lernen oder sie genossen die unbeschwerten Stunden mit ihren Freunden. Ich dagegen war froh, dass ich nun nicht mehr in die Schule musste. Für mich war die Schule immer ein Ort der Qual. Nicht nur der Lehrer und des Unterrichts wegen, sondern auch wegen der Schüler. Sie warfen mit Essensresten oder Steinen nach mir und nannten mich einen *muschchor*, Mäusefresser – die übliche Beschimpfung für uns Hazara. Anfangs begriff ich nicht, was ich falsch machte, ich wurde geärgert oder gemieden und fand keine Freunde.

Eines Mittags, als ich auf dem Schulhof mit mir selbst Murmeln spielte, spürte ich plötzlich einen harten Schlag im Nacken, als hätte jemand mit einem Stein nach mir geworfen – eine Situation, die sich Jahre später wiederholen sollte. Als ich mich umdrehte, sah ich einen faulen Apfel am Boden liegen. Jemand hatte mich damit am Hinterkopf getroffen. Alle Schüler um mich herum lachten, braune Apfelbrühe lief mir den Nacken hinunter in die Schuluniform. Das Maß meiner Wut war nun voll. Ich hob einen Stock auf, schleuderte ihn in die Richtung, aus der dieser Apfel gekommen war, und traf irgendeinen Jungen direkt ins Gesicht. Der Junge, er hieß Elias, kam mit zornigem Blick und knallroter Wange auf mich zugerannt und verpasste mir einen Fausthieb in den Magen. Daraufhin trat ich ihm ans Schienbein und wir rollten uns auf dem harten Boden.

Eigentlich prügelte ich mich, seit ich denken kann. Ich wuchs damit auf, dass nur Fausthiebe und Tritte darüber entscheiden, wer der Stärkere und Bessere ist. Schon kleine Jungs waren mit Steinschleudern oder selbst gebastelten Waffen ausgerüstet. Die meisten Spiele, die ich kannte, hatten entweder etwas mit Steinen oder mit Schleudern zu tun. Es gab auch ein Spiel, *kushti*, bei dem sich alle Jungs im Hof versammelten und sich gegenseitig vermöbelten. Wir waren eben ein Volk von Kriegern und wurden schon von klein auf zu Kämpfern ausgebildet.

Mehrere Schüler hatten sich um Elias und mich versammelt und feuerten uns an – die meisten allerdings mehr Elias. Wir wälzten uns verbissen auf dem Boden, bis uns zwei Lehrer an den Kragen unserer Uniformen packten. Sie brachten uns mit zerzausten Haaren und schmutzigen Gesichtern ins Innere der Schule. Das Erste, was einer der Lehrer zu Elias sagte, war: »Das ist der Sohn deiner Lehrerin, du solltest etwas mehr Respekt zeigen.« Er schluckte nervös.

Meine Mutter kam ins Zimmer, sie sah uns an und sagte in ruhigem Tonfall: »Jungs, warum müsst ihr euch immer prügeln? Mit Worten seid ihr viel eher in der Lage, etwas zu bewegen. Merkt euch, die gefährlichste Waffe ist euer Mundwerk, es kann die Welt verändern; und wenn ihr es wirklich wollt, könnt ihr damit auch das Herz eines Menschen tief verwunden. Warum also macht ihr nicht von den Waffen eures Verstandes Gebrauch? Erklärt mir das!«

Beide blickten wir nur stumm zu Boden. Ich fragte mich, in was für einer Welt meine Mutter wohl lebte. Ein Blick aus dem Fenster müsste genügen, um ihr zu zeigen, wie die Waffen beschaffen sind, die die Menschen tatsächlich verwunden. Und nur mit deinem Wort konntest du hier keinen feuchten Furz bewegen.

Plötzlich sagte Elias etwas, was mich unglaublich beeindruckte. »Es ist meine Schuld, ich habe mit einem Stock nach ihm geworfen und er hat sich einfach gewehrt.«

»Warum hast du mit dem Stock geworfen?«

Er zuckte die Schultern. In Wahrheit hatte höchstwahrscheinlich gar nicht er den Apfel nach mir geworfen – und ich somit *ihn* grundlos angegriffen. Meine Mutter sah ihn streng an. Sofort schoss es aus mir heraus. »Das stimmt nicht, ich habe zuerst den Apfel nach ihm geworfen, und er hat sich nur gewehrt. Ich schwöre es!« Meine Mutter lächelte. »Das ist doch schon mal ein guter Anfang zum Frieden.«

Meine Mutter hatte recht behalten: Wörter *sind* in der Lage, Dinge zu bewegen und zu verändern. Sie können zum Beispiel Menschen bewegen, einen scheinbaren Feind in einem neuen Licht zu sehen und sich zu fragen, ob ein Feind nicht manchmal loyaler sein kann als ein Freund. Und Freunde *können* illoyal sein …

Elias und ich jedenfalls sahen einander von da an mit anderen Augen. Doch mein einziger wirklicher Freund in der Schule war lange Zeit Khalil. Die schlimmsten Tage waren die, an denen er krank war. Dann trottete ich trostlos über den Schulhof und aß in einer Ecke mein Brot.

Ich war sehr dankbar dafür, dass Khalils Mutter Eva dafür gesorgt hatte, dass Khalil und ich in dieselbe Klasse kamen. Auch sie war Lehrerin an unserer Schule und unterrichtete Mathematik. Eva war der Inbegriff von Anmut und Schönheit. Ihre honigfarbenen Locken schmiegten sich wie ein goldener Rahmen um das perfekte

Bild aus himmelblauen Augen und zarten, vollen Lippen. Da Mädchen- und Jungenschule getrennt waren, kamen wir wenig mit Mädchen in unserem Alter in Kontakt. Wenn Eva ein Klassenzimmer betrat, zog sie die volle Aufmerksamkeit aller Jungen auf sich. Als einmal ein Windzug ihr Kleid anhob und ihre Kniekehlen entblößte, sprachen die Jungen zwei Wochen lang über nichts anderes mehr. Manche behaupteten, ihre Oberschenkel, einige gar, die Wölbung ihres Hinterteils gesehen zu haben, und prahlten damit, dass ihnen Eva in ihren feuchten Träumen die Zunge in den Hals steckte und in den Schritt fasste. Über Eva durfte man so sprechen – sie war nur eine Russin und mit niemandem außer Khalil verwandt. Khalil ärgerte sich zwar, ignorierte solche Bemerkungen aber, weil er keinen Streit herausfordern wollte. Trotzdem wurde er dauernd herumgeschubst. Mischte ich mich ein, versuchte er mich aufzuhalten und rief aufgeregt: Lass ihn doch, nun lass ihn doch! Er will nur Ärger! Khalil verabscheute Gewalt. Meistens verpasste ich demjenigen, der ihm krumm gekommen war, dennoch die verdiente Abreibung.

Ich beteiligte mich nie am Unterrichtsgeschehen, weil mich kein einziges Fach interessierte. Verträumt blickte ich aus dem Fenster und beobachtete die Schwalben auf den Ästen, bis ein Lehrer gereizt meinen Namen aufrief. *Hamidullah Rahimi.* Ich zuckte nur mit den Schultern und widmete mich wieder dem Blick nach draußen. Dort draußen pulsierte das Leben. Hier erzählte man nur davon, dort erlebte man es. Dort draußen ist die Welt, dachte ich.

Kapitel 4

Der kleine Löwe

Als Kind sah ich die Welt mit anderen Augen, genau genommen mit Khalils Augen, denn mein bester Freund hatte ein besonderes Talent: Er konnte die Realität verändern. Nun, nicht wirklich verändern, er erschuf sie eher *für uns* neu. Khalil war ein begnadeter Erzähler mit einer grenzenlosen Fantasie und einem reichen Schatz an gesammelten Geschichten. Zu jeder Situation konnte er eine passende Fabel zum Besten geben. Die Quellen seiner Erzählungen waren unterschiedlich, die meisten jedoch hatte er auf die eine oder andere Weise seiner Mutter zu verdanken. Er hörte stets aufmerksam zu, wenn unsere Eltern über ihre Kindheit und das Leben in Afghanistan vor dem Krieg berichteten, und er verschlang die Geschichten aus dem *Golestan*, dem »Rosengarten« des persischen Dichters Saadi, ebenso wie die großen Werke der russischen Literatur.

Stunden vergingen wie Minuten, wenn wir abends am Seeufer ein Lagerfeuer machten und Khalil Gerüche, Gefühle und träumerische Gestalten zum Leben erweckte. Wir blickten in die Glut, während mein Freund mit verstellt tiefer Stimme sprach, gekonnt Pausen setzte und auf die richtige Betonung achtete. Die Flammen schlängelten sich um den tanzenden Rauch, und Insekten kreisten scharenweise ums Feuer, als würde es sie magisch anziehen. Es ging nicht nur darum, was er erzählte, sondern vor allem auch darum, *wie* er es tat. Er beobachtete immer meine Reaktion, und wenn ich mit Begeisterung zuhörte, ihn drängte weiterzuerzählen, erschien ein zufriedenes Lächeln auf seinen Lippen und sein Gesicht leuchtete wie der Mond in dunkler Nacht. Am Ende jeder Geschichte blieb ein anderes Gefühl zurück: mal Trauer, mal Freude. Und Erstaunen. Und jedes Mal fühlte ich mich ein wenig klüger als zuvor. In seinen Geschichten gab es weder Soldaten noch Waffen, dort herrschten gütige Könige, Kinder ritten auf bunten Pfauen, Tiere und Menschen aßen gemeinsam Weintrauben und tranken Honigmilch an einem Tisch. Es waren Geschichten, die mich in ihren Bann zogen, wie unser Lagerfeuer die Insekten.

Wie Khalil zum Geschichtenerzähler wurde, ist selbst eine eigene Geschichte.

Khalils Vater Davoud war ein groß gewachsener Mann aus einer einflussreichen Familie. Seine Stimme hatte einen tiefen, männlichen Klang, die Zähne waren perlweiß und er trug immer modische Kleider mit passenden Krawatten. Darüber hinaus besaß er ein besonderes Charisma, geboren aus seinem Überzeugtsein von sich selbst und seiner Weltsicht. Davoud war ein Mann, der an sich und seine Ziele glaubte, womit er wiederum andere dazu bewegte, an ihn zu glauben. Zudem war er getrieben vom Drang, etwas zu verändern – Charisma, Überzeugung und Veränderungswillen: eine

Kombination, die ihm früh einen Platz in der Politik sichern sollte. Ihm war die archaische Lebensweise der Afghanen ein Dorn im Auge. Das Problem müsse an der Wurzel gepackt, alte Sitten müssten durch neue Reformen ausgemerzt werden. Das Land brauche den Wandel und starke Männer wie ihn, die ihn durchsetzten.

Davoud ging in die UdSSR, um Politik zu studieren. Dort lernte er Eva kennen. Sie studierte Kunst und Literatur, war nicht nur wunderschön, sondern auch idealistisch, unschuldig und verträumt. Die beiden heirateten aus Liebe. Sie blieb in Moskau, Davoud wurde Mitglied der DVPA, der Demokratischen Volkspartei Afghanistans, die in den Jahren der Sowjetinvasion ihre Blütezeit erlebte.

Die DVPA hatte bereits 1978 unter Nur Mohammed Taraki die Macht im Land übernommen, dessen kommunistisches Regime nun umfassende Reformen in Gang setzte: Großgrundbesitzer wurden enteignet, ihr Land an Bauern verteilt. Taraki war für seine Grausamkeit bekannt. Er ging mit äußerster Brutalität gegen Regimegegner vor, und die damalige Geheimpolizei KAM stand im Ruf, Oppositionelle unbarmherzig zu foltern. So etwas geht nie lange gut. Eine Regierung, die das Volk unterdrückt, presst bloß den Deckel auf einen brodelnden Topf. Doch Davoud war überzeugt, dass sich die kommunistische Staatsmacht am Ende durchsetzen werde. Veränderung müsse manchmal eben *erzwungen* werden – wenn nötig mit Gewalt. In den Bergregionen formierten sich bald erste Gruppen von muslimischen Widerständlern, die Mudschaheddin. Die Unruhen breiteten sich aus. Schließlich marschierte zur Unterstützung der kommunistischen Regierung die Rote Armee in unser Land ein und beendete damit endgültig eine Zeit des Friedens.

Etwa zur selben Zeit brachte Eva in einem Moskauer Krankenhaus ihre Tochter Sahar zur Welt. Drei Jahre später kam Khalil dazu. Die russische Bevölkerung wusste nur wenig über den sich stetig ausweitenden Konflikt in Afghanistan. Es herrschte ein Zustand der Desinformation, die sowjetischen Medien romantisierten den Militäreinsatz und verzerrten die Fakten. Fotos und Filmaufnahmen zeigten Soldaten der Roten Armee, die Steine wälzten oder mit Kindern spielten. 100 000 Soldaten kämpften nicht. 100 000 Soldaten pflanzten Samen in die Erde. 100 000 Soldaten bauten Schulen und Krankenhäuser – hieß es. Doch Soldaten starben auch, wurden von

Widerständlern getötet. Blutjunge Soldaten, die zumeist nur eine dreimonatige Grundausbildung erhalten hatten. Ihre Leichenteile wurden in Mülltüten eingesammelt, in Zinksärge eingenagelt und in Militärflugzeugen vom Typ An-12, genannt »Schwarze Tulpe«, in ihre Heimat geflogen. Dieses Sterben aber wurde von der russischen Regierung vertuscht. Gefallene Soldaten erhielten kein militärisches Ehrenbegräbnis und ihre Familien wurden aufgefordert zu schweigen. Denn 100 000 Soldaten kämpften nicht in Afghanistan. Sie pflanzten Samen. Es wuchsen Blumen. Schwarze Tulpen.

Eva wollte sich nicht damit abfinden, dass ihr Mann immer nur kurz auf Besuch kam, also beschloss sie eines Tages, nach Kabul überzusiedeln. Sie nahm nur ihre zwei blonden Kinder und einen Koffer mit ihren Lieblingsbüchern mit. Doch das Leben in Afghanistan war nicht, wie sie es sich vorgestellt hatte. Ihre Kinder wurden krank vom ungewohnten Klima und vom unsauberen Wasser. Die vielen fremden Sitten der Afghanen irritierten sie. Und diese Armut erst! Wohin man blickte, streckten Bettlerkinder ihre dürren Arme nach einer milden Gabe aus. Die desillusionierte Eva weinte und weinte über die Ungerechtigkeit dieser Welt. Warum waren die einen arm, die anderen reich? Warum hatte sie nie genug, um jedem hungernden Kind etwas abzugeben? Warum? Warum? Warum? Ihre eigenen Probleme erschienen ihr auf einmal verhältnismäßig klein. Auf einmal war sie ganz dankbar für ihr Glück.

Irgendwann trockneten dann ihre Tränen, denn sie hatte sich unbewusst an die Ungerechtigkeit gewöhnt, die sie beständig umgab. Irgendwie gehörte sie eben zum Leben dazu. Also wurden ihre eigenen Sorgen wieder größer, ihre Dankbarkeit wieder kleiner. Auch ihr Mann hatte sich verändert; er war nie zu Hause, arbeitete wie ein Besessener und redete dauernd über irgendwelche drögen politischen Ideologien. Eva lenkte sich so gut wie möglich mit ihren Kindern ab. Sie ging mit ihnen spazieren und beantwortete geduldig ihre neugierigen kindlichen Fragen. Jeden Abend las sie ihnen eine Geschichte oder ein Gedicht aus einem ihrer vielen mitgebrachten Bücher vor. Khalil hörte besonders aufmerksam zu.

Eines Abends wurden sie von Bomben gestört. Der nächtliche Himmel blitzte auf, sie hörten es knallen und eine Explosion folgte auf die andere. Der Strom fiel aus. Die Wände wackelten wie bei einem Erdbeben. Khalil und Sahar weinten und zitterten. Eva wollte ihre Kinder beruhigen, zündete eine Kerze an und trug spontan ein russisches Kindergedicht vor: »Die gestohlene Sonne« von Kornei Tschukowski. Es handelt von einem bösen, gierigen Krokodil, das die Sonne vom Himmel stiehlt, so dass sich finstre Nacht über alles legt. Die Tiere fürchten sich vor dem bösen Krokodil, aber sie wollen auch ihre wärmende helle Sonne wiederhaben. So bitten sie den Bären, gegen das Krokodil zu kämpfen, der das Untier schließlich besiegt und es zwingt, die Sonne wieder auszuspucken.

Khalil und Sahar hörten auf zu weinen. Sie vergaßen gar die Bomben und drängten ihre Mutter weiterzuerzählen. Von da an wurde es Eva zur Gewohnheit, Khalil und Sahar mit Geschichten abzulenken. Wenn eine Rakete einschlug oder eine Bombe explodierte, trug Eva ein Gedicht vor, erzählte eine Fabel oder dachte sich eine Geschichte aus. Mit der Zeit lernte sie, auf Dari zu schreiben und zu lesen, womit sich ihr eine neue orientalische Welt mit tausendundeiner Geschichte eröffnete. Doch selbst tausendundeine Geschichte reichten nicht aus, um ihre Kinder zu versorgen, denn mittlerweile gab es mehr Bomben und Raketen als Geschichten im Land. Da Khalil ein außerordentlich gutes Gedächtnis hatte, merkte er sich jedes Gedicht, jede Erzählung und jede Fabel, die Eva ihren Kindern vortrug. Irgendwann übernahm er ihre Rolle und lenkte nun andere mit *seinen* Geschichten ab. Andere wie mich.

Khalil träumte oft vom Frieden. Dabei war uns der Frieden fremd. Wir kannten ihn überhaupt nicht, und was man nicht kennt, kann man eigentlich nicht vermissen. Khalil war da anders. Er hatte solche Sehnsucht nach dem Frieden, dass er mithilfe seiner Fantasie vorm Krieg flüchtete – und er nahm mich dabei mit. Wir stellten uns vor, vom Saft des Lebens zu trinken, von den Früchten der Neugierde zu kosten und verborgene Schätze alter Könige zu entdecken. Und Khalil erzählte und erzählte …

Gott hat sich bei der Erschaffung Afghanistans viel Mühe gegeben, *mefami* – weißt du? Er schuf farbenfrohe Vögel, die aus fruchtbehangenen Baumkronen trällerten, er formte hohe Berge mit spitzen, weißen Zuckerhüten und Täler mit reinem Kristallwasser, in dem Schneeleoparden badeten. Smaragdgrüne Pappeln bewachten Flussläufe und spendeten Fasanen wie Wachteln Schatten. Gott ist ein Künstler, *mefami?* Er malte Landschaften mit safrangelben Blumen, die sich über das Umland der Stadt erstreckten. Unserer Stadt. Kabul. Kabuljan. Und Gott hat unser Land reich mit den Schätzen des Bodens ausgestattet: mit Erdöl- und Eisenvorkommen, mit Steinkohle, Steinsalz und mit massenweise Edelsteinen wie dem Lapislazuli. Es kamen Zirkusse mit Schlangenmenschen in die Stadt, es gab Museen und Modenschauen mit hübschen Frauen. Kannst du dir das vorstellen? Hippies aus aller Welt reisten an; sie besuchten die kolossalen Buddha-Statuen des Felsenheiligtums im Tal von Bamiyan oder rauchten unsere afghanischen Pflanzen, Hanf und Mohn, faulenzten im Gras und beobachteten bunte Papierdrachen am Himmel.

Und die Menschen erst – wie schön sie doch waren! Tadschiken mit länglichen Zügen, hohen Nasenrücken und tiefen, manchmal grüngrauen Augen. Dunkelhäutige Paschtunen mit ernstem Blick und pechschwarzem Haar. Hellhäutige Hazara mit runden Gesichtern und schmalen Schlitzaugen. Usbeken, Turkmenen, Belutschen – Gott hat wunderschöne Afghanen mit vielfältigem, unterschiedlichem Aussehen geschaffen. Unser Kabuljan ist wunderschön, *mefami,* oder? Oder?

War. *War* wunderschön. Wir seufzten. Als würden wir uns an etwas zurückerinnern. Als würden wir etwas vermissen. Als hätten wir *früher* gekannt. Dabei kannten wir nur *jetzt* und träumten von den Erinnerungen anderer. Und was war *jetzt?* Die Menschen achteten Gottes Werk nicht. Sie spuckten auf Gottes Werk. Die Ketten ihrer Panzer erstickten die Gräser, ihre Raketen köpften die Blüten, und die Felder wurden matschig vom Blut der Schuldlosen. Ihre Bomben rissen Krater in die Erde und verbrannten unser Land. Es zerfiel zu Asche. Ein Häufchen Asche in Gottes Hand.

Macht, Geld und Krieg. Mehr Macht. Mehr Geld. Mehr Krieg. Nur das hatten sie im Sinn. Und wir? Wir schauten hilflos zu. Wir hatten sowieso keinen Einfluss darauf, was geschah. Ob du für oder gegen die Kommunisten warst, für oder gegen die Gotteskrieger, für oder gegen den Krieg – Kommunist, Atheist, Islamist, dies oder das – wen interessierte das? Wenn Gott kurz wegschaute, warst du tot. Einfach tot, denn dein Haus stand an der falschen Stelle. Einfach tot, denn du hattest den falschen Weg gewählt. Einfach tot, denn du warst zur falschen Zeit am falschen Ort – in Afghanistan. Was konnte man da schon machen? Auf sein Glück hoffen vielleicht. Zu Gott beten. Mehr nicht. Gott hatte aber viel zu tun hier unten in Afghanistan. Die Arbeit wuchs ihm über den Kopf – und dann schaute Gott kurz weg und was passierte? Man starb. Ganz einfach.

Doch wir lebten. Das war am wichtigsten. Wir spielten und lachten und versuchten den Krieg nicht zu beachten.

Manchmal nahm uns mein Onkel Zahir mit zu den traditionellen Buzkashi-Spielen. Das geschah dann heimlich, denn unsere Mütter erlaubten uns nicht, diese brutalen Reiterspiele anzusehen – Buzkashi ist eine Art wüsterer Vorläufer des Polos und lässt sich bis auf Dschingis Khan zurückführen. Bei diesem afghanischen Nationalsport kämpft eine Anzahl von *chapandaz*, Reitern, auf kahler Steppe um den Kadaver einer Ziege. Sieger ist, wer das tote Tier beim Preisrichter ablegt. Jeder spielt gegen jeden und alles ist erlaubt – das führt immer wieder zu blutigen Kämpfen. Der Einsatz der *chapandaz* ist brutal und rücksichtslos. Der Gewinner wird gefeiert und verehrt wie ein Held. Für die Veranstalter und Sponsoren der Kämpfe – Warlords, Drogenbarone und die wohlhabendsten Geschäftsleute der Stadt – boten sie eine gute Gelegenheit zur Demonstration ihrer Macht.

Onkel Zahir verwettete Unsummen auf Buzkashi-Kämpfe. Während ich lauthals mitgrölte, sobald einer der *chapandaz* den Kadaver an sich riss, vergrub Khalil jedes Mal seinen Kopf in den Händen, wenn ein Reiter vom Pferd stürzte oder sich verletzte. Er war kein Buzkashi-Liebhaber. Er mochte es lieber, wenn wir im Sommer an Fischteichen fettleibigen Fröschen auflauerten oder unsere Kleider auszogen, um am Ufer zu planschen. An manchen Tagen kämpften wir wie Krieger gegeneinander; unsere Schwerter waren Zweige, unsere Sprengkörper Granatäpfel und unsere Gewehre Steinschleudern. Ich schleuderte den Granatapfel, und er zerschellte an Khalils Körper. Blutroter Saft tröpfelte seine Kinderbrust hinunter, woraufhin er theatralisch zu Boden sank und sich tot stellte. Doch er hielt nie lange durch. Er blinzelte und kicherte, bis wir gemeinsam in schallendes Gelächter ausbrachen. Am Ende setzten wir uns unter einen hellgrünen Weidenbaum, knackten Pistazien, aßen Rosinen und höhlten die Granatapfelschalen aus. Die von Fruchtfleisch umhüllten Kerne glänzten wie rote Rubine und schmeckten bittersüß. Bittersüße Kerne. Bittersüßes Leben.

Khalil liebte Granatäpfel. Und Granatapfelbäume. Er war überhaupt ein großer Freund der Natur. Einmal nahm er einen dieser Granatapfelkerne und aß ihn nicht, sondern wickelte ihn sorgfältig in sein Taschentuch und steckte ihn weg. Als ich ihn fragend ansah, sagte er: »Den pflanze ich morgen früh im Hof des Makrorayon ein und gieße ihn fortan jeden Tag, bis ein großer Baum daraus geworden ist.«

Ich schnaubte nur. Khalil und seine verrückten Ideen. »Aus diesem kleinen Kern wird nie im Leben ein großer Baum. Du hättest ihn lieber essen sollen.«

»Wir werden ja sehen«, meinte Khalil und lächelte mich zuversichtlich an. »Hamidjan?«, fragte er dann, plötzlich ganz ernst.

»Ja?«

»Fängt nach dem Tod wieder alles von vorn an?«

»Wie meinst du das?«

»Werden wir wiedergeboren?«

»Man kommt ins Paradies oder in die Hölle.« Ein leichter Windzug schüttelte die Baumkronen und ein grünes Weidenblatt landete auf Khalils blondem Haar. Ich nahm es am Stiel und warf es weg.

»Ich glaube, nach dem Tod kommt nichts«, sagte er leise. Er strich eine blonde Locke aus seinem Gesicht.

»Hm.« Ich stellte mir das *Nichts* vor. Was war das Nichts? Dunkelheit. Leere. Einfach nichts. Merkwürdige Vorstellung. Ich verspürte ein beunruhigendes Gefühl im Brustkorb. Nichts. Einfach nichts.

»Hamidjan?«

»Was denn?«

»Ich habe Angst zu sterben.«

»Warum solltest du sterben?«, knurrte ich. Ohne dass ich wusste warum, war ich wütend auf ihn. Das spürte er natürlich. Er schwieg und seufzte mehrmals hintereinander.

»Na gut«, schnaubte ich. »Es gibt kein Nichts. Alles ist irgendwas. Selbst ein schwarzes Loch ist kein Nichts. Etwas kann hineingeworfen und wieder herausgeholt werden. Immer denken wir irgendwas. Immer tun wir irgendwas. Selbst wenn wir nichts tun, atmen wir, und wenn wir schlafen, träumen wir. Es gibt kein Nichts, verstehst du?« Khalil nickte und sein Blick hellte sich auf.

»Hamidjan?«

»Ja.«

»Denkst du, ich werde alt?«

»Ja.«

»Warum?«

Weil du mein bester Freund bist. Weil ich dich brauche. Weil ich mir ein Leben ohne dich nicht vorstellen kann, dachte ich.

»Einfach so«, sagte ich laut.

»Hamidjan?«

»*Was* denn?«, fuhr ich ihn an.

»Darf ich dir eine Geschichte erzählen?«

Ich schmunzelte und versetzte ihm einen liebevollen Schubser.

»Ja, erzähl mir eine.«

Es war einmal ein Löwe, der lebte in einer Wüste, die ständig vom Wind durchweht war. Deshalb war das Wasser in den Wasserlöchern, aus denen er normalerweise trank, niemals ruhig und glatt; der Wind kräuselte die Oberfläche, und nichts spiegelte sich im Wasser. Eines Tages wanderte der Löwe in einen Wald, wo er jagte und spielte, bis er sich ziemlich müde und durstig fühlte. Auf der Suche nach Wasser kam er zu einem Teich mit dem kühlsten, verlockendsten und angenehmsten Wasser, das man sich überhaupt vorstellen kann. Löwen können – wie andere wilde Tiere auch – Wasser riechen, und der Geruch dieses Wassers war für ihn wie Ambrosia.

Der Löwe näherte sich dem Teich und streckte seinen Kopf übers Wasser, um zu trinken. Plötzlich sah er jedoch sein Spiegelbild und dachte, es sei ein anderer Löwe. »Oh je«, sagte er zu sich, »das Wasser gehört wohl einem anderen Löwen, ich sollte vorsichtig sein.« Er zog sich zurück, aber der Durst trieb ihn wieder zum Wasser; und abermals sah er den Kopf eines furchterregenden Löwen, der ihn von der Wasseroberfläche her anstarrte.

Diesmal hoffte unser Löwe, er könne den anderen Löwen verjagen, und riss sein Maul auf, um furchterregend zu brüllen. Aber als er gerade seine Zähne fletschte, riss natürlich auch der andere Löwe sein Maul auf, und der gefährliche Anblick erschreckte unseren Löwen.

Und immer wieder zog sich der Löwe zurück, und immer wieder näherte er sich dem Teich erneut. Und stets machte er dieselbe Erfahrung. Nachdem einige Zeit vergangen war, wurde er aber so durstig und verzweifelt, dass er zu sich sagte: »Löwe hin, Löwe her, ich werde jetzt von diesem Wasser trinken.« *Und wahrlich, sobald er sein Gesicht in das Wasser tauchte, war der andere Löwe auch schon verschwunden.*

Ich dachte noch lange über diese Geschichte nach. »Eine wirklich schöne Geschichte, Khalil.«

»Finde ich auch.«

»Das ist ab heute meine Lieblingsgeschichte«, sagte ich. Ein Grübchen erschien auf Khalils Wange.

Irgendwann später begaben wir uns auf die Froschjagd. In den hohen Gräsern am Seeufer entdeckte ich eine schimmelgrüne Kröte. Sie hockte bewegungslos in der Sonne, nur ihre Zunge schoss hin und wieder wie eine Harpune aus ihrem Maul, um sich an ein ahnungsloses Insekt zu haften. Kröten zu quälen machte besonders viel Spaß, sie waren hässlich und schleimig, gaben scheußliche Laute von sich. Mit ihnen hatte ich kein Mitleid. Ich buddelte die Kröten in der Erde ein oder blies sie mit einem Strohhalm auf. Khalil machte nie mit, er wäre ja nicht einmal dazu fähig gewesen, eine Ameise zu zerdrücken. Doch Khalil verurteilte mich auch nicht – es lag in seiner Natur, die Menschen, die er liebte, so zu nehmen, wie sie eben waren.

Als ich mich diesmal über meine Beute beugte, ergriff die Kröte mit einem Sprung die Flucht. Ich rannte ihr nach. Bei meiner Hetzjagd rutschte ich aus, verlor das Gleichgewicht und taumelte rückwärts in den See. Meine Füße bekamen keinen Grund mehr zu fassen. Panik überkam mich. Ich konnte nicht schwimmen. Aus dem Augenwinkel heraus sah ich Khalil einen Ast nach mir ausstrecken. Er war zu weit weg. Ich schrie. Meine Lungen füllten sich mit dreckigem Seewasser. Je heftiger ich um mich schlug, desto mehr Wasser drang mir in Nase und Mund. Ich hustete und verspürte einen schrecklichen Druck im Kopf. Ich bekam keine Luft mehr, Schwäche überkam mich und ich hörte auf, mit Armen und Beinen zu paddeln. Der See saugte mich ein wie Treibsand. Kurz bevor ich das Bewusstsein verlor, spürte ich einen festen Griff um meinen Brustkorb.

Das Nächste, woran ich mich erinnere, war ein grelles Licht, das zwischen den Ästen der Weide hindurchschien. Ihr herabhängendes Grün war wie ein Vorhang, der die Sicht auf die Sonne freigab, wenn der Wind durch ihn strich. Eine verschwommene Gestalt machte ruckartige Bewegungen. Ich spürte kleine Hände auf meinem Brustkorb, kleine Hände auf meinen Wangen. Ich drehte meinen Kopf zur Seite und spuckte bitter schmeckende Flüssigkeit aus – Seewasser und Galle. Die verschwommenen Umrisse nahmen langsam Farbe und Form an. Ich erfasste weizengelbes Haar und blassblaue Augen, die mich voller Angst anstarrten. Sein Kinn zitterte, der Oberkörper war nackt und er war nass von Kopf bis Fuß.

Khalil hatte mich aus dem Wasser gezogen! Er, der immer Angst hatte, schwach und klein war, hatte *mir* das Leben gerettet! Er hatte seine Angst überwunden, wie der Löwe sein Gesicht ins Wasser getaucht. Für mich. Nur für mich.

»Danke«, keuchte ich und spie erneut bitter schmeckendes Wasser aus. Erleichtert schlang er seine dünnen Arme um meinen Hals. Er solle lieber aufpassen, sonst spucke ich ihn noch voll. Egal. Er drückte mich fester. Er solle sich lieber etwas überziehen, sonst erkälte er sich noch. Egal. Er vergrub sein Gesicht in meiner Schulter. Egal. Egal. Egal. Solange es mir gutging, war doch alles egal.

Unsere Kleider trockneten an der Sonne, derweilen blieben wir längere Zeit schweigend und sprachlos im Gras liegen. Kopf an Kopf beobachteten wir die Wolken am Firmament. Sie zogen über uns vorbei und langsam ging die Sonne unter. Auf dem Heimweg spürte ich das feuchte Gras durch meine offenen Sandalen, es blieb an meinen Zehenspitzen kleben. Wir kamen an Mauern aus Lehm und Stein vorbei, wie ergraute Weise schauten sie auf uns herab. Sie hatten bereits unzählige Bombenanschläge und Schüsse überlebt. Als ich einen Rosenbusch entdeckte, riss ich zwei Dornen aus einem Zweig.

»Von heute an sind wir keine bloßen Freunde mehr«, verkündete ich feierlich. »Wir sind Brüder. Blutsbrüder.« Ich stach die Dornenspitze in meine Fingerkuppe. Ein tränenförmiger Tropfen Blut trat heraus. Khalil streckte mir wortlos seinen Finger hin. Ich stach hinein und er quiekte leise. Dann rieben wir unsere Finger aneinander, mein Blut vermischte sich mit seinem. Ein Schwur auf die Blutsbrüderschaft. Eine russisch-afghanische Blutsbrüderschaft.

Wen kümmerte der Krieg? Wen, wenn man einen Freund und Blutsbruder wie Khalil hatte?

»Blutsbrüder von heute an, bis in die Ewigkeit, für immer zusammen«, posaunten wir stolz.

»Irgendwann werde ich mich revanchieren, versprochen«, versicherte ich euphorisch. »Irgendwann werde *ich dein* Leben retten.«

»Bestimmt, Hamidjan.« Khalil drückte meine Hand und ich legte meinen Arm um seine Schulter. Zwei russisch-afghanische Brüder. Eng umschlungen schritten wir der untergehenden Sonne Kabuls entgegen, sie war rund und rot wie eine aufgeschnittene Blutorange.

Kapitel 5

Rettung vorm roten Teufel

1988 begannen die Sowjets den Abzug ihrer über 100 000 Soldaten aus Afghanistan. Mitte Februar 1989 hatten die letzten Truppen das Land verlassen. Auf den Straßen feierten die Menschen den Triumph Afghanistans. Wir hatten gesiegt. Doch dieses »Wir« entpuppte sich als ein sehr brüchiges, und anstelle des Kriegs der Afghanen mit den Sowjets, der etwa einer Million Menschen das Leben gekostet hatte, entbrannte nun ein nicht minder blutiger Bürgerkrieg. Jetzt, wo der gemeinsame Feind fehlte, fielen alle gegenseitig übereinander her. Während ringsum die verschiedenen verfeindeten Mudschaheddingruppen miteinander um die Vorherrschaft kämpften, regierte in Kabul weiterhin der von Moskau mehr und mehr alleingelassene sowjetische Statthalter Mohammed Nadschibullah. »Wir haben den Krieg gewonnen und dafür den Frieden verloren«, sagte meine Mutter einmal.

Werde heiß, werde heißer,
Du, die heilige Sonne.
Oh Sonne der Freiheit,
Oh Sonne der glücklichen Zukunft ...

So tönte eine inbrünstige Stimme aus dem Radio. Die neue Nationalhymne war bereits 1978, einige Jahre vor meiner Geburt, von der kommunistischen Regierung Taraki eingeführt worden.

Wir sind durch den Sturm
An das Ziel des Weges gekommen.
Wir haben die Pfade der Dunkelheit
Wie den Weg des Lichtes durchquert.
Die rote Straße des Sieges,
den lauteren Weg der Brüderlichkeit ...

Sollte ich das Radio nicht lieber ausschalten? Onkel Zahir hatte uns verboten, das Loblied der Kommunisten zu hören, und sobald es irgendwo erklang, hielt er uns die Ohren zu. Es war uns verboten, den sozialistisch angehauchten Text der Hymne zu hören oder gar zu singen. Und auch wenn Onkel Zahir seine eigene Wohnung in einem anderen Viertel hatte, war er doch sehr oft bei uns zu Hause. So wie jetzt. Aber jetzt schlief er.

Zahir war ein Nationalist durch und durch – er verachtete die Russen und die noch immer in Kabul regierenden Kommunisten bis ins Mark. Ich konnte mich noch gut an die Sache mit dem sowjetischen Soldaten erinnern. Da war ich höchstens fünf Jahre alt und wir befanden uns inmitten der belebten Chicken Street, Hühnerstraße. Händler um Händler reihten dort ihre Stände aneinander und priesen lautstark ihre Waren an: farbenprächtige Stoffe, orientalische Teppiche, Macheten mit Elfenbeingriffen, Halbedelsteine wie den meerblauen afghanischen Lapislazuli. Menschen eilten von einem Marktstand zum nächsten. In den Tschador gehüllte Körper neben westlich gekleideten Frauen auf hohen Absätzen, zentralasiatisch, pakistanisch oder europäisch anmutende Männer in traditionellen Trachten oder Bluejeans – ein Sammelsurium an Menschen. Der sowjetische Soldat in grüner Uniform mit dem typischen fünfzackigen Stern auf dem Helm rauchte gerade eine Zigarette, als Zahir beschloss, ihn anzupöbeln.

»He, du russischer Hurenbock«, rief er. »Ja, du! Fick dein Gewehr, fick es doch!« Zahir hatte ein loses Mundwerk. Sein Herz, das er stets auf der Zunge trug, war voller Hass auf die Kommunisten, ob sie nun Russen oder Afghanen waren. Der Uniformierte mit dem kupferroten Haar und vernarbter Aknehaut sah meinen Onkel regungslos an. Er verstand ihn nicht. Zahir fing an, obszöne Bewegungen zu machen, mit denen er andeutete, wie sich der Russe ein Gewehr in den Hintern einführte. Der Soldat, er war vielleicht Anfang zwanzig, brach in schallendes Gelächter aus. Zigarettenrauch qualmte aus seinen Nasenlöchern. Die Leute drehten sich nach uns um. Mein Onkel aber beließ es nicht dabei. Er ballte die Faust. »Wartet nur ab – *wir* ficken euch noch!«

Der Russe hörte auf zu feixen und hob die kupferroten Augenbrauen. Die Stimmung kippte abrupt. Ich zog an Zahirs Hemd. Es war bunt und bis zur Brust aufgeknöpft. Dunkle Haare ragten heraus und eine schimmernde Goldkette baumelte an seinem Hals. Mein Onkel versetzte mir einen Schubs, und ich landete mit dem Hintern auf dem Boden. Schmutz wurde aufgewirbelt, Staubflocken tanzten in der Luft und glitzerten im Licht. Dann machte Zahir einen folgenschweren Fehler.

»Ich«, er tippte auf seine Brust, »ficke«, er machte eine obszöne Bewegung, »dich!«, und deutete auf den Kupferhaarsoldaten. Das verstand der dann auch. Er nahm einen letzten Zug von seiner Zigarette und zerdrückte sie unter seinen schwarzen Stiefeln. Mit entschlossenen Schritten marschierte er auf uns zu. Seine Kopfbedeckung verrutschte. Für eine Sekunde verflog die Aura des uniformierten Frontkämpfers, und es entstand der Eindruck eines unsicheren Halbwüchsigen, der einen übertrieben großen Helm trug und den Aufgaben eines Kriegers nicht gewachsen war. Doch dieser Anschein verflüchtigte sich schnell wieder, als er nun unmittelbar vor uns stand. Er brach in russisches Gebrüll aus und fuchtelte mit seiner Kalaschnikow herum. Seine Finger waren lang und gelblich, unter den in den Griff des Gewehrs gebohrten Nägeln hatte sich schwarzer Dreck angesammelt. Aus einem Kassettenrekorder nahebei dröhnte grelle indische Musik. Auf einem heißen Grill wurde ein Lammspieß gewendet. Licht spiegelte sich in der Klinge eines Dolches. Ein Junge in Lumpenkleidung trug einen Wasserkübel. Er blieb neben uns stehen.

»*Ab*, Wasser, frisches *ab!*« Er wedelte mit einem Plastikbecher. »*Ab*, frisches *ab!*« Er tunkte den Plastikbecher in seinen Wasserkübel. »*Ab*, frisches *ab!*« Er hielt das Wasser dem Kupferhaarsoldaten hin. Mit einer groben und gleichgültigen Bewegung schlug der ihm den Plastikbecher aus der Hand.

»He, das musst du bezahlen«, maulte der Wasserjunge. Der Soldat knackte mit dem Genick. Knack. Knack. Knackendes Genick. Dann rollte er die Schultern. Knack. Knack. Knackende Schultern.

»Du hast den Becher *ab* verschüttet – gib mir mein Geld«, beharrte der Wasserjunge. Der Soldat sah ihn ausdruckslos an und versetzte ihm einen Tritt. Sein Kübel schwankte hin und her, der Wasserjunge stolperte und fiel. Sein *ab* sickerte in die Ritzen der kaputten Straße. »He, mein *ab!*« Bestürzt stierte er auf den nassen Fleck. Seine Stimme klang weinerlich. Ich bückte mich und stellte seinen Wasserkübel wieder auf. Er war leer. »Mein *ab*.« Seine Brauen verengten sich, er zog eine schmollende Schnute. »Ist ja gut.« Ich half ihm hoch. Er war ungefähr vier. Nicht viel jünger als ich damals. Dann sah ich das Funkeln in Zahirs Augen. Sein Blick brannte vor Wut.

»Du schlägst ein *Kind*, du Hurenbock?« Zahir packte den Soldaten am Kragen seiner Uniform. Die Auseinandersetzung blieb nicht unbemerkt; eine Menschenmenge versammelte sich um uns und ein weiterer Soldat rückte an. Der Kupferhaarsoldat löste sich aus dem Griff und trat einen Schritt zurück. Dann holte er aus und donnerte meinem Onkel den Holzschaft seiner AK-47 mitten ins Gesicht. Ein Knacken. Wie ein in der Mitte durchgebrochener Zweig. Zahir ächzte und sackte zusammen. Der Wasserjunge rannte weg.

»Nein!« Ich stieß einen Schrei aus und haftete mich an das Bein des Soldaten. Blindwütig biss ich in seine Wade. Ich spürte dürres Fleisch unter dem Stoff seiner Hose und drückte mein Gebiss tiefer hinein. Er schrie auf und versuchte mich abzuschütteln, doch ich hatte mich festgebissen wie ein tollwütiger Hund. Er packte mich am Nacken, drückte fest zu und mein Kiefer weitete sich für einen Schmerzensschrei. Mit Wucht schleuderte er mich gegen eine Mauer. Ich prallte mit dem Rücken auf, mein Mark vibrierte und einen kurzen Moment lang verspürte ich Atemnot. Doch ich fing mich rasch wieder und kroch auf allen vieren zu meinem Onkel. Er lag benommen am Boden. Unter seinem Kopf hatte sich eine Blutpfütze gebildet. Er hielt sich sein Gesicht, Stöhnlaute drangen aus seinem Mund, dunkles Blut quoll zwischen seinen Fingern hervor wie durch ein Sieb. Wahrscheinlich war seine Nase gebrochen. Panisch säuberte ich seine blutverschmierten Wangen. Mein Herz hämmerte. Am liebsten wäre ich wieder auf den Soldaten gesprungen, doch um uns herum herrschte ein wüstes Durcheinander.

Die Leute verurteilten den Übergriff; ein Mann riss sich seinen *pakul* vom Kopf und fletschte die Zähne, eine verhüllte Frau schlug mit ihrer Lederhandtasche auf einen Uniformierten ein. Die Kommunisten priesen sich als ihre Freunde und Helfer, sie zwangen ihnen deren Lebensweise auf, gründeten Pionierorganisationen und eigene Geschäfte in *ihrem* Land. Sie kreuzten einfach hier auf und führten eigene Regeln und Strukturen in *ihrem* Land ein. Sie machten aus *ihrem* Land *deren* Land. Das gefiel ihnen nicht. Freunde rüsteten sich nicht mit Panzern und Gewehren. Freunde warfen keine Bomben, sie raubten, meuchelten und vergewaltigten nicht. Das waren keine Freunde.

Es kam zu einem wilden Handgemenge. Der Kupferhaarsoldat hob seine Waffe und feuerte in die Luft. Eins. Zwei. Drei. Drei Schüsse. Ich zuckte zusammen und hielt mir die Ohren zu. Es wurde still. Die Leute wichen einen Schritt weit zurück und nach und nach löste sich die Menge auf. Bald verzogen sich auch die Soldaten und ließen Zahir jammernd neben mir liegen. Als die Blutung aufgehört hatte, rappelte er sich auf und gemeinsam machten wir uns auf den Heimweg. Ich stützte ihn beim Gehen. »Siehst du, mein Junge, habe ich es nicht gesagt?«, röchelte er. »Hurenböcke, alles Hurenböcke.«

»Das Erbe der Löwen gehört jetzt den Bauern, das Zeitalter der Tyrannei ist vorbei ...«

Noch immer saß ich gebannt vor dem Radioapparat. Der russische Hurenbock-Soldat und all seine Kameraden-Hurenböcke waren inzwischen tatsächlich abgezogen; aus dem Land verschwunden, ganz wie Onkel Zahir es von ihnen gefordert hatte. Ganz als hätten sie sich auf seine Worte besonnen. Doch irgendwie waren sie immer noch da. Auch wenn die Sowjets nicht mehr im Land kämpften, bestimmten sie noch immer das Handeln der Regierung in Kabul, die nach wie vor nur eine ferngesteuerte Marionette Moskaus war. Die sowjetischen Soldaten waren verschwunden, doch die Kommunisten waren geblieben – und mit ihnen ihre Nationalhymne.

»*Wir wollen Frieden und Brüderlichkeit unter den Völkern der Welt …*«, setzte die inbrünstige Stimme zur letzten Strophe an. Ihr Gesang war leidenschaftlich und voller Sehnsucht, die Melodie feierlich und kraftvoll. Mit gefiel die Musik. Onkel Zahir schlief. Er würde es nicht hören. Nein. In kindlichem Eifer stimmte ich mit ein.

»*Wir fordern mehr Freiheit, für alle, die sich plagen …*«

Kaum hatte ich diese Zeilen gesungen, spürte ich schon einen festen Griff an meiner Schulter. Ich verstummte und drehte mich vorsichtig um. Eine flache Hand schlug gegen meinen Mund. Sofort schwoll meine Oberlippe an, lauwarmes Blut sickerte in meinen Mund. Ich gab keinen Laut von mir. Zahir starrte mich an. Als hätte ich etwas Furchtbares getan. So furchtbar, dass er es gar nicht glauben konnte. Die Hand, mit der er mich geschlagen hatte, zitterte. Die andere umklammerte sein Whiskyglas. Die goldschimmernde Flüssigkeit schlug Wellen, das Eis tanzte und ließ eine klirrende Melodie erklingen. Zahir hatte mich noch nie zuvor geschlagen. Ab und an brach er in tosendes Geschrei aus – er hatte eben schwache Nerven und ein lautes Organ –, aber nie war er uns gegenüber handgreiflich geworden. Nie.

»Bist du etwa ein Landesverräter? Ein Kommunist?« In seinen Augäpfeln waren dünne rote Fäden.

»Nein, ich bin kein Kom-mu-niz!« Ich schüttelte hektisch den Kopf. Meine Lippe brannte.

»*Kommunist!*«

»*Bale*, ja.«

»Wenn du kein Kommunist bist, warum singst du dann das Loblied der Bolschewisten? Hä? Warum?« Er rang nach Luft. Seitdem er angefangen hatte, immer dicker zu werden, fiel ihm gleichmäßiges Atmen schwer. Seine Nasenlöcher weiteten sich, und ich fürchtete schon, er würde gleich Feuer spucken wie ein Drache.

»Es war doch nur ein Lied … Ich fand es … irgendwie schön«, gab ich zaghaft zurück. Mir fiel keine bessere Erklärung ein.

»Irgendwie *schön?*« Er brüllte. Der Anhänger an seiner goldenen Kette baumelte hin und her. In den Winkeln seiner blutleeren Lippen bildeten sich kleine Spuckebläschen. »Bist du noch bei Trost? Nur ein Kommunist kann Kommunistenmusik schön finden!« Er donnerte das Glas auf den Küchentisch. Die goldschimmernde Flüssigkeit schwappte über. Zahir begutachtete den nassen Fleck und für einen winzigen Augenblick veränderte sich sein Gesichtsausdruck. Die Wut wich der Wehmut – er trauerte um den vergeudeten Schluck.

»Aber … i-i-ich b-b-bin kein Kom-mu-niz!«, stotterte ich. Ich fühlte mich wie ein Verbrecher auf der Anklagebank.

»Kommunist!«

»*Bale.*« Ich leckte über meine geschwollene Oberlippe. Sie schmerzte.

Kommunist. Immer wieder dieses dumme Wort. Ich hatte mir schon oft darüber den Kopf zerbrochen, es inzwischen aber aufgegeben. Irgendwie schienen selbst die Erwachsenen nicht recht zu wissen, was es bedeutete. Jedenfalls konnten sie es nie richtig erklären. Sie benutzen es hauptsächlich, um es einem um die Ohren zu hauen, wenn sie sich über irgendetwas aufregten. Und nun hatte mir dieses dumme Wort auch noch die erste heftige, blutige Ohrfeige von meinem Onkel eingebracht, nur weil ich ein Radiolied mitgeträllert hatte.

Die Köpfe meiner Geschwister lugten neugierig hinter dem Türrahmen hervor. »Was ist los?«, wollte Jackie wissen.

»Du blutest ja«, meinte Julie bestürzt. Ich schüttelte den Kopf und wischte mit dem Ärmel über meine Lippe. Meine Mutter durfte nichts davon mitbekommen. Sie hätte meinen Onkel aus der Wohnung gejagt und ihm jeden Umgang mit uns verboten. Sie hatte sein Benehmen noch nie ausstehen können. Er fluchte, trank, rauchte Opium, spielte und hatte keine richtige Arbeit. Trotzdem hatte er einen eigenen Chauffeur und lebte im besten Viertel der Stadt. Keiner wusste, womit er sein Geld verdiente. Wenn sein Körper bis oben voll mit Whisky war, leierte er alte afghanische Volkslieder. Dann krümmte er den Rücken, hob die Arme in die Luft und schnipste mit den Fingern. Er war so laut, dass ihn die Nachbarn zwei Stockwerke tiefer noch hören konnten. An seinen schlechten Tagen weinte er, kroch durch das Zimmer und winselte wie ein Baby.

Irgendetwas fehlte ihm wohl. Einmal erbrach er Whisky auf den Perserteppich. Mutter schlug die Hände überm Kopf zusammen und wischte Whiskykotze vom Perserteppich. Sie duldete ihn nur, weil er uns abgöttisch liebte. Auf seine eigene Weise. Und aus irgendeinem Grund tat er ihr leid.

Zahir legte die Stirn in Falten und massierte seine Schläfen mit den Fingerspitzen. Die dunklen Ränder unter seinen Augen, der wirre ölige Blick, das aufgequollene Gesicht – mein Onkel war zu einem Schatten seiner selbst geworden. Er fischte ein Stück selbst geschnittenes Eis aus dem Whiskyglas. »Hier«, murrte er. »Es ... es tut mir wirklich leid. *Wirklich*. Ich wollte dich nicht schlagen.«

»Danke.« Ich drückte das Eis gegen meine Lippe, die wunde Stelle brannte, bitter schmeckende Eiswassertropfen rannen in meinen Mund. Ich verzog mein Gesicht, als hätte ich in eine Zitrone gebissen. Ein schiefes Lächeln erschien auf Zahirs Miene, er tätschelte mir entschuldigend den Kopf. Ich entdeckte, dass seine Augen um die Pupillen gelb verfärbt waren. Ohne dass ich wusste warum, tat er auch mir leid. Zorn und Angst waren mit einem Mal verflogen.

Zahir wandte sich meinen Geschwistern zu. »Kommt.« Mit entschiedenen Schritten ging er hinüber ins Wohnzimmer und wir folgten ihm gehorsam. Dort schob er den Holztisch zur Seite. Die Wände waren kahl und weiß. Meine Mutter hatte es aufgegeben, Familienfotos aufzuhängen. Wenn in der Nähe eine Rakete einschlug, wackelten die Wände wie bei einem Erdbeben. Die Bilder krachten zu Boden und sie war es leid, in die zerbrochenen Gesichter ihrer Kinder zu blicken.

»Stellt euch alle in einer Reihe auf«, ordnete mein Onkel an. Den Kopf sollten wir anheben und uns kerzengerade hinstellen. Wir gehorchten und blickten ihn verwundert an.

»Es ist nicht eure Schuld, sondern die eurer Eltern – sie pflanzen euch diese pseudoliberalen Ansichten in den Verstand.« Er zeigte abwechselnd auf unsere Köpfe. »Da wächst nur noch Unkraut.« Zahirs Stimme war heiser. Das viele Opiumrauchen hatte ihm die Stimmbänder verätzt, er klang wie eine alte Krähe.

»Diese elenden Kommunistenhunde, alles haben sie uns genommen: unser Land, unseren Frieden, unsere Freiheit. Aber eines können sie uns nicht nehmen – unseren Stolz!« Er marschierte auf und ab wie ein Offizier vor seiner Truppe. »Wir sind stolz auf unser Vaterland, stolz, Afghanen zu sein, stolz auf *unsere* Nationalhymne – das kann uns niemand nehmen, stimmt's?«

Wir nickten pflichtschuldig.

»Unsere Zungen können sie herausschneiden, doch unsere Herzen werden unser Loblied, *unsere* Hymne weitersingen, nicht wahr?« Er blieb stehen und sah uns fragend an. Wir bejahten und er marschierte weiter. »Und wisst ihr warum?« Wir zuckten mit den Achseln. Mein Onkel schlug mit der Faust auf den Tisch. Julie fuhr zusammen. »Der afghanische Kämpfer lässt sich von *niemandem* vorschreiben, wie er zu leben hat! Wenn es jemand doch versucht, dann kämpft der afghanische Kämpfer dagegen! Er kämpft für seine Ehre, seine Familie und sein *Vaterland!*«

Julie umklammerte ihre Lieblingspuppe, Jackie stöhnte, Wahid öffnete den Mund und formte eine pinkfarbene Kaugummiblase. Ich aber hörte gebannt zu. Kämpfer. Afghanischer Kämpfer. Vaterland. Die Worte hallten in meinem Kopf nach. Vielleicht war es ja doch gut, gegen diesen Kommunizmus zu kämpfen.

»Der afghanische Kämpfer gibt sein Vaterland nicht auf. Das Land der Könige! Eroberer! Helden! Und nicht der kommunistischen Hurenböcke!« Zahir ballte die Fäuste. Rote Flecken bildeten sich auf seinem Hals und breiteten sich aus. Er hob den Zeigefinger und seine Hand zitterte vor Trunkenheit und Erregung. »Schon Alexander dem Großen haben wir es gezeigt! 1842 wurde der afghanische Kämpfer zum Albtraum der Briten, die das Land erobern wollten, und nun ist er zum Albtraum der Russen geworden. Und bald werden wir die Kommunisten endgültig besiegt haben!« Seine gelben Augen versprühten Leidenschaft. Der Patriotismus riss uns mit wie eine Welle. Mir war danach, meine Sandalen anzuziehen, meine Steinschleuder einzupacken und in den Krieg zu ziehen.

»Seid ihr Kämpfer oder Kommunisten?«

»Kämpfer!«, riefen wir. Zahir lächelte selig.

»Die Kommunisten mögen die stärkeren Waffen haben, aber wir haben das stärkere Herz!«

»Ja!« Mein Herz war entflammt.

»Denn was sind wir?«

»Kämpfer!«

»Ihr werdet gegen die Kommunisten kämpfen, verstanden? Ihr werdet ihr Loblied nie singen, hört ihr?«

»Ja!«

»Denn was sind wir?«

»Kämpfer!«

»Ab sofort ertönt in diesen Wänden nur noch die glorreiche Nationalhymne der Afghanen!«

»Ja!«

»Und wie geht die?« Zahir zog seine Augenbrauen zusammen. Wir verstummten. Hm. Ja. Wie? Julie hustete verlegen. Wahids Kaugummiblase zerplatzte. Keiner wusste es. Wir waren Kinder und offiziell war die alte Nationalhymne seit über einem Jahrzehnt abgeschafft.

»So schlimm steht es also um euch … Ihr kennt nicht einmal die Hymne eures Vaterlandes.« Mein Onkel verzog die Mundwinkel. »Sie haben kleine Bolschewisten aus euch gemacht. Ich sehe schon den ersten Zacken des Kommunistensterns auf euren Stirnen.« Er tippte auf Julies Stirn. »*So Che Da Mezaka Asman Wee*, ›Solange es die Erde und den Himmel gibt‹ – ihr kleinen Bolschewisten!«

»Ja!« Wir machten zustimmende Kopfbewegungen.

»Habt ihr ein Glück – ich rette euch noch rechtzeitig vorm roten Teufel!«

»Ja!« Ich war erleichtert – der rote Teufel würde uns nicht holen.

»Heute bringe ich euch die *echte* Nationalhymne bei.«

Mit rauer Stimme stimmte Zahir die Nationalhymne einer vergangenen Zeit an. Eines vergangenen Afghanistans.

Kapitel 6

Das Geburtstags-Feuerwerk

Am Morgen meines Geburtstags roch die Wohnung nach allen Genüssen des Orients: nach Minze und Koriander, nach Lammfleisch und Köfte-Bällchen, nach *sabzi*-Eintopf und Pilau mit Reis, Fleisch und Gewürzen, nach *roth*, Gebäck, und noch nach allerlei mehr. Der

Duft von gegrilltem Fleisch, karamellisierten Zwiebeln und gebratenen Tomaten hing in der Luft. Meine Mutter stand in der Küche, häutete Zwiebeln, zerdrückte Knoblauch und schnitt Tomaten. Sie lächelte. Sie strich eine schwarze Strähne aus ihrem Gesicht. Ihre Haare waren zu einem Dutt zusammengebunden und sie trug eine selbst genähte mintgrüne Schürze.

Vater war zu diesem Anlass eigens aus Indien angereist, wo er gerade beruflich zu tun hatte. An diesem Geburtstag schenkte er mir eine goldene Taschenuhr, in die mein Name eingraviert war. Er sagte, Pünktlichkeit sei eine wichtige Tugend im Leben. Es war ein passendes Geschenk, typisch für Engineer-Sahib, der stets sehr akkurat war und nicht nur auf Pünktlichkeit, sondern auch auf gute Manieren und Bildung großen Wert legte. Die Einfühlung in andere war jedoch nicht seine Stärke. Sein Lachen war hart, sein Blick fest und sein Interesse galt der Landwirtschaft, der Natur und den Steinen.

Engineer-Sahib redete meistens von seiner Arbeit, seiner Lebensphilosophie und der Politik, er liebte es zu reden, und es war ihm gleichgültig, ob seine endlosen Vorträge bei uns auf Interesse stießen. Er hatte eine große Schwäche für Frankreich, wo er in seiner Jugend eine Zeit lang gelebt hatte, und für den Lebensstil der Franzosen. Er liebte Edith Piaf und ihre Chansons, und aus Protest gegen die beschränkten Denk- und Lebensweisen vieler Afghanen gab er seinen Töchtern französische Namen.

Sein Lieblingsdichter war der Perser Firdausi, und bei Familienfeiern nötigte er Jackie stets, Verse aus seinem Riesenwerk auswendig zu lernen und vorzutragen – ich war froh, dass sie zu meinem Geburtstag nicht auch etwas aufsagen musste. Neben Firdausi liebte Engineer-Sahib seinen Beruf – und eben Steine. Er sammelte Mineralien, Edelsteine, Bergsteine, Kristalle, unzählige von ihnen in allen Farben, Formen und Größen. Er häufte Steine aus allen Kontinenten an und untersuchte sie mit der Lupe nach Unregelmäßigkeiten, um sie abzuschleifen und so den Steinen die perfekte Form zu verleihen. Ich fragte mich oft, wie solche leblosen, kalten Klötze überhaupt das Interesse eines Lebenden wecken konnten.

Ursprünglich hatte Engineer-Sahib gar keine Familie gründen wollen. In jungen Jahren hatte er seine Mutter verloren, die mit einem Reislieferanten durchgebrannt war. Sie hatte seinen jüngeren

Bruder Zahir mitgenommen und ihn, den Älteren, bei seinem Vater zurückgelassen. Mein Großvater war ein Bauer, ein guter Mensch, aber arm und einfach. Zukünftiger Engineer-Sahib wollte sich mit dem einfachen Bauernleben nicht zufriedengeben. Statt auf dem Feld mitanzupacken, lernte er lieber für die Schule, las Bücher über Ackerbau und beobachtete das Gedeihen von Pflanzen und Bäumen. Mit dreizehn grub er einen schmalen Graben um ein Feld herum, woraufhin sein Vater wütend wurde und ihn anschrie, er habe mit seiner Graberei die Ernte zerstört. Doch einige Monate später wuchs auf ebenjenem Feld die beste Ernte seit langem. Das Hauptproblem der Landwirtschaft in der Umgebung von Kabul ist die Trockenheit. Das wenige Regenwasser versickert oder verdunstet rasch, in den Gräben meines Vaters jedoch konnte sich das Wasser sammeln und seine Feuchtigkeit nun länger an die durstigen Pflanzen ringsum abgeben. Gegen den Widerstand meines Großvaters hatte Engineer-Sahib sein erstes Bewässerungssystem geschaffen – und zugleich begriffen, dass die Afghanen viel weiter wären, wenn sie denn mehr *wüssten* als nur ihre althergebrachten Bauernweisheiten und die auswendig gelernten Verse der Mullahs.

Er wollte reisen, die Welt sehen, einen angesehenen Beruf erlernen – heiraten wollte er eigentlich nie. Er wollte es nicht noch einmal erleben müssen, von einer geliebten Frau verlassen zu werden. Erst als er seine Ziele erreicht hatte und alt zu werden begann, beschloss er, doch noch zu heiraten, einfach um Kinder in die Welt zu setzen. Und jetzt hatte er eine Frau und vier Kinder, die ihn selten zu Gesicht bekamen, da er fortwährend irgendwo in der Welt unterwegs war. Doch heute war er gekommen, um mit mir Geburtstag zu feiern, und ich freute mich.

Mein Bruder Wahid schenkte mir ein selbst gemaltes Bild, einen stolzen Löwen mit wehender Mähne. Wahid war in vielem das genaue Gegenteil von mir. Höflich, zurückhaltend und ruhig, verprügelte er nie jemanden, war in sich gekehrt und mehr Künstler als Kämpfer. Seine Flucht vor dem Krieg waren seine Bilder. Ein paar Jahre zuvor hatte unser Vater ihm ein Set mit Acryl- und Ölfarben mitgebracht. Es war sein größter Schatz und er bewirtschaftete ihn so sparsam wie möglich. Die meisten Farben waren schon vertrocknet und die Tuben spuckten nur noch zerbröselte Krümel aus, aber

Wahid mischte sie immer wieder mit heißem Wasser und Seife, bis sie wieder flüssig wurden. Dann verschwand er mit ihnen in unserem Zimmer und widmete sich seinen Entwürfen. Engineer-Sahib finanzierte ihm sogar einen privaten Kunstlehrer. In dieser Hinsicht war auf ihn immer Verlass: Entdeckte er in einem seiner Kinder eine Begabung, förderte er sie, so gut er konnte. Am liebsten malte Wahid Bilder von afghanischen Landschaften oder fertigte Zeichnungen von Raubtieren an, wie meinen Löwen. Ich bewunderte Wahid für sein Talent und ließ mich von seinen Bildern verzaubern.

Als Onkel Zahir sein Geschenk ins Zimmer rollte, flippte ich beinahe aus: ein dunkelblaues Fahrrad! Er hatte wie immer das teuerste Geschenk für mich. Er hatte auch das meiste Geld. Ich weiß noch, wie er mich einmal in sein Haus im wohlhabenden Viertel Wazir Akbar Khan mitgenommen hat. Auf dem Weg dorthin blickte ich aus dem Fenster seines edlen, von seinem Chauffeur gefahrenen Wagens, und wie so oft erblickte ich draußen die fahlen Gesichter kleiner Bettlerkinder, die ihre knochigen Arme nach einem Almosen ausstreckten. Sie waren dünn wie kleine Würmer, hatten eingefallene Augen und sahen eigentlich gar nicht aus wie richtige Kinder, sondern eher wie deren gruselige Karikaturen. Ich fragte meinen Onkel, warum diese Kinder nichts zu essen hätten, wir könnten ihnen doch etwas abgeben.

»*Bachem* – mein Junge –, wir werden es niemals schaffen, jeden hungrigen Bauch in diesem Land zu füllen. Dafür gibt es einfach zu viele hungrige Bäuche. Wir spenden Almosen und teilen unser Geld mit den Armen, doch um all diese Kinder zu retten, braucht das Land weitaus mehr als nur ein paar gebende Hände.«

Er sah geradeaus, ohne die Kinder eines Blickes zu würdigen, und sein Adamsapfel wippte auf und ab. Ich ließ nicht locker. »*Kokojan*, lieber Onkel, wenn du dein Auto verkaufen würdest, könntest du doch Hunderten von ihnen etwas zu essen kaufen.«

»Nun, wenn ich aber kein Auto habe, dann kann ich euch nicht mehr besuchen kommen.« Er war sich seiner Beliebtheit bewusst – ich hätte niemals zugelassen, dass er uns nicht mehr besuchen kam.

»Hm, dann solltest du dir ein Fahrrad kaufen!«

In diesem Moment lachte Zahir laut auf. »*Bachem*, du bist ein kluger Junge.«

Er hat sein Auto nicht verkauft, doch jetzt hatte er *mir* ein Fahrrad gekauft. Als er es mir nun feierlich übergab, beugte er sich zu mir herunter und flüsterte mir ins Ohr: »Ich hoffe, mein Geschenk wird dich zu einem besseren Menschen machen, als ich es bin.«

Gegen Abend kamen Khalil und seine Eltern. Khalils Mutter hatte eine dreischichtige Torte kreiert. Ich konnte es gar nicht abwarten, den sahnigen Riesenkuchen zu probieren – aber den gab es erst nach dem Essen. Khalil schien noch aufgeregter zu sein als ich. Ich habe nie wieder einen Menschen kennengelernt, den die Vorstellung, einem anderen eine Freude zu bereiten, derart glücklich machte. Er streckte mir sein Geburtstagsgeschenk entgegen, ohne zu wissen, dass er mir damit etwas gab, was meinen weiteren Lebensweg in vieler Hinsicht prägen sollte. Ein verpackter rechteckiger Gegenstand, ich hoffte sofort, dass es kein Buch war. Es war eine Videokassette.

Khalil wäre vor Begeisterung am liebsten in die Luft gesprungen: »Das ist ein berühmter Film. Mein Vater hat mir erzählt, dass da der beste Kampfmeister der Welt mitspielt, er heißt Bruce Lee und der Film heißt *The Dragon* …«

»Eigentlich ist der Name des Films *Enter The Dragon*«, korrigierte sein Vater. Khalil war nicht mehr zu bremsen. »Ich habe den Film gestern Abend gesehen, weil ich sichergehen wollte, dass er dir gefällt. Es ist die Geschichte eines Kämpfers – du wirst ihn lieben!«

Ich sah mir *Enter The Dragon* – »Der Mann mit der Todeskralle« – unzählige Male an und Khalil sollte recht behalten: Es wurde mein Lieblingsfilm. Ich machte es mir zur Aufgabe, jedes Filmdetail in- und auswendig zu lernen, und so kam es manchmal auch vor, dass ich mir den Film zweimal täglich ansah. Ich stellte mir vor, eines Tages ein Kämpfer wie Bruce Lee zu sein – unbesiegbar und stark –, einer, der die Guten beschützte und die Bösen bestrafte. Ich stellte mich stundenlang vor den schmalen Spiegel am Hauseingang und imitierte Bruce Lees Bewegungen und Mimik. Als ich mich eines Morgens vor der Schule wieder einmal vor dem Spiegel positionierte, mich zur Seite drehte und meine Fäuste ballte wie mein großes Idol, sah ich auf das Bild eines kleinen schwarzhaarigen Jungen mit Schlupflidern und Schlitzaugen, mit spitzen Eckzähnen und einer von hervorstehenden Wangenknochen umrahmten Nase, die damals noch gerade war. Nussbraune Augen blickten zwischen den Spalten meiner Lider hervor.

An jenem Tag habe ich für mich etwas beschlossen: Ich war stolz auf mein Aussehen. Je genauer ich mich betrachtete, desto mehr stellte ich fest, dass ich im Grunde aussah wie Bruce Lee. Jeder liebte Bruce Lee – obwohl er Schlitzaugen hatte –, also konnte der Grund für die Beschimpfungen, denen ich beständig ausgesetzt war, eigentlich nur der blanke Neid sein. Ha! Sie wollten selbst so aussehen wie Bruce Lee – und ich tat es.

Am Abend meines Geburtstags versammelte sich die gesamte Festgesellschaft um den runden Tisch, der nach Holz roch und reich gedeckt war. Meine Mutter hatte den Pilau, von dem sie wieder viel zu viel gekocht hatte, auf einer bunt verzierten Platte serviert. Es war mein Geburtstag und wir waren wie eine perfekte afghanische Familie an einem perfekt gedeckten Tisch. Das gefiel mir.

Ein Raunen durchzog unser Wohnzimmer, sobald meine Onkel, Tanten, Bekannten oder Nachbarn den ersten Bissen zu sich genommen hatten: »Fatimajan, du bist eine Künstlerin!«, »Fatimajan, solche *kebab* habe ich nicht in den besten Restaurants oder bei den prächtigsten Hochzeitsfesten gegessen!«, »Fatimajan, du musst mir verraten, mit welchen Zauberkräutern du deine Gerichte würzt!« Sie winkte ab, so wie es bei derlei Komplimenten unter Afghanen üblich ist, und versicherte den Anwesenden, dass es im Grunde kaum irgendeine Mühe gekostet habe, all diese Köstlichkeiten zuzubereiten; ganz so, als hätte sie nicht drei Tage lang in der Küche Teig geknetet, Fleisch gewürzt, Auberginen geschält und *firni*-Pudding vorgekocht.

Je weiter das Mahl fortschritt, umso munterer wurde die Stimmung und desto ausgelassener die Gespräche. Onkel Zahir begann einen typisch afghanischen Mullah-Nasreddin-Witz nach dem anderen zum Besten zu geben – der immer sehr verwirrte Mullah Nasreddin ist überall in Afghanistan und seinen Nachbarländern bekannt und beliebt. Einer der Witze, die mein Onkel erzählte, ging etwa so: *Der Mullah kaufte zehn Esel. Auf einem ritt er heim, und die anderen neun liefen voraus. Unterwegs zählte er die Esel, vergaß aber den, auf dem er ritt. Verärgert kehrte er zum Händler auf den Vieh-*

markt zurück: »Du hast mich betrogen, es sind nur neun Esel.« Darauf
der Viehhändler: »Ich sehe sogar elf Esel.«

Alle lachten und dann fingen die Erwachsenen wie so oft an, über Politik zu streiten, und begannen, überall Esel zu sehen. Zahir meinte, Scheiß-Russen-Kommunisten-Schweine-und-Staatsknechte, Engineer-Sahib sagte, Scheiß-Berg-Mudschaheddin, Khalils Mutter Eva ergänzte, Scheiß-bärtige-Mullahs, meine Mutter sagte, Scheiß-unmündige-*besauod*. Jeder fand irgendwen anderes scheiße. Ich machte bei dem allgemeinen Scheißefinden nicht mit, denn ich sah das nicht so. Ob der russische Halb-Mann-halb-Junge-Soldat, dem Heimat und Haus fremd, Opium und Töten vertraut geworden waren, oder der afghanische Halb-Mann-halb-Junge-Mudschahed, der einst für die Freiheit seines Volkes in den Heiligen Krieg gezogen war und, von Macht und Fanatismus berauscht, irgendwann nicht mehr mit dem Kriegführen aufhören konnte; ob der bärtige Mullah, der in Zeiten der Unruhe fanatische Ideologien in die hohlen Köpfe der *besauod* pumpte, oder der hörige *besauod*, der wie ein dummes Schaf dem Hirten folgte – sie waren doch alle im Grunde völlig gleich.

Es wurde dunkel im Zimmer, Jackie brachte meine Geburtstagstorte herein. Alle fingen an zu singen. *Mobarak, mobarak, tavalodet mobarak!* – »Zum Geburtstag viel Glück, zum Geburtstag viel Glück!«

Im selben Moment hörten wir Schüsse von draußen und im Affekt duckten wir uns erschrocken. Das Küchengeschirr begann sich zu bewegen und die Gläser tanzten auf dem Tisch. Das Geräusch war laut. Bedrohlich laut.

Die gesamte Familie rannte ins Bad, so wie wir das bei einem Bombenangriff oder sonst einer lauernden Bedrohung immer taten, denn das war der Raum in der Wohnung, der uns am sichersten erschien. Bei einem Einschlag hätte uns zwar selbst das Bad nur wenig Schutz geboten, aber die kalten Kacheln und die Leere des Raumes gaben uns ein gewisses Gefühl der Geborgenheit. Von draußen hörte man Granaten, Kalaschnikows, Bomben. Wir wurden immer nervöser. Khalil weinte.

Aus heiterem Himmel fing da Zahir lauthals zu singen an – *Zingdagi chist*, sein Lieblingslied.

Was ist das Leben? Liebe und Zuneigung
Was brauchst du, wenn du mit deinem Freund zusammen bist?
Lass uns trinken und bis zur Morgendämmerung aufbleiben
Lass uns die Sorgen des Lebens vergessen
Sorge dich nicht um morgen
Mein Herz sagt, sorge dich nicht um morgen
Wenn dein Freund neben dir ist, dann ist deine Liebe neben dir
Der Himmel und die Erde sagen, trauere dem Leben nicht nach ...

Voller Inbrunst ließ er das Lied des berühmten afghanischen Sängers Ahmad Zahir erklingen, und seine laute Stimme übertönte fast die Kriegsgeräusche von draußen.

Julie, die zitternd auf das Ende des bedrohlichen Kriegslärms wartete, hob den Kopf und starrte Zahir an. Auch Jackie beobachtete unseren Onkel skeptisch, unsicher, ob er nun vielleicht völlig den Verstand verloren hatte. Khalil hörte auf zu schluchzen. Zahir sang und rief: »Heute ist dein Geburtstag! Draußen wird ein Feuerwerk für dich veranstaltet!« Mutter klatschte in die Hände und gratulierte mir, Jackie stand auf und fing an zu tanzen, Wahid stimmte in Zahirs Gesang mit ein. Schließlich wurde es draußen wieder ruhig und wir kehrten an die Festtafel zurück.

Im Grunde war jede überlebte Bombardierung, jeder überlebte Anschlag ein Geburtstag. Dieses Geburtstagserlebnis wurde für mich zum Quell eines unbändigen Optimismus – eines Optimismus, den mir dieses Land mitgegeben hat. Ein löwenstarker Optimismus, der mir den Rücken stärkte, mir half, schwere Zeiten zu bewältigen; er war Rüstung, Waffe, Schutzschild zugleich. Allerdings sollte dieser Optimismus später bis in seine Grundfesten erschüttert werden.

»Wünsch dir was!«, rief Julie.

Ich holte tief Luft, blickte noch einmal auf die Schokoladentorte, schloss meine Augen und wünschte mir, dass der Krieg endlich ein Ende fand. Ich wünschte mir Frieden.

Kapitel 7

Der Verrückte und der Kämpfer

»*Salam Aleikum.* Friede sei mit dir.«

»*Waleikum Salam.*«

»Hamid Rahimi?«

»Ja.«

»Du siehst nicht aus wie ein Hamid oder ein Rahimi.«

»Wie denn sonst?« Ich bemühte mich, seinem Blick standzuhalten, aber vor Aufregung flimmerte es mir vor den Augen.

»Was weiß ich denn.« Jamals dunkler Blick hatte den genauso wachsamen wie heimtückischen Ausdruck eines Fuchses. Er war etwa einen Kopf größer als ich, hatte einen olivfarbenen Teint und lange schwarze Haare. Eine sichelförmige Narbe zierte fingergroß seine Stirn. Jemand habe ihm in die Stirn gestochen, hieß es. Mich fröstelte. Trotz der kalten Temperaturen trug ich meine Lieblingsjacke. Eine Levi's-Jeansjacke, die mir Onkel Zahir geschenkt hatte.

»Die *Watan Doost* nehmen nur *echte* Afghanen auf. Stolze Afghanen, die ihrem Vaterland dienen wollen.«

»Ich bin ein echter Afghane.« Meine Stimme war dünn wie ein seidener Faden.

»Beweis es.«

»Und wie?«

»Was weiß ich denn.« Er schüttelte das zum Pferdeschwanz gebundene schwarze Haar.

Ein kleines Mädchen ging an uns vorbei. Ihre eingefallenen Wangen waren grau vor Schmutz. Sie trieb einen mit Wasserkanistern beladenen Esel voran. Als sie ihn mit einem Stock auf die Kruppe schlug, schrie der alte Esel auf, woraufhin Jamal erschrocken zusammenzuckte.

»Pass auf deinen scheiß Esel auf!« Er ballte die Faust und kickte einen Stein nach dem Mädchen. Sie drehte sich um, streckte die Zunge raus und lachte frech. Er knirschte mit den Zähnen.

»Also?« Jamal wandte sich wieder mir zu.

»Ich bin hier geboren, lebe hier, spreche die Sprache – ich bin ein Patriot – ein *Watan Doost.*« Ich sah ihn verständnissuchend an.

»Ha!« Jamal riss den Mund auf und beugte seinen Kopf nach vorn wie eine Hyäne. »Selbst Pakistanis verstehen meine Sprache, aber macht sie das gleich zu stolzen Afghanen?« Er fragte schauspielerisch in die Runde. Die vier Jungen an seiner Seite schüttelten empört die Köpfe. Nein-nein-nein, summten sie, wie abgerichtete Papageien. Ja-ja-ja, ihr könnt mich mal, ärgerte ich mich im Stillen.

Khalil zog an meiner Jacke, er murmelte etwas von »Lass gut sein, Hamidjan«. Er spürte meinen aufflammenden Zorn. Womöglich atmete ich schneller oder mein Tonfall veränderte sich. Keine Ahnung. Es war, als könne Khalil in mich hineinsehen.

Ich atmete tief durch. Eigentlich war ich schon davon ausgegangen, dass Jamals *Watan Doost* mich abweisen würden. Jamal war für seine Überheblichkeit bekannt und die anderen Mitglieder seiner Gruppe folgten ihm wie hörige Hündchen. Dennoch hatte ich mir geschworen, nicht aufzugeben. Nein, aufgeben war nicht meins. Er wartete auf einen Beweis. Beweis. Beweis. *Wie* sollte ich das beweisen? War mein Blut nicht genauso rot und warm wie das eines Russen oder Pakistanis? Wenn ich von innen war wie alle sonst und von außen wie niemand anderes – wer war ich dann überhaupt? Ich zermürbte mir den Schädel. Ein echter, stolzer Afghane. Da fiel mir etwas ein. Ich stellte mich kerzengerade hin und blähte meine Brust: »Hier hast du deinen Beweis.« Mit geradeaus gerichtetem Blick begann ich zu singen.

Solange es die Erde und den Himmel gibt,
Solange die Welt besteht,
Solange es Leben in der Welt gibt,
Solange ein einzelner Afghane atmet,
Wird es dieses Afghanistan geben.
Langes Leben der afghanischen Nation,
Langes Leben der Republik.
Für immer besteht unsere nationale Einheit …

Zum Schluss räusperte ich mich verlegen. Die *Watan Doost* starrten mich mit offenen Mündern an. Nur Jamal zeigte sich unbeeindruckt.

»Hast du das gehört? Er hat die *alte* afghanische Nationalhymne gesungen«, stieß der eine den anderen an.

»Jedes Wort war richtig – *jedes*«, wisperte ein Junge mit aschfarbenem Haar.

»Hm. Interessant. Hm«, meinte Jamal abwesend. »Warum ausgerechnet die alte Nationalhymne?«

Wieso? Ganz einfach. Mein Onkel Zahir ... Das alles erzählte ich Jamal natürlich nicht.

»Wieso die alte Nationalhymne?« Auf einmal kam ich mir sehr wichtig vor. »Die Kom-mu-nizen-Hurenböcke haben uns alles genommen, aber eines können sie uns nicht nehmen – unseren Stolz!«, brüllte ich entschlossen. Die fünf Jungs schauten mich gebannt an. Dann verschränkte ich die Arme hinter meinem Rücken. »Von Alexander dem Großen bis zu den Briten – alle hatten es probiert. Und was ist passiert?«, fragte ich in die Runde. Zwei irgendwie gleich aussehenden Jungen klappten die Kinnladen herunter. »Wir haben sie besiegt und wir werden auch die Kommunizen besiegen! Bald! Die *shurawi*-Soldaten haben wir schon verjagt! *Das* ist unsere glorreiche Nationalhymne – nicht die der Kommunizen!« Alle waren still.

»Wir sollten ihn aufnehmen«, flüsterte einer leise. Jamal keifte ihn an; das wäre wohl kaum seine Entscheidung. Dann schaute er mich an und hob die Augenbrauen. Er trug einen Persianermantel, der ihm an den Schultern viel zu groß war. Meine Schwester Jackie hatte mir erzählt, dass Persianer aus ungeborenen Lämmchen hergestellt würden. Man schneide sie aus dem Bauch der Muttertiere und häute sie bei lebendigem Leib. Daraus mache man Persianer. Aus ungeborenen, gehäuteten Lämmchen.

Ich hatte die *Watan Doost* seit langem aus sicherer Entfernung beobachtet. Sie spielen, lachen und Pläne schmieden sehen. Immer wieder, nicht nur an jenem Tag der Bombardierung unserer Schule, als sie mit dem Soldaten ihre Geschäfte gemacht hatten. Khalil war mein Interesse an den *Watan Doost* stets ein Dorn im Auge gewesen. Sie waren ihm nicht geheuer. Außerdem gefiel ihm der Gedanke nicht, mich teilen zu müssen. Ich war sein einziger Freund, er war mein einziger Freund, so war es schon immer gewesen. Keiner könne sich zwischen uns stellen, versicherte ich ihm. Spiele zu zweit machten Spaß, aber Spiele in einer Gruppe machten mehr Spaß, erklärte ich. Bei den *Watan Doost* passe jeder auf den anderen auf, wie in einer Familie. Wir würden einfach zur *Watan Doost*-Familie gehören; aber Khalil, Khalil bliebe mein Bruder, Blutsbruder. Das schien ihn zu beruhigen.

Ich hörte mich um und versuchte mich in ihrer Nähe aufzuhalten, traute mich aber lange nicht, sie anzusprechen. Manchmal waren es zehn, manchmal nur fünf – so wie heute –, immer aber mindestens drei Mitglieder. Diese drei wichtigsten waren Jamal, Nasir und Kais. Jamal war der *diwane*, der Verrückte, Nasir der Chemiker und Kais war der Wolfsjunge.

Jamal war zwei Jahre älter als ich und der Anführer der Gruppe. Über ihn machten zahllose Gerüchte die Runde. Man erzählte sich etwa, er würde rohes Fleisch essen und heilendes *Zamzam*-Wasser aus dem Brunnen der großen Moschee in Mekka trinken, um kräftiger zu werden. Man sagte, er sei verrückt, weil er nicht einmal den Teufel fürchten würde.

Die Afghanen erzählen eben seit jeher gern und viel, Übertreibung ist eine afghanische Volkskrankheit, und Geschichten müssen erst durch das Sieb der Wahrheit gefiltert werden, ehe man ihnen Glauben schenken kann.

Jamals Mutter Zora war eine lustige Frau, die Motorrad fuhr und wie der Teufel lachen konnte. Das mit dem Motorrad war schon ungewöhnlich genug, noch ungewöhnlicher war allerdings, dass sie durchtrainiert war wie eine Bodybuilderin. Womöglich war sie die einzige Frau in ganz Kabul, die Muskeln aus Stahl hatte. Sie hatte pechschwarze Augen, wie Jamal, dazu lockiges Haar, und ihr Gesicht strotzte nur so vor Charakterstärke und Stolz. Wenn ihr verrücktes Lachen ertönte, hatte man gar keine andere Wahl, als miteinzustimmen, auch wenn so mancher Afghane hinterher über ihr ungestümes Wesen den Kopf schüttelte.

Jamal hatte fünf Brüder und eine Schwester. Zwei von Jamals Brüdern hatten sich aus Überzeugung den Mudschaheddin angeschlossen. Einer von ihnen wurde bei einem Gefecht von einer Handgranate erwischt und getötet. Jamals ältester Bruder Rashid hatte einem russischen Soldaten die Kehle durchgeschnitten, nachdem dieser seine Cousine vergewaltigt hatte. Seither war er spurlos verschwunden.

Nasir hatte die abgezehrten Wangen eines Junkies, er lebte in einem der Armenviertel von Kabul. Elf Stunden am Tag verkaufte er Postkarten, auf denen der verstorbene König Sahir Schah oder westliche

Popstars wie Michael Jackson oder Modern Talking abgebildet waren. Er hatte tiefe Augenringe und seine Lider waren ringsum mit schwarzer Kohle bemalt. Das tat man für gewöhnlich nur bei Säuglingen, um sie vor dem bösen Blick zu schützen. Eines Tages machte Nasir einen Spaziergang mit seiner vierjährigen Schwester. Sie riss sich aus seinem Griff los, weil sie eine Butterblume pflücken wollte, und trat dabei auf eine Mine. Es hieß, ihr Blut sei ihm ins Gesicht geklatscht. Danach sei er wohl ein wenig wahnsinnig geworden. In der Tat schaute er ziemlich komisch drein und lachte andauernd vor sich hin. Jedes Jahr sammelte er vier leuchtend gelbe Butterblumen und steckte sie in die Erde, unter der der kleine ärmliche Sarg seiner Schwester begraben lag.

Kais war noch einige Jahre älter als Jamal. Er war groß gewachsen, und seine Augen- und Mundwinkel wiesen immer nach unten, was ihm den melancholischen Gesichtsausdruck eines Bluthundes verlieh. Er hatte aschfarbenes Haar und die silbergrauen Augen eines Wolfes. Außerdem war er ein hervorragender Sänger. Einige behaupteten, er sei früher der *Baccha Baazi*, der »Tanzjunge«, eines mächtigen Mudschahed gewesen, bis ihm erster Flaum über der Oberlippe zu sprießen anfing und die knabenhaft schmalen Knochen breiter zu werden begannen. Da war er den Männern zu männlich geworden. Es war allgemein bekannt, dass afghanische Warlords sich verbreitet solche Tanzjungen hielten, Kindersklaven, die dann in Frauenkleidern für lüsterne Männer nicht nur tanzen und singen mussten, sondern ihnen auch in manch anderem zu Willen zu sein hatten.

Jamal, Nasir und Kais waren der harte Kern der *Watan Doost*. Nasir und Kais gingen nicht zur Schule und schlugen sich irgendwie durchs Leben. Was genau die *Watan Doost* taten, wusste ich nicht. Sie behaupteten, sie verteidigten unser Vaterland. Ich hatte sie jedoch nur beim Spielen, Unsinntreiben und kleineren Gaunereien beobachtet und bezweifelte, dass sie daneben noch irgendetwas anderes taten. Was mir auch ganz egal war. Mir gefiel ihr Gruppengeist und kameradschaftlicher Zusammenhalt, darum wollte auch ich dazugehören.

Jamal fasste mich prüfend ins Auge. »Nun, jeder, der sich uns anschließen will, muss etwas Besonderes sein oder etwas *besonders* gut können. Ich zum Beispiel habe vor nichts Angst. Nicht einmal vor dem Tod! Denn ich bin stärker als der Teufel, ha!« Jamal spannte seinen Oberarm an. Eine winzige Kugel zeichnete sich ab. »Der da«, er packte Kais an der Schulter, »ist der schnellste Taschendieb der Stadt. Er singt – und klaut dabei.«

»Hehe«, Kais lächelte schelmisch.

»Und ich«, Nasir tippte auf seine Brust, seine Fingerkuppen waren mit Hornhaut besetzt. »Ich kann besonders gut mischen.«

»Mischen?«, fragte ich argwöhnisch.

»Mit ein Paar Zutaten kann ich dir was zusammenmischen, was dir das Hirn wegbläst, hhühhühhü.« Er klopfte sich lobend auf die Brust und lachte. Es war kein richtiges Lachen; es hörte sich eher an, als würde er nach Luft ringen.

»Und die zwei da«, Jamal zeigte auf die beiden gleich aussehenden dunkelhäutigen Jungen. »Die zwei sind Zwillinge, sie können besonders gut lügen.«

Die Zwillinge nickten. »Ach was, wir lügen doch nicht«, sagten sie gleichzeitig, ohne mit der Wimper zu zucken.

Jamal blickte mich herausfordernd an. »Also, was kannst du?«

»Kämpfen«, erwiderte ich bestimmt. Das war wirklich das Einzige, was mir spontan einfiel.

»Hamid – das war doch dein Name?« Jamal klang herablassend. Eigentlich sollte er Khalil und mich von der Schule kennen, doch er tat so, als habe er uns noch nie gesehen. »Wieso meinst du, besonders gut kämpfen zu können?«

»Ich habe mich ein paarmal geprügelt und immer gewonnen. – Fast immer.« Den kleinen Zusatz nuschelte ich.

Jamal seufzte mitleidig. »Das ist doch nichts *Besonderes*. Jeder von uns hat sich schon geprügelt und übrigens *immer* gewonnen. Komm wieder, wenn du wirklich etwas kannst.«

Er machte eine verächtliche Handbewegung und wandte sich zum Gehen, als plötzlich eine laute Stimme ertönte: »Er kann kämpfen wie Bruce Lee!« Khalil trat hinter mir hervor und baute sich vor ihm auf. »Der … der … war sein … Vetter!« Jamal fuhr blitzartig herum. »Wer bist du überhaupt, Gelbhaar?«

»Ich … ich … bin sein Assistent.«

»Und wobei assistierst du ihm?« Jamal verengte seine schwarzen Augen zu zwei Schlitzen und rieb sich das Kinn, als wüchse dort ein Ziegenbärtchen.

»Na, ähm, ich halte sein Handtuch und ich … ich bring ihm Wasser.« Khalil kratzte sich am Kopf. »Kämpfer … ähm … Kämpfer schwitzen und trinken viel, weißt du.« Ich sah ihn verblüfft an. Was redete er da? Hatte er den Verstand verloren?

»Sein Vetter also. So so, und das soll ich dir abkaufen?«

»Ja, ehrlich. *Weit* entfernter Vetter, weißt du. Ähm … Bruce Lee brachte das Kämpfen einem Vetter bei, der Vetter brachte es einem anderen Vetter bei und der wiederum Hamid – stimmt doch?« Khalil schaute mich auffordernd an.

»Jaja. Stimmt, ja.« Ich nickte eifrig. »Er war der Vetter eines Vetters. Genau.« Ich schluckte.

»Und hast du ihn gekannt?«, quietschte Nasir. Seine Pupillen flatterten wie gefangene Nachtfalter hin und her. Jamal verpasste ihm einen heftigen Knuff.

»Bruce Lee starb lange vor meiner Geburt, aber ich kannte den Vetter seines Vetters.« Ein Raunen ging durch die Gruppe. Das gefiel mir. Vielleicht war das gar keine schlechte Idee. »Bruce Lees Mutter war zu einem Fünftel Hazara, weißt du. Der Vetter ihres Vetters war mein Vetter. Der hat mir seinen Kampfstil beigebracht.« Ich stellte den Kragen meiner Jeansjacke auf und krempelte die Ärmel hoch. Mir wurde richtig warm. »*Mefami* – weißt du –, ich war so gut, er gab mir denselben Spitznamen wie Bruce Lee ihn hatte: Kleiner Drache.«

»Genau, Kleiner Drache!«, rief Khalil begeistert.

»Irgendwie sieht er auch ein bisschen so aus wie Bruce Lee«, bemerkte Kais zaghaft.

»Die Augen«, sagte der eine Zwilling. »Die Nase«, meinte der andere. Ich lächelte zufrieden. Sie schluckten es tatsächlich. Heimlich zwinkerte ich Khalil zu.

»Ruhe jetzt!«, befahl Jamal. »Jeder kann behaupten, der Vetter von irgendwem zu sein. Na, zeig uns doch was von deiner Kampfkunst.«

Kein Problem. Oder doch? Ich hatte mir den *Mann mit der Todeskralle* zirka 87-mal angesehen und Bruce Lees Bewegungen bis ins kleinste Detail einstudiert. Aber wie machte ich mir das jetzt zunutze?

Ein kalter Windstoß peitschte mein Gesicht, meine Lippen vibrierten vor Kälte. Ich schaute mich um. Ein Mann mit einem *pakul* auf dem Kopf und einem wärmenden Tuch um den Mund schob eine Schubkarre mit Holzscheiten vor sich her. Ihr Rad drehte sich im Schnee nur langsam, die Scheite schlugen klappernd gegeneinander. Hinter dem Mann, auf der anderen Straßenseite, stand ein kleines Haus. Mit seinen zwei Fenstern und der mittig stehenden Tür sah es aus wie ein Gesicht, das mich mit offenem Mund anstarrte. Ein verwundetes Gesicht, denn seine Haut blätterte ab und auch hier hatte der Krieg seine Krallenspuren hinterlassen. An den Fenstersimsen hingen Eiszapfen herab, wie große Tränen. Ein weinendes Haus, dachte ich. Da kam mir ein Gedanke.

»Kommt!«, rief ich bestimmt und lief auf das Haus zu. Khalil und die *Watan Doost* folgten mir auf dem Fuß, nur Jamal trottete langsam hinter uns her. Ich öffnete meine Jacke, zog sie aus und übergab sie Khalil. »Ich nehme jetzt meine Bruce-Lee-Stellung ein«, verkündete ich. Dann spannte ich meinen Körper an und stellte mich in Kampfposition hin. Ich fühlte die neugierigen Blicke der anderen. »Ich zeige euch heute meinen Bruce-Lee-Kick.« Atemwolken bildeten sich vor meinem Mund. Es war bitterkalt, aber das Blut kochte in meinen Adern.

»Platz da!«, befahl ich. Die Zwillinge gingen zur Seite. Ich fixierte die Eiszapfen. Sie hingen ziemlich weit oben und machten einen schweren und stabilen Eindruck – das würde nicht leicht werden. Ich machte drei Schritte zurück. Dann versuchte ich mich zu konzentrieren. Die Eiszapfen waren meine Gegner. Ich musste sie besiegen. Sie zerbrechen, wie Glas. Eins. Zwei. Drei. Ich nahm Anlauf, sprang hoch und trat mit voller Kraft gegen das Eis. Es krachte. Als ich auf dem Boden aufkam, verlor ich kurz die Balance und rutschte beinahe aus. Dann fand ich das Gleichgewicht wieder und blickte nach oben. Die Eiszapfen waren nicht mehr da. Sie waren zerbrochen, wie Glas.

»Bravo!«, schrie Khalil und sprang in die Luft. »Habt ihr das gesehen? Er wird einmal ein berühmter Kämpfer!« Er umarmte mich überschwänglich. Ich stieß ihn verlegen von mir weg. Auch Nasir klatschte. »Wirklich toll! Das hat mir gefallen!« Die anderen schienen ebenfalls beeindruckt. Vielleicht sogar Jamal.

»Wir müssen ihn aufnehmen! Oh bitte, Jamal! Hast du gesehen, was er kann?« Nasir zog an Jamals Mantel. Jamal streifte seine Hand ab, als wolle er den Persianer vor Schmutz schützen. »Nicht schlecht. Nicht schlecht.« Er machte eine kleine Pause. »Kannst du noch mehr?« Ich nickte. »Hm. Gut. Sehr gut. Vielleicht wirst du uns doch noch nützlich, aber mit Gelbhaar können wir nichts anfangen. Der kann bestimmt nichts, außerdem sieht er aus wie ein Russe, und wir verbünden uns nicht mit Feinden.«

Khalil ließ die Schultern hängen. Ich legte schützend meinen Arm um ihn. »Er gehört zu mir. Er ist mein Assistent und ich brauche ihn.« Khalil schaute hoffnungsvoll zu mir hoch. »Übrigens ist Khalil der beste Geschichtenerzähler weit und breit – da ist viel drin.« Ich tippte gegen seinen Kopf. »Mehr als bei uns allen zusammen.«

Khalil lächelte stolz. Ein einziges freundliches Wort von mir bedeutete ihm mehr als hundert Schmeicheleien von anderen. Das hatte er einmal selbst so gesagt.

»Ich liebe Geschichten«, meldete sich Kais zu Wort. »Meine Mutter hat mir früher vorgelesen – könntest du uns eine erzählen?«

»Natürlich.« Khalil blähte die Brust und dachte einen Augenblick nach. Dann begann er:

»Vier Männer, ein Perser, ein Türke, ein Araber und ein Grieche, waren unterwegs zu einem fernen Ort. Sie stritten sich, wie sie das einzige Geldstück, das sie noch besaßen, ausgeben sollten.

Ich möchte *angur* kaufen, sagte der Perser.

Aber ich will *uzum*, meinte der Türke.

Nein, ich will *inab*, hielt der Araber dagegen.

Ach was, meldete sich der Grieche zu Wort, wir sollten *stafil* kaufen.

Ein Reisender, ein Sufi, der gerade vorüberkam, sprach sie an: Gebt mir die Münze. Ich werde einen Weg finden, euer aller Wünsche zu befriedigen. Zuerst wollten sie ihm nicht trauen, doch dann gaben sie ihm das Geldstück. Der Mann ging zum Stand des Obsthändlers und kaufte für die vier Männer Weintrauben.

Da ist ja mein *angur*, staunte der Perser.

Das ist doch genau das, was ich *uzum* nenne, rief der Türke.

Sie haben mir *inab* gebracht, freute sich der Araber.

Ach was, sagte der Grieche, in meiner Sprache heißt das *stafil*.

Die Männer ließen jeden Streit sein und teilten sich die Weintrauben.« Khalil hielt inne. »Ende.«

»Eine schöne Geschichte – irgendwie weise«, urteilte Kais.

»Finde ich nicht«, druckste Jamal. »Na ja, aber ich will mal nicht so sein.« Er legte eine Hand auf meine, eine auf Khalils Schulter. »Ab sofort gehört ihr zu den *Watan Doost*.« Meine Augen glänzten vor Stolz.

»Wir brauchen noch passende Namen für euch.« Jamal verschränkte die Arme hinterm Rücken wie ein alter Mann. »Gelbhaar, dich nennen wir *Der Weise*.« Khalils blassblaue Augen leuchteten auf.

»Und du«, Jamal sah mich eindringlich an. »Du bist *karamon – Der Kämpfer*.«

Kapitel 8

Die drei Musketiere

Welche Erinnerungen an Afghanistan habe ich? Erinnerungen an eine Kindheit. Eine Kindheit, die von Freundschaft und Liebe genährt und von Krieg und Bomben zerstört wurde. Erinnerungen an erfüllte, kurze Kinderjahre.

In Kabul ließ ich meine Kindheit zurück. Meine Erinnerungen aber habe ich mitgenommen und sie behielten ihren festen Platz in meinem Gedächtnis. Jahrelang habe ich meine Erinnerungen gehasst. Sie waren wie ein Dorn, der in meinem Kopf steckte. Ich konnte ihn nicht herausziehen, er tat so weh und machte mich verrückt. Ich wollte das Gute wie das Schlechte vergessen. Das Schlechte schmerzte, weil es so drückend real und furchtbar war, mich bis in meine Träume verfolgte. Das Gute schmerzte, weil es sich nicht festhalten ließ und die Erinnerung an die guten Tagen und Zeiten immer auch mit der Erinnerung an den Verlust verbunden war – eine verlorene Heimat, verlorene Freunde, eine verlorene Welt.

Kurz nach meiner Aufnahme in die *Watan Doost* löste sich die Gruppe auch schon wieder auf. Es war der Bürgerkrieg, der sie zersplitterte: Die Familie von Kais flüchtete nach Pakistan, die der Zwillinge nach Europa und Nasir folgte seinen Eltern in den Iran.

Ich vermisste sie kaum; in der Kürze der Zeit hatte ich keine echte Bindung zu den vieren aufbauen können. Eher aus der Not heraus wurde Jamal nun *unser* Freund – da seine Freunde geflüchtet waren und er niemanden sonst mehr zum Kommandieren hatte. Mit der Zeit entstand eine enge Dreierfreundschaft, die mein Leben auf unterschiedliche Weise beeinflussen sollte.

Obwohl ich Jamal immer besser kennenlernte, wurde ich aus ihm doch nicht schlau – er war ein Geheimnis. Nie ließ er auch nur einen Funken der Unsicherheit durchblicken, und seine äußerlich zur Schau getragenen Gefühle verrieten nichts über seinen wahren Gemütszustand. Er hatte ein seltsames Wesen. Waren wir einmal zu zweit allein, konnte er auch überraschend zugänglich sein, doch sobald ein Dritter, zum Beispiel Khalil, hinzukam, verfiel er sofort wieder in seine Herrscheallüren und begann, mir Vorschriften zu machen. Ich ließ dergleichen meistens zähneknirschend über mich ergehen – ich verehrte ihn zu sehr, um mich gegen ihn aufzulehnen. Da war sein Mut. Seine Stärke. Ich bewunderte einfach alles an ihm – er war so, wie ich immer hatte sein wollen. Wir wurden zu Freunden, die unterschiedlicher nicht sein konnten. Khalil war blond und blauäugig, Jamal dunkel und schwarzhaarig, und ich war ein Schlitzauge. Wir waren wie die drei Musketiere, die einen Pakt geschlossen hatten: Unsere Freundschaft sollte über allem stehen. Der Krieg würde uns nicht auseinanderreißen können. Uns nicht. Wir gegen den Krieg. Doch der Krieg hatte uns verbunden, und der Krieg würde uns trennen, unser Bündnis schließlich gewaltsam lösen.

Einmal spielten wir bei Khalil zu Hause, und als dessen Mutter uns einen Korb Obst brachte, blieb Jamals Blick an dem leuchtenden Opal auf der Brosche an ihrer Brust haften. Lange starrte er ihn an und der bunte Edelstein spiegelte sich in seinen schwarzen Augen wie ein Regenbogen in einem Sumpf. Kurz darauf verschwand der Opal aus Evas Schatulle. Sie suchte überall nach dem kostbaren Erbstück ihrer Großmutter. Als Jamal mitbekam, wie wertvoll sein Diebesgut war, wandte er sich an Khalil, gestand, die Opalbrosche gestohlen und in einem Erdloch vergaben zu haben, holte sie heraus und gab sie ihm zurück. Khalil ging direkt zu seiner Mutter und erzählte ihr, er habe sie selbst genommen. Sie schrie ihn an und bestrafte ihn, doch er blieb stumm und verriet unseren Freund nicht. Wir konnten im Treppenhaus noch hören, wie sie ihn anbrüllte. Er sprach nie wieder darüber.

Khalil und Jamal waren so ziemlich die gegensätzlichsten Menschen, die man sich vorstellen kann. Jamal hatte nie Angst – Khalil war ein Angsthase. Jamal wollte die anderen immer bevormunden und nach seiner Pfeife tanzen lassen – Khalil hielt sich stets zurück und ließ andere den Ton angeben. Jamal kommandierte und ließ sich bedienen – Khalil liebte nichts mehr, als anderen eine Freude zu machen. Jamal zeigte sich oft arrogant und gehässig und zielte bewusst auf die Schwachstellen seiner Mitmenschen ab, um sie zu kränken – Khalil nahm jeden an, wie er war.

Doch das fiel ihm bei Jamal nicht ganz leicht. »Er ist mir unheimlich«, sagte Khalil einmal. »Es sind seine Augen, als schaue man in ein schwarzes Loch.«

»Ach, Khalil, du übertreibst wie immer«, entgegnete ich. Aber ein bisschen war schon dran an dem, was er da sagte. Jamals schwarze Augen starrten oft gedankenverloren einfach ins Leere, und blickte man in einem solchen Moment in sie hinein, so sah man tatsächlich nur Schwärze, keine Pupillen, keine Reflektionen – nur das schwarze Nichts, schwärzer als jede Nacht. Man bekam das merkwürdige Gefühl, als blicke er durch einen hindurch. Als würde man in einen Abgrund ohne Boden starren. Zahir sagte einmal, Jamals Augen würden den Tod in sich bergen. Ich bemühte mich, dieses Gerede als Spinnerei abzutun, und stritt mich sogar einmal mit Khalil deswegen.

»Nein, es ist die Wahrheit«, sagte Khalil ruhig. »Sieh doch mal genau hin.«

»Und selbst wenn, das sind nur ein Paar Augen. Hast du mittlerweile auch Angst vor Augen?«, spöttelte ich.

»Meine Mutter hat einmal gesagt, die Augen sind das Spiegelbild unserer Seele, und ich glaube daran«, meinte Khalil bestimmt.

»So ein Blödsinn. Blödsinn, Khalil.«

Man kann doch das Wesen eines Menschen nicht einfach an seinen Augen ablesen, dachte ich. Tatsächlich waren es Jamals abgrundtief schwarzen Augen, die ihn am Ende verrieten.

Manchmal setzten wir uns zu dritt unter einem Feigenbaum im Makrorayon in den Schatten, mampften trockene Kekse oder knackten Sonnenblumenkerne. Hin und wieder kletterten wir auch in dem Baum herum, während Jamal seinen kleinen tragbaren Kassettenrekorder spielen ließ – sein ganzer Stolz. Ich kann mich noch erinnern, dass wir uns wieder und wieder dieselbe ausgeleierte Kassette mit Jamals damaligem Lieblingslied anhören mussten: eine hohe Männerstimme, die fortwährend auf Englisch von einer *Cheri, Cheri Lady* sang. Meistens jedoch spielten wir Murmeln. Derjenige, der die Murmel des anderen traf, durfte sie behalten. Jamal und Khalil hatten keine Chance gegen mich; wenn es um Treffsicherheit ging, war ich immer der Beste. Jedenfalls wenn man einmal von der Treffsicherheit meiner Füße absieht; die waren unkoordiniert: Ich schaffte es nicht einmal, einen großen runden Fußball in ein leeres Riesentor zu befördern. Aber meine Hände waren umso geschickter, so dass ich eine winzige Murmel selbst aus meterweiter Entfernung praktisch immer erwischte. So oft, dass schließlich kaum mehr jemand mit mir spielen wollte; schließlich wollten sie nicht alle ihre schönen Murmeln verlieren. Doch was hatte umgekehrt ich davon, wenn ich alle Murmeln der Welt horten konnte, aber niemand mehr mit mir spielen wollte?

Schließlich verfiel ich darauf, Jamal, der ein extrem schlechter Verlierer war, immer mal wieder mit Absicht gewinnen zu lassen. Meine Taschen waren ohnehin voll von harten, bunten Glasbällen, und was ich bei dem einen Mal verlor, konnte ich beim nächsten Mal mühelos wieder zurückholen. Keiner sonst trat noch gegen mich an, also wollte ich mir meinen letzten Gegner nicht vergraulen. Außerdem war Jamal viel umgänglicher, wenn er gewann und wir daraufhin nur seine Überheblichkeit, nicht aber seine schlechte Laune zu spüren bekamen. Das war eine wichtige Lehre für mich: Manchmal muss man verlieren, um zu gewinnen. Eine Lehre, die mir später noch häufig geholfen hat.

Für Khalil war jedes Leben wertvoll, jeder Grashüpfer, jeder Frosch, jeder Mensch. Jamal hingegen quälte manchmal Katzen, Kröten, Kakerlaken. Mir machte das nicht viel aus; ich war nicht so zartbesaitet wie Khalil. Ich lachte, wenn Jamal die *madare kaikon*, die Kakerlaken im Hof, folterte. Es waren große, längliche Schaben, die manchmal die Ausmaße meines Mittelfingers erreichten. Wie eine Armee schwarzer Soldaten krabbelten sie aus der Kanalisation in die Häuser und lauerten in den Zuckerdosen. Jamal bestrich sie gerne mit dem Nagellack seiner Mutter. Er ließ ihnen die zähe, klebrige Flüssigkeit auf die Körper tropfen, danach wälzte er sie im Sand, so dass die anklebenden Klumpen ihnen das Kriechen erschwerten, bis sie schließlich reglos liegen blieben.

Khalil war dergleichen zuwider. Die schwarze Kakerlake, obwohl ihm insgeheim schon wegen ihrer grashüpferartigen Fühler verhasst, hatte für ihn das gleiche Existenzrecht wie die weiße Taube. Vögel mochte er sehr und er konnte es nicht ertragen, wenn man sie misshandelte. Eines Tages spielten wir wie so oft zu dritt mit unseren Steinschleudern, da geschah es. Khalil schoss in einen dicht belaubten Baum, und mit einem hohen Schrei kam trudelnd eine weiße Taube herabgeflattert. Verletzt fiel sie zu Boden, schlug verzweifelt mit ihrem heil gebliebenen Flügel, aber sie kam nicht mehr hoch. Die weiße Taube konnte nicht mehr fliegen. Ich sah erst die Taube, dann Khalil an. Er war kreidebleich, sein Kinn zitterte. Er brachte kein Wort hervor, starrte einfach nur auf die hilflos flatternde weiße Taube.

»Sie ist noch nicht tot. Aber sie kann nicht mehr fliegen. Du musst sie umbringen.«

»Nein.«

»Sie lebt aber noch. Schau, wie sie sich quält.«

»Ich kann sie ja gesundpflegen. Ich baue ihr ein Nest.«

Jamal war wortlos von hinten an uns herangetreten. In der Hand wiegte er einen schweren Ziegelstein.

»Nein!«, schrie Khalil.

Jamal holte aus und ließ den Ziegelstein herabdonnern. Khalil zuckte zusammen. Nun flatterte die weiße Taube nicht mehr.

Eine Woche später kaufte Jamals Mutter ihm eine Hose, die ihm aber nicht gefiel, also wollte er sie heimlich zurückgeben und das Geld für sich einstecken. Er begab sich zum Stand des Verkäufers, doch dieser winkte genervt ab – gekauft sei gekauft. In Afghanistan gab es damals kein Recht auf Umtausch oder Geldrückgabe. Jamal jedoch wollte das nicht akzeptieren. Wütend posaunte er herum, der Händler habe ihn respektlos behandelt und er werde es ihm schon zeigen.

Dann zog er etwas hervor, das aussah wie ein langes schwarzes Eisenrohr. Ungläubig erkannte ich das Maschinengewehr seines Vaters. Fast jeder Haushalt verfügte über mindestens ein Gewehr oder eine Pistole. Es war leicht, solche Waffen zu erwerben. Die Männer verstauten ihre Kalaschnikows unter den Matratzen oder in den Schränken, wie Süßigkeiten. Es herrschte das Gesetz der Willkür. Die Bewohner Kabuls vertrauten weder Polizisten noch Soldaten, also half man sich in Situationen der Not am besten selbst.

Wir folgten Jamal zum Basar – eine Dreiergruppe Kinder, an deren Spitze ein kleiner Junge mit Maschinengewehr marschierte: Überall sonst auf der Welt sicher ein höchst ungewöhnliches Bild, hier nahm kaum jemand überhaupt Notiz von uns. Ob Spielzeug oder Waffe – wen kümmerte es schon, was wir machten?

Am Stand des verdutzten Verkäufers angekommen, zielte ihm Jamal direkt zwischen die Augen: »Nimmst du jetzt die Hose zurück?«

Jamals Hände wackelten etwas und die Waffe schwenkte hin und her, doch noch heute bin ich mir sicher, dass es nicht die Angst, sondern das Gewicht war, was ihn zittern ließ. Jamal hatte nie Angst. Der Mann reichte ihm wortlos das Geld, woraufhin Jamal die Hose auf den Boden warf, einmal fest drauftrat, sich umdrehte und ging.

Mit Jamal legt man sich am besten nicht an, dachte ich. Erst in weiter Zukunft sollte sich erweisen, wie wahr dieser Gedanke war.

Im April 1992 wurde der Islamische Staat Afghanistan ausgerufen und das Land bekam wieder einmal eine neue Nationalhymne: *Qal'a-ye Islam, qalb-e Asiya*, »Festung des Islams, Herz Asiens«. Nachdem sich die moskautreue Regierung Nadschibullah entgegen aller Erwartungen auch nach Abzug der Sowjets noch drei Jahre lang mehr schlecht als recht an der Macht gehalten hatte, wurde sie schließlich gänzlich von Moskau fallengelassen und im April 1992 eroberten Mudschaheddin die afghanische Hauptstadt. Kabul wurde nun vollends zum Zentrum des Bürgerkriegs der verfeindeten Warlords. Es war alles wie ein gigantisches Buzkashi-Spiel: Die Mudschaheddin waren die *chapandaz* auf ihren Pferden, die alle verbissen und mit jedem erdenklichen Mittel versuchten, den heftig umkämpften Ziegenkadaver in ihre Gewalt zu bringen, um als Sieger hervorzugehen.

Und Kabul glich in der Tat mehr und mehr einem einzigen gewaltigen Kadaver. Nur, dass das Morden kein Spiel war.

Die Bewohner Kabuls kamen nun vom Regen in die Traufe. Während im Krieg mit der Sowjetunion vorwiegend die eher ländlichen Landesteile verwüstet worden waren, konzentrierten sich die Auseinandersetzungen jetzt in besonderem Maße auf die Hauptstadt, den Buzkashi-Ziegenkörper, der zum Symbol für den Zerfall des Landes wurde. Kabul selbst wiederum zerfiel in die unterschiedlichen Einflusszonen der verschiedenen Mudschaheddingruppen, die sich erbittert bekriegten. Insgesamt sechs dieser Gruppen hatten ein Fleckchen Erde in der Stadt oder ihrer nächsten Umgebung ergattern können und wollten es um keinen Preis mehr hergeben. Die Situation wurde immer unübersichtlicher. Die ehemalige Schutzmacht Sowjetunion gab es nicht mehr, Nachfolger Russland war vor allem mit sich selbst beschäftigt, durch den Verlust des klaren Feindbildes hatten auch die USA erst einmal das Interesse an dem zentralasiatischen Bergland verloren, während regionale Mächte, vor allem Pakistan, einen größeren Einfluss geltend zu machen versuchten.

Die sechs um die Stadt kämpfenden Gruppen zerfielen grob in zwei Lager, unter denen es immer wieder wechselnde Bündnisse gab. Auf der einen Straßenseite kämpften die einen, auf der gegenüberliegenden die anderen. Im Zentrum saßen Präsident Rabbani und Ahmad Schah Massoud mit seinen Truppen, den Flughafen hatten Raschid Dostums Milizen in ihrer Gewalt, während Gulbuddin Hekmatyar Kabul vom Süden her belagerte und bevorzugt die Wohnviertel gnadenlos mit Granaten beschoss. Die meisten der Stadtbewohner selbst waren an den Auseinandersetzungen gänzlich unbeteiligt. Die unzähligen zivilen Opfer mussten ihr Leben lassen, weil sie zufällig zur falschen Zeit am falschen Ort waren. Plötzlich waren es nicht mehr die Russenschweine oder die Kommunisten, die das Land terrorisierten, sondern die Afghanen selbst, Paschtunen, Hazara, Usbeken, Tadschiken, die ihre eigene Heimat und besonders die Hauptstadt in Grund und Boden schossen.

Es gab nur noch selten Strom und die Wasserversorgung war zusammengebrochen. Oft musste man selbst für ein Stück Brot stundenlang anstehen, und selbst wenn man genug Geld hatte, bekam man dafür doch nur ein sehr eingeschränktes Angebot. Nur eines gab es reichlich: Drogen. Es war die pure Ironie, dass selbst Obst und Gemüse zu Schwarzmarktpreisen verkauft wurden, während Opium ohne Probleme zu bekommen war. Onkel Zahir hatte immer Opium, selbst wenn der Whisky knapp war.

Im Laufe der Kämpfe um Kabul vom Zusammenbruch der Regierung Nadschibullah 1992 bis zur Eroberung der Stadt durch die Taliban 1996 wurden etwa 50 000 Menschen getötet, die Einwohnerzahl sank durch die Flucht der Menschen aus der umkämpften Stadt von zwei Millionen auf nur noch etwa fünfhunderttausend und die Stadt verwandelte sich in einen einzigen großen Trümmerhaufen.

Kabul wurde zum Kadaver und wir lebten wie im Rachen eines Haifischs. Manchem mag so ein Leben einfach nur beängstigend und verstörend vorkommen und er kann nicht verstehen, wie man überhaupt so leben kann. Für uns war es einfach das Leben. Wir kannten kein anderes. Wir hatten das Haifischmaul noch nie verlassen. Es war unser Zuhause. Und wer im Rachen des Haifischs wohnt, kann jeden Tag froh sein, wenn er am Abend noch lebt und beide Arme und Beine hat.

Eines Tages machte sich mein Bruder Wahid auf den Weg, um beim Brillenverkäufer Asif, dem einzigen Brillenladen weit und breit, eine Sonnenbrille zu kaufen, auf die er schon lange ein Auge geworfen hatte.

Er hatte sich schon auf den Weg gemacht, als ihm Mutter aus dem Fenster noch nachrief. Sie wedelte mit etwas in ihrer Hand: Er hatte die Tüte vergessen. Verpackungen jeder Art waren rar in Afghanistan und wurden immer und immer wieder verwendet. Seufzend stieg Wahid also die Treppen wieder hinauf und holte sich seine Tüte, ungehalten über all die Zeit, die ihm das wieder kostete.

Asifs Brillenladen befand sich direkt neben einem größeren Supermarkt, nur wenige Minuten von unserer Wohnung im Makrorayon entfernt. Etwas verspätet hatte Wahid sein Ziel nun endlich fast erreicht, als es aus heiterem Himmel donnerte. Im nächsten Moment riss ihn eine Druckwelle zu Boden und finstere Rauchwolken hüllten alles ein. Sobald sich die dichtesten Schwaden verzogen hatten und mein Bruder wieder auf seinen zitternden Beinen stand, bot sich ihm ein Bild wie aus der Hölle. Herumliegende Trümmer, wo eben noch ein belebter Supermarkt gewesen war, der Gestank von verkohltem Fleisch, brennende Gestalten, kreischende Gesichter voller Blut und Dreck. Menschen mit aufgerissenen Gedärmen lagen herum wie Tierkadaver. Ein kleiner Junge, an dessen Oberschenkeln noch ein paar lappenartige Fleischfetzen hingen und dann nichts mehr weiter. Den Brillenladen gab es nicht mehr, von Asif war nur ein verkohlter Leichnam geblieben. Wahid sollte seine Sonnenbrille nie bekommen. Aber er lebte. Anders als so viele andere, die an diesem Tag zum Einkaufen hierhergekommen waren. Eine einfache Plastiktüte hatte ihm das Leben gerettet.

Einige Tage nach diesem Ereignis erwachte ich mitten in der Nacht durch das Beben der Matratze unter mir. Ein Erdbeben? Eine Detonation? Aber das Geräusch war leiser, fremder und doch ganz nahe. Ich drehte meinen Kopf nach rechts und erblickte ein tollwütiges Gesicht ohne Pupillen, die Augen nur zwei runde weiße Murmeln, die ins Leere starrten. Ein bebender, schwitzender Körper, das Gesicht eine verzerrte Fratze, zwischen verkrampften Zähnen eine blutige Zunge, und weißer Schaum, der von blauen Lippen troff. Er war besessen, ein Dschinn war in seinen Körper gegangen!

Ängstlich richtete ich mich auf, fasste Mut und lief nicht vor dem tobenden Dschinn weg, sondern setzte mich auf den Bauch meines Bruders, verpasste ihm rechts und links eine Ohrfeige. Ich schrie: »Beches Wahid! Wach auf Wahid!«

Ich wollte die Tollwut, den Dschinn, den Wahnsinn, was auch immer es war, aus ihm herausprügeln, ich verpasste ihm wieder eine, diesmal härter, ich wollte erneut ausholen, doch ich wurde weggeschubst, fiel vom Bett und landete auf dem Boden. Meine Mutter schrie, jetzt schüttelte und rüttelte sie an dem Tollwütigen, wie ich es eben schon getan hatte, und dabei wirkte sie fast genauso hilflos. Julie und Jaqueline brüllten und weinten, sie liefen unkontrolliert herum, Julie schüttete ein Glas Wasser über Wahids Kopf, doch die Augen blieben weiß. Jaqueline versuchte die zur Faust geballten Finger auseinanderzubiegen, doch sie blieben hart und starr.

Er machte mir Angst, er durfte nicht sterben, er hatte es nicht verdient. Wieso sollte jemand sterben, der einfach nur schöne Bilder malte? Jemand, der nie anderen etwas antat und dem doch gerade erst eine Plastiktüte das Leben gerettet hatte. Er liebte Hunde, er brachte sie nach Hause und fütterte sie, bis meine Mutter ihn wütend anschrie und die Hunde fortjagte; vielleicht hatte ihn ja auch ein tollwütiger Hund gebissen und krank gemacht.

Doch im nächsten Moment ließ die Tollwut, der Dschinn, der Wahnsinn von ihm ab, sein Körper wurde schlaff und er versank förmlich in sich selbst. Seine Augen kamen wieder hervorgerollt und das Weiß wurde braun. Wir fuhren mit ihm ins Krankenhaus. Wahid war blass und erschrocken; er war verwirrt und wusste selbst nicht, was von ihm Besitz ergriffen hatte. Die Ärzte im Krankenhaus schickten uns wieder weg, sagten, er habe nur einen Schock erlitten. Kam man nicht mit einem Bein oder einem Arm zu wenig oder zumindest mit einer großen, klaffenden Wunde, sagten sie das immer; dann war es immer der Schock, der uns krank machte. Und so ganz unrecht hatten diese Ärzte ja nicht. Der Schock des Krieges hatte viele Namen: Trauma, Depression, Tollwut, Besessenheit, Wahnsinn, um nur einige zu nennen. Dass der Name von Wahids Kriegsschock *Epilepsie* war, stellte sich erst später heraus.

Engineer-Sahib war zu dieser Zeit längst schon in Deutschland – er hatte Afghanistan bereits 1990 endgültig den Rücken gekehrt – und bekam von der zunehmenden Verschlechterung der Lage, den kleinen und größeren Katastrophen unseres Alltags, der alltäglich gewordenen Todesgefahr kaum irgendetwas mit.

Ich weiß noch, wie er einmal von einer seiner Geschäftsreisen zurückgekommen war, erholt und mit leicht gebräuntem Körper. Er hatte ein paar Tage freigehabt und war in der Ukraine auf die Krim gefahren, um das Schwarze Meer zu genießen. Als ich das hörte, wurde ich ungeheuer wütend. Ich hatte noch nie im Leben das Meer gesehen. In Afghanistan gibt es kein Meer. Wie sehr ich mir doch wünschte, einmal mit ihm zu tauschen. Sollte doch er jede Nacht unter Raketenhagel einschlafen und die Menschen ringsum einen nach dem anderen sterben sehen, während nun *wir* uns an seiner Stelle die Bäuche an der Sonne bräunten!

Und 1990 hatte Engineer-Sahib dann also verkündet, dass er das ungewisse Leben in Kabul satthabe. Die Russen seien weg, doch der Krieg wüte nur umso schlimmer weiter, das Elend habe sich's anscheinend in Afghanistan bequem gemacht. Ich fragte mich, wie er nur auf diese Weise über etwas sprechen konnte, was er praktisch gar nicht kannte. Er war keine drei Monate im Jahr in Afghanistan; selbst wenn das Elend höchstpersönlich auf unserem Sofa Platz genommen hätte, um ein Glas *chai* mit uns zu trinken und ein Stück Kuchen zu essen, hätte er das wohl gar nicht mitbekommen.

Er habe nun genug verdient, um ein neues Leben in einem friedlichen Land aufzubauen – so meinte er zumindest. In Europa seien die Verhältnisse stabil, dorthin würde er sich aufmachen und uns nachholen, sobald er eine Arbeit gefunden habe. Meine Mutter protestierte, sie weinte und redete auf ihn ein: Er könne in Zeiten wie diesen doch nicht einfach seine Familie im Stich lassen. Doch ihre Einwände nützten nichts, er packte seine Koffer, ließ meiner Mutter eine Tasche voll Geld da und verabschiedete sich.

Ich blieb in Kabul zurück. Mit meiner Mutter, meinen drei Geschwistern, meinem Onkel Zahir und meinen beiden treuen Freunden Jamal und Khalil.

Kapitel 9

Als die Welt stehenblieb

An einem unerträglich heißen Tag im Sommer 1992 hörte meine Welt auf, sich zu drehen.

Die militanten Gotteskrieger Gulbuddin Hekmatyar und Burhanuddin Rabbani lieferten sich gerade einen schonungslosen Bruderkampf und ließen Kabul ausbluten wie ein geschächtetes Schlachttier. Sich gegenseitig bekriegende Mudschaheddin der verschiedenen Lager schossen Raketen wie Pingpongbälle von einem Viertel ins nächste und pflasterten die Straßen mit Leichen. Meine Mutter hatte sich nicht geirrt: Wir hatten den Krieg zwar gewonnen, den Frieden aber für immer verloren.

Hinzu kam die unerbittliche Sonne, sie dörrte die Stadt aus. Die weichen, grünen Gräser verwandelten sich in gelbes Stroh, Blumen ließen ihre erschöpften Blütenköpfe hängen, Früchte faulten an ausgetrockneten Bäumen. Die Erde war wie eine Herdplatte; sie erhitzte die Stadt und kochte die Menschen. Die hohen Temperaturen brachten erstaunliche Gerüche zu Tage: Der Gestank von Pisse und Scheiße kroch aus der primitiven Kanalisation und verpestete die Atemwege. Wie konnten Menschen doch stinken! Schwitzende Männer und Frauen, die beißend und bitter mieften wie aufgeschnittene Zwiebeln. Und die toten Menschen erst! Hier krähte doch kein Hahn nach einem Toten. Wenn Menschen zu Leichen wurden, die keiner vermisste, ließ man ihre Körper einfach liegen. Ihre Kadaver schmorten so lange in der Sonne, bis sich die Haut langsam löste und Maden sich ins Fleisch fraßen. Erst wenn der Gestank des Todes unerträglich wurde, nahm man sich ihrer an und verscharrte sie unter der Erde.

An besagtem Tag hockten Julie und ich mit ausgestreckten Zungen vor unserem Kühlschrank. Wir ächzten. Unsere Körper waren klebrig und feucht. Wir drückten unsere Wangen gegen die Kühlschranktür und kratzten das Eis aus dem Gefrierfach. Bevor die kalten Kristalle unsere Münder erreichten, verdunsteten sie in unseren Händen. Mein Mundraum war trocken, als hätte ich löffelweise Sand gefressen. Ich sehnte mich nach einer Erfrischung. So sehr.

Jacqueline betrat die Küche, und sofort setzte ich mich aufrecht hin – meine Schwester konnte es nicht ausstehen, wenn ich in gekrümmter Haltung saß. Nur Affen oder Menschen in winzigen Kerkern säßen in gekrümmter Haltung. Nein, ein Affe war ich nicht. Im Kerker war ich auch nicht, also durfte ich den Rücken nicht krümmen. Was aber war ein Kerker? Ein abgeschlossener Raum, den man nicht verlassen darf? *Wir* durften die Wohnung nie verlassen. Kabul war aus den Fugen, wir mussten uns verstecken. Vor den Gotteskriegern. Ihren Raketen. *Ihrem* Krieg. Hier in diesen vier Wänden lag unser Versteck. Wir durften das Versteck nicht verlassen. Zumindest solange der Teufel in den Gotteskriegern steckte. Irgendwie war es also doch ein Kerker. Irgendwie war ich im Kerker. Also lockerte ich meine Muskeln und nahm die krumme Haltung wieder an.

»Ich geh nur kurz zur Nachbarin«, meinte Jacqueline. »Ich lasse euch *nur kurz* alleine. Ihr dürft die Wohnung nicht verlassen. Keinesfalls, verstanden?«

»Ja«, wir nickten.

»Das ist eine Regel. Regeln müssen befolgt werden, verstanden?«
Ihr Tonfall war streng und herrisch.

»Ja«, wir nickten gehorsam.

»Dir traue ich nicht.« Jacqueline zeigte mit dem Zeigefinger auf
mich. »Julie schon. Dir nicht. Du bist ein Satansbraten. Ein kleiner
Satansbraten, der nie Regeln befolgt.«

Ich schüttelte unschuldig den Kopf. Sie sah mich kritisch an.

»Julie, *du* musst auf ihn achtgeben – kannst du das?«

»Ja.« Julie nickte.

»Na gut.« Sie schaute uns ein letztes Mal prüfend an, dann verließ sie die Wohnung und schlug die Tür hinter sich zu.

Erneut machte sich der trockene Geschmack in meinem Mund
breit. Eiscreme. Wie schön wäre jetzt Eiscreme. Wie gern hätte ich
Eiscreme. »Julie, ich hätte jetzt gerne Eiscreme.« Ich sah sie bittend
an. Sie stöhnte.

»Du hast deine große Schwester doch eben gehört. Wir dürfen
nicht raus. Wir müssen hier warten«, entgegnete sie mühsam.

»Wir dürfen nicht raus – nicht einmal zum Spielen oder Eisessen.
sen. Wir dürfen nicht dieses, wir dürfen nicht jenes – was dürfen wir
überhaupt?«, schnaubte ich wütend.

»So ist das nun mal.«

»Warum ist das so?«

»Wir müssen uns von Menschenmengen fernhalten«, meinte Julie. »Mama hat Angst um uns.« Mutter hatte Angst. Kein Wunder. So
viele Tote wie zu diesen Zeiten hatte es bis dahin nie gegeben. Wenn
Mütter ihre Töchter zur Schule brachten, mussten sie damit rechnen,
später eine Grabstätte statt eines Gebäudes vorzufinden. Wenn Väter
mit ihren Söhnen in langen Schlangen um Nahrungsmittel anstan-
den, mussten sie darauf vorbereitet sein, von einer hochgehenden
Bombe überrascht zu werden. Anstelle eines Laibes Brot trugen sie
dann die Körper ihrer toten Kinder nach Hause. Mutter war vorsichtig geworden. Noch vorsichtiger. Ich presste meine Stirn an die
Kühlschranktür. Mein Atem hinterließ einen feuchten runden Ab-
druck.

»Stell dir nur vor! Kaltes, leckeres Eis«, versuchte ich meine
Schwester zu begeistern.

»Nein«, entgegnete sie bestimmt.

»Nur ein Eis. Wir beeilen uns. Wir kommen schnell zurück, keiner wird es merken«, bettelte ich.

»Nein.«

»Bitte!«

»Nein.«

»Eiscreme. Eiscreme. Eiscreme. Eiscreme. Eiscreme. Eiscreme. Eiscreme. Eiscreme. Eiscreme. Eiscreme. Eiscreme. Eiscreme.«

»Ist ja gut!«, keifte sie mich an.

Zufrieden streifte ich meine braunen Sandalen über.

»Das gibt Ärger«, meinte Julie besorgt. »Riesenärger.«

Draußen schlug mir eine glutheiße Hitzewelle entgegen. Der trockene Wind trug den Wüstenstaub in die Hauptstadt. Die feinen Sandkörner ließen mich keuchen. Wir kamen an einer Sitzbank vorbei, daneben wuchs ein Akazienbaum. Die Pflanzen ringsherum waren ausgedörrt, nur dieser eine Akazienbaum blühte in voller Pracht.

Arefs Eisdiele war die einzige im Umkreis von Meilen. Viele Verkäufer hatten ihre Buden dichtmachen müssen. Es mangelte an Nahrungsmitteln und Zutaten. Eine Schlange hatte sich vor Arefs Eisdiele gebildet: Ungeduldige Kinder zogen an den Rocksäumen ihrer Mütter, Frauen fächerten sich Luft zu.

»Da sind Khalil und Sahar«, Julie deutete auf einen weizenblonden Schopf. »Da!«

Tatsächlich. Ich begrüßte Khalil und seine große Schwester. Seine Locken wippten rauf und runter, wie gelbe Akazienblüten im Wind.

»Wie hat dir deine Mutter nur erlaubt rauszugehen?« fragte ich verwundert. Ich kannte Khalil; er tat nie etwas, ohne vorher die Erlaubnis seiner Mutter eingeholt zu haben – außer wenn *ich* ihn darum bat.

»Sie war heute sehr glücklich«, antwortete er. »Ein neues Kind wächst in ihrem Bauch.« Khalils Schultern waren leicht verbrannt, er trug nur ein Unterhemd, dünner blonder Flaum schimmerte an seinem Kinn.

»Freust du dich?«, wollte ich wissen.

»Ja, wenn Mama sich freut, freue ich mich auch.« Khalil lächelte und das kleine Grübchen erschien auf seiner Wange. »Und morgen habe ich Geburtstag!«

Etwas hatte mich immer schon an ihm fasziniert. Anfangs begriff ich nicht, was. Dann wurde mir bewusst, dass es sein Blick war. Der war nicht vergleichbar mit dem Blick abgestumpfter afghanischer

Kinder, die ihre Unschuld an den Krieg verloren hatten. In seinen Augen fand man die Treue eines Hundes, die Ehrlichkeit eines Kindes und die Weisheit eines alten Mannes. Sein Blick war rein wie frischer Tau im Morgengrauen und klar wie von Bienen gewonnener Honig. Einmalig auf dieser Welt.

Endlich waren wir an der Reihe. Aref war ein fetter dunkelhäutiger Mann mit einem riesigen schwarzen Muttermal unterm linken Auge. Wenn er lachte, bewegte sich das Muttermal, es kam einem vor, als säße eine fette schwarze Kakerlake auf seiner Wange. Der Eisverkäufer hatte kaum noch Zähne im Mund, wahrscheinlich weil er sich den ganzen Tag mit Eiscreme vollstopfte.

»Eins, zwei, drei, vier Mal Eiscreme«, gab ich in Auftrag und reichte ihm den Geldschein. Gierig grapschte ich ihm die Waffel aus der Hand. Die Eismasse war kalt und weiß wie der Schnee auf den Gipfeln der Berge. Ich verschlang das Eis genüsslich. Ein cremiger Milchgeschmack. Die Kälte wanderte bis in mein Gehirn. Kälteschock. Ich wartete nicht ab, hastig schleckte ich weiter. Kein einziger Tropfen durfte verschwendet werden!

Wir gingen weiter. »Mist!«, hörte ich Khalil rufen. Widerwillig ließ ich von meinem Eis ab und drehte mich nach ihm um. Betroffen blickte er auf die weiße Eismasse zu seinen Füßen. Sein Eis war ihm aus der Hand gerutscht. Eine ganze Weile schwenkte mein Blick zwischen Khalil und dem Eis in meiner Hand hin und her. Ich könnte ihm meines anbieten. *Er* würde es tun. Ich könnte. In meiner Waffel war noch gut ein Drittel Eiscreme. Ein Drittel Eiscreme, auf das ich würde verzichten müssen. Khalil würde verzichten. Mit Sicherheit. Doch Khalil war eben Khalil, und nicht jeder konnte sein wie er. Also ignorierte ich sein Problem und tauchte meine Zunge zurück in die kalte Creme. Die folgenden Jahre verbrachte ich viel Zeit damit, darüber nachzudenken, wie unser beider Leben wohl verlaufen wäre, wenn ich mein Eis mit ihm geteilt hätte.

Sahar stöhnte, nahm ihren Bruder an der Hand und ging zurück in Richtung Eisdiele. Khalil drehte sich noch einmal um. »Bis gleich!«, waren seine letzten Worte, bevor er im Schatten des Akazienbaums verschwand. Wir gingen hastig weiter. Nach Hause war es nicht mehr weit. Auf einmal erkannte ich Jacqueline – sie kam direkt auf uns zugelaufen.

»Oh nein!«, stieß Julie hervor. Jacqueline fuchtelte mit den Händen, machte wütende Gesten in der Luft. Sie fluchte so heftig, dass sich wahrscheinlich selbst der Teufel fremdschämte.

»Euch kann man keine Sekunde alleine lassen!«, fauchte sie. Als sie direkt vor mir stand, packte sie mich kräftig am Kragen. »Immer machst du Ärger, immer du!«

Ich verschluckte mich am Eis und hustete. Jacqueline brüllte und betete weiter das Alphabet der Flüche herunter. Ich stopfte mir schnell die Reste meiner Waffel in den Mund und versuchte, den Geschmack auf meiner Zunge zu konservieren. Jacqueline schimpfte. Ein Kind fuhr auf einem roten Fahrrad an uns vorbei. Ein Hund bellte. Plötzlich fing die Erde an zu beben. Die Straße wurde von einem ohrenbetäubenden Knall erschüttert. Eine Explosion. Eine Druckwelle riss uns zu Boden. Noch bevor mein Gehirn verstand, was gerade passierte, war alles schwarz.

Ich öffnete die Augen. Die Welt war verschwommen. Sand und Staub wirbelten in der Luft. Schrille Laute bohrten sich in mein Ohr. Woher kamen sie? Es roch komisch. Was war das für ein Geruch? Rauch? Feuer? Wo kam er her? Warum lag ich auf der Erde?

Ich hörte ein Winseln. Julie lag mit dem Gesicht im Dreck neben mir. Ich verstand nicht. Was war passiert? Ich stellte mich auf und rieb den Staub aus meinen Augen. Dann hob ich den Blick und nichts war mehr, wie es einmal war. Das sorglose Bild lachender Kinder hatte sich in eine Szene aus einem Horrorfilm verwandelt. Die Eisdiele brannte in scharlachroten Farben. Eine endlose Blutlache floss abwärts und vermischte sich mit dem Staub zu einer zähen Pampe. Julie und Jacqueline rappelten sich auf. Sie schienen unverletzt zu sein. Julie stand regungslos da und zitterte am gesamten Körper.

»Wir müssen hier weg. Es kann jeden Moment eine zweite Bombe hochgehen.« Jacqueline packte uns an den Schultern. Ihre Pupillen flatterten hin und her wie aufgescheuchte Krähen. Ich sah mich um: Mütter schrien und suchten nach ihren Kindern. Kinder weinten und suchten nach ihren Müttern. Weinende Kinder. Schreiende Mütter. Zerrissene Kinder. Tote Mütter. Kinderblut – überall. Ja, wir müssen hier weg, dachte ich. Mein Gott. Da fiel es mir ein. Nein. Nein. Nein! Ein Schauer lief mir über den Rücken, brach mir das Rückgrat, lähmte meinen Körper. Nein. Nein. Nein! Meine Knie begannen zu schlottern, Schweiß lief mir die Stirn herunter. Nein. Nein. Nein! Khalil. Khalil. Khalil. Wo war Khalil?

»Khaaaaaaaaaliiiiiiil!«, brüllte ich. »Khaaaaaaaaaliiiiiiil!«, schrie ich, dass mir die Lungen schmerzten. Meine Stimme war grell und hysterisch.

»Khaaaaaaaaaliiiiiiil!« Ich spürte das Pochen meiner Halsschlagader. Ich befreite mich aus Jacquelines Griff.

»Khaaaaaaaaaliiiiiiil!« Ich versuchte etwas in diesem heillosen Durcheinander zu erkennen.

»Hamid, wir müssen hier weg.« Jacquelines Stimme zitterte. In ihrem Blick lag pure Angst.

»Geh doch! Nun geh doch! Hau doch ab! Ich gehe nicht ohne Khalil! Nicht ohne meinen Khalil.« Ich stieß sie beiseite. Meine Tränen rollten in meinen Mund. Sie schmeckten salzig, wie Salzwasser. Salzwassertränen.

»Khaaaaaaaaaliiiiiiil!« Es roch nach Rauch, Feuer und Blut. Panik. Die Lebenden trampelten über die Toten. Wo war er? Wo? Wo? Wo? Ich bahnte mir einen Weg durch den Rauch. Das rote Fahrrad lag verbogen in der Ecke. Das Kind, dem es gehörte, weinte und hockte verängstigt daneben. Es hatte nur einen Schuh verloren und ein aufgeschlagenes Knie. Je weiter ich mich nach vorne kämpfte, desto dichter wurde der Qualm. Ich trat in eine Blutpfütze. Da, ein Bein. Da, ein Arm. Da, ein Kind und was noch von ihm übrig war. Das Herz wurde mir schwer wie Blei, ich drohte unter der Last zusammenzuklappen. Mein Mund war voller Salzwasser. Salzwassertränen verschluckten meine Stimme.

Meine Schwestern folgten mir dicht. Sie wussten, ich wäre nicht mit ihnen gegangen. Niemals ohne meinen Khalil.

Ein kleines Mädchen saß am Boden. Ihr Gesicht war schmutzig. Wo war ihr Arm? Das Blut tropfte aus dem Stumpf. Sie weinte nicht. Ihr Blick war glasig und wirr.

Lieber Gott, nimm mir Khalil nicht weg! Ich sollte zurückrennen. Nach Hause. Mich in mein Bett legen. Schlafen. Wieder aufwachen und den Albtraum beenden. Mein Herz blieb stehen. Mein Atem stockte. Aus der Ferne erkannte ich die Akazienlocken. Ich lief schnell. Dabei atmete ich nicht. Kein einziges Mal. Er lag einfach so da. Die gelben Akazienlocken vermischten sich mit dem Dreck der Erde. Die geöffneten Augen zum Himmel gerichtet, als würde er auf einer Wiese liegen und die Wolken beobachten. Er schrie nicht. Weinte nicht. Bewegte sich nicht. Nur sein Brustkorb. Hoch und runter. Hoch und runter. Er atmete. Er atmete! Khalil war am Leben. Meine Knie zitterten wie Äste im Wind. Ich beugte mich zu ihm herunter.

»Khalil?«, fragte ich vorsichtig. Er antwortete nicht. Er hechelte. Er wusste, dass ich da war. Das wusste er bestimmt.

»Ich bin da. Jetzt bin ich da. Es tut mir leid. Es tut mir leid.« Meine Stimme war keine Menschenstimme mehr. Sie war zerbrochen. Eine zerbrochene Glasstimme. Dann entdeckte ich ihn. Den winzigen Bombensplitter. Ein dunkler Blutfleck hat sich um ihn herum gebildet.

Der Splitter steckte in Khalils Herz.

»Bleib ruhig. Es ist nicht schlimm, wirklich nicht. Ein Arzt zieht den Splitter wieder raus«, versuchte ich ihn zu beruhigen. Meine Schwestern traten hinter mich. Sie hatten sich zuerst um Sahar gekümmert, die mit blutüberströmtem Gesicht und wie gelähmt ein paar Meter abseits auf dem Boden hockte. Nun kamen sie zu mir. Sie weinten.

»Warum weint ihr? Hört auf damit! Hört auf damit! Es ist nur ein Splitter!«, schluchzte ich und zog den Schleim die Nase hoch.

Sie weinten noch lauter. »Hört auf! Ihr macht ihm Angst.«

Khalils Blut tropfte auf die Erde. Eine Träne kullerte aus seinem Auge.

»Denk … an … was Schönes. An … das Meer.« Meine Stimme war kaputt. Meine Glasstimme war zerbrochen. Das zähe Blut floss weiter aus seiner Brust. Herzblut. Wie warme Suppe lief es meine Schenkel herunter. Meine Zähne schlugen bibbernd gegeneinander. Ich formte ein Gefäß mit meinen Händen. Das Herzblut tropfte hinein. Plopp, ein Tropfen Herzblut. Plopp, zwei Tropfen Herzblut. Plopp, drei Tropfen Herzblut. Ich musste auf sein Herzblut gut achtgeben – es musste zurück ins Herz. Jeder Tropfen war wertvoll. Es war Khalilherzblut. Das wertvollste Blut überhaupt.

»Bleib wach, bitte«, flehte ich. Khalil hörte nicht hin. Er hörte nichts mehr. Seine blassblauen Augen waren starr auf den Himmel gerichtet. Himmelaugen. Buttergelbe Wolken spiegelten sich darin.

Seine Zunge trat zwischen den Zähnen hervor. Er blinzelte nicht mehr. Khalil hörte auf zu atmen, und meine Welt hörte auf, sich zu drehen.

»Nein. Nein. Nein …«, wimmerte ich. Ich packte seinen Arm und kniff in die weiche, noch warme Haut.

Ich verspürte tief in meiner Brust einen Schmerz, als würde eine Hand mein Herz packen, es drehen und zusammendrücken. Ich legte meinen Kopf auf seine Brust. Mein Ohr wurde warm von seinem Blut. Meine Tränen rannen die Wangen entlang. Sie fanden keinen Halt, fielen herunter, vermischten sich mit Khalils Herzblut.

Ich hatte meinen Schwur gebrochen. Ich hatte ihn nicht gerettet. Khalil ging und sah nie den Frieden kommen.

Kapitel 10

Sabr – Die Geduldsprobe

Die folgenden Tage und vor allem die Nächte waren für uns alle schlimm. Ich hörte, wie meine Mutter immer wieder *Allah shukur* murmelte, Allah dafür dankte, dass ihre Kinder am Leben waren. Doch mir war nicht nach Danken zumute. Ich dachte an Khalil und konnte nicht begreifen, dass er für immer fort war. Warum hatte ich nicht mein Eis mit ihm geteilt? Er wäre dann nicht zurückgegangen, der Splitter hätte nicht sein Herz getroffen. Er wäre noch am Leben! Warum nur hatte ich mich in diesem Moment so und nicht anders entschieden? Für mich und nicht für Khalil? Warum nur war ich nicht wie er, der alles teilte und verschenkte? Wäre ich so wie Khalil gewesen, dann hätte ich sein Leben gerettet.

Als ich in dieser Nacht wachlag, verstand ich, dass es Momente im Leben gibt, die nie wieder ungeschehen gemacht werden können. Und ich litt. Nie zuvor hatte ich einen vergleichbaren Schmerz kennengelernt. Warum war dieser Schmerz keine Wunde, über der sich eine Kruste bildete, die verheilte und verschwand? Warum war dieser Schmerz so unerträglich? So schrecklich, dass ich meinte, daran ersticken zu müssen?

Immer wieder stellte mir meine Mutter Fragen. Sie redete ungeduldig auf mich ein und versuchte angestrengt und immer verzweifelter, mich zum Reden zu bringen. Doch ich hatte seit dem Unfall kein einziges Wort mehr gesprochen. Seltsam. Ich wurde einfach stumm. Es war, als hätte ich plötzlich alles vergessen. Nichts in meinem Kopf ergab mehr einen Sinn. Bilder, Wörter und Gedanken schwebten in einem hohlen Raum, ohne irgendein Ziel zu haben. Als hätte ich vergessen, wie man spricht. Ja, so war es: Ich konnte mich nicht mehr daran erinnern, wie man ein Wort in Laute verwandelt.

Ich wollte es nicht begreifen, wollte es nicht verstehen, dass Khalil nicht mehr da war. Wie soll das funktionieren, ein Leben ohne Khalil? Wie soll ich denn alles einfach vergessen? Ohne ihn war ich nur noch ein halber Mensch. Ein halber Körper, ein halbes Herz, gefüllt mit Schmerz. War das möglich? Konnte ein halber Mensch überhaupt noch leben? Ich war voller Trauer und Wut. *Afghanistan ist ein gottverdammter Ort. Wo bist du nur? Wo? Wo? Wo?* Das fragte ich Gott.

Nach Stunden waren meine Tränen getrocknet und ich vergrub mein Gesicht in meinen Knien. Nachdem ich in dieser Haltung eine lange, lange Zeit nur reglos dagesessen und stumm gezittert hatte, hatten mich meine Mutter und mein Onkel ins Krankenhaus gefahren. Die Ärzte warfen einen kurzen Blick auf mich und sagten, dass ich einen Schock erlitten habe. Meine Mutter kannte diese Diagnose bereits. Nach Wahids epileptischen Anfällen hatten sie ja genau dasselbe gesagt. Diese Reaktion meines Körpers sei nicht ungewöhnlich in diesen schweren Zeiten, sie solle sich glücklich schätzen, dass ich noch am Leben sei.

Glücklich sein, ja? Weil ich als halber Mensch weiterleben durfte?

Rund zwanzig Menschenleben hatte das Attentat gefordert, viele waren schwer verletzt ins Krankenhaus eingeliefert worden und dort gestorben – die meisten davon Kinder, die nur ein Eis hatten essen wollen.

Abwarten und geduldig sein, rieten uns die Ärzte und schickten meine Mutter nach Hause. Abwarten und geduldig sein, wenn deine Kinder krank oder stumm werden, abwarten und geduldig sein, wenn eine Rakete nach der anderen über dein Dach fliegt, abwarten und geduldig sein.

Am nächsten Tag wäre Khalils Geburtstag gewesen. Ich warf mein Geschenk weg und verfluchte innerlich Gott und die Welt. Mein Blutsbruder lag tot da, umringt von heulenden Frauen und Männern, alles Menschen, die ihn geliebt hatten. Khalil wurde von vielen Menschen geliebt, er war nun mal ein im wahrsten Wortsinn liebenswertes Kind gewesen.

Dann kam Khalils Beerdigung. Er wurde in ein weißes Tuch gehüllt und ins Grab herabgelassen. Die Männer und Jungen standen vorne, die Frauen weiter hinten. Sein Vater nahm die Schaufel in die Hand. Seine Hände zitterten. Erdklumpen trommelten auf Khalils kleinen Körper. Ich war wie betäubt. Ich reckte meinen Hals in Richtung Himmel und mancher mochte wohl meinen, ich würde gleich heulen wie ein Wolf, aber ich vergrub mein Gesicht in meinen Händen und begann zu weinen.

Ich fühlte mich hilflos und dem Leben ausgeliefert. Neben dem Grab ging ich in die Knie und bohrte meine Hände in die harte Erde. Ich kam mir so endlos verloren und alleingelassen vor. Plötzlich griff jemand nach meiner Hand und zog mich sanft hoch. Ich blickte auf: Jamal. Auch er weinte. Ich glaube, es war das einzige Mal, dass ich ihn je weinen sah. Er schaute mich an und legte tröstend den Arm um mich. In dem Moment wusste ich, dass ich doch nicht allein war, dass ich noch immer einen Freund hatte. Ich blinzelte ihn dankbar durch Tränen an, auch wenn ich damals überzeugt war, dass mein Schmerz um Khalil durch nichts und niemanden auf dieser Welt je zu lindern sein würde.

Nachdem der tote Körper beerdigt worden war, betraten die Frauen und Männer getrennt die Moschee. Wo sich früher Hunderte versammelt hatten, um einem Verstorbenen zu gedenken, waren jetzt höchstens zwanzig Menschen im Raum. Der Gebetsraum war erstickend heiß, es stank nach Schweiß und über einen Lautsprecher konnte man die Gebete des Imams mitverfolgen. Da ich noch ein Kind war, saß ich mit meiner Mutter und meinen Schwestern im Raum der Frauen. Der Klang der Gebetsstimme war einnehmend, fast erdrückend, und zugleich traurig. Die Frauen weinten und beteten. Weinende und betende verlorene Seelen, die ihrer Trauer ein verheultes Gesicht gaben und dabei auch ihr eigenes Schicksal beklagten. Mütter, die ihre Söhne verloren hatten, Ehefrauen, die ihre

Männer begraben mussten, Schwestern, die ihre Brüder beweinten. Ein Raum weinender und betender weißer Kopftücher, ein Raum voll klagender und jammernder Gestalten, die im Schneidersitz hin und her wippten. Jeder hier hatte eine Geschichte zu erzählen. Jeder in Afghanistan hatte eine Geschichte zu erzählen. Jeder, der noch lebte und sprechen konnte.

Ich litt und schwieg. Ich wusste nicht, woher der Schmerz kam. Ein Phantomschmerz, wie bei einem abgetrennten Bein. Ich spürte ihn noch. Er war noch da. Ich fühlte seine Anwesenheit. Ich hörte Khalils Lachen. Doch wenn ich meine Augen öffnete, war er nicht da. Er war nicht mehr da.

Meine Mutter versuchte mich zu trösten. Als Khalil beerdigt war, sagte sie zu mir: »Heute kommt dir dein Schmerz unendlich groß vor. Du denkst, unmöglich weiterleben zu können. Du glaubst, dein Lachen für immer verloren zu haben. So ist es aber nicht. Die Zeit hat heilende Kräfte. Deine Wunde wird sich schließen und irgendwann erinnert nur noch eine blasse Narbe an den unendlichen Schmerz der Vergangenheit. *Sabr*, Geduld, mein Kind, *sabr*.« Die beharrlich ausdauernde, standhafte Geduld angesichts der von Gott auferlegten Prüfungen überwinde schließlich jedes Leid, erklärte sie immer wieder. Und das Leid sei etwas, durch das wir alle hindurchmüssten, woran wir wachsen, was uns läutert. »Leid gibt uns Substanz, und ein Mensch, der nicht leidet, findet nicht zu sich selbst. Es formt oder verformt uns – es liegt in unserer Hand, zu Asche zu zerfallen oder wiederaufzuerstehen.« Ich habe ihre Worte nicht vergessen, aber damals erschienen sie mir wie leerer Schall. Wie konnte diese Wunde jemals heilen? Wie konnte man angesichts von so viel Leid *geduldig* sein? Und wie konnte man in all dem Leid gar noch etwas *Gutes* sehen wollen?

Auch Onkel Zahir sprach mir tröstende Worte zu und kümmerte sich in dieser Zeit überhaupt in besonderer Weise um mich, wofür ich ihm innerlich dankbar war. Er sagte: »Ein Mensch, der auf Erden geliebt wird, stirbt nicht.«

So vergingen Wochen und Monate. Tagsüber welkte ich vor mich hin. Nachts zitterte ich und wälzte mich im Bett. Immer wieder brachte mich meine Mutter ins Krankenhaus, doch die Ärzte vertrösteten sie jedes Mal erneut. Sie hatten andere Probleme als einen kleinen Jungen mit Wunden in der Seele.

Zu viele Menschen, die zu viel Hilfe brauchten, zu wenig Medikamente, zu wenig Ärzte, die helfen konnten – Ärzte, die zudem jeden Tag darum bangen mussten, dass womöglich irgendeine verirrte Rakete ihr Krankenhaus in die Luft jagte. Es stank nach Leichen und Verwesung. In der Nacht war es besonders unheimlich, es gab nie Strom, selbst die Notgeneratoren fielen aus, die Ärzte führten Armamputationen mithilfe von Kerzenlicht und Taschenlampen durch.

Die Krankenzimmer waren voll von Minenopfern, von Kindern mit offenen Wunden, Kindern, denen ein Bein oder ein Arm fehlte, und jeden Tag wurden es mehr. Die dunklen Flure waren überfüllt von kranken, blutenden Menschen; zu oft hörte ich Schreie aus den Zimmern oder sah Eltern zusammenbrechen, wenn die Ärzte ihnen die Nachricht vom Tod ihres Kindes überbrachten. Es war ein Haus der Trauer, grau, düster und bitter. Bei einem meiner häufigen, stets ergebnislosen Besuche ging ich an einem Krankenzimmer vorbei und sah ein kleines Mädchen auf seinem Krankenbett – das auch ein einfaches Holzbrett hätte sein können. Es weinte. Kahl wie ein Kohlkopf, trug es am gesamten Körper Bandagen, unter denen hier und da rosarote wunde Haut hervorblitzte. Von beiden Armen waren nur kleine Stummel geblieben.

Es gab ein Zimmer im Krankenhaus, in dem die Leichen lagen. Der Gestank verfolgte mich noch jahrelang. Die Leichenhäuser waren überfüllt, es kam häufig vor, dass die Toten tagelang einen Zwischenstopp im Krankenhaus einlegen mussten, bis sie ihre letzte Ruhe fanden. Eine Leiche lag über der anderen, sie stapelten sich wie Brennholz. Durch einen kleinen Spalt in der Tür konnte ich Schicht um Schicht von leblosen Menschenkörpern erkennen, stumm und starr in verrenkten, grotesken Positionen, bis an die Decke hinauf. In diesem Moment wünschte ich mir, ich hätte weder Nase noch Augen, damit ich diesen Gestank nicht riechen und den Anblick nicht wahrnehmen musste. Ich war froh, dass nicht auch Khalil als modrige Leiche in diesem stinkenden Raum darauf warten musste, endlich verscharrt zu werden, froh, dass er bereits unter der Erde seine Ruhe gefunden hatte. Wir hatten über seine letzte Ruhestätte sogar ein kleines Mausoleum aus Steinen gebaut, das das Grab vor Wind und Wetter schützen sollte.

Im Krankenhaus war keine Luft, man konnte nicht atmen, und wenn, dann jedenfalls nicht durch die Nase. Immer erst nach Verlassen dieses Gebäudes konnte ich wieder tief Luft holen, nachdem ich zuvor stundenlang flach durch den Mund geatmet hatte, um mich vor dem Hauch der Verwesung zu schützen. Ich habe viele Bücher über den Krieg gelesen und so manchen Film darüber gesehen, doch sie können auch nicht annähernd erfassen, wie es ist, ihm täglich ausgeliefert zu sein. Das Leben selbst ist der authentischste und eindringlichste Regisseur, es schreibt die schrecklichsten Geschichten.

Das Leben schrieb seine Geschichten und ich schwieg dazu. Mein Leben wurde zum Stummfilm. Mein geliebter Freund war nicht allein gegangen – er hatte auch meine Stimme mit ins Jenseits genommen. Viele lange Monate schwieg ich. Meine Geschwister, meine Mutter und mein Onkel hatten alles versucht, um mich zum Sprechen zu bringen. Mich angefleht, gelockt, gedroht, gebettelt, mich gestreichelt und geschüttelt und mich dann zu immer neuen ratlosen, überforderten oder einfach desinteressierten Ärzten geschleppt. Doch es half nichts. Sie verstanden nicht, dass ich nur zu gerne etwas gesagt hätte, aber nicht wusste, wie ich es anstellen sollte. Es war ein fremdes Gefühl. Ich liebte es zu reden, die Menschen mit meinen Worten zu berühren, sie zum Lachen oder aus der Fassung zu bringen, und plötzlich fehlten mir einfach die Worte. Ich liebte es, laut herauszulachen und dabei glucksende Laute von mir zu geben, und plötzlich gab ich überhaupt nichts mehr von mir.

Ich hatte das Gefühl, dass meine Familie dachte, mein Schweigen sei nur ein halsstarriger stummer Protest. Tatsache war jedoch, dass ich mir vor Wut manchmal auf den Kopf schlug, wenn die Worte in meinem Hirn gefangen blieben. Die Worte stauten sich in meinem Kopf, und es war erdrückend, sie nicht freilassen zu können. Ich war nicht einmal in der Lage, auf einer Autofahrt zu sagen, dass ich pinkeln musste. All die Kraft meiner Fäuste und meines Körpers hätte ich eingetauscht, um meine Stimmgewalt wiederzuerlangen. Je stärker ich versuchte, einen der in mir eingekerkerten Laute an die Außenwelt zu befördern, desto mehr lehnte sich tief in mir drinnen etwas dagegen auf und blockierte. Es war nichts, was ich bewusst hätte steuern können. Ich kapselte mich ab und verbrachte die folgenden Monate vor allem vor dem Fernseher. Dabei sah ich mir immer und immer wieder meinen Bruce-Lee-Film an.

Anfangs kam mich noch Jamal besuchen. Ich war träge und lustlos, beantworte auch seine Fragen nicht und reagierte auf nichts mehr. Doch Jamal, der ohnehin immer am liebsten sich selbst reden gehört hatte, störte sich wenig an meiner Stummheit. Eines Tages kam er dann und schenkte mir einen Dolch. Er hatte einen gebogenen Griff mit grünen Edelsteinen und eine scharfe, spitze Klinge. Darin waren drei Namen eingraviert: Hamid, Jamal und Khalil. Ich verstand nicht, warum er mir etwas schenkte, aber ich freute mich und quälte mir ein Lächeln ab. Als er ging, umarmte er mich stumm, und ich fragte mich, was mit ihm los war, so nett und gefühlvoll war er sonst nie gewesen.

Am nächsten Morgen sagte mir meine Mutter, Jamals Familie sei verreist. Aber er kam nie wieder. Seine Familie hatte die Flucht aus Kabul monatelang geplant. Nun, so hieß es, seien sie in einem fernen Land namens *alman* – dort, wo auch mein Vater war. Ein Fluchtversuch konnte mit dem Tod bestraft werden, daher musste jede Flucht ganz im Geheimen vorbereitet und durchgeführt werden. Ich war zu müde, zu desinteressiert, um auch noch diesen Verlust zu begreifen.

Und so blieb ich allein zurück. Von den drei Musketieren in Kabul war nur ich geblieben – der Musketier war zum letzten Mohikaner geworden. Ich war nicht mehr derselbe, hatte mich ganz in mich eingerollt wie ein welkendes Blatt. Einmal hockte ich allein auf einer Steinbank im Hof. Eine Murmel rollte mir vor die Füße. Einer der spielenden Jungen forderte mich auf, sie zurückzurollen. Ich ignorierte ihn. Er kam auf mich zu, packte mich am Kragen und sagte: »Eh, *gungag*, Stummer, hörst du nicht?« Normalerweise hätte ich mich losgerissen, ihm eine verpasst, aber schlapp wie ein gebrechlicher Greis blieb ich sitzen.

Ich war von heute auf morgen stumm geworden. Ein Stummer hat keine Stimme, er klagt auch nicht – und wenn man nicht klagt, dann ist doch alles gut, oder? Dem Stummen ging es gut. Die anderen Familienmitglieder hatten sich allmählich an meine Sprachlosigkeit gewöhnt und ihre eigenen Methoden gefunden, um mit mir zu kommunizieren. Julie deutete einmal blinzeln als *Ja*, zweimal blinzeln als *Nein*. Wahid mochte lieber Kopfnicken und Kopfschütteln. Meine Mutter bestand darauf, dass ich alles auf einmal machte: Blinzeln, Kopfschütteln, Achselzucken, Die-Lippen-Krausziehen und alles, was mir sonst noch so einfiel. Das gab ihr am ehesten das Gefühl, ein richtiges Gespräch mit mir zu führen.

Doch so verständnisvoll und geduldig meine Familie zunächst auf den *gungag* reagiert hatte – irgendwann waren alle nur noch genervt und frustriert und verloren mehr und mehr die Geduld mit mir. Meine Mutter flehte mich an, endlich etwas zu sagen, doch ich schwieg beharrlich weiter. Zahir versuchte, sie zu beruhigen.

»Er braucht Zeit. Wenn er irgendwann etwas Wichtiges zu sagen hat, dann wird er es schon tun.«

Kapitel 11

Flucht

Schließlich war auch für uns die Zeit gekommen, Afghanistan zu verlassen. Es ging nicht mehr. Wir konnten nicht mehr. Die meisten unserer Freunde und Bekannten waren bereits weg, verschwunden, irgendwo im Ausland, wenn sie überhaupt noch am Leben waren. Jeden Tag drohte uns der Tod, wenn wir hierblieben. Eines Tages beschloss meine Mutter, dass das Leid, der Verlust und die Entbehrungen der Flucht aus der Heimat immer noch besser waren als im verwesenden Trümmerkadaver von Kabul auf den Tod zu warten.

Das war, kurz nachdem die Sache mit Tarik passiert war. Tarik wohnte über uns, und früher hatten wir manchmal mit ihm gespielt. Er hatte gerade an einer Bushaltestelle gewartet, als sich die Bombensplitter in seinen Schädel bohrten. Sein Leben konnten die Ärzte retten, aber er hatte sich in einen sabbernden Säugling zurückverwandelt. Er erinnerte sich an nichts mehr, nicht mal mehr daran, wie man aufs Klo ging, und so torkelte er in Windeln über den Hof. Tariks Schicksal machte meiner Mutter mächtig Angst. Mit einem Invaliden konnte man in Afghanistan nichts anfangen. Und mit mir und Wahid hatten sie schon zwei Halbinvaliden.

Den Mann, der mein Vater war, hatte ich seit über zwei Jahren weder gesehen noch gesprochen. Er befand sich im fernen *alman* und hatte von dort aus mehrere Male bei uns angerufen. Da ich nicht sprechen konnte, hatte mich auch nie jemand an den Hörer gerufen. Bei seiner Abreise hatte er uns versprochen, bald zurückzukommen, um uns zu holen. Doch wir hatten gewartet und gewartet, und er war nicht gekommen. Er lebte in *alman* in sehr schlechten Verhältnissen und hoffte noch immer, vielleicht von dort ins wahre Gelobte Land, nach *amrika*, weiterzukommen. Meine Mutter drängte und drängte, versuchte ihm klarzumachen, das wir auf keinen Fall länger bleiben konnten, dass ein jedes Spiel mit der Zeit ein Spiel mit dem Tod war, doch er zögerte immer noch, riet uns, noch zu warten.

Zuletzt beschloss meine Mutter, die Sache selbst in die Hand zu nehmen und ungerufen und auf eigene Faust mit uns zu ihm zu kommen. Wie meine Mutter nun mal war, wenn sie sich einmal etwas in den Kopf gesetzt hatte, setzte sie nun auch alle Hebel in Bewegung, um uns außer Landes zu bringen. Es gibt nur die Grenzen, die uns der eigene Verstand setzt, sagte sie immer wieder. Alle anderen Grenzen seien überwindbar.

Die Flucht aus der Stadt war ungemein schwierig und zudem sehr gefährlich. Wurde man dabei erwischt, konnte man ohne weiteres erschossen werden. Fehlte es an Geld oder Kontakten, war man dem Krieg ausgeliefert. Nur wer reichlich Geld und Kontakte besaß, konnte das gesalzene Bakschisch aufbringen, das die Schlepper für ihre Dienste einforderten, oder sich über mehrere Ecken ein Visum erkaufen. Meine Mutter hatte Kontakte in alle Bevölkerungsschichten; ihre Position als Schulleiterin und die berufliche Arbeit von Engineer-Sahib hatten sie mit Regierungsbeamten und sonstigen staatlichen Mitarbeitern an einem Tisch sitzen lassen.

Durch diese Kontakte gelang es ihr schließlich auch, die Reisepässe zu ergattern, mit denen wir Kabul verlassen konnten. Im Normalfall bekamen Afghanen zu dieser Zeit keine Reisepapiere mehr ausgestellt. Die Regierung wollte verhindern, dass noch mehr Einwohner das Land verließen. Wenn überhaupt, so erhielten nur einzelne Familienmitglieder eine Ausreisegenehmigung; wenn sie den Eltern erteilt wurde, dann bekamen die Kinder keine, so konnte gewährleistet werden, dass die Eltern wieder zurückkommen würden.

An den Grenzen wurde streng kontrolliert, und selbst wenn man einen Reisepass besaß, wurde man als ganze Familie nicht mehr durchgelassen – wenn man nicht noch mal ein kräftiges Trinkgeld für die Grenzbeamten bereithielt. Doch selbst dann musste man die richtige Bezugsperson kennen. Versuchte man den Falschen zu bestechen, konnte man auch erschossen werden.

Eines Morgens begleitete ich meine Mutter in eine abgelegene Gasse am Stadtrand, wo sie sich mit einem Kontaktmann verabredet hatte. Zuvor hatte meine Mutter all unser Hab und Gut verkauft, soweit es sich zu Geld machen ließ, insbesondere ihr Gold und ihren Schmuck. Am Abend vor dem Treffen hatten Wahid und ich im Wohnzimmer gesessen und hatten die Scheine gezählt: Es war sehr viel Geld – nichts war zu jener Zeit teurer und kostbarer als Frieden und Freiheit.

Meiner Mutter hatte die Instruktion erhalten, sich in ein bestimmtes Taxi zu setzen, in dem ein Fahrer mit rotem Hemd säße. Am Bestimmungsort angelangt, fand sie das Taxi und tat wie geheißen. Im Taxi händigte sie einem Unbekannten all das viele Geld aus und der Unbekannte ihr eine Papiertüte. Gleichzeitig schärfte er ihr ein, erst in die Tüte hineinzusehen, wenn wir zu Hause angekommen seien. Sollte er erwischt werden, erwartete ihn Folter und Tod. Auch meiner Mutter drohte er. Also ließen wir fast unser gesamtes Vermögen bei einem Fremden, ohne wirklich zu wissen, ob in der Tüte mehr war als ein Stück wertloses Papier. Wir mussten ihm einfach vertrauen. Eine andere Wahl hatten wir nicht. Zu Hause angelangt, machte sich erst einmal Erleichterung auf dem Gesicht meiner Mutter breit. Wir hatten unsere Ausreisepapiere.

Am nächsten Tag kaufte meine Mutter die Flugtickets nach Mazar-e-Sharif. Die Stadt befindet sich nur etwa dreihundert Kilometer nordwestlich von Kabul, doch waren längere Autofahrten längst zu gefährlich geworden, Plünderer und Kontrolleure lauerten überall. Wir durften niemanden über unsere Flucht berichten und uns nichts anmerken lassen. Erst am Tag vor der Abreise konnten wir uns von unseren Freunden und Bekannten verabschieden. Davon gab es allerdings nicht mehr viele, denn die meisten waren schon vor uns geflüchtet; Jamal und seine Familie waren da nur eines von zahlreichen Beispielen.

Als wir Kabul verließen, durften wir nur das Allerwichtigste mitnehmen – aber wie wählt man das Wichtigste aus all den Dingen, die man im Laufe der Jahre angesammelt hat? Was tut man, wenn man zwei Lieblingspullover, drei Lieblingshosen und vier Lieblingsspielzeuge hat? Wer hat schon von allem nur ein einziges Lieblingsding? Für mich galt das jedenfalls nicht. Je mehr ich überlegte, desto voller wurde meine Reisetasche. Acht Unterhosen, sechs T-Shirts … es war unmöglich, das alles zurückzulassen. Es ging nicht. Ich konnte mich doch nicht *völlig* von meinem bisherigen Leben trennen. Hemden, Jeans, zwei Lederjacken, Turnschuhe, Sandalen, Westen, ein *pakol*, ein Glasgefäß mit bunten Murmeln, die Bilder, die mir mein Bruder gemalt hatte, ein Dutzend Videokassetten mit Spielfilmen. Der Stapel wurde immer höher. Und was sollte ich bloß mit meinem dunkelblauen Fahrrad machen? Ich rollte es vom Balkon in die Wohnung. Mittlerweile hatte die Kette Rost angesetzt – aber ich konnte es doch nicht zurücklassen. Doch wie sollte ich es mitnehmen?

Meine Mutter warf mir einen strengen Blick zu, der mir zu verstehen gab, dass ich mich von vielen Dingen würde trennen müssen. Ich hockte mich auf die Bettkante und vergrub mein Gesicht in den Händen. Ich atmete Luft ein und Seufzer aus. *Wie soll ich bloß das Wichtige vom Unwichtigen unterscheiden?* Mutter setzte sich neben mich und legte mir die Hand auf den Rücken. Sofort durchströmte angenehme Wärme meinen Körper. Ich hatte von Menschen gehört, die eine besondere Energie besitzen und diese mithilfe ihrer Hände übertragen können. Eine innere Kraft, die sie an andere weitergeben. Ich glaube, meine Mutter gehörte zu diesen Menschen.

»Ich kann mir vorstellen, wie schwer es dir fällt, dich von deinen Besitztümern zu trennen, aber wir können nicht so viel mitschleppen«, sagte sie. »Wir haben eine lange Reise vor uns und dürfen keine unnötige Aufmerksamkeit auf uns ziehen.« Ihre Hand machte kreisende Bewegungen. »Nimm nur das mit, woran dein Herz wirklich hängt – alles andere ist ersetzbar.«

Ich begriff. Also packte ich einen Gegenstand nach dem anderen wieder aus und ließ nur das Allernötigste in der Tasche. Ich brauchte weder zwanzig Murmeln noch einen *pakol* noch so viele Unterhosen – sie hatte recht; ich sollte nur mitnehmen, was ich *wirklich* liebte. Also kramte ich das Foto aus der Schublade. Mein besonderer Schatz:

Das einzige existierende Foto von Khalil und mir. Wir beide Arm in Arm vor der Kulisse der Trümmerstadt Kabul. Auf der einen Seite ein staubiger Pick-up und im Hintergrund die blauen Berge. Mein Blick nach links gerichtet, als würde ich Khalil ansehen, in Wahrheit aber, daran erinnerte ich mich noch, hatte das Kreischen einer rolligen Katze meine Aufmerksamkeit auf sich gezogen. Wie immer hatte ich es auch bei der Aufnahme dieses Fotos nicht geschafft, meine Konzentration ganz einer Sache zu widmen. Khalil dagegen lachte in die Linse, sein Grübchen deutlich sichtbar, in den blassblauen Augen ein unbekümmertes Strahlen, als gäbe es kein Morgen. Selbst ein Fremder hätte beim Anblick dieses Polaroidbildes die tiefe Verbindung erkannt, die zwischen uns bestand. Sie zeigte sich schon in der Art und Weise, wie wir einander im Arm hielten. Wie zwei ineinander verflochtene Lianen, die sich gegenseitig stützten und miteinander wuchsen. Die nur zusammen ein Ganzes ergaben.

Doch nun zog sich in der Mitte ein tiefer Riss durch das Foto und hätte es fast in zwei zusammenhanglose Hälften zerteilt – nach Khalils Beerdigung hatte ich es in einem verzweifelten Wutanfall in kleine Fetzen zerreißen wollen, doch halb zertrennt hatte ich es heulend von mir geworfen. Nun legte ich das Foto behutsam zwischen die wenigen Kleidungsstücke, die nach meiner strengen Inspektion noch übrig geblieben waren. Die goldene Taschenuhr mit der Gravur *Hamidullah Rahimi*, die mir Engineer-Sahib zum Geburtstag geschenkt hatte, sowie die Bruce-Lee-Videokassette von Khalil ließ ich ebenfalls drinnen. Ich hatte nun, woran mein Herz hing.

Der Tag war gekommen, dass wir unsere geschändete und doch geliebte Heimat für die Ungewissheit der Fremde aufgeben sollten. Stumm nahm ich Abschied von meinem Afghanistan. Dabei erinnerte ich mich daran, wie ich Engineer-Sahib einmal gefragt hatte, ob denn in anderen Ländern auch so wundervolle Granatapfelbäume wuchsen und die Märkte dort auch so herrlich nach gegrilltem Hammelfleisch rochen. Er hatte damals den Kopf geschüttelt und gesagt, er tausche Hammelfleisch und Granatapfelbäume gerne gegen den Frieden ein. Doch ich war wütend geworden und hatte geschworen, niemals hier wegzugehen. Nun musste ich meinen Schwur brechen. Doch schwor ich mir, irgendwann zurückzukommen und alles zu tun, um diesen elenden Krieg zu beenden.

Am nächsten Morgen verließen wir dann unser Heim in Kabul, unsere Heimat für immer. Ich war mit meiner Reisetasche schon ungeduldig vorausgesprungen, aber meine Mutter rief mich wieder zurück. Zuerst müsse ich, wie all die anderen, unter dem Koran hindurchgehen. So macht es jeder gute Muslim, wenn er eine Reise antritt. Warum das so ist und woher der Brauch kommt, weiß ich nicht, aber es soll Glück und Segen für die Reise bringen und sichere Heimkehr gewährleisten. Schaden konnte es jedenfalls nicht, und so bändigte ich meine Ungeduld ein wenig, ließ mir von meiner Mutter den Koran über den Kopf halten und tat, wie geheißen.

Wir fuhren mit dem Taxi zum Flughafen, den wir ohne größere Zwischenfälle glücklich erreichten. Wir mussten noch länger auf unseren Flug nach Mazar-e-Sharif warten und ich nutzte die Zeit, um noch einmal Abschied zu nehmen und auf das vorauszuschauen, was uns in der Fremde erwartete. Ich wusste, dass Engineer-Sahib in *alman* lebte und dieses Land auch das Ziel unserer bevorstehenden langen Reise sein sollte. Ansonsten wusste ich praktisch nichts über dieses ferne Land. Auch in meinem Umfeld schien man nicht viel zu wissen. Ich erinnerte mich an ein Gespräch von Wahid und Julie, in dem sie ihr spärliches Wissen zusammengelegt hatten.

Alman sei ein Land, wo es immerzu regne und nie die Sonne scheine, wusste Julie.

Nein, das stimme nicht, widersprach Wahid, denn manchmal schneie es auch. Den ganzen Winter hindurch schneie es eigentlich und dann sei es Tag und Nacht dunkel.

Wie man denn in einem so trostlosen Land überhaupt leben könne, wunderte sich Julie und schüttelte sich.

Das sei für die *almani* nicht weiter schlimm, weil sie eben von Kindesbeinen an daran gewöhnt seien, erläuterte mein älterer Bruder. Außerdem wären alle *almani* sehr reich, und wenn ihnen der Regen doch einmal zu viel würde, flögen sie einfach schnell auf eine Insel im Meer, wo immerzu die Sonne scheine. Trotzdem seien die *almani* alle sehr blass und hässlich und vor allem fürchterlich dick, weil sie ja immerzu fette Schweine und Speck mit Kartoffeln äßen. Deswegen hätten sie auch alle sehr große Autos, damit auch die fettesten *almani* noch hineinpassten. Obwohl es den *almani* letztlich also eigentlich recht gutgehe, seien sie immerzu schlecht gelaunt und unfreundlich. Das wusste er von Engineer-Sahib, der am Telefon oft über diese unfreundlichen *almani* geklagt hatte.

Julie konnte das gut verstehen. Ein unfreundliches Land, wo es immer trübe und dunkel sei, müsse eben auch trübe und dunkle, unfreundliche Bewohner hervorbringen.

Wahid gab ihr zumindest teilweise recht, schließlich zeigte er sich auch über die Politik der *almani* informiert. Regiert werde *alman* von einem dunklen, bösen, kriegerischen Mann, der *Itla* oder so ähnlich heiße – gut, *davon* hatten wir alle schon einmal gehört.

»Aber Mama hat gesagt, dass dieser Mann schon tot ist«, warf Julie ein. Sie hatte Angst vor bösen Männern.

Könne sein, dass der schon tot sei, das könne schon sein. Dann werde *alman* jetzt eben von seinem Sohn regiert. Der sei aber genauso böse.

»Wie kann dann aber in *alman* Frieden sein, wenn dieser Mann so böse und kriegerisch ist wie sein Vater?«, gab Julie zu bedenken. Ein durchaus triftiges Argument. Immerhin war das der ganze Grund, warum wir unbedingt zu diesen hässlichen Menschen in dem dunklen, verregneten, unfreundlichen Land wollten: weil dort Friede sein sollte.

»Vielleicht ist er ja doch gar nicht so böse«, überlegte Wahid. Er wusste auch, dass viele Männer in Afghanistan durchaus eine gewisse Ehrfurcht und Hochachtung durchblicken ließen, wenn sie diesen bösen *almani*-Namen aussprachen.

»Doch, er ist böse. Wir sollten dort nicht hingehen, in dieses böse, dunkle Land«, beharrte Julie.

So weit also unser vereintes Wissen über *alman*. Darüber hinaus wusste ich nur noch, dass Jamal einmal behauptet hatte, seine Lieblingsband Modern Talking mit ihrem Lied *Cheri, Cheri Lady* käme auch aus *alman*; doch Wahid hatte mich überzeugt, dass das unmöglich der Fall sein könne, denn die *almani* sprächen eine eigene Sprache mit vielen harten, krächzenden Lauten, dieser Song sei aber ganz eindeutig auf Englisch gesungen. Zumindest in diesem Punkt hatte ich also Klarheit, was mir allerdings auch nicht sonderlich weiterhalf.

Ich kniete vor der Blauen Moschee in Mazar-e-Sharif, senkte den Kopf und küsste die Erde. Es war der schönste Anblick meines Lebens, und nach langer Zeit fühlte ich zum ersten Mal wieder vollkommene Zufriedenheit, Ruhe und Geborgenheit. Mein Herz betete vor den Toren dieser heiligen Bauten, und ich gab mich ganz dieser weihevollen Atmosphäre der gelösten Ruhe und Heiligkeit hin.

Ich hatte das ganze letzte Jahr als Stummer verbracht und diese Zeit verging nur langsam und bitter. Seit ich zum *gungag* geworden war, spürte ich die harte Realität in all ihrer schonungslosen, ungeschönten Unerbittlichkeit. Vor Khalils Tod war ich unbekümmert durch die tobenden Straßen des Krieges spaziert. Der Sturm schien mir nichts anhaben zu können, obwohl ich mich mitten in seinem Auge befand. Geburtstagslieder machten mir vor, der Krieg sei nur eine ferne Kulisse und Hintergrundmusik. Die Spiele mit meinen Freunden weckten die trügerische Vorstellung, dass der Krieg auch nur eine Art Spiel sei und dass er *mich* jedenfalls nicht treffen würde. Überall ringsum starben die Menschen und flogen die Raketen, trotzdem verdrängte ich all die schlimmen Geschehnisse.

Khalils Tod hatte mir gezeigt, dass der Krieg kein Spiel war und dass er früher oder später jeden direkt berühren musste. Bis heute bin ich mir sicher, dass mit Khalil auch etwas in mir starb. Ich weiß nicht, ob es vielleicht mein Glaube an das Gute oder gar das Gute in mir selbst war, was mit ihm ging. Die Angst wurde mein ständiger Begleiter, bei jeder Explosion schreckte ich auf, und jedes noch so unverdächtige Geräusch vernahm ich als Bedrohung. Der Verlust meiner Freunde, der Verlust meiner Sprache, der Verlust meiner Kindheit hatte mir die Lebenslust geraubt, durch den Verlust war ich sozusagen aller Lebenslust »verlustig« gegangen. Mein sprühender Lebensoptimismus hatte mich erst einmal gründlich verlassen.

Khalil fehlte mir jeden Tag. Wann immer ich meine Geschwister sagen hörte, ich würde ihn bald vergessen und wieder aufblühen, wieder sprechen, holte ich mir sein freundliches, liebes Gesicht ins Gedächtnis zurück. Dachte an all das Gute, das er für mich repräsentiert hatte, und schwor mir, ihn niemals zu vergessen. Ich gelobte, dass ich auch in fünfzig Jahren noch jedem all die vielen Geschichten von mir und meinem Freund, dem gefallenen Musketier, würde erzählen können, ohne auch nur ein einziges Detail in Vergessenheit geraten zu lassen.

In Mazar-e-Sharif vergaß ich für einen kurzen Augenblick meine Trauer. Nichts konnte die Schönheit und Reinheit dessen trüben, was ich da vor mir sah, ich fühlte mich wie in einem der Bilder meines Bruders. Über mir der Himmel, blau, nur von vereinzelten weißen Schäfchenwolken bedeckt. Vor mir eines der schönsten Bauwerke, die ich je gesehen habe – es wirkte so göttlich, dass es mir fast undenkbar erschien, dass es von Menschenhand erschaffen worden sein sollte. Und wie unglaublich, dass es wundersamerweise den Krieg unbeschadet überstanden hatte! Symmetrische Minarette mit Kuppeldächern, türkisblaue und gelbe Mosaike auf der Außenfassade, die farbenfroh in der Sonne glänzten wie unzählige Edelsteine. Schneeweiße Tauben flatterten in Scharen umher und schmückten den Boden wie Perlen in einer Schmuckkiste. Es waren Hunderte, vielleicht Tausende dieser Vögel, die sich um die Moschee herum versammelt hatten. Ja, hier in Mazar-e-Sharif, der Stadt der heiligen Toten, fand ich zum ersten Mal seit langem Frieden. Ich fragte mich, ob dies wohl das Paradies sei. Doch sollte sich dieser Ort lediglich als die letzte Haltestelle erweisen, bevor ich mein Geburtsland – für immer? – verlassen würde.

Die Trauer über den bevorstehenden Verlust meiner Heimat wurde überstrahlt vom Regenbogen der Hoffnung. Wie hatten die Schlechten, die Schlächter, dieses Land doch geschändet. Sie hatten grüne Felder in hohle Krater verwandelt, wunderschöne Bauten in Ruinen. Ich wollte nicht gehen, ich wollte bleiben und meinen Teil dazu beitragen, ganz Afghanistan in einen Ort wie diesen hier zu verwandeln. Damals konnte ich natürlich noch nicht ahnen, dass selbst dieser heiligen Stadt noch ein brutales Gemetzel bevorstand und die weißen Tauben bald kein Fleckchen Erde mehr finden würden, an dem sich ihr Gefieder nicht blutig färbte. Und das ganze Land sollte der Krieg noch lange, lange Zeit in seinen mörderischen Krallen behalten. Ein Drittel der Bevölkerung war bereits jetzt aus Afghanistan geflüchtet, ein großer Teil davon nach Pakistan, der Rest verteilte sich auf alle mehr oder weniger friedlichen Orte dieser Welt. Darunter nun auch wir.

Kapitel 12

Der Raupennarbenmann

Im Auto war es eng wie in einer Sardinenbüchse. Seit fünf Tagen trugen wir dieselben Sachen. Einer von uns stank ganz besonders. Ich war mir nicht sicher, wer. Der Geruch war schwer zu beschreiben. Es roch wie eine Mischung aus frühmorgendlichem Zungenbelag und säuerlichem Schweiß. Obendrein furzte ständig irgendwer, und der Gestank von gammeligen Eiern überlagerte zeitweilig den Zungenbelag-Schweiß-Geruch. Ich nahm an, dass der Furzer der Fahrer war – er war gleichzeitig unser Schlepper –, denn jedes Mal bevor sich der Geruch ausbreitete, hob er ein wenig den Hintern an und öffnete sein Fenster ein kleines Stück. Ganz sicher war es der Fahrer.

Omburg. Wir wollen nach Omburg, hatte meine Mutter beim Einsteigen gesagt und dem Schlepper einen Umschlag zugesteckt. Hamburg heißt das, nicht Omburg, verbesserte er witzelnd und zählte das Geld. Er wusste natürlich, wohin es ging, ein Schlepper muss wissen, wo es hingeht. Anscheinend wussten nur wir es nicht; zumindest nicht so richtig.

Und so hatten wir uns irgendwo im Osten Europas, Tschechien hieß das Land, in diese Sardinenbüchse von Schlepperauto gepresst. Ich hockte auf dem Schoß meiner Mutter, Julie auf Jackie, Wahid zwischen uns, und Zahir saß auf dem Beifahrersitz. Es war nicht gerade bequem, doch im Vergleich zu den vollbeladenen Pick-ups und stickigen Containern, in denen wir zuvor gereist waren, war es der reine Luxus.

Zahir und der Schlepper unterhielten sich auf Dari, und wenn sich zwei Afghanen unterhalten, die sich noch nicht kennen, geht es fast immer um Politik. Solche Gespräche können recht laut werden, schlimmstenfalls gar in eine Schlägerei ausarten; immerhin war und ist die Frage der politischen Gesinnung eine Frage der Ehre, und die Ehre *muss* verteidigt werden.

Der Fahrer war dick – im Vergleich zu uns regelrecht fett, denn mittlerweile waren wir alle bis auf die Knochen abgemagert. Selbst Zahirs vor nicht allzu langer Zeit noch wohlgenährte Wampe hatte sich inzwischen weit in die Magenhöhle zurückgezogen. Quer über das Gesicht des Fahrers lief eine raupenförmige Narbe. Ein Raupennarbenmann, dachte ich. Nach jedem beendeten Satz keuchte er wie ein altes Maultier, und ich machte mir Sorgen, er könnte noch während der Fahrt einfach krepieren. Seinen Erzählungen nach lebte er erst seit wenigen Jahren in *alman* und besserte sein Gehalt damit auf, Landsleuten bei der Flucht zu *helfen*. Vor seiner Frontscheibe war ein Wackeldackel befestigt, und ich folgte seinen wippenden Kopfbewegungen, bis mir übel wurde.

Zahir und der Raupennarbenmann qualmten, keuchten und hechelten, und dann hechelten, keuchten und qualmten sie weiter. Ab und an zogen sie geräuschvoll den Schleim aus den Nasennebenhöhlen, um ihn anschließend aus den Fenstern zu rotzen. Sie begannen miteinander zu scherzen und der Raupennarbenmann erzählte einen alten Mullah-Nasreddin-Witz, den natürlich jeder längst kannte.

Ein Nachbar besuchte den Mullah und fragte: »Kann ich deinen Esel ausleihen?«

»Sonst gerne, aber heute ist mein Esel nicht da«, antwortete der Mullah. Im selben Moment schrie der Esel laut: »Iaaah!«

»Warum lügst du, Mullah? Dein Esel ist doch zu Hause«, sagte der Nachbar grimmig.

»Glaubst du mir oder dem Esel?«, fragte der Mullah entrüstet zurück.

Auf Julies Lippen erschien der Ansatz eines Lächelns, ansonsten verzog keiner eine Miene. Nur Zahir und der Raupennarbenmann selbst lachten schrill, doch auch ihr Lachen schlug innerhalb weniger Sekunden in ein röchelndes Husten um.

Der Wagen bretterte über ein Schlagloch, ich stieß mir den Kopf am Dach und gab ein Quieken von mir. Wahid schreckte grunzend aus dem Schlaf. »Was ... was ist los? Sind wir endlich angekommen?«, fragte er benommen und rieb sich den Schlaf aus den Augen. Ich spürte bittere Galle meine Kehle hochkriechen. Der Gestank, das Rütteln, der wippende Wackeldackel. Ich glaubte schon, mich übergeben zu müssen, doch da zog ein unvermittelt entbrannter Streit zwischen Zahir und dem Schlepper meine Aufmerksamkeit auf sich und für einen Moment vergaß ich die Übelkeit.

Als der Raupennarbenmann erfahren hatte, dass wir aus einer Makrorayon-Siedlung stammten, war er davon ausgegangen, auf Gleichgesinnte gestoßen zu sein, und ließ nun seine bolschewistischen Wertvorstellungen durchsickern. Sofort begann sich das anfänglich warmherzige Verhältnis zwischen Zahir und dem Raupennarbenmann beängstigend abzukühlen.

Nach Abzug der Sowjets und dem Fall des kommunistischen Regimes habe er um sein Leben bangen und sein Dorf verlassen müssen, als eine Mudschaheddingruppe sein Dorf überfallen habe, so erzählte der Raupennarbenmann. Eigentlich sei die Rote Armee doch ein Segen für Afghanistan gewesen – ganz im Gegensatz zu den gesetzlosen Warlords, die nun das Land wie gierige Blutegel aussaugten. Sie raubten, vergewaltigten und mordeten. Einfach so. Im Grunde taten sie auch nur, was die Russen zuvor schon getan hatten. Bloß sei es ein großer Unterschied, wenn die eigenen Landsleute so etwas mit einem machten – da grenze der Schmerz ans Unermessliche. Als dann ebendiese Landsleute sein Dorf stürmten und einem Dorfbewohner die Machete an die Kehle hielten, habe dieser auf ihn gezeigt, den Raupennarbenmann – der bis dahin noch kein Raupennarbenmann gewesen war. *Der* ist der Kommunist, habe der Mann geschrien, ihn sollt ihr euch vorknöpfen!

Angst, der Schlepper schüttelte den Kopf, Angst sei der Stoff, aus dem Verräter gemacht würden. Dabei habe ihm doch nur die Vorstellung von einer klassenlosen Gesellschaft gefallen, und die Russen hätten zumindest Bildung ins Land gebracht, während sich die Mudschaheddin wie rohe Tiere verhielten. Na ja, der Mann habe also auf ihn gedeutet, und nun hätten sich die Mudschaheddin ihn vorgeknöpft. Mit ihren tierischen Mudschaheddin-Methoden. Nachdenklich fuhr er sich mit dem Zeigefinger über die gerötete Raupennarbe. Die Worte sprudelten einfach ohne Nachdenken aus ihm heraus. Er wollte nur seine Geschichte loswerden, wie jeder Afghane, der einem Landsmann begegnete. Schließlich hatte das Land so viele Geschichten wie Einwohner.

Mit einem mulmigen Gefühl im Bauch, das nicht nur von der Übelkeit kam, konnte ich von der Seite her sehen, wie Zahir seine Hände zu Fäusten ballte und die Ader an seiner Schläfe immer deutlicher hervortrat. Und dann platzte es auch schon aus ihm heraus.

Zahir bekam einen Tobsuchtsanfall, nannte den Raupennarbenmann einen Vaterlandsverräter und versuchte, bei Tempo sechzig aus dem fahrenden Auto zu steigen. Der Fahrer packte Zahir am Kragen, riss das Lenkrad herum und der Wagen geriet ins Schleudern. Ich bohrte meine Finger in das Bein meiner Mutter, Wahid hielt vor Schreck die Luft an und Jackie umklammerte Julie.

»Eh, du *diwane*, Verrückter! Was haben sie denn für dein Land getan, die Mudschaheddin?«

»Die scheiß Russen vertrieben!«, brüllte Zahir und mühte sich ab, den Sicherheitsgurt zu öffnen.

»Aber wofür kämpfen sie jetzt? Wofür, he?« Der Raupennarbenmann umfasste das Lenkrad mit beiden Händen. Zahir, der sich nun endlich aus seinem Sicherheitsgurt befreit hatte, öffnete erneut die Tür und rief:»Mit einem Vaterlandsverräter wie dir fahre ich nicht!«

Meine Mutter stieß einen Seufzer aus. Der Raupennarbenmann drückte Zahir auf seinen Sitz zurück. »Wenn du so weitermachst, nimmt uns gleich die verdammte Polizei fest, und die schicken euch geradewegs zurück in das Loch, aus dem ihr eben herausgekrochen seid – verstehst du das nicht, *diwane*, he?« Seine glühende Raupennarbe kam ihm förmlich aus dem Gesicht gekrochen, als wolle auch sie irgendwo Zuflucht suchen. Die Tür knallte wieder zu.

»Scheiß auf die Polizei, scheiß auf dich!«, keifte Zahir und schlug mit der Faust aufs Armaturenbrett. »Kriechen tust höchstens du – *Arschkriechen* bei den Russen.« Der Kopf des Wackeldackels nickte so heftig, dass ich glaubte, er würde gleich abfallen.

»Beruhig dich, Zahir, wegen dir werden wir noch alle festgenommen und zurückgeschickt«, redete meine Mutter auf ihn ein.

»Liebend gern geh ich zurück, Fatima. Ich habe sowieso nur wegen *deiner* Kinder mein Vaterland verlassen – weil mein Bruder euch im Stich gelassen hat!«

»*Mein* Vater hat uns nicht im Stich gelassen«, wandte Julie ein. Jackie stieß sie von sich weg und sie landete auf Wahids Schoß. Ächzend schob Wahid sie zurück.

»Natürlich hat er das«, sprach Jackie es aus, und ein unversöhnlich harter Ausdruck trat auf ihr feines Gesicht. Ihre tiefgründigen Augen füllten sich mit Salzwasser, die Pupillen schwammen darin wie Seetang im Meer. Entwurzelt. Verloren.

Zahir war ruhig geworden. Ich konnte sehen, wie er Jackies Spiegelbild in seiner Fensterscheibe betrachtete. Er blies einen warmen Lufthauch auf die kalte Scheibe und ihr betrübtes Gesicht verschwand. Die Luft war aus ihm raus. Sein Gemüt glich einem prallen Ballon, der mit lautem Getöse platzt – es bleibt nur ein trauriger Lappen zurück.

»Ist jetzt auch egal.« Er drehte sich meiner Schwester zu und tätschelte ihr ein wenig unbeholfen das Knie. Es war einer dieser Momente, in denen sein harter Blick plötzlich brüchig wurde und dahinter die Liebe durchschimmerte wie Sonnenlicht durch eine graue Wolkendecke.

»Ja. Ist egal.« Jackie wischte sich mit dem Handrücken rechts und links über die Nasenflügel und starrte aus dem Fenster. Regentropfen platschten auf die Scheibe, rutschten eilig das Glas hinab und verloren sich auf der Straße. Warum waren unsere Sorgen nicht wie Regentropfen, die an uns abprallten und im Nichts verschwanden?

Anscheinend war mein Onkel aber doch noch nicht fertig. Er drehte sich dem Fahrer zu.

»Von dir halte ich trotzdem nichts«, ließ er verlauten und machte eine abfällige Handbewegung. »Erst verrätst du dein Vaterland, dann rennst du wie ein shoshuk weg und jetzt bringst du deine Landsleute um ihr letztes Hab und Gut.«

Ich duckte mich in meinem Sitz zusammen. *Shoshuk*, Pisser, bezeichnet einen Feigling und ist ein Schimpfwort, das kein stolzer Afghane gerne auf sich sitzenlässt.

»Wie hast du mich gerade genannt?« Der Raupennarbenmann fuhr rechts ran. Seine Augen funkelten vor Wut und die Raupennarbe war wie erstarrt.

»Einen *shoshuk*.« Zahir grinste und verschränkte die Arme vor der Brust.

»Sag das noch einmal!«

Mein Onkel machte den Mund auf. Oh, bitte nicht, dachte ich.

»*Shhhooo-shhhuuuk.*« Er sprach es besonders langsam aus. Das war genug. Der Raupennarbenmann riss die Tür auf.

»Komm raus, du elender Mistkerl!«, brüllte er und sprang mit einem Satz aus dem Wagen. Mein Onkel stieg ebenfalls aus. Draußen gingen sich die beiden Männer an die Gurgel; rauften sich wie zwei Schuljungen und wirkten dabei ungelenk und ungeschickt. Passanten blieben stehen und beobachteten die Prügelei aus sicherer Entfernung. Ich hörte sie etwas in einer fremden Sprache rufen – es klang ein wenig wie Russisch.

»Euer Onkel hat mehr Temperament als Verstand«, wetterte meine Mutter. »Wir haben einen weiten, weiten Weg zurückgelegt, sind jetzt kurz vorm Ziel und verdienen es, endlich anzukommen – das reicht mir jetzt!«

Sie stieg mit so viel Schwung aus dem Auto, dass ich von ihrem Schoß herunter und direkt auf den Asphalt plumpste. Meine Beine waren während der Sardinenbüchsen-Fahrt eingeschlafen, jetzt erwachten sie wieder zum Leben, und es war ein Gefühl, als würden Hunderte Nadeln in ein blutleeres Stück Fleisch stechen. Mutter schimpfte und schlug die sich am Boden wälzenden Männer abwechselnd mit ihrer Handtasche. Ich betrachtete das seltsame Bild und wunderte mich nicht zum ersten Mal über das geheimnisvolle Wesen meiner Landsleute: Afghanen waren, was sie nun mal waren, und sie werden es wohl überall und immer auch bleiben. Sie lachen weiter über die abgedroschensten Mullah-Nasreddin-Witze und im nächsten Atemzug liegen sie sich wegen der kleinsten Meinungsverschiedenheiten wortwörtlich in den Haaren.

Kurze Zeit später hatten sich die hitzigen Gemüter wieder beruhigt und wir zwängten uns alle zurück ins enge Auto. Die Weiterfahrt verlief relativ ruhig.

Bald verschlang die Nacht den Tag, und es wurde dunkel. Um nicht einzuschlafen, legte der Raupennarbenmann eine indische Kassette ein. Er summte zur Musik, die Raupennarbe tanzte rhythmisch im Takt und sein Kopf wippte auf und ab wie der Wackeldackelkopf. Irgendwann dösten wir einer nach dem anderen ein und Zahirs schnaubendes und wieherndes Schnarchen stimmte in die indischen Klänge der Tabla-Trommeln und der Bansuri-Bambusquerflöte mit ein wie ein seltsames exotisches Rhythmusinstrument.

Nur ich wollte nicht schlafen. Wir fuhren von hier nach dort. Von irgendwo ins Nirgendwo. Von Kabul nach Hamburg. Von einer Heimat in die nächste. Hamburg. Was verbarg sich hinter diesem Wort? Mehr als einen Namen und die Aussicht, dass dies meine neue Bleibe werden sollte, hatte ich nicht. Ich wollte den Moment, wenn wir in die neue Heimat einfuhren, nicht verschlafen. Wie würden die Menschen dort aussehen? Wie würde es dort riechen? Wie war das Leben dort? Gab es dort wirklich weder Hammelfleisch noch Granatapfelbäume?

Mit weit aufgerissenen Augen schaute ich aus dem Seitenfenster hoch zum Firmament, wo die funkelnden Sterne, wenn ich die Augen zusammenkniff, ein klein wenig an schimmernde Zuckerwürfel erinnerten. Ich dachte zurück an die Nächte in Kabul, wenn Khalil und ich heimlich auf einen Hügel geklettert waren, um auf dem Rücken liegend die Sterne zu zählen. Die Erinnerung an diese Zeiten war verschwommen, fern, wie aus einem Traum. Ich spürte ein nervöses Kribbeln im Bauch. Ein Gefühl der Sorge überfiel mich. Es passierte. Ja. Ich begann zu *vergessen*. Auf welchem Hügel waren wir gewesen? Hatte Khalil rechts oder links von mir gelegen? Die Details fielen mir nicht mehr ein. Dumpfe Verzweiflung stieg in mir auf, drängte sich an die Oberfläche wie scharfe Krallen aus einem Erdhügel. Ein Schrei wollte Gestalt annehmen, aus meinem stummen Inneren herausquellen, doch wurde er von einer unsichtbaren Kraft aufgehalten und versank wieder im Dunkeln, wie ein Sarg in einem Erdloch.

Ich kramte das eingerissene Foto aus meiner Hosentasche und faltete es auseinander. Ich betrachtete es genau, so gut ich es im Schummerlicht des Autos sehen konnte, prägte mir jedes einzelne Detail ein. Wenn er lachte, erschien dieses Grübchen auf seinen Wangen und die blonden Locken schaukelten hin und her. Beim Verabschieden hatte er immer die rechte Hand auf seine Brust gelegt. Und da fiel es mir wieder ein! Er hatte rechts neben mir gelegen und es war in der Nähe des kleinen Entensees gewesen. Ich *durfte* nicht vergessen. Außer meinen Erinnerungen besaß ich nichts.

Diese Nächte mit Khalil waren ungetrübt gewesen, so klar, dass sich die Milchstraße wie ein strahlender Goldregen übers Sternenzelt ergossen hatte. Dann funkelten mehr Lichter am Himmel, als wir sie je hätten zählen können. Und ganz hell strahlte der Mond.

Dort, dort oben auf einem Mondhügel, begann Khalil mit raunender Stimme, machten es sich gerade zwei Jungen bequem. In seinen Augen flimmerte jenes Leuchten, das zu erkennen gab, dass er in Erzählstimmung war. Die zwei Jungen blickten in den Mondhimmel und beobachteten die Erde, zählten sehnsüchtig die Seen, Flüsse, Meere und Ozeane, *mefami* – denn sie hatten zwar den Mond und die Sterne, aber nicht genügend Wasser, um auch nur einmal schwimmen zu können. In seiner kindlichen Stimme schwang eine merkwürdige, altertümliche Weisheit mit.

Was ist schon ein ganzes Meer gegen einen einzigen Stern?, warf ich dazwischen.

Khalil würdigte meinen Einwand nur mit einem kurzen Blick und fuhr fort. Nun sei es ihnen aber langweilig geworden, auf Sternen zu reiten und in Mondkratern zu spielen. Sie wollten im himmelblauen Meer schwimmen, die Arme ausbreiten, im Wasser fliegen und nach bunten Fischen tauchen. Davon träumten sie Nacht für Nacht, und deshalb kletterten sie auf den höchsten Mondhügel, den sie finden konnten, um das Wasser auf der Erde zu zählen. Dort, die zwei Punkte, das waren sie – konnte ich sie sehen?

Natürlich konnte ich das – wenn Khalil sie sehen konnte, dann konnte ich es auch.

Khalil machte eine Pause. Die Jungen dort oben, berichtete er dann weiter, schauten auf uns herab und könnten nicht begreifen, warum wir überhaupt Sterne zählten.

Auch von meinem Autofenster aus konnte ich jetzt den Mond erblicken, auch wenn er heute nicht so voll und leuchtend war wie damals in der Nähe des kleinen Entensees. Ich versuchte, den Mond fest ins Auge zu fassen, was sich als schwierig erwies, da das Auto in dauernder Bewegung war. Erst als wir an einer Ampel hielten, konnte ich nach den zwei Jungen auf dem Mondhügel Ausschau halten – doch alles, was ich entdeckte, waren schwammige Flecken, als wüchse da grauer Schimmel über den Mond. Die beiden Jungen sind fort, dachte ich. Ohne zu wissen warum, legte sich ein Gefühl der Enge um meine Brust und meine Kehle schnürte sich zu, so dass ich kaum schlucken konnte. Ich schloss die Augen und versuchte an etwas anderes zu denken.

Die Müdigkeit glitt langsam in meine Knochen. Ich döste ein und verschlief die Ankunft in meiner neuen Heimat.

Kapitel 13

Ich will zurück!

Als wir das Bahnhofsgebäude durch den hinteren Ausgang verließen, hing über uns eine schwere, graue Wolke. Plötzlich riss sie entzwei, und eine Regenflut brach auf uns nieder. Kalte Tropfen prasselten auf unsere Haut, als wollten sie uns davonjagen. Als wären wir nicht willkommen. Wir waren *angekommen*. Innerhalb weniger Sekunden waren unsere Kleider schwer vor Nässe. Immerhin wurden sie so einmal richtig durchgewaschen. Doch mich fröstelte in dem feuchten, klammen Klima eines fremden Landes.

Angekommen. Meine Mundhöhle war ausgetrocknet und ein fahles Gefühl machte sich in meinem Magen breit. Die lange, strapaziöse Reise hatte mich durstig und hungrig gemacht. Der Schlepper hatte uns in Tschechien erfolgreich über die Grenze geschleust – ein erster Versuch war zuvor gescheitert –, dann waren wir mit verschiedenen Zügen durch ganz Deutschland gefahren. Und jetzt standen wir hier, im Regen.

Bald schon ließ der Regen nach und ging in ein fast unsichtbares Nieseln über. In einem Winkel des Bahnhofsvorplatzes kauerten wir uns an unsere Taschen. Zahir zündete sich eine Zigarette an. Ein matter Nebel trübte nun die Sicht und verbreitete ein Gefühl von Unmut. Die Luft roch nach abgestandener Nässe und der Boden war vom Regen dunkel verfärbt.

Menschen zogen wie Schatten an uns vorbei. Keiner schien uns wahrzunehmen, keiner beachtete die Flüchtlingsfamilie. Wahid lehnte sich an eine mit abgerissenen Plakaten beklebte Säule und stierte geradeaus. Seine nächtlichen Anfälle hatten ihm sehr zugesetzt; seine Arme waren dürr geworden, das Gesicht hatte eine ungesunde Farbe angenommen, und er machte oft den Eindruck, als sei er nicht richtig anwesend, als befänden sich Körper und Geist an getrennten Orten. Mein Bruder sagte selten etwas, Julie sprach kaum, sogar Jackie war ruhiger geworden. Irgendwie waren wir alle stumm, nur jeder auf seine eigene Weise.

Wir warteten wie besprochen nahe des rückwärtigen Bahnhofseingangs auf unseren Vater, den wir seit zwei Jahren nicht mehr zu

Gesicht bekommen hatten. Zwei Jahre können eine lange Zeit sein. Innerhalb von zwei Jahren kann sich alles ändern. Ich hatte in diesen zwei Jahren meine besten Freunde, meine Heimat und meine Sprache verloren.

Um uns herum reihten sich kleine Läden aneinander, aus denen es nach Rosen und frischen Backwaren duftete. Im Vorübergehen öffneten Leute ihre Regenschirme, die sich wie kleine Fallschirme über ihren Köpfen spannten. Manche von ihnen führten Hunde an bunten Leinen. Das hatte ich schon vor ein paar Tagen in Moskau gesehen: Menschen, die mit Hunden *spazieren* gingen. Hunde, die pinkfarbene Halsbänder trugen, deren Felle frisiert waren oder die Strickpullover anhatten. Die Hunde in Afghanistan waren dagegen wie die Afghanen selbst: verwegen, ausgemergelt und unabhängig. Die meisten von ihnen waren herrenlos, krank und von Bissnarben übersät, die sie sich bei Kämpfen zugezogen hatten, wenn sie sich gegenseitig die Menschenleichen von den Straßentellern fraßen. In meiner Heimat wurden Hunde höchstens als Arbeitstiere gehalten oder bei Hundekämpfen verschlissen. Einige hielten sich die Vierbeiner zum Schutz im Hof, aber bei dem Gedanken, dass sie ihnen einen *pakul* aufsetzen oder einen *tumban* anziehen und sie an pinkfarbenen Leinen durch Kabul führen könnten, musste ich kichern. In Zukunft würde sich mein Verständnis von normal und abnormal wohl grundlegend verändern müssen.

Auf jeden Fall tauchte unser Vater nicht am Bahnhofseingang auf. Er kam einfach nicht. So war das nun mal. Meine Mutter kramte ein Paar Münzen aus der Tasche. Sie war in den letzten zwei Jahren sichtlich gealtert: Graue Fäden durchzogen ihr bisher pechschwarzes Haar, polsterartige Tränensäcke quollen unter ihren Augen auf. Ihren Bewegungen fehlte der gewohnte Enthusiasmus. Von einer nahen Telefonzelle aus rief sie ihren Mann an. Wie sich herausstellte, hatte Engineer-Sahib unsere Ankunft wohl verschlafen, doch er würde sich nun beeilen.

Wir waren alle zu müde, um wirklich wütend zu werden. Julie kauerte auf einer mit Klebeband zusammengehaltenen Reisetasche und ihr feuchter Pony klebte ihr an der Stirn. Den Arm auf das Knie gelehnt, das Gesicht auf die Hand, seufzte sie kummervoll wie ein Welpe, der auf sein Herrchen wartete.

Neben uns hatte es sich ein Obdachloser gemütlich gemacht. Seine Haare waren zottelig und er hatte wurstige Lippen, die an einer Flasche nippten. Ich war mir nicht sicher, aber es kam mir so vor, als würde er Julie nachäffen. Als sie ihre Hände über Kreuz legte, tat er es ihr gleich, und wenn sie sich durch das Haar fuhr, machte er es auch. Alles von einem dämlichen Grinsen begleitet. Das fiel auch ihr auf und sie sah ihn perplex an. Woraufhin er ihr die Zunge herausstreckte. Ich unterdrückte ein leises Kichern. Julie stand auf und verpetzte den Obdachlosen bei unserer Mutter. Die hatte aber ganz andere Sorgen.

»Jaja ... ignorieren ... du weißt doch, wie Betrunkene sind ... jaja.«

Eingeschnappt setzte sich Julie wieder auf die Reisetasche und streichelte den zerzausten Kopf ihrer Lieblingspuppe. Das schien für sie eine Art Selbsttherapie zu sein. Die Puppe sah inzwischen grauenhaft aus, das Haar verknotet, die Wangen vergilbt, und es fehlten ihr ein Arm und ein Bein, wie einem Kind, das auf eine Mine getreten ist. Eine waschechte Kriegspuppe, die Julie da streichelte. Daraufhin streichelte der Obdachlose seine Flasche. Nun reichte es. Sie hob drohend die kleine Faust und mahnte, er solle das sein lassen. Da er kein Wort verstand, grinste er nur dämlich weiter. Meine Schwester ging zu ihm rüber und baute sich vor ihm auf. Was ihm denn einfiele ... sie sei sehr müde ... die lange Fahrt sehr anstrengend gewesen ... ihr sei nicht nach Scherzen zumute. So viel Eifer sah ihr eigentlich nicht ähnlich. Mein Onkel stupste Wahid an. Was denn mit seiner Schwester los sei. Warum keife sie den armen Obdachlosen an? Mein Bruder zuckte nur die Achseln: »Lass sie doch.« Der Obdachlose streckte nun die Hand aus. »Ach, jetzt willst du auch noch Geld von mir?«, meinte Julie schnippisch. Der Betrunkene öffnete den Mund, als wolle er etwas sagen, doch stattdessen rülpste er nur und beendete damit ihr seltsames Zwiegespräch.

Etwa eine halbe Stunde später sprach uns ein fremder Mann mit einem Lederhut und afghanischem Äußeren an. »Familie Rahimi?« Zahir nickte. Engineer-Sahib habe ihn geschickt. »Er schafft es leider nicht rechtzeitig, aber ich bringe euch zu ihm.«

Meine Mutter rollte die Augen. Jeder nahm seine Tasche und folgte dem fremden Mann. Wir waren wie die Kuchis geworden, afghanische Nomaden, die von einem Ort zum nächsten ziehen. Wir hatten alles verloren. Unser Land. Unsere Heimat. Unser Heim. Was waren wir überhaupt noch, wenn wir nichts mehr hatten? Ich verspürte ein bedrückendes Gefühl im Magen. Außerdem knurrte er, als würden sich darin zwei Wölfe um einen Brocken Fleisch streiten. Ich war mir nicht sicher, ob ich nun bedrückt oder einfach nur hungrig war.

»Steindamm«, sagte der Unbekannte. »Ecke Hansaplatz. Das ist nicht weit von hier.« *Steindamm, Hansaplatz,* wiederholte ich innerlich und versuchte mir die fremdartigen Wörter einzuprägen. Auf dem kurzen Weg dorthin prallten Hunderte neue Eindrücke auf mich ein: Menschen in dunklen Anoraks, hupende Autos und jede Menge Imbissbuden. Im Vorbeigehen roch es nach gegrilltem Fleisch – fast wie auf einem Basar in Kabul. Ein riesiger Fleischklumpen drehte sich hinter einer Glasscheibe. Wann hatte ich das letzte Mal pures *Fleisch* gegessen? Rindfleisch, Lammfleisch, Hähnchenfleisch. Mmmh. Mir lief das Wasser im Mund zusammen. Ich zog am Ärmel meiner Mutter und deutete auf einen der Imbisse. Sie schüttelte den Kopf.

Etwas lenkte mich dann aber von meinem Hunger ab. Wir kamen an lebensgroßen Plakaten vorbei, auf denen sich halbnackte Frauen räkelten. In Unterwäsche gekleidete Schaufensterpuppen winkten mir zu. Rote Lichter leuchteten aus den Geschäften. So etwas wäre in Afghanistan undenkbar gewesen. Das war der Inbegriff von Unkeuschheit. In Afghanistan wurden selbst harmlose Kussszenen aus den Filmen geschnitten. Außer einem Paar sittlich angezogener Schauspieler, die lüstern in die Kamera blickten, sah man nichts. Und selbst diese wurden abfällig als *lutshaki*, Schamlose, bezeichnet. Auf diesen Hamburger Plakaten dagegen sah man fast alles. Da waren Bilder von *nackten* Brüsten … schönen Brüsten. So viele schöne *lutshaki* auf einmal – und keinen auf der Straße schien es zu kümmern! Wahid klappte die Kinnlade runter. Zum ersten Mal seit langem war die Apathie aus seinem Blick gewichen. Stattdessen spiegelten sich grelle Lichter in seinen Pupillen. Was für ein Land!

»*Astaghfirullah*«, murmelte meine Mutter und versuchte, mit einer Hand meine Augen zu bedecken. Sie drückte mich an sich heran, als wolle sie mich vor dieser neuen Welt beschützen, doch ich löste mich aus ihrem Griff. Ich *wollte* das sehen! Wie eine Kamera drehte sich mein Kopf nach allen Seiten, um auch jedes Bild richtig einzufangen.

Schließlich führte uns der fremde Mann in eine Gasse, wo die grellen Lichter von grauen Betonfassaden abgelöst wurden.

»Das da ist euer Haus«, er zeigte auf ein hässliches Gebäude. Sein Herati-Akzent war deutlich herauszuhören. »Es ist nicht gerade hübsch, aber besser als nichts. Außerdem sind wir Afghanen Schlimmeres gewöhnt, *ne?*«

Je mehr wir uns dem Haus näherten, desto beißender wurde der Geruch von Urin und Erbrochenem. Ich hielt die Luft an. Vor dem Hauseingang stapelten sich Bierdosen, eine Spritze ragte aus Unmengen von zerbrochenem Glas. Ein blasser Mann mit eingefallenen Wangenknochen stützte sich an die Hauswand. Nicht weit daneben stand eine sonderbar aussehende Frau. Sie war zwar freizügig gekleidet, ähnelte aber keineswegs den schönen *lutshaki* auf den Plakaten. Die hatten lange Haare, volle Lippen und eine samtige Haut gehabt. Diese Frau dagegen hatte eine blassgelbe Hautfarbe und schwarze Tusche war ihr unter den Augen verlaufen wie flüssiger Teer. Der Stadtteil St. Georg, durch den der Steindamm mitten hindurchführt, war damals ein Viertel, in dem keiner leben wollte. Nutten, Drogen, Junkies – drei Worte, ein Stadtteil.

Bei dem Haus am Hansaplatz, in dem mein Vater wohnte, handelte es sich um das »Hotel Kabul«, eine Asylantenpension der schäbigsten Sorte. Wie sich herausstellte, arbeitete mein Vater dort an der Rezeption und durfte daher ein winziges Zimmerchen als Dienstwohnung nutzen. Und dort zogen wir jetzt ein.

Julie blieb vorm Treppenhaus stehen. »Ich will da nicht rein«, wimmerte sie.

»Komm, sei kein Weichei – es wird schon nicht so schlimm sein.« Zahir nahm sie an die Hand. Im Aufgang schlug uns erneut stechender Mief entgegen – pinkelten hier die Menschen ins Treppenhaus?

Engineer-Sahib stand mit ausgebreiteten Armen in der Tür. Er lächelte, aber es war nicht echt. Ein falsches Lächeln erkennt man an den Augen, die das Schauspiel nie richtig mitmachen können. Es war, als würde sich sein Gesicht in zwei Hälften spalten: Der Mund breitete sich zu einem wachsfigurenartigen Lachen aus, während die Augen statisch blieben und beunruhigte Nervosität verrieten. Ein

Lächeln kann lügen. Es kann das Gefühl von Freude, Zufriedenheit und Glück vermitteln, wo in Wirklichkeit Niedergeschlagenheit, Leere und Mangel herrschen. Augen können das nicht. Engineer-Sahibs Haar war ungekämmt, er hatte ein vergilbtes Unterhemd an und eine schmutzige Socke am Fuß. Ich konnte mich nicht erinnern, ihn je so gesehen zu haben. Wenn er damals von seinen Geschäftsreisen heimgekehrt war, hatte er immer einen modischen Anzug in seiner Lieblingsfarbe marineblau getragen, mit einer passenden Krawatte dazu. Sein Haar war frisiert und seine Füße steckten in glänzenden Lackschuhen, die er eigens bei den Schuhputzern reinigen ließ. Selbst zu Hause hatte er Wert auf frisch gewaschene und gebügelte Kleidung gelegt. Nun schien er seine Eitelkeit verloren zu haben.

Meine Mutter machte keinen einzigen Schritt auf ihn zu und auch Engineer-Sahib wahrte ihr gegenüber eine befangene Distanz. Die beiden Eheleute begegneten sich wie Fremde, die nicht wussten, wie sie den anderen begrüßen sollten. Sie blieben einander fern, nicht einmal ihre Blicke berührten sich. Als läge ein kalter, unüberwindbarer Eisberg zwischen ihnen. Was ist das wohl für ein Gefühl, fragte ich mich, zusammenzuleben, ohne sich zu lieben, den anderen zu verlieren, ohne ihn zu vermissen, einander wiederzufinden, ohne sich zu freuen. Julie schmiegte sich an die Brust ihres Vaters, ansonsten erhielt er nur halbherzige Umarmungen. Jackie ging an ihm vorbei, ohne ihn auch nur eines Blickes zu würdigen.

Die Wohnung bestand nur aus einem einzigen Zimmer, in dem es nach alten Möbeln und Gewürzen roch. In einem Winkel befanden sich eine Spüle, in der sich dreckiges Geschirr stapelte, sowie eine einfache Herdplatte. Die Raummitte wurde von einem kleinen Fernseher und mehreren übereinandergestapelten Matratzen eingenommen. Fleckige Tapeten hingen schlaff von den Wänden und der Schimmel kroch an den Ecken hoch. Ich öffnete eine Tür, hinter der ich ein weiteres Zimmer vermutet hatte, fand dort aber nur ein winziges Waschbecken und eine heruntergekommene Toilette vor. Die Fliesen waren größtenteils zerbrochen, statt einer Lampe baumelte eine nackte Glühbirne an der Decke. War *das* unsere neue Bleibe?

»Wo warst du?«, fragte meine Mutter, ohne Engineer-Sahib anzusehen, und setzte sich auf den Matratzenberg.

»Ihr seid früh dran«, antwortete er immer noch lächelnd.

»Du hast doch nur fünf Minuten bis zum Bahnhof.« Ihre Stimme zitterte, und ich konnte heraushören, wie sehr sie sich abmühte, nicht die Beherrschung zu verlieren, doch ihr Ehemann ignorierte ihre Bemerkung. Stattdessen sah er mich an.

»Wie geht es *dir* eigentlich?«, wollte er in einem fast süßlichen Ton wissen. Wie soll es mir schon gehen, dachte ich. »Dünn bist du geworden – hat deine Mutter dir nicht genügend zu essen gegeben?«, fragte er spitz. Ich schüttelte entschieden den Kopf. In ganz Kabul gibt es *nicht genügend zu essen*, hätte ich am liebsten gesagt. »Wusste ich's doch«, Engineer-Sahib nickte und bedachte meine Mutter mit einem vorwurfsvollen Blick. Die wurde puterrot. *Oh, nein. Verdammt.* Ich nickte schnell.

»Jaja, weiß ich doch, dabei hatte ich ihr *genügend* Geld dagelassen.« Er tätschelte mitleidig meinen Kopf. Meine Mutter warf mir einen verärgerten Blick zu. Das mit dem Stummsein war ein echtes Problem. Nun fiel auch Engineer-Sahib etwas auf. »Warum antwortest du so komisch? Hast du deine Zunge verschluckt?« Er grinste. Ein brauner Belag hatte seine Zähne verfärbt.

»Er redet nicht«, stieß Jackie zwischen zusammengepressten Lippen hervor. »Seit über einem Jahr nicht.«

»*Was?* Wieso denn das?«

»Das habe ich dir *mehrfach* am Telefon erzählt«, fuhr ihn meine Mutter von der Seite an. Wieder ein Streit. Eben erst angekommen und wieder ein Streit. Ich stöhnte klagend.

»Daran erinnere ich mich aber nicht«, sagte Engineer-Sahib. Meine Mutter beschränkte ihre Antwort auf ein Zähneknirschen. »Warum eigentlich?« Er schaute mich verständnislos an.

»Das ist ein Trauma«, antwortete Jackie stellvertretend. Ihre Stimme klang vorwurfsvoll. »Er macht das nicht mit Absicht.«

»Trauma?« Engineer-Sahib verschluckte sich fast an seiner eigenen Spucke. »Ich kenn doch *meinen* Sohn – der erlaubt sich bestimmt nur einen Scherz mit euch allen.«

Schön wär's, dachte ich.

»Das ist nicht dein Ernst«, sagte meine ältere Schwester entrüstet.

»Was meinst du?«

»Was *ich* meine?«, gellte sie. Woher kam dieser schrille Ton in ihrer Stimme? Wie läutende Alarmsirenen.

»Lass gut sein, Schwesterherz«, warf Wahid gutmütig dazwischen.

»Nein, ich lasse es *nicht* gut sein!«

»Dein Ton gefällt mir nicht, junge Dame«, sagte Engineer-Sahib streng. Das starre Lächeln war wie weggeblasen.

»Ha! Wirklich?« Meine Schwester machte eine geringschätzige Geste. Von so viel Bockigkeit verwirrt, machte Engineer-Sahib nur Stielaugen. Seine Kinder waren ihm doch stets gehorsam ergeben gewesen. Was war passiert?

»Mir gefällt auch einiges nicht – und *du* kannst mir nichts mehr vorschreiben.«

»Genug jetzt.« Engineer-Sahibs Augenbrauen verengten sich. Er war kein Mann, der gern die Hand erhob, doch nun zitterte seine Hand vor Zorn.

»Du hast gut lachen, immerhin hast du uns im Krieg zurückgelassen.« Jackie machte einen Schritt auf ihn zu. In diesem Moment bewunderte ich sie unermesslich für ihren Mut. Engineer-Sahib stockte der Atem. »Jeden Tag Krieg, jeden Tag Bomben, Menschen sind vor unseren Augen gestorben, *mefami?* Menschen, die wir gekannt, dir wir geliebt haben. Außer dir kann keiner von uns mehr lachen«, sagte sie verzweifelt.

»Ich musste hier alles vorbereiten.« Seine Stimme stockte. »Ich wollte euch nachholen.«

»Hast du aber nicht.« Sie blickte ihn an und ich sah, wie es in ihren Augen feucht zu schimmern begann. »Du hast deine Familie im Stich gelassen. Dabei habe ich so viel von dir gehalten – ich war immer auf deiner Seite!« Sie vergrub ihr Gesicht in den Händen. Es war, als bräche ein Damm. Sie begann lauthals zu schluchzen. Ohne noch ein Wort herauszubringen, brach sie in Tränen aus und wollte gar nicht mehr aufhören. Ich fühlte einen Kloß im Hals. Meine große Schwester weinte sonst nie. Wir sahen sie erschüttert an. Wenn Menschen aus ihrer vertrauten Rolle fielen, ging mir das immer durch Mark und Bein.

Einen winzigen Moment lang verlor Engineer-Sahib die Kontrolle über seine Gesichtszüge. Wie ein Reiter, der die Zügel für einen kurzen Moment loslässt, woraufhin das Pferd mit ihm durchgeht. Dieser Moment dauerte keine Sekunde, aber ich sah es ganz genau: Seine Augen blinzelten heftig, die Unterlippe zitterte und seine Mundwinkel verrutschten. Ich entdeckte Sorge, Angst und Schmerz. Im nächsten Augenblick fuhr er sich mit der Hand über den Mund und der Ausdruck war sofort wieder verschwunden. Er blieb seiner Rolle treu, hatte die Zügel wieder fest in der Hand.

Jackie konnte sich gar nicht mehr beruhigen, und ich wunderte mich, wie viele Tränen sich über die Jahre in einem Menschen ansammeln können. Am Ende bekam sie einen Schluckauf und aus dem Wimmern wurde ein Hicksen. Julie streichelte Jackies Haare. Wahid schaute betreten zu Boden. Meine Mutter wischte sich eine Träne des Mitgefühls aus dem Auge. Zahir blies Rauch aus dem gekippten Fenster. Engineer-Sahib tat nichts. Ich war still. Alle waren still, weil alles trostlos war. Das wussten wir.

Das war also unser neues Leben. Unser neues Heim. Dafür hatten wir all das auf uns genommen, den Verlust der Heimat, die gefährliche Flucht, die beschwerliche Reise. Ich dachte an unsere saubere Wohnung im schönen Makrorayon. An den Rosenbusch vor unserem Hauseingang, den nahe gelegenen grünen Park und den Duft von gerösteten Pistazien und gegrilltem Fleisch. Ein schmerzliches Gefühl der Sehnsucht flammte in mir auf. Ich vermisste alles. Die freundlichen Nachbarn, die uns an den Feiertagen des Opferfests *Eid al-Adha* besuchen kamen und *kulcha*, afghanisches Gebäck, vorbeibrachten. Die murmelspielenden Kinder im Hof. Mir fehlte Jamal. *Khalil.* Ich wollte nur noch zurück; selbst wenn das bedeutete, in Trümmern zu leben und dem Krieg wieder direkt in die Arme zu laufen. Dann geschah etwas – ohne dass ich verstand *wie*. Ich durchbrach die Stille, indem ich aussprach, was alle dachten:

»I-i-ich will z-z-zurück.«

Jackie hörte ruckartig auf zu weinen und schaute mich starr an. Zahirs Zigarette entglitt seinen Fingern. Meine Mutter öffnete den Mund, aber es kam nur ein undefinierbarer Laut heraus. Sie hatte so lange versucht, mich zum Sprechen zu bringen, und es am Ende aufgegeben. Sie konnte es nicht glauben. Ich konnte es selbst nicht glauben. Meine Mutter kam auf mich zu und schlang die Arme um mich.

»Sag das bitte noch mal«, flüsterte sie mir ins Ohr. Ich wolle zurück, wiederholte ich. Die Wörter klangen zwar abgehackt und ich stotterte, aber ich konnte sie aussprechen.

»Seht ihr? Ich hab doch gesagt, dass er sich nur einen Scherz erlaubt«, sagte Engineer-Sahib.

Zahir hatte recht behalten. Ich würde wieder sprechen – wenn ich etwas wirklich Wichtiges zu sagen hätte, würde ich wieder sprechen.

Kapitel 14
Andere Länder, anderes Spielzeug

Mir fehlte die Heimat. Der Blick auf die milchweiße Silhouette der Berge, über denen sich der wasserblaue Himmel eröffnete. Die bunten Basare, wo in unterschiedlichen Sprachen und Dialekten wild miteinander gefeilscht wurde. Unsere Nachmittage am See, wenn die lichtgelbe Sonne meinen Bauch wärmte und wir Pistazien knackten. Khalil brach die kleinen Nüsse auf, teilte sie und reichte mir die Hälfte. Allein schon dafür, für das Teilen einer einzigen Pistazie, musste ich Kabul vermissen. Ich trauerte um meine Heimat wie um einen verstorbenen Freund. Jede freundschaftliche Annäherung an diesen neuen, fremden Ort wäre mir wie ein Verrat vorgekommen. Deshalb zog ich mich zurück und verbrachte viel Zeit mit Nichtstun. Sprach nicht, bewegte mich nicht – atmete bloß. Und träumte in den Tag hinein.

Die Trägheit legte sich wie ein grauer Nebel über meinen Tag. Stundenlang starrte ich in den Fernseher; alles um mich herum verblasste und ich tauchte vollkommen in die TV-Welt ein. Ständig wechselnde bunte Bilder flimmerten vor meinen Augen, TV-Menschen brabbelten unverständliches Zeug, ein buntes TV-Rad drehte sich, TV-Spieler jubelten, ein TV-Hund rettete sein Herrchen. Nichts ist ermüdender als Trägheit, und so sank ich am Ende des Tages erschöpft in den Schlaf und meine Träume wurden zu TV-Bildern. Wenn ich am nächsten Morgen erwachte, war ich erschöpfter als am Abend zuvor.

Ich versank ganz in mir selbst und ließ mich von meiner Fantasie treiben. Wenn ich nicht an Afghanistan dachte, dann dachte ich an die Zukunft, aber es war eine ferne, von TV-Bildern inspirierte und ganz und gar unwirkliche, rosige Zukunft, weit weg von meinem kleinen, grauen Leben am Steindamm. In diesen Träumen war ich reich, mächtig und beliebt. Alles lag mir zu Füßen. Ich dachte mir prächtige Häuser aus, in denen wir lebten, große Luxuslimousinen, die ich fuhr. Ich stellte mir vor, der Anführer eines Heers zu sein, ein mutiger Krieger, den alle bewunderten, oder ein großer Kämpfer und Filmstar wie Bruce Lee. In diesen Träumen war Khalil an meiner Seite. Mit der Außenwelt konnte ich da nichts anfangen. Das kärgliche wirkliche Leben sollte nicht in meine Träume einbrechen. Was wollte ich auch mit dieser fremden Stadt in einem fremden Land, wo alles immer grau und ich selbst nur ein ungewolltes Nichts war. Und so schloss ich mich ab und lebte in meiner eigenen Welt.

Meine Geschwister waren anders – *lebendiger*. Der lebhafte Drang, ihre Umgebung zu erkunden, trieb sie an. Kein Wunder, dachte ich bitter, ihre Bindung zur Heimat ist nicht so tief, die Liebe nicht so stark und der Verlust nicht so qualvoll wie bei mir gewesen. Sie schlenderten durch die Innenstadt, kundschafteten die ringsum gelegenen Straßen aus, freundeten sich mit anderen Kindern an, die illegal oder als Asylanten in Deutschland waren. Am Abend kehrten sie heim und erzählten mir von ihren Abenteuern. Julie berichtete, wie sie eine halbe Stunde vor einem Supermarktregal gestanden und versucht hatte, einen Karamellbonbon auszusuchen.

»Das kannst du dir gar nicht vorstellen – es gibt mindestens zwanzig verschiedene Sorten!«, stammelte sie aufgeregt. »Karamellbonbons mit Schokokern, Kekse gefüllt mit Karamell, Eis mit Karamell ummantelt – Karamell in Karamell!«

Ich wollte wissen, was sie sich ausgesucht hatte, und sie zog einen einfachen »Kuhkaramellbonbon« aus der Tasche, wie es sie auch in Kabul gegeben hatte. Bei all der großen Auswahl suchte sie sich ausgerechnet *diesen* Bonbon aus?

Wahid erzählte von schwarzen Männern mit bunten Zöpfen, die am Bürgersteig Gitarre spielten, von Straßenkünstlern, die innerhalb weniger Minuten ein Porträt zeichneten, von einem Mann, der vorbeigehende Passanten anbrüllte und ihnen ein riesiges Holzkreuz vor die Nase hielt. »An das ein halbnackter Mann genagelt war«, ergänzte er aufgekratzt.

»G-g-genagelt?«, fragte ich baff. Dieses Land kam mir immer merkwürdiger vor. Das miserable Wetter, die winzige Wohnung, die komischen Gestalten vor der Haustür – und nun das.

»An Händen und Füßen«, meinte Wahid und kniff die Lippen zusammen.

»Das ist Jesus, du Holzkopf«, meinte Jackie. »Die Christen beten ihn an.«

Die Christen beteten ein Holzkreuz an? Das wollte ich Jackie nicht abnehmen.

»Nein, sie beten *Jesus* an. Die Christen glauben, dass er der Sohn Gottes war und gekreuzigt wurde, um die Menschheit von ihren Sünden zu erlösen.«

Meine Schwester weiß eine Menge Zeugs, dachte ich.

»Aber wenn sie sich schon eine Abbildung von diesem Sohn Gottes machen, warum beten sie nicht eine schönere an? Das mit der Kreuzigung ist doch schlimm …«, fragte Julie zaudernd.

»Es gibt auch andere Abbilder von Jesus«, sagte Jackie.

»Und warum brüllt der Mann mit dem Holzkreuz die Passanten an?«, fragte mein Bruder.

»Das weiß ich auch nicht«, meinte Jackie achselzuckend.

»Bestimmt ist er sauer, weil Jesus ihretwegen sterben musste«, sagte Julie bekümmert.

Wahid erzählte weiter. Von Spielzeuggeschäften, in denen man die abenteuerlichsten Sachen kaufen konnte. Ohne dass ich es wollte, weckte er damit mein Interesse. »Mini-Autos«, schilderte er. »Du setzt dich rein und es fährt los, wie bei den Erwachsenen!«

»Hm«, sagte ich und gab mich desinteressiert. Mir seien meine Murmeln lieber gewesen, entgegnete ich mürrisch.

»Murmeln?« Wahid gluckste. »Du hast sie nicht mehr alle.« Dann stockte er kurz. »Und dieser eine Laden, da gab es verrückte Sachen …« Er hielt inne und sprach nicht weiter.

Ich platzte fast vor Neugier. »W-w-was?«, stotterte ich.

»Es gab *Sheitan*-Kostüme für Frauen; knallrot mit Hörnern und einem langen Schwanz, und gruselige Ledermasken …«, erzählte er leise. Das sei wohl nur ein Kostümgeschäft gewesen, meinte ich gelangweilt.

»Nein«, mein Bruder schüttelte den Kopf. »Da gab es auch merkwürdiges Spielzeug.« Er kam näher an mich heran und flüsterte mir leise ins Ohr. »Spielzeug, das aussah wie ein *chol.*«

»Ein *ch-ch-chol?*«, rief ich fassungslos. Ein *Pimmel* als Spielzeug?

»Psst«, raunte er.

Was es denn da noch so gegeben habe, hakte ich neugierig nach.

»Perücken, Handschellen, aufblasbare Puppen … *nackte* aufblasbare Frauenpuppen«, begann Wahid aufzuzählen.

Meine Mutter, die gerade ein Sockenloch stopfte, horchte auf. »*Bachem*, mein Junge … in welchem Laden warst du?«, erkundigte sie sich mit zuckersüßer Stimme.

Wahid zögerte. »Ach … *mefami* … da … irgendwo«, er geriet ins Stocken.

»Wo?«, fragte sie streng. Sie wusste, dass Wahid nicht lügen konnte.

»Na … hier vorne … das Geschäft … mit der roten Leuchttafel …«, murmelte er mit gesenktem Blick.

»Was?« Mutter sprang schockiert auf. »Du warst in einem dieser *lutshaki*-Läden? *Astaghfirullah* …« Sie hielt sich den Mund zu, ihre Hand zitterte.

»Aber … ich wusste nicht …« Wahid kniff die Augenbrauen zusammen.

»Hab … hab ich euch nicht gesagt, dass ihr da nicht entlanggehen dürft?«, brüllte sie.

»Aber … das ist doch der schnellste Weg ins Zentrum«, verteidigte er sich, doch meine Mutter packte Wahid am Nacken.

»Amin? Amin, hörst du das?«, richtete sie sich an ihren Ehemann, der friedlich auf einem Holzstuhl döste. »Aminullah!«, rief sie in alarmierender Lautstärke und er zuckte zusammen.

»Ja … was … was?«, säuselte er benommen.

»Dein Sohn war in einem … in einem dieser *schmutzigen* Läden.« Mein Bruder kratzte sich verlegen am Schädel, doch unser Vater gähnte nur und tätschelte ihm die Schulter.

»Na ja … ist doch nicht so schlimm. Er ist eben ein Mann«, sagte er schmunzelnd, und Wahid stieß einen erleichterten Seufzer aus.

»Nicht so schlimm?« Mutter sah ihn entgeistert an. »Allmächtiger, oh Allmächtiger«, murmelte sie vor sich hin. Sie und Engineer-Sahib hatten wegen ähnlicher Themen schon so manche Diskussion gehabt. Unsere Mutter ließ uns nur ungern auf die Straße, denn sie fand, dass dieses Viertel nicht die richtige Umgebung für ihre Kinder sei.

»Ich kann das meinen Kindern nicht länger zumuten; überall diese halbnackten Frauen, die sich …« Sie stockte. »Verkaufen«, sprach sie flüsternd zu Ende. »Und diese Drogensüchtigen erst, die mit trüben Augen in den Himmel schauen und ihre Arme mit Nadeln durchbohren.«

»Och, och.« Ihr Ehemann schlug mit einem resignierten Seufzer, der zugleich ein wenig gelangweilt wirkte, die Hände überm Kopf zusammen.

»Wie soll ich meine Kinder *da* rauslassen? Was, wenn – allmächtiger Gott behüte – sie anfangen zu glauben, das sei hier normal? Was, wenn – oh, allmächtiger Gott behüte – sie sich an solchen Sitten ein Beispiel nehmen?«

»Unsere Kinder werden wegen ein paar Drogensüchtiger und *lutshaki*-Frauen schon nicht vor die Hunde gehen – sie haben schließlich schon Schlimmeres gesehen«, gab er zurück.

»Genau – und sie sind immer noch Kinder! Tun sie dir denn nicht leid? Nach allem, was sie durchgemacht haben, verdienen sie doch ein sicheres Umfeld.«

»Hier ist es sicher.«

»Das denkst auch nur du«, ranzte sie ihn an. »Ich bin eine aufgeklärte Frau, aber auch gottesfürchtig, und diese Straße ist *gottlos*.«

»Diese Straße ist die Beste, die wir uns leisten können.«

»Was hast du eigentlich die letzten zwei Jahre gemacht? Mehr als *das* hast du also nicht bewerkstelligen können, wie?«

Engineer-Sahib stand auf und sah uns an. »Eure Mutter hat in fast zwanzig Ehejahren nicht gelernt, ihr Mundwerk zu kontrollieren. Kaum ist sie hier, treibt sie mich wieder in den Wahnsinn. Och, och.«

»Euer Vater«, nun wandte sich meine Mutter an uns, »war – wie ihr selbst wisst – nie da, um es mir beizubringen. Erst hat er mich gegen meinen Willen geheiratet und dann alleingelassen.«

»Papperlapapp – gegen ihren Willen«, spottete er. »Sie hat mir doch schöne Augen gemacht.«

Pff, pff, machte unsere Mutter. *Euer Vater, eure Mutter* – so stritten sie den lieben langen Tag. Zwischendurch sahen sie uns erwartungsvoll an, in der Hoffnung, dass einer von uns Partei ergreifen würde, und wir wurden zu Zeugen wider Willen. Bislang waren sich unsere Eltern in ihrer Ehe aus dem Weg gegangen – nun, eingepfercht auf engstem Raum, ging das nicht mehr. Zahir hielt es drei Tage mit ihnen aus, danach mietete er sich ein Zimmer über unserem, wo er gern für sich blieb, um tun zu können, was er schon in Kabul getan hatte: Er trank und ertränkte seine Gedanken so lange im Alkohol, bis sie sich auflösten wie Eis in einem Whiskyglas.

»Ist doch egal! Egal! Egal!«, schrie Wahid plötzlich. Ich fuhr zusammen; noch nie hatte ich meinen Bruder so laut schreien hören. »Es war doch nur ein *choool* – ein Spielzeug-*choool!*«

Alle verstummten. Jackie hustete verlegen. Ich spürte, wie ich einen Lachanfall bekam, und stülpte schnell den Pulloverärmel über meinen Mund.

»Ein *was?*« Julie kicherte.

»Gott möge uns beistehen«, hörte ich meine Mutter flüstern.

Die folgenden Wochen zogen schleppend wie eine Herde kränkelnder Lasttiere an mir vorbei. Triste Ödnis fraß meine Tage, die spurlos im Nichts verschwanden, ohne dass ich sie vermisst hätte. Ich hatte meine Sprechfähigkeit zwar wiedergewonnen, aber die Wörter kamen nur stockend, die Sätze zerbrachen in Einzelteile, und weil ich mein eigenes Stottern nicht ertrug, flüchtete ich mich in Stille und Einsamkeit.

Trotz all der wundersamen Geschichten, die mir meine Geschwister erzählten, konnte ich mich für dieses Land nicht begeistern. Immer wieder stieg ein düsteres, bedrückendes Gefühl in mir auf. Ein Gefühl, so trostlos wie der Blick aus unserem Fenster mit seinem vergilbten Rahmen und dem zerkratzten Glas, durch das die Außenwelt seltsam zerbrochen wirkte und zugleich in neblige, graue Schatten getaucht. Aber auch durch ein neues Fenster wäre der Blick trübselig genug gewesen: schmutzgraue Fassaden im kalten Nieselregen, der Asphalt voller Schlaglöcher, in denen sich braune Pfützen sammelten, die die regengrauen, tiefhängenden Wolken widerspiegelten. Das bedrückende, beengende Gefühl in meiner Brust schien mir die Luft abschnüren zu wollen, ließ sauren Regen in meine Seele nieseln, mein Herz einfrieren, und mein Gemüt wurde so finster wie der löchrige Asphalt.

Früher hatten derartige Gefühle nie lange angedauert. *Früher*, als noch jeder Tag mit Khalil begonnen und mit ihm geendet hatte. Immer dann, wenn ein ungutes Gefühl mein Herz überschattete, wenn es sich anfühlte, als würde die Decke über mir herabbrechen, wenn Angst und Sorge überhandnahmen – war Khalil da. Er erzählte eine Geschichte, die mich ablenkte und meinen Kummer vergessen ließ, oder er überredete mich zu einem Murmelspiel, das meine Lebensgeister neu weckte, und oft saß er einfach nur neben mir und tat nichts, außer da zu sein. Was schon genug war, denn seine Anwesenheit war wie eine warme Decke, die sich über eine frierende Brust legt. Nun war mir nur noch ein Bündel von Erinnerungen geblieben, an das ich mich klammerte wie ein Ertrinkender an die rettende Planke des untergegangenen Schiffs.

Seit Khalils Tod hatte mich dieses bedrückende Gefühl nicht mehr verlassen. Es wucherte und wuchs vielmehr in meiner zusammengeschnürten Brust immer weiter, wie ein krank machender Tumor.

Dieses Gefühl hatte auch zur Folge, dass ich ungeduldiger und wütender war als früher. Eine im Grunde völlig harmlose Begebenheit konnte dazu führen, dass ich die Kontrolle verlor und regelrecht ausflippte. Einmal beobachtete ich Engineer-Sahib beim Essen seiner *ash*-Suppe. Er tauchte den Löffel mit unvorstellbarer Langsamkeit in die dicke Suppe und zog ihn genauso schleppend wieder heraus, wobei seine knöchrigen Finger zitterten, als würde der Löffel einen Zentner wiegen. Die Nudeln hingen zu beiden Seiten aus der Löffelschale und glitten in die Suppe zurück – doch es gab kein Entrinnen. Mit derselben unvorstellbaren Langsamkeit führte unser Vater den Löffel erneut zwischen seine dürren Lippen. *Schllüüh. Schllüüh. Schllüüh.* Schlürfte er und fuhr sich mit der Zunge über den Mund. *Schllüüh. Schllüüh. Schllüüh.*

Ohne irgendeinen ersichtlichen Grund keimte erneut *dieses Gefühl* in mir auf. Die Geräusche kamen mir unendlich laut vor. Es war, als würde sich alles verdunkeln, als müsse ich gleich ersticken. Am Ende kippte er den Teller und schöpfte mit dem Messinglöffel ins Leere. *Kkkrz. Kkkrz. Kkkrz.* Der Löffel kratzte am Tellerrand. So laut. Ich wollte etwas sagen. Meine Kehle schnürte sich zusammen. Ich hielt mir die Ohren zu.

»L-l-leer!«, brüllte ich lauter als eigentlich beabsichtigt. »D-d-der Teller ist l-l-leer!«, und schlug mit der Faust auf den Tisch.

Engineer-Sahib schaute mich verblüfft an. »Was ist denn mit dir los?«, fragte er und wischte sich, akkurat, wie er eben war, mit einem weißen Tuch die *ash*-Tropfen von den Mundwinkeln. Mein Puls raste; ich riss das Fenster auf und schnappte nach Luft.

»Fatima, was ist mit deinem Sohn los?«, rief Engineer-Sahib.

Meine Mutter kam aus dem Bad geeilt. »Was hast du?«, fragte sie und legte ihre warme Hand auf meinen Rücken. Meine Lungen schnappten nach Luft und langsam regulierte sich meine Atmung wieder.

»N-n-nichts«, stammelte ich. »Mir ist von der *ash*-Suppe übel geworden.«

Ein andermal packte mich diese rätselhafte Wut, als ich im Fernsehen einen Werbespot sah. Es war eine gewöhnliche Waschmittelwerbung, wie sie jeden Tag ein Dutzend Mal eingespielt wurden: An einem sonnigen Tag bekleckert eine Frau ein junges Mädchen mit rotem Saft, die Mutter des Mädchens wird aber nicht wütend; sie lächelt vielmehr mit blütenweißen Zähnen und wäscht äußerst vergnügt das schmutzige Oberteil.

Dieser Spot zermürbte mich. Ich fragte mich, wo auf dieser Welt es wohl eine Mutter gab, die sich über ein vollgekleckertes Oberteil freute. Wo auf dieser Welt waren die Menschen denn so unbeschwert glücklich? Und wo auf dieser Welt schien dauernd die Sonne? Bestimmt nicht hier in diesem kalten Regenland.

Ohne dass ich verstanden hätte warum, schlug mein Durchschauen dieser offensichtlichen Verlogenheit in blanke Wut um und meine Hände begannen zu schwitzen. Ich sprang auf, um dem TV-Gerät und seiner ganzen heuchlerischen TV-Welt einen Tritt zu verpassen, besann mich aber in letzter Sekunde und trat stattdessen den Holzstuhl. Der tobende Schmerz ließ mich aufschreien. Zum Glück war niemand da; meine Eltern arbeiteten und meine Geschwister lungerten irgendwo draußen herum. *Was ist bloß mit mir los? Werde ich langsam verrückt?* Es war an der Zeit, frische Luft zu schnappen, also entschied ich, hinauszugehen und meine Geschwister zu suchen.

Der Ort, an dem wir lebten, bildete eine Welt für sich. Und sie zerfiel in zwei Teile: Auf der einen Seite ein schillerndes Reich, wo grelle Lichter, türkische Märkte, kleine Imbissbuden und paffende *lutshaki*-Damen die Straße säumten. Auf unserer Seite war dagegen alles öde und menschenleer. Die umliegenden Häuser sahen von außen wie von innen grässlich aus; grau und trostlos ragten sie in die Höhe und ihre Steinfassaden waren von unverständlichen Sprühsymbolen übersät. Regen tröpfelte von den Dachrinnen in die Pfützen. Manche Fenster waren eingeschlagen und mit Planen überdeckt; wenn der Wind blies, wölbten sie sich wie Regenschirme. Das feuchtgraue Klima lastete mit erdrückender Schwere auf meinen Schultern.

Ich steuerte geradeaus eine Parkfläche an, wo sich meine Geschwister oft aufhielten. Der Wind fuhr schroff durch einen einsamen Baum, der hustend seine letzten Blätter abwarf. Aus den Ecken strömte mir Pissegeruch entgegen, angeekelt überlegte ich, wieder umzukehren. Doch andererseits hätte ich die räumliche Enge unserer kleinen Wohnung keine Sekunde länger ertragen können, also vergrub ich meine Hände in den Hosentaschen und schlenderte einen schmalen Durchgang entlang.

Dort saß ein Mädchen in einem bauschigen, federbunten Kleid, das mit Rüschen besetzt war, auf einer Treppe am Hauseingang. Sie hatte rötliches Haar, das zu einem wilden Pferdeschwanz zusammengebunden und an den Spitzen nass war. Ich fand sie damals nicht besonders hübsch. Doch in diesem farbenprächtig leuchtenden Rüschenkleid erinnerte sie mich an den Opal, den Jamal Khalils Mutter gestohlen und im Erdloch vergraben hatte.

Als das Mädchen mich sah, lächelte sie und winkte. Erst war ich unsicher, ging aber dann doch auf sie zu. Sie stocherte mit einer kleinen Schaufel in einem Ameisennest herum. Immer wieder stach sie zu; es ratschte, Ameisen wurden in Stücke gerissen und ihre zuckenden Leichenteile blieben am Spatenblatt kleben. Grinsend hielt sie mir ihr Mordwerkzeug hin – ich schüttelte den Kopf. Auf ihrer Nase waren winzige Sommersprossen, die ihr ein lausbübisches Aussehen verliehen. Sie war vielleicht dreizehn oder älter und einen halben Kopf größer als ich. Ich fragte mich, ob ihr in diesem sommerlichen Kleid nicht kalt war.

Das Mädchen sagte etwas, was ich nicht verstand, und nahm mich dann an der Hand. Zögerlich kam ich mit. Sie führte mich in eine abgeschiedene Seitengasse. Unvermutet wandte sie sich mir zu und öffnete mit einer schnellen Bewegung den Reißverschluss meiner Jacke. Ihr lieblicher Duft nach Kaugummi und Zimt erfüllte die Luft. Sie grub ihre Arme unter meinen Pullover. Trotz der Kälte waren sie lauwarm. Zuerst war ich wie erstarrt. Als ihre weichen Hände nun die Haut an meinem Bauch berührten, zuckte ich zusammen und stieß sie entschieden von mir weg. Zwar hatten sich ihre Hände gut angefühlt, aber ihre überfallartige Schamlosigkeit machte mich baff. Ich blickte mich nervös um. Das Mädchen im Rüschenkleid kicherte hinter vorgehaltener Hand. Dann ließ sie sich rückwärts auf einen durchweichten Pappkarton fallen, der sofort in sich zusammenbrach. Sie aalte sich auf dem nassen Karton, breitete die Arme aus und lachte unbeschwert. Blaue Äderchen schimmerten durch die papierdünne Haut ihrer Arme. Sie scheint ein wenig verrückt zu sein, dachte ich aufgewühlt.

Plötzlich führte sie eine Hand an das Ende ihres Rüschenrocks und hob ihn an. »Doktor«, wisperte sie, und ich verstand das Wort, weil es auf Dari ähnlich klingt. Allerdings war ich unfähig, mich zu rühren, und gaffte sie stattdessen einfach nur an. Noch nie hatte ein Mädchen auf solche Art mit mir spielen wollen. *Doktor.* Ich verstand, dass es hier um mehr ging, dass ich sie berühren sollte wie ein Doktor, aber doch auf ganz andere Weise. Sie lächelte frech und bedeutete mir mit einem Wink, mich zu setzen. Ich schluckte, schaute mich noch einmal absichernd um und hockte mich neben sie.

»Doktor, Doktor«, wiederholte sie und liebkoste meine Hand. Ein Gefühl von Wärme durchströmte meinen Körper, als wären es Sonnenstrahlen, die mich streichelten. Dann schloss sie die Augen und legte meine Hand auf ihren Bauch. Doktor. Ich spürte die pulsierende Wärme unter ihrem Kleid. Als hätte ich meine Handfläche auf eine glühende Herdplatte gelegt – schnell zog ich die Hand zurück. Wieder lachte sie unbekümmert, hob die Beine in die Luft und ich konnte ihr fliederfarbenes Höschen sehen. Meine Wangen wurden heiß, aber ich schaffte es nicht, den Blick abzuwenden.

Im nächsten Augenblick rief eine weibliche Stimme »Rijana!«, und das Mädchen fuhr erschrocken zusammen. Sie stand ruckartig auf, glättete ihren Rüschenrock und rannte wortlos davon. Benommen und verwirrt blieb ich zurück. Die fiebrige Hitze meines Körpers stand mir ins Gesicht geschrieben. Doktor. Dieses Spiel musste ich mir merken. Mein Herz pochte heftig – und an die Waschmittelwerbung dachte ich nicht mehr.

Kapitel 15

Ein Dummer

An einem dieser spätherbstlichen Tage beauftragte unsere Mutter Wahid und mich, Essen für die ganze Familie zu holen.

»Verhaltet euch unauffällig – wir sind *illegal* hier. Ohne Genehmigung. Ohne Erlaubnis. Ohne Papiere«, trichterte sie Wahid und mir ein. »Genau genommen existieren wir hier eigentlich gar nicht – benehmt euch also dementsprechend.«

»Aber wie benimmt sich jemand, der nicht existiert?«, wollte Julie wissen. »Lebt man denn noch, wenn man nicht existiert?«

»Ja, aber ohne aufzufallen«, antwortete meine Mutter abwesend und legte mir einen Schal um den Hals. »Es ist kalt draußen – allmächtiger Gott, hier ist es doch *immer* kalt.«

»Aber *wie* lebt jemand, der nicht existiert?«, hakte meine Schwester nach, die mit baumelnden Beinen auf der Kante der Spüle saß. Sie war die Einzige, die noch Fragen stellte, für die das Leben noch ein unentdeckter Schatz zu sein schien. Auf gewisse Weise beneidete ich sie darum – obwohl auch sie Grausames gesehen hatte und das *echte* Leben kannte, schien sie die Leichtigkeit eines unschuldigen Kindes nie ganz verloren zu haben. Ihr Wesen war schwer zu fassen. Sie war gewissermaßen weder Raupe noch Schmetterling, sondern dieses geschützte, sich noch entwickelnde Etwas dazwischen, die Puppe in ihrem Kokon. Schon in Kabul hatte sie immer wieder den Eindruck gemacht, als würde sie in einem Kokon leben. Als würde sie sich vor *dieser* Welt verstecken und darauf warten, dass ihr Flügel wuchsen, mit denen sie fortfliegen konnte, dorthin, wo die Welt war, wie sie ihr gefiel.

»Jemand, der nicht existiert, lebt ruhig und unauffällig«, antwortete meine Mutter. »Und vor allem«, sie sah Julie streng an, »stellt dieser jemand nicht so viele Fragen.«

»Aber …«

»Willst du etwa zurückgeschickt werden?«

»Nein, aber …« Nein, Julie wollte nicht zurück. Seitdem wir hier waren, aß sie Karamellbonbons, statt sich bei Bombardierungen ins Bad zu flüchten. Sie wiegte sich in Sicherheit, statt in Todesangst zu leben. Sie schlief ruhig, statt sich in den Schlaf zu weinen. Nein, sie wollte auf keinen Fall zurück.

»Kein Aber – so ist es nun mal«, sagte Mutter in autoritärem Tonfall und meine Schwester zog eine beleidigte Schnute.

»Damit gebe ich mich nicht zufrieden«, maulte sie.

»Womit?« Mutter zupfte an meinem Schal und machte den Knoten so eng, dass ich kaum Luft bekam.

»Na, nicht zu existieren! Solange ich lebe, will ich auch *existieren*«, sagte Julie.

»Tu das meinetwegen, solange du nur dabei ruhig bist«, gab Mutter zurück. Ich hörte, wie Julie unzufrieden schnaubte, aber nichts weiter dazu sagte. Mutter sah mich prüfend an.

»Ihr geht zum türkischen Imbiss und bestellt …« Sie stockte und entschied sich dann doch, diese Aufgabe allein Wahid zu übertragen. »*Du* bestellst sieben dieser mit Fleisch und Salat gefüllten Fladenbrote. Du weißt schon, das, was hier alle essen – ich glaube, es ist das Lieblingsessen der Deutschen.«

»Was muss ich sagen?«, fragte mein Bruder.

»Was weiß ich denn? Zeig doch einfach auf das Bild über der Verkaufstheke.«

Die *lutshaki*-Frauen lehnten mit angewinkelten Beinen an den Hausmauern, rauchten oder sprachen vorbeigehende Männer an. Wir hatten uns an den Anblick gewöhnt, und so beachteten Wahid und ich sie auch jetzt nicht weiter. Zumal viele von ihnen ziemlich hässlich waren. Da gefielen mir die Frauen auf den Plakaten viel besser. Sie waren *perfekt*. Ich blieb vor einem Ladenfenster stehen, das mit dem überdimensionalen Foto einer wunderschönen Frau beklebt war. Sie hatte goldenes Haar und trug ein freizügiges, aber engelhaftes Kleid, das sich eng an ihre orchideenweiße Haut schmiegte.

Mit ihren vollen Lippen formte sie einen Kussmund in meine Richtung. Wie ein *pari*, ein Engel, dachte ich verträumt.

»M-m-meine Freundin wird später s-s-so aussehen«, stammelte ich und zeigte auf den *pari*.

»Bist du verrückt? So eine würde mit einem illegalen Ausländer wie dir nicht einmal reden«, spöttelte mein Bruder und zog mich am Arm weiter. Wir gingen noch ein Stück.

»Wusstest du, dass die Deutschen ein Schwein in eine Maschine stecken und am Ende kommt es zusammengepresst als Banane wieder raus?«, wusste mein Bruder zu berichten.

»B-b-banane?«, fragte ich verblüfft.

»Wirklich – ein Bananen-Schwein«, er nickte, »so klein«, und zeichnete mit den Händen die Größe einer Banane nach. Ich wollte es nicht glauben. Ein *ganzes* Schwein?

Mein Bruder nickte erneut. »Das essen sie dann mit einer Tomaten-Curry-Soße.«

»Igitt.« Die Vorstellung, ein Schwein zu essen, war schon eklig genug – aber ein *Bananen-Schwein?*

»Wenn du wüsstest, was die alles aus einem Schwein zaubern können – die Deutschen lieben Schweine, *mefami*.«

»Eklig«, sagte ich.

»Ehrlich gesagt rochen diese Bananen-Schweine ganz schön gut«, meinte er achselzuckend.

Im Laden duftete es nach Fleisch, Knoblauch und warmem Fladenbrot. Ein dunkelhaariger Verkäufer mit einem ungepflegten Dreitagebart säbelte feine Streifen von einem Riesenklumpen Fleisch. *Ratsch. Ratsch. Ratsch.* Das scharfe Messer häutete den Fleischklumpen wie eine Zwiebel. Zwischendurch tupfte sich der Mann mit seinem Schürzenzipfel die Schweißperlen von der Stirn. Ein anderer Verkäufer, mit einem selbst gebastelten Papierhut, sprach uns an. Blablabla, seine Lippen bewegten sich und wir hörten die Laute, aber verstehen konnten wir nichts. Wie besprochen deutete Wahid auf die Tafel hinter dem Verkäufer, auf der ein fleischgefülltes Fladenbrot abgebildet war. Er hielt sieben Finger hoch, »Siebenmal *das da*«, sagte er auf Dari.

Der Mann hob eine dichte Augenbraue. »*Sen türkmüsün?*« Ich ging davon aus, dass er wissen wollte, ob wir Türken waren, und schüttelte den Kopf.

Blablabla, fuhr er unbeirrt fort. Wir sahen ihn verwirrt an und Wahid zeigte wieder auf das Fladenbrotbild auf der Tafel, doch der Verkäufer wollte jetzt nicht verkaufen, er wollte *reden*. Nun mischte sich auch ein Mann mit langen Koteletten, der zuvor auf einem Hocker gesessen und sein Fladenbrot gegessen hatte, in die einseitige Unterhaltung ein.

»Tz, tz, tz«, er schnalzte mit der Zunge und sagte dem Verkäufer etwas, der wiederum nur den Kopf schüttelte.

»*Tarf takhi bil arbi?*«, fragte der Mann meinen Bruder.

»Äh, *chi*, was?«, fragte Wahid.

»Ah!«, rief der Verkäufer begeistert aus, als hätte er soeben eine Wahnsinnsentdeckung gemacht. »China, China. So, so. Blablabla.«

Bestimmt nicht China, du *char*, Esel, dachte ich, aber mein Magen knurrte und für weitere Ratespiele fehlte mir jeder Nerv. Ich reagierte nicht weiter, deutete stattdessen mit grimmigem Gesichtsausdruck auf das Fladenbrotbild.

In dem Moment, als der Verkäufer endlich hochschaute, ertönte die Ladenglocke, die Tür ging auf und ein groß gewachsenes Mädchen in einer roten Daunenjacke kam hereinstolziert. Sofort veränderte sich sein Blick; er wischte mit dem Handrücken über seine Lippen, rückte die Papiermütze gerade und grinste dämlich. Ich gab einen Laut von mir, eh oder so, und sagte auf Dari, dass ich endlich bestellen wolle, doch der Mann beachtete mich nicht weiter. Dieser Verkäufer regte mich auf und ich wollte gerade zu schimpfen anfangen, als Wahid flüsterte: »Er ist eben ein Mann.«

Ich schaute meinen Bruder an, der mit seinen schief geschnittenen Haaren den bemitleidenswerten Eindruck eines Jungen machte, der sich keinen Friseur leisten konnte – und genauso war es natürlich auch. Wahid war für sein Alter klein und schmächtig geraten, er hatte abfallende Augen und hohle Wangen, was seinen sanftmütigen Gesichtsausdruck jedoch nicht beeinträchtigte. Er war wirklich ganz anders als ich – viel ruhiger, milder, friedlicher. Seit unserer Ankunft hatte er keinen einzigen Anfall mehr erlitten und sein Blick schien sich nun langsam wieder aufzuhellen.

Der Duft von gegrilltem Fleisch berauschte uns, Wahid schloss die Augen und sog ihn genussvoll ein. Ich wusste, woran er gerade dachte. Selbst wenn es nicht derselbe Lammkebab-Geruch war, den wir von den Kabuler Märkten her kannten, barg er eine seltsame Vertrautheit in sich.

Das Mädchen in der roten Daunenjacke schüttelte ihr blondes Wallehaar und zeigte mit spitzen Fingernägeln auf eine rote Soße, von der ich wusste, dass sie scharf war. Daraufhin flötete der Verkäufer etwas; sein süßlicher Ton und das dümmliche Grinsen verrieten, dass er gerade einen dämlichen Witz gemacht hatte. Das junge Mädchen betrachtete nur desinteressiert ihre rot lackierten Fingernägel, ohne eine Miene zu verziehen.

Um diese Szene zu begreifen, musste man kein Wort verstehen; die Menschen verraten sich auf unterschiedlichste Weise und sprechen durch Gesten und Blicke. Irgendwann reichte er ihr das Bestellte über die Theke, nahm ihr Geld entgegen und verabschiedete sich süßholzraspelnd von ihr. Endlich machte er sich daran, sieben halbe Fladenbrote mit dünnen Fleischstreifen, Salat, Zwiebeln und Joghurtsoße zu füllen, um sie anschließend in Alufolie einzuwickeln. Er hielt die Tüte hoch.

»Dööööner«, sagte er langsam. »Dööööner.« Ich fühlte mich wie ein Idiot und streckte den Arm nach unserem Essen aus.

»Ne, ne«, meinte er kopfschüttelnd. »Dööööner.«

Och, och. Ich hatte Hunger und er würde uns wohl nicht in Ruhe lassen. Na gut.

»D-d-duuummer«, wiederholte ich, woraufhin der Mann lachend nickte und wir unsere verpackten Brote ausgehändigt bekamen.

So kurz unser Heimweg auch war, ich hielt es nicht mehr aus und riss die Verpackung auf. Meine Spucke sammelte sich im Mund. Gierig biss ich ins Brot und die Soße quoll triefend aus den Seiten. Würziger Fleischgeschmack breitete sich in meinem Gaumen aus. Dieser Dummer schmeckt wirklich gut, dachte ich. Mein Bruder war ein Stück vorausgegangen. In meinen Dummer vertieft, achtete ich nicht weiter auf die Straße.

Plötzlich hörte ich es hupen und fuhr vor Schreck zusammen. Mein Fladenbrot fiel mir aus der Hand. Ein Auto machte eine Vollbremsung. Reifen quietschten. Jemand stieß einen Schrei aus. Die Stoßstange rammte mich und ich landete unsanft auf dem Hinterteil. Einen Augenblick blieb ich benommen sitzen. Der Fahrer stieg hastig aus dem Wagen; sein Gesicht war kreidebleich, er schlug eine Hand gegen seine Brust und beugte sich zu mir herunter. Blablabla, sagte er und tätschelte meinen Arm. Ich nickte benommen. Erst jetzt spürte ich den stechenden Schmerz im linken Fuß und sah an mir herunter; mir fehlte ein Schuh, Zwiebeln und Joghurt klebten an meinem Bein. Oh nein, dachte ich, mein Dummer – er steckte plattgedrückt unter einem Reifen. Menschen hatten sich um mich herum versammelt. Blablabla hier, Blablabla da – von allen Seiten wurde auf mich eingeredet. Mein Bruder kam zurückgerannt; er war völlig außer Puste.

»Ist alles in Ordnung?«, fragte er besorgt. »Dich kann man ja keine Sekunde alleine lassen.«

»Ja, aber mein Fuß tut weh.« Ich strich mit der Hand über den anschwellenden Knöchel.

»Wir müssen hier weg – das hier ist alles andere als unauffällig«, sagte er und schaute sich um.

»Aber mein Dummer?«

»Scheiß auf den Dummer!«

»Aber …«

»Wir kriegen hier gleich echte Probleme.« Er deutete mit einer Kopfbewegung nach rechts; zwei Männer in grünen Uniformen kamen langsam auf die Menschenmenge um uns herum zugeschritten. Verdammt. Ich rappelte mich schnell hoch und legte meinen Arm um Wahids Schulter. Er rannte los und ich zog humpelnd mit. Als ich mich kurz umdrehte, sah ich noch den Fahrer mit meinem Turnschuh winken.

Zu Hause angekommen, kümmerte sich meine Mutter um meinen schmerzenden Fuß; sie wickelte gefrorenes Fleisch in ein Tuch und legte es mir auf den Knöchel. Ich ächzte.

»Du musst doch aufpassen – *kannst* du nicht aufpassen?«, schimpfte Engineer-Sahib und runzelte die Stirn. »Was, wenn die euch erwischt hätten? Was dann?«

Ich zuckte mit den Achseln. Zahir war zu uns heruntergekommen und sah mich mit Argusaugen an. »Wir müssen mit ihm zum Arzt«, wandte er sich an seinen Bruder. Meine Mutter nickte beipflichtend.

»Das geht nicht – wir sind rechtswidrig hier und haben keine Krankenversicherung«, erklärte unser Vater.

»*Krankenversicherung* – was soll denn das sein?«, fragte Zahir.

»Hier bekommt man eine Karte, und wenn man krank wird, geht man damit zum Arzt.«

»Okay.« Mein Onkel nickte einsichtig und versuchte, seine Bartstoppeln zwischen den Fingerkuppen zu verreiben. »Wo kann man diese Karte kaufen?«

»So einfach ist das nicht; solange wir hier illegal leben, haben wir keinen Anspruch auf eine Krankenversicherung«, antwortete sein Bruder.

»Warum gehen wir nicht einfach zu einem Arzt, drücken ihm etwas Geld in die Hand und der gibt uns dann diese Karte?«, schlug Zahir vor.

Engineer-Sahib stöhnte entnervt. »Wir sind nicht mehr in Afghanistan – hier kann man nicht jedes Problem mittels Bakschisch lösen!«, blaffte er.

»Aber was machen wir nun mit dem Jungen?«

»Ich weiß es nicht.«

»I-i-ist nicht weiter schlimm«, mischte ich mich ein, »t-t-tut nicht weh.« Doch keiner beachtete mich.

»Wie hast *du* das denn die letzten Jahre gemacht?«, wollte Zahir von seinem Bruder wissen.

»Ganz einfach – ich bin nie krank geworden.«

»So kann das nicht weitergehen«, wandte meine Mutter ein. »Wir brauchen diese Krankenversicherung.«

»Krankenversicherung … was für ein Unsinn«, motzte mein Onkel. »Was denken die sich als Nächstes aus – eine Hundeversicherung?«

»Gibt es hier schon«, antwortete Engineer-Sahib trocken.

»Was?« Zahir sah ihn entgeistert an. »Wie zum Teufel soll das funktionieren?«

Unser Vater hob ahnungslos die Schultern und schwieg.

»Wahrscheinlich klemmt sich der Köter seine Karte unter die Klöten und geht damit zum Arzt«, sagte Zahir grunzend und Julie begann zu kichern.

»Och, och, Zahir«, stöhnte sein Bruder. »Rede nicht so vor den Kindern.«

»Hundeversicherung …« Zahir schüttelte den Kopf. »Wer denkt sich bloß so eine Maulwurfsscheiße aus?«

Kapitel 16

Die Demut der Öl-Augen

Meine Mutter wollte diesen Zustand nicht mehr akzeptieren – es war an der Zeit zu handeln. Sie stellte einen Asylantrag und kurz darauf erhielten wir eine Duldung. Das hieß, dass wir vorerst nicht nach Afghanistan abgeschoben würden. Zur damaligen Zeit war die zentrale Ausländerbehörde von Hamburg im Bieberhaus direkt am Hauptbahnhof die Anlaufstelle für jene, die als anerkannte Flüchtlinge im Land bleiben wollten – und das wollten sie alle. Um unsere vorläufige Aufenthaltsgenehmigung zu verlängern, verließen wir gegen 18 Uhr die Wohnung und reihten uns in die Hunderte von Metern lange Schlange ein. So konnten wir darauf hoffen, am nächsten Morgen drangenommen zu werden. Stunden- und nächtelanges Anstehen im Winter war noch die kleinste Bürde, die viele auf sich nahmen, um nicht ausgewiesen zu werden. Andere afghanische Frauen, die meine Mutter in unserer Nachbarschaft oder auf der Ausländerbehörde kennengelernt hatte, erzählten ihr die wildesten Geschichten über das Leben als Asylant. Sie berichteten, dass uns viele hier nicht leiden konnten, dass sie uns für ungebildete Ziegenbauern hielten und uns die absurdesten Schimpfnamen gaben.

»Öl-Auge beispielsweise«, sagte Mutter und rümpfte die Nase. »So nennen die uns – furchtbar.«

»Öl-Auge?«, fragte Julie und lüpfte ihre Augenbrauen.

»Öl-Auge.«

»Und wieso?«

»Weiß ich nicht.«

»Weil unsere Augen schwarz wie Erdöl sind«, meinte Jackie.

»Das ist doch keine Beleidigung«, entgegnete ihre jüngere Schwester.

»Natürlich ist es das«, zischte Jackie. »Erdöl ist dreckig und kommt aus den Tiefen der Hölle.«

Meine älteste Schwester setzte seit Monaten alles daran, der deutschen Sprache mächtig zu werden. Sie ließ sich von einem afghanischen Nachbarsmädchen, das seit drei Jahren in Hamburg lebte und eine Ausländerschule besuchte, das deutsche Alphabet aufschreiben und die Entsprechung der Laute in afghanischer Schrift danebensetzen. Unseren Vater bat sie darum, für sie deutschsprachige Bücher vom Flohmarkt zu kaufen, und jeden Tag übte sie die richtige Aussprache, indem sie genau auf die Worte der TV-Leute lauschte. Jackie meinte, in Deutschland sei *alles* möglich. Hier hatten Frauen dieselben Rechte wie Männer. Hier gab es Polizist*innen*, Politike-r*innen* und Jurist*innen*. Hier musste sie sich nicht davor fürchten, als eine allein ihrem Mann dienende Gebärmaschine zu enden. Sie schien von einer inbrünstigen Hoffnung getrieben: der Hoffnung, in diesem Leben etwas reißen zu können. Dabei war sie in puncto Deutschkenntnisse mit ihren achtzehn Jahren sprachlich etwa auf dem Stand einer deutschen Vierjährigen.

»Man kann es so oder so sehen«, überlegte Julie. »Erdöl glänzt und ist sehr wertvoll – also ich bin gern ein Öl-Auge.«

In der Schlange zum Bieberhaus standen oft Öl-Augen mit bandagierten Armen oder Beinen. Meine Mutter hatte gehört, dass sich manche von ihnen absichtlich verletzten, um so der Abschiebung zu entgehen. Denn eine schwerwiegende Verletzung hatte Transportunfähigkeit und damit die vorübergehende Aussetzung der Ausweisung zur Folge. Die Frauen erzählten meiner Mutter von uniformierten Männern, die mit deutschen Hunden kamen, Familien im Schlaf überraschten und aus den Betten zerrten. Die weinenden Öl-Augen wurden dann ins nächste Flugzeug verfrachtet und zurück in ihre Heimat geschickt. Sie berichteten von einem Familienvater, der sich mit einem Hammer die Hand zertrümmert, oder von einem Sohn, der sich aus dem zweiten Stockwerk geworfen hatte, nachdem die Abschiebung angeordnet worden war. Es waren allesamt Menschen, die vom Schicksal gebeutelt waren und nun alles daransetzten, nicht weggeschickt zu werden. Hier in Deutschland waren die Öl-Augen vielleicht arm und Menschen dritter Klasse – aber was erwartete sie in ihrer Heimat? Krieg. Zerstörung. Leid.

So sehr ich meine Heimat vermisste, so sehr hatte ich mich, ohne es zu merken, auch an die vielen Annehmlichkeiten in diesem Land gewöhnt. An die ruhigen Nächte, die mir wie purer Luxus vorkamen. Meine Ohren, in denen noch das Echo der Bomben nachhallte, hatten sich mit der neu gewonnenen Ruhe vertraut gemacht. Keine Explosionen. Keine einstürzenden Gebäude. Keine Schreie. Das war Frieden. So fühlte sich Frieden an. Sicherheit.

Ab und an träumte ich noch von schreienden Menschen, blutverklebten Haaren, Gewehren, die auf meine Brust zielten, Bomben, die wie schwarze Todesvögel auf meine Familie herabfielen. In diesen Träumen war ich starr wie eine Leiche, spürte nur das heftige Pochen meines Herzens und die lähmende Angst in meinen Knochen. Wenn ich dann aus dem Schlaf schreckte, waren die ersten Sekunden des Erwachens entsetzlich. Traum und Realität schienen wie zu einem würgenden Seil ineinander verwoben. Dumpfe Stimmen, Ungewissheit, Panik. Ich hörte noch die Schüsse, hatte noch den Geruch des Todes in der Nase – ich war wieder in Kabul, mitten im Bombenhagel. Angstschweiß durchnässte meine Kleider, meine Knie schlotterten gegeneinander und ich winselte leise wie ein Säugling.

Wahid, mit dem ich mir eine Matratze teilte, wachte meistens davon auf. Er kannte solche Albträume, blieb selbst nicht von ihnen verschont. Brüderlich legte er mir die Hand auf die Stirn und redete ruhig auf mich ein. Es war nur ein Traum. Nur ein Traum. Ein Albtraum. Und langsam kam ich wieder zu mir und erlangte die Orientierung zurück. Im Herzen war ich dem Krieg so nah gewesen. So nah. In diesen Momenten verspürte ich eine unbeschreibliche Erleichterung über die Gewissheit, *hier* zu sein. In Sicherheit. Und verlor mich in Danksagungen. Dankte Gott, dass seine schützenden Hände über uns wachten. Dankte, dass wir dem Krieg so fern waren. Dankte, dass wir hatten, was wir eben hatten – unser Leben. Zurück wollte ich in diesen Momenten nicht mehr. Auch wenn unser neues Leben sehr bescheiden war.

Die Auswahl an Berufen für Öl-Augen war begrenzt. Man erzählte sich, Öl-Augen könnten kein Deutsch, seien dumm und faul –

zumindest das mit dem Kein-Deutsch-Können stimmte bei uns. So wurden aus Engineer-Sahib und Malim-Sahib, der verehrten Frau Lehrerin, einfache Hilfs- und Putzkräfte – und sogar das war ihnen eigentlich verboten, denn geduldete Asylbewerber, deren Antrag nicht anerkannt war, durften nicht arbeiten. Unsere Eltern waren somit nicht einmal richtige Putzkräfte, sondern nur *illegale* Putzkräfte und konnten fürs Putzen verhaftet werden. Mutter hatte innerhalb kürzester Zeit gleich drei Jobs angenommen, bei denen sie schwarz oder mit falschen Papieren arbeitete. Jede freie Minute wurde zum Geldverdienen genutzt. Frühmorgens, bevor sie sich auf den Weg zur ersten Arbeitsstelle machte, bereitete sie uns ein Frühstück vor und in ihrer Mittagspause kam sie nach Hause, um für uns zu kochen. Am Morgen putzte sie in einem vornehmen Schuhgeschäft, am Mittag trat sie ihren Dienst als Zimmermädchen in einem Hotel an und am Abend führte sie den langbeinigen Hund einer alten Dame aus – und das, obwohl sie eine Heidenangst vor Hunden hatte. Am Ende des Tages war sie so erschöpft, dass sie sich wortlos auf ihre Matratze fallen ließ und einschlief. Nie wieder habe ich einen Menschen so hart arbeiten sehen wie damals meine Mutter.

Unser Vater klagte zunehmend über Schmerzen in der Brust. Immer häufiger stockte ihm mitten im Gespräch der Atem und er umfasste hilfesuchend seine linke Brustseite. Das sei das Alter, sagte er dann. Es sei ganz plötzlich über sein Leben gekommen und fräße nun seine Jugend wie ein Heuschreckenschwarm das frische Getreidefeld. Engineer-Sahib arbeitete nach wie vor als Rezeptionist im Hotel Kabul, ließ sich anschnauzen und schleppte Neuankömmlingen ihre Koffer hinterher. Jeden Morgen rasierte er sich, zog eine rote Samtweste an, setzte sich den dazu passenden albernen Hut auf und machte sich an die Arbeit. Es wunderte mich, dass es ihn überhaupt nicht zu stören schien, eine so niedrige Arbeit zu verrichten, schließlich kannte ich ihn als einen geltungsbedürftigen Mann, der sich über seine Arbeit definierte – als Engineer-Sahib eben. In den Jahren im neuen Land schien ein neuer Mensch aus ihm geworden zu sein. Er war demütiger geworden.

Ich konnte mich anfangs nur schwer damit abfinden: Meine Mutter, Malim-Sahib, die einstige Lehrerin und stellvertretende Schulleiterin, wischte den Dreck anderer Leute? Engineer-Sahib, der früher einen eigenen Chauffeur gehabt hatte, wurde nun selbst herumkommandiert, war ein *noukar*, ein Diener, geworden? Diese Gedanken ließen mir keine Ruhe. Was war passiert? Wo war unser Ansehen hin? Unser Status?

»Haben wir alles in Kabul gelassen, du Öl-Auge«, witzelte Wahid, der damit anscheinend kein Problem hatte.

»Unsinn, wir haben unser Ansehen doch nicht verloren«, rügte uns unser Vater. »Man ist doch nicht, was man hat – wichtig ist die Größe deines Herzens, nicht die deines Geldbeutels.«

»Ja klar – das sagen alle armen Leute«, stichelte Jackie.

»Denkst du das wirklich? Ist denn bislang irgendein Mensch allein für seinen Reichtum in die Geschichtsbücher eingegangen?«, fragte unser Vater. Jackie schwieg. Vielleicht dachte sie an Krösus, Onassis, Rockefeller.

»Nein«, beantwortete er seine Frage selbst. »Alexander der Große wurde für seinen Heldenmut bewundert, Mahatma Gandhi für seinen gewaltlosen politischen Kampf und der große persische Dichter Firdausi für seine Wortkunst. Sie genossen Ansehen für das, was sie waren, nicht ihrer materiellen Besitztümer wegen, versteht ihr?«

Das leuchtete mir zwar ein, aber weswegen hatte unser Vater dann sein gesamtes Leben auf seinen Beruf als *engineer* ausgerichtet? Er war weder in die Geschichtsbücher eingegangen noch reich genug geworden. Stattdessen hatte er unsere Kindheit verpasst und uns weitgehend ohne Vater aufwachsen lassen – und am Ende für nichts geschuftet.

»*Bachem*, mein Junge«, erklärte er ruhig. »Wenn du irgendwann einmal etwas tust, was du wirklich liebst, und ich meine so sehr, dass du es wie die Luft zum Atmen brauchst, dann wirst du auch bereit sein, alles dafür aufzugeben.« Das konnte ich mir nicht vorstellen, und wenn es denn so war, warum hatte er dann einfach so aufgehört, ein Engineer-Sahib zu sein?

»Ich habe nie damit aufgehört«, sagte er lächelnd und sein Gesichtsausdruck war auf einmal sanft und beseelt. »Siehst du diese Bücher«, er zeigte auf einen Stapel in der Ecke. »Da drinnen stehen unzählige Fakten über Gesteine und die Saatgutzucht; um all das zu lesen und zu verstehen, brauche ich noch viel Zeit.« Doch was brachte ihm schon sein gesammeltes Wissen, wenn er nichts damit anfangen konnte? Ich wurde langsam ungeduldig.

»*Bachem*, du verstehst noch nichts von der Liebe. Wenn du etwas *wirklich* liebst, muss es dir nichts bringen – die Liebe selbst ist der Gewinn.«

»Euer Vater weiß, wovon er spricht. Er hat *nichts* so sehr wie seine Arbeit geliebt«, säuselte Mutter spöttisch.

»A-a-aber warum macht er nicht einfach weiter? W-w-warum arbeitet er jetzt als *noukar*?«, fragte ich. Der Blick unseres Vaters verdüsterte sich.

»Oh *bachem*, mein Junge, es gibt keine niedrige, gering zu schätzende Arbeit – ehrliche Arbeit ist immer wertvoll«, sagte er bestimmt. »Habe ich euch nicht die Weisheiten von Firdausi gelehrt?«, fragte er und warf einen Blick in die Runde. Ich erinnerte mich an seine endlosen philosophischen Vorträge in Kabul, bei denen ich ständig eingenickt war.

»Firdausi sagt: Keines Arbeit gelte gering. Keine Arbeit ist Schandtat, sondern alle Arbeit Wohltat.«

»Mm«, brummte ich. Der olle Firdausi und seine Weisheiten waren mir gerade ziemlich schnuppe.

»V-v-vielleicht kann Mutter irgendwann wieder unterrichten und d-d-du kannst eine neue Anstellung als *engineer* finden«, schlug ich vor. Sie seien doch gebildete Leute, die auf die Universität gegangen wären, das könne man doch nicht einfach ignorieren. Sie müssten nur die Sprache lernen.

Pff, pff, machte Mutter und winkte ab. »Schätzchen, unsere Studienabschlüsse und Universitätsdiplome sind hier nur Papier – Papier aus Afghanistan –, damit können wir in Deutschland nichts anfangen. So ungefähr jede zweite afghanische Putzkraft war früher ein Arzt oder ein Anwalt. Zum Beispiel der Hausmann in dem Hotel, wo ich arbeite; der war früher ein General und so stellt er sich auch allen Neuzugängen vor – General-Sahib. Schrubbt Toiletten und will dabei General-Sahib genannt werden.« Mutter verdrehte die Augen. »Einmal bezeichnete ihn ein Herati-Putzmädchen scherzhaft als den General-Sahib von Gu-Chuna, den verehrten General von Scheiß-Hausen, woraufhin er einen Wutanfall bekam und sich für ihre Kündigung starkmachte. Nur brauchte das Hotel aber jede Arbeitskraft und so erhielt er die Auskunft, die Mitarbeiter sollten ihre Differenzen gefälligst untereinander klären. Armer

General-Sahib – er war nicht einmal mehr Herr eines Scheißhauses.«

»Nun, lass den armen Mann sich doch vorstellen, als was er sich vorstellen will«, knurrte unser Vater.

»*Bale*, ehemaliger Engineer-Sahib«, versetzte sie zynisch.

»Im Herzen bin und bleibe ich ein Engineer-Sahib.«

»Sieh es ein, unsere Zeiten sind vorbei. Wir zwei taugen höchstens noch als *noukar*.«

Der bittere Ton in der Stimme meiner Mutter flößte mir Unbehagen ein. Ich stellte mir vor, wie meine Mutter fremde Toiletten schrubbte. Was, wenn sie sich dabei schmutzig machte? Was, wenn man sie wie einen *noukar* behandelte? Diese schlimme Vorstellung nagte an mir und ließ mich nicht los.

»Schmutzig werden gehört dazu, und wenn mich jemand beleidigt, verstehe ich es ja doch nicht«, antwortete sie lächelnd, als ich ihr meine Befürchtungen kundtat, und stupste mich zärtlich an.

»D-d-du bist eine Malim-Sahib – du sollest nicht putzen«, betonte ich fast vorwurfsvoll.

»Ich war eine Malim-Sahib«, antwortete sie. »Es ist nicht schlimm, *bachem*. Arbeit ist Arbeit. Komm doch morgen einfach mit und mach dir ein eigenes Bild.«

»*Madar* ...«, murmelte ich bedrückt.

»Jetzt reicht es aber, hörst du? Zumindest stehen *euch* alle Türen offen.« Mutter sah mich aufmunternd an. »Vielleicht sind eure Eltern alt, aber ihr könnt etwas aus eurem Leben machen – allein für diese Gewissheit hat es sich gelohnt, alles aufzugeben.«

Bei diesen Worten leuchtete ein heller Schimmer in ihren Augen auf. Wie ein Silberstreifen am Horizont. Doch das Licht strahlte keine Sekunde lang und verschwand mit dem nächsten Wimpernschlag.

Noch bevor die Geschäfte ihre Türen öffneten, machten wir uns am nächsten Morgen auf den Weg zur Arbeitsstätte meiner Mutter, einem schicken Laden im Zentrum von Hamburg, in dem besonders teure Schuhe verkauft wurden. Mutter erzählte, dass dies die nobelste Ecke der Stadt sei. In der Tat schien alles in dieser Straße einen besonderen Glanz zu haben. Die Außenfassaden bestanden zum Teil aus gleißendem Marmor – selbst der Asphalt schien lupenrein zu sein. Ich staunte über die Schönheit dieser Straße. In den Vitrinen hinter den Schaufenstern wurden pompöse goldene Uhren oder gläserne Parfümflakons ausgestellt. Dürre Schaufensterpuppen präsentieren teure Stoffe und Pelzmäntel. Meine Mutter blieb vor einem dieser Schaufenster stehen.

»So einen hatte ich auch mal.« Sie zeigte auf einen grau melierten Pelzmantel. »Dein Vater hat ihn mir aus Moskau mitgebracht. Am Ende habe ich ihn zusammen mit meinem Schmuck und den Teppichen verkauft. So ein Pelzmantel wie dieser da hat uns also bei der Flucht geholfen.«

»Später mal k-k-kauf ich dir so einen«, sagte ich im Brustton der Überzeugung. Meine Mutter lächelte müde. Ich schaute in ihre wässrigen Augen, die seit Jahren nur noch traurig aussahen – sie schimmerten in dunklen Tönen wie ein dünner Ölfilm auf reinem Wasser.

Im Schuhgeschäft streifte sich meine Mutter Plastikhandschuhe über und reichte auch mir ein Paar. Wir fingen sofort mit der Arbeit an; lasen getragene Socken, die nach Schweißfüßen rochen, und vollgeschnupfte Papiertücher vom Boden auf. Dann wischten wir Staub von den Schuhregalen und brachten den Fußboden wieder auf Hochglanz. Es war das erste Mal, dass ich saubermachte. Diese Arbeit gefiel mir ganz und gar nicht – *das* machte meine Mutter jeden Tag? Ich beobachtete sie, wie sie in gebückter Haltung die Marmorfliesen wischte. Malim-Sahib kann keinen einzigen deutschen Satz formulieren, dachte ich, und ein Gefühl des Bedauerns stieg in mir auf. Wir waren weit weg von unserer Heimat. *Alles* war fremd. *Wir* waren fremd. Fremde in der Fremde.

Es war ein Turnschuh auf einem der Regale, der mich aus meinen freudlosen Gedanken riss. Ein besonders schöner Turnschuh, dessen weißer Stoff mit goldfarbenen Symbolen gemustert war und dessen Gummisohle viele kleine Luftlöcher aufwies. Nie zuvor hatte ich einen derart akkurat gearbeiteten Turnschuh gesehen. Beeindruckt griff ich danach und schlüpfte schnell hinein. Wie bequem er im Gegensatz zu meinen abgelatschten Tretern war. Ich schaute in den langen Spiegel und drehte meinen Fuß hin und her. Da war dieser Junge mit weidenblattförmigen Augen, schwarzen Haaren und den alten Hosen seines Bruders. Und nur wegen dieses einen Schuhs fühlte sich dieser Junge plötzlich wie ein ganz anderer Mensch. In diesem Laden, in diesen Schuhen kam ich mir mit einem Mal wohlhabend und wichtig vor. Diese Turnschuhe. Wie gerne hätte ich sie gegen meine alten Latschen eingetauscht. Es kam mir vor, als hätte ich mir nie im Leben etwas sehnlicher gewünscht. Bei dem Gedanken, dass ich mir womöglich niemals solche Schuhe würde leisten können, keimte erneut Bedauern in mir auf. In diesem Land gab es alles, die schönsten Dinge, die man sich vorstellen kann – und wir konnten uns nichts davon leisten.

»Hamid, hilf mir bitte …« Meine Mutter brach jäh ab und sah an mir herunter. »Hast du etwa einen dieser Schuhe angezogen?« Ich antwortete nicht. »Du musst ihn sofort ausziehen – es kann jeden Moment einer der Mitarbeiter kommen.«

Ich schaute den Jungen im Spiegel ein letztes Mal an, dann zog ich den Schuh wieder aus und legte ihn auf seinen Platz zurück. Im selben Moment betrat eine schlanke Frau das Geschäft und grüßte meine Mutter beiläufig. Sie hatte feines pechschwarzes Haar, ihre Lippen waren knallig orange angepinselt und sie trug einen strengen Hosenanzug, wie ich ihn zuvor nur bei Männern gesehen hatte. Unter ihrem Anzug beulte sich ein weißes Hemd. Sie wollte gerade an uns vorbeigehen, da blieb sie ruckartig stehen, als hätte sie etwas vergessen.

Blablabla, warf sie meiner Mutter zu, die als Antwort nur nervös lächeln konnte.

Blablabla, wiederholte die Pechschwarze spitz. Ihre Stimme war rau und erinnerte mich an das Krächzen eines Raben. Pechschwarzes Haar. Rabenstimme. Mutter nickte, tat so, als würde sie die pechschwarze Rabenfrau verstehen, doch die war nicht dumm und verdrehte die Augen.

Blaaa-blaaa – blaaa!, sagte sie langsamer und nachdrücklicher, als könne das etwas ändern. Mutter lächelte verlegen, sie tat mir wegen ihrer Hilflosigkeit leid. Sie war wie ein Kleinkind, das die Erwachsenen nicht verstand. Die Rabenfrau stieß nun einen gereizten Laut aus und winkte meiner Mutter mitzukommen. Wir folgten ihr nach draußen vor die Eingangstür, wo sie auf den Boden deutete. Ihr langer Finger steckte in einem schwarzen Lederhandschuh und zeigte auf einen Riesenhaufen Scheiße vor der Eingangstür. Hundescheiße.

Blablabla, geiferte sie. Was für eine Stimme, dachte ich, am liebsten hätte ich mir die Ohren zugehalten. Schrill, spröde und borstig zugleich – eine wirklich nervtötende Rabenstimme. Immer wieder deutete sie auf den Hundehaufen. In dieser Straße werden mit Sicherheit nur modische Hunde an goldenen Halsbändern spazieren geführt, dachte ich, aber anscheinend hinterlässt selbst ein piekfeiner Hund mit Stil seine Kackhäufchen. Hundsgewöhnliche Hundekackhäufchen. Die Rabenfrau fasste sich kopfschüttelnd ins Haar und verzog das Gesicht.

»Was will sie bloß?«, fragte ich meine Mutter. Ein laues Gefühl breitete sich in meinen Adern aus.

»Sie will, dass ich den Haufen wegmache«, antwortete sie.

»W-w-was?«, rief ich und die Rabenfrau sah mich verblüfft an. Es war das erste Mal, dass sie mich überhaupt ansah, überhaupt wahrnahm. »Soll sie die Scheiße doch selbst wegmachen!«

»Psst, Hamid«, fuhr mich meine Mutter an.

Die Rabenfrau stöhnte genervt und verschränkte die Arme vor der Brust. Die muss sich aber furchtbar wichtig vorkommen, überlegte ich wütend. Meine Mutter nickte und sagte auf Dari: »Ich mach das schon. Ja. Ja. Ich mach das schon.« Als die Rabenfrau ihre Lippen kräuselte und ich die Demut in den Augen meiner Mutter sah, verwandelte sich mein laues Gefühl in siedendes Wasser. Siedendes Wasser, das nun überlief und zischend aus dem Topf auf die Herdplatte schwappte.

Bevor meine Mutter mit ihren Plastikhandschuhen nach dem Kackhaufen greifen konnte, kam ich ihr zuvor und schnappte ihn ihr vor der Nase weg. Durch die Handschuhe fühlte er sich hart wie ein Stück Holz an. Ohne weiter nachzudenken, ließ ich meiner Wut freien Lauf. Ich holte aus und bewarf die Rabenfrau mit der Hundekacke.

Im selben Moment war das Gefühl auch schon wieder verflogen und ich bereute meine Reaktion. Aber die Hundekacke ließ sich nicht mehr zurückholen. Mit so etwas hatte die Rabenfrau nicht gerechnet. Ihre Gesichtszüge verloren jede Festigkeit, entglitten ihr und verliefen wie Wimperntusche im strömenden Regen. Sie riss die Augen weit auf und ihre herabgesackten Mundwinkel begannen zu zittern. Das dunkle, holzharte Hundekackhäufchen prallte an ihrer

Brust ab und landete ihr auf dem Schuh. Die Rabenfrau kreischte schrill und schüttelte sich, als wäre soeben eine giftige Spinne an ihr hochgekrabbelt.

Meine Mutter schlug die Arme überm Kopf zusammen. »Allmächtiger!«, rief sie, packte mich am Arm und wir rannten davon. Als wir die Straße hochliefen, fluchte sie, wie ich sie noch nie zuvor hatte fluchen hören. Schließlich war sie eine fromme Frau. Wir bogen in eine Seitenstraße ein und lehnten uns an einen Ladeneingang.

»Bist ... bist ...« Meine Mutter schnappte nach Luft, sie war vollkommen außer Puste. »Bist du noch bei Trost?«

»W-w-warum zwingen die dich, Hundescheiße wegzumachen?«, rief ich beleidigt. Meine Mutter warf den Kopf nach hinten.

»Die ruft jetzt bestimmt die Polizei, die dann herausfindet, dass ich mit falschen Papieren gearbeitet habe – dann suchen sie nach mir!«

»W-w-wie sie dich angesehen hat, w-w-wie sie mit dir geredet hat – d-d-das hat sie verdient!«, verteidigte ich meine Tat.

»Du hast überhaupt kein Benehmen!«, brüllte sie zurück. »Wir sind in einem fremden Land und du führst dich so auf – wegen dir habe ich jetzt einen Job verloren!«

»I-i-ich wollte nicht, dass du dir die Hände schmutzig machst«, entgegnete ich kleinlaut.

»Du machst immer nur Ärger – und hier können wir uns keinen Ärger mehr leisten«, sagte sie, wieder etwas ruhiger. Ich kniff die Augen zusammen und schaute zur Seite. Ich wollte ja nur das Beste für sie – doch immer musste sie meinetwegen leiden. Mutter beugte sich zu mir herunter und sah mich aus ihren traurigen Öl-Augen an. »Bitte versprich mir, dass du ab sofort keinen Ärger mehr machst.«

»Okay.«

»Du versprichst es mir?«

»Ja«, versprach ich reuig. »A-a-aber hast du ihr Gesicht gesehen?« Ich kicherte.

»Das ist nicht komisch«, gab Mutter streng zurück, aber ein Lächeln umspielte ihre Lippen.

Es war das erste und letzte Mal, dass ich ihr bei der Arbeit hatte zusehen dürfen.

Kapitel 17

Auf der Sonnenseite des Lebens

Eines schönen Tages im April sollte ein an sich eher unbedeutendes Ereignis meine Denkart und dadurch meine zukünftige Laufbahn entscheidend beeinflussen. Endlich war es Frühling geworden. Goldene Sonnenstrahlen brachen die zähe Wolkenmauer auf und milde Wärme legte sich wie ein Leinentuch über die braunen Regenlachen, um sie wegzuwischen. Frühlingsblumen sprossen aus der Erde und verbreiteten ringsum Blütenduft.

Immer mehr traten auch die schönen Seiten unserer neuen Heimat zutage. Es kam nun häufiger vor, dass ich unsere enge Wohnung verließ, um meinen Geschwistern auf ihre Erkundungsreisen zu folgen. Die Beziehungen zwischen uns waren enger geworden – wir hatten ja nur noch *uns* – und das Vertraute schien in der Fremde umso wertvoller zu werden. Nur Jackie kam selten mit, sie paukte stattdessen Vokabeln und las Bücher in einer Sprache, die sie nur bruchstückhaft verstand. Ihr Fleiß sollte sich später lohnen. Wahid und Julie führten mich durch Einkaufspassagen, in denen ich gar nicht genug davon bekommen konnte, Rolltreppen rückwärts hinunterzulaufen; wir fütterten große, fette Schwäne, die schnatternd nach unserem Brot schnappten, oder entspannten uns auf einer Decke im unweit gelegenen Park und ließen uns über die komischen Sitten der Deutschen aus.

Beispielsweise wunderte ich mich über die vielen Uhren in dieser Stadt. An allen wichtigen Punkten Hamburgs begegneten einem gigantische Uhren; es gab tickende Uhren in den meisten Geschäften und Armbanduhren an jedem Handgelenk – die Uhren waren überall, und jeder schien es eilig zu haben, irgendwohin nicht zu spät zu kommen. In Kabul hätte man sich vermutlich durch den ganzen Basar kämpfen müssen, bis man jemanden fand, der einem die Uhrzeit nennen konnte. Solange der Muezzin immer rechtzeitig fünfmal täglich den *adhan* ausrief und man so *ungefähr* die Uhrzeit erahnen konnte, war die Welt dort in Ordnung. Doch in Deutschland schien die genaue Zeit eine wichtige Rolle zu spielen.

Dann diese Ordnung – alles funktionierte nach einem System. Bei Rot hielt man an, bei Orange legte man den Gang ein, bei Grün fuhr man los. Es gab Unmengen an Markierungen und Schildern, die verkündeten, was man tun und was man lassen musste. Das Besondere waren allerdings weniger die vielen Regeln, sondern vielmehr die erstaunliche Tatsache, dass sich alle daran zu halten schienen. Auf Vorschriften legte man hier offenbar großen Wert. Das war das genaue Gegenteil zum Straßensystem meiner Heimat – dort gab es kein System. Es ging nur darum, *irgendwie* von A nach B zu kommen. Ob in einem klapprigen Auto, das über kratergroße Schlaglöcher bretterte, in einem überladenen Bus, der unsichere Bergpfade entlangstaubte, oder auf einer Karre, die von einem Maulesel gezogen wurde – Hauptsache, man kam an. Hatte man sich am Ende der Reise nicht übergeben, konnte man zurecht von sich behaupten, ein waschechter Afghane zu sein.

Auch der Kleidungsstil so mancher Deutschen erschien uns ziemlich sonderlich. Einige hatten grün gefärbtes Haar und trugen löchrige Hosen, andere waren düster geschminkt, Augenbrauen und Nasen von Ringen durchlöchert. Hier konnte man anscheinend herumlaufen, wie man wollte. Das war ein wirklich *freies* Land.

An jenem schönen sonnigen Frühlingstag saß ich auf einer Bank auf dem Platz bei unserem Haus. Es war bereits Nachmittag, und eigentlich war der Tag bis dahin gar kein sonderlich schöner gewesen. Aber er war ereignisreich, und es hatte eine gute und eine schlechte Nachricht gegeben. Zuerst die gute: Unserem Asylantrag war stattgegeben worden und nach knapp einem Jahr der unerträglichen Enge teilte uns das Amt nun eine größere Wohnung in einer besseren Gegend zu. Darüber waren wir natürlich erfreut. Die schlechte Nachricht allerdings war, dass Zahir sich weigerte, mit uns in die neue Wohnung umzuziehen. Er hatte beschlossen hierzubleiben. Unser Vater sei ja jetzt da und *er* würde nicht mehr gebraucht. Wir bettelten vergebens – er *wollte* allein zurückbleiben.

Ich machte mir mittlerweile große Sorgen um meinen Onkel. Seit unserer Ankunft in Deutschland hatte er sich spürbar zurückgezogen, und wenn wir ihn einmal sahen, war er nie nüchtern. Mit dem Wiedereintritt unseres Vaters in unser Leben schien seine tiefe Bindung zu uns wie gekappt. Die Rolle des Mannes in der Familie war wieder besetzt und er kam sich überflüssig vor. Das Einzige, was ihm wirklich wichtig gewesen war, war ihm genommen worden –

seine Kinder. Im Nachhinein betrachtet war der enge Kontakt zu uns ebendas gewesen, was ihn davor bewahrt hatte, in den Abgrund zu taumeln, auf dessen Rand er sein Leben lang balanciert war. Nun ließ Zahir seinen letzten Halt los und stürzte in diesen schwarzen Schlund hinab; und er stürzte lange und tief, bis er rund dreizehn qualvolle Jahre später an seinem tiefsten, tödlichen Grund aufprallte.

Ich machte mir an jenem Apriltag viele Gedanken über meinen Onkel. Über seine aufbrausenden Launen, seinen tiefen Patriotismus und die grenzenlose Liebe zu uns. All die leidvollen Jahre hindurch hatte er uns beigestanden. Nach Khalils Tod war er nicht mehr von meiner Seite gewichen. Ich konnte ihn nicht einfach zurücklassen. Es war nicht richtig, doch ich kannte seinen unermesslichen Starrsinn – er würde sich niemals umstimmen lassen. In meinem Hals steckte ein Klumpen, so dick, dass ich ihn nicht hinunterschlucken konnte. Tief im Herzen wusste ich, dass wir ihn gerade im Stich ließen. Und das quälte mich.

Für mich sollte dieser sonnige Nachmittag erst schön werden, als mich unvermittelt eine Duftwolke aus meiner Gedankenwelt riss. Sie hüllte mich in sich ein, benebelte mich. Ein Duft, so süß, der unmöglich zu beschreiben war. Wollte man diesen Geruch irgendwie nachahmen, müsste man schon feine Tortencreme mit gerade aufgeblühtem Flieder und dem Honigduft eines frisch gebadeten Babys mischen. Das Aroma war so stark und übermächtig, dass es vorübergehend sogar all die üblen Gerüche aus der Straße verbannte.

Im nächsten Augenblick kam eine Frau vorbeigegangen. Schon die Frau bloß anzusehen, raubte mir die Sinne ... Sie trug ein kurzes beerenrotes Kleid, hatte lange sonnengebräunte Beine und dunkles welliges Haar. Anmutig, scheinbar ohne jede Wahrnehmung ihrer Umwelt, schritt sie voran. Keine Frage – sie war wunderschön, ein Augenschmaus, aber es war ihr *Duft*, der nicht von dieser Welt war. Ich konnte nicht anders, ich musste ihr folgen.

Sie ging einen schmalen Durchgang entlang und ich konnte die Konturen ihres Slips durch ihr Kleid schimmern sehen. Ihr Gehen war mehr ein Schweben und bei jedem Schritt wogte ihr Körper wie Wellenkronen. Als sie plötzlich abrupt am Straßenrand stehen blieb, war ich mir sicher, ertappt worden zu sein. Doch sie wühlte nur in ihrer Handtasche und kramte eine dünne Zigarette hervor. Sie ließ ein silbernes Feuerzeug schnappen, sog mit gespitzten Lippen am langen Filter und inhalierte den Rauch. In einige Meter Entfernung blieb ich ebenfalls stehen, um sie unauffällig betrachten zu können. Was für eine Frau! Sie war schöner als jede *lutshaki* auf den Plakaten, und selbst der stinkende Zigarettenqualm konnte ihren besonderen Duft nicht ersticken, der, wie gesagt, das Allerschönste an ihr war.

Ein dröhnender Laut, der an die Turbinengeräusche eines Flugzeugs erinnerte, riss mich aus meinen Betrachtungen. Das Gesicht der süß duftenden Frau hellte sich auf, als ein knallgelber Wagen mit offenem Verdeck die Straße hochgefahren kam und vor ihr abbremste. Die Sonne spiegelte sich in der grellen Lackierung wider. Mit seiner breiten Schnauze erinnerte mich der kurvige Wagen an ein Raubtier – einen Panther vielleicht oder einen goldgelben Löwen oder Tiger. In jedem Fall sah er nach einem ziemlich teuren Schlitten aus.

Ein groß gewachsener Mann mit breiten Schultern und einer Löwenkopftätowierung am Arm stieg aus dem Wagen. An seinem Handgelenk schimmerte eine goldene Uhr, wie ich sie aus den Juwelierschaufenstern der noblen Straße kannte. Die junge Frau warf ihr langes Haar zurück und stöckelte auf den Mann zu. Hingebungsvoll schlang sie ihre Arme um seinen Hals und küsste ihn zärtlich auf die Wange. Der Mann umfasste ihre Hüften und lehnte sich an den Wagen. Ich konnte meinen Blick nicht von dieser Szene abwenden. Dieser Mann steht eindeutig auf der Sonnenseite des Lebens, dachte ich beeindruckt.

»Eh!«, rief er da plötzlich und sagte etwas auf Deutsch. Anscheinend fühlte er sich von meinen Blicken gestört – kein Wunder, ich starrte mir förmlich die Augen aus dem Kopf. Als ich mich eilig umdrehte, um das Weite zu suchen, passierte etwas höchst Erstaunliches.

»*Afghan asti*, bist du Afghane?«, fragte er.

Ich blieb mitten in meiner Fluchtbewegung stehen. Hatte er gerade Dari gesprochen? Das konnte nicht sein.

»*Asti, nesti*, bist du oder nicht?«, hakte er nach.

»*B-b-bale*«, erwiderte ich verwundert.

»Wusst' ich's doch!«, rief er erfreut und stieß die süß duftende Frau ein wenig beiseite. »Ein Afghane erkennt seinen Landsmann – oder Lands*jungen*. Wie heißt du?«

»H-h-hamid.« Ich räusperte mich. »Hamidullah.«

»Schöner Name – ich bin Akbar.« Er streckte mir die Hand entgegen. Ich ging auf ihn zu, er ergriff meine Hand und schüttelte sie herzlich. *Er ist Afghane? Er sieht aus wie ein Mann mit Geld, und dann diese Frau ... wie hat er das nur geschafft?*

»D-d-danke«, sagte ich zaghaft.

»Wieso stotterst du?«

Ich spürte, wie ich rot anlief. In diesem Moment wünschte ich mir nichts sehnlicher, als mein Stottern endlich unter Kontrolle bringen zu können.

»B-Bombenattentat«, entgegnete ich mit so fester Stimme wie möglich.

»Scheiße ... verdammter Krieg. Wir sind vor sieben Jahren abgehauen«, meinte er kopfschüttelnd und zündete sich eine Kippe an. »Ich habe meinen älteren Bruder verloren; er ist eines Tages einfach nicht mehr nach Hause gekommen. Keiner weiß, was mit ihm passiert ist. Vielleicht lebt er noch. Vielleicht auch nicht.« Er verschränkte einen Arm vor der Brust und zog an der Zigarette. Die süß duftende Frau sagte etwas auf Deutsch, vermutlich ärgerte es sie, dass sie nichts verstand. Und dass er sich überhaupt mit mir unterhielt. Akbar musterte sie streng und sie verstummte sofort, wie ein Mädchen in Gegenwart ihres autoritären Vaters.

»I-i-ist das dein Auto?«, fragte ich vorsichtig und musterte die schwarzen Lederbezüge des Raubtierwagens.

»*Bale*, ganz neu«, bejahte er und streichelte die Motorhaube wie eine schnurrende Katze. Er fasste die Kippe zwischen Daumen und Zeigefinger. »Willst du eine Runde drehen?«, fragte er und nahm erneut einen Zug. *Was? Das kann nicht sein Ernst sein! Er will mich bestimmt nur auf den Arm nehmen.*

»Äh ... ja?«

»Steig ein«, forderte er mich auf. Der Wagen war ein Zweisitzer; ohne weiter zu überlegen, nahm ich auf der Beifahrerseite Platz. Die süß duftende Frau schnaubte und pustete sich eine Haarsträhne aus dem Gesicht. Beleidigt zog sie eine Schnute wie ein kleines Mädchen. Akbar rief ihr etwas zu und dann brausten wir los. Akbar drehte die Musik auf und wir sausten um den Block. Ich bewunderte ihn so sehr. Er drückte aufs Gaspedal und der Wagen vibrierte unter meinem Hintern. Ein warmer Windzug streifte meine Wangen, die Luft prickelte auf meiner Haut wie Limonade auf der Zunge. Ich war mir sicher, dass sich die Leute nach uns umdrehten und uns hinterherschauten. Es war ein sagenhaftes Vergnügen. Während dieser Fahrt dachte ich nur eines: *So* muss das Leben schmecken. Wie erfrischende Limonade an einem heißen Sommertag. Auch wenn wir nur ein einziges Mal um den Block fuhren und dieses Gefühl nur kurz währte, war dieser Augenblick doch lang genug gewesen, um mir unvergesslich zu bleiben. Als wir wieder in die Straße einbogen, wartete die süß duftende Frau auf einer Bank.

»D-d-danke!«, stotterte ich euphorisch und wollte aussteigen.

»Willst *du* es jetzt versuchen?« Er sah mich grinsend an; auf seinen Zähnen machte sich ein bräunlicher Belag bemerkbar.

»Was versuchen?«

»Na, fahren!«

»D-d-dein *Ernst?*«, fragte ich fassungslos. Akbar nickte und stieg aus. Ohne weiter nachzudenken, sprang ich auf die Fahrerseite. Die süß duftende Frau hob genervt ihre Arme in die Luft.

»Ich kann aber n-n-nicht fahren«, fügte ich noch schnell hinzu. *Aber ich will es unbedingt.*

»Macht nichts – es gibt immer ein erstes Mal«, antwortete er und nahm neben mir Platz. Dann drehte er den Schlüssel im Zündschloss und erklärte mir, welches Pedal ich drücken sollte. Ich tat, wie geheißen, und der Wagen fuhr ruckartig an.

»Langsam, langsam, Schumacher«, sagte Akbar und schmunzelte. Was denn ein Schumacher sei, wollte ich wissen.

»Das wirst du noch früh genug erfahren.«

Der Wagen rollte langsam die Straße entlang. Mein Herz machte einen Freudensprung. An diesem schönen sonnigen Nachmittag kam ich mir wie ein König vor. Der König vom Steindamm. Die kurze Fahrt am Steuer des Raubtierwagens verging wie im Traum.

»W-w-was arbeitest du?«, wollte ich noch wissen, als wir wieder stehen geblieben waren und ich nun endgültig aussteigen musste. Es interessierte mich brennend, wie es ein Kriegsflüchtling geschafft hatte, in nur sieben Jahren in *so* einem Auto, neben *so* einer Frau zu sitzen. In diesem Land schien wirklich alles möglich zu sein. Selbst für ein Öl-Auge. Die Frage war nur: wie?

»Arbeit? Ich arbeite nicht. Nicht direkt.« Mit einem undeutbaren Lächeln im Gesicht leckte sich Akbar über die oberen Schneidezähne. »Bald wirst du selbst merken, dass dir als Asylant nur drei Möglichkeiten bleiben: Entweder lebst du von Sozialhilfe oder du schuftest dich für mageres Geld ins Grab. Oder …« Er hielt inne.

»Oder was?«, erkundigte ich mich gespannt.

»Oder du wirst ein *badmosh*, ein Verbrecher wie ich«, sagte er augenzwinkernd. Dann machte er eine Kopfbewegung und die süß duftende Frau hüpfte in den Wagen. Sie brausten davon und ich sah Akbar nie wieder.

Ich ging zurück. Wenige Meter weiter traf ich unseren Vater, der gerade von der Arbeit kam – er schien mich beobachtet zu haben.

»Wer war das?«, fragte er mürrisch.

»Akbar – er ist Afghane«, antwortete ich und wollte weitergehen, doch er stemmte die Hand gegen meine Schulter.

»Woher kennst du ihn?«

»I-i-ich kenne ihn nicht«, antwortete ich und presste die Lippen zusammen. »Er hat mir nur seinen Wagen gezeigt.«

»Ich erlaube dir nicht, mit solchen Leuten zu reden«, sagte ehemaliger Engineer-Sahib streng.

»Und w-w-warum?«, entgegnete ich trotzig.

»Das ist ein *mordagau*, ein Zuhälter – eine Schande für jeden Afghanen.«

»Er w-w-war aber nett«, provozierte ich ihn. Und setzte noch einen drauf: »Und es scheint i-i-ihm gut zu g-g-gehen – besser als *dir*.«

Der Blick von ehemaliger Engineer-Sahib verdüsterte sich und ich spürte, wie sich seine Finger in meine Schultern krallten.

»Lieber will ich verhungern oder im Müll wühlen, als ein widerwärtiger Krimineller zu werden!«, brüllte mein Vater. »Ein dreckiger *badmosh* ist das.«

Ich riss mich von ihm los und ging weiter. Dann drehte ich mich noch einmal um und sah ihn an. »Nur weil *du* das willst, muss *ich* das nicht wollen«, sagte ich bestimmt, ohne ein einziges Mal zu stottern, und rannte zurück nach Hause.

Vielleicht wurde an diesem Tag jenes Streichholz entzündet, das Jahre später ein Feuer auslösen sollte, das mich fast verbrannt hätte. Ich sollte mich jedenfalls noch oft an diesen schönen Nachmittag im

Frühling zurückerinnern und daran denken, wie schön es doch auf der Sonnenseite gewesen war.

Die Nachricht von der neuen Wohnung musste gefeiert werden, deshalb hatte sich unser Vater etwas ganz Besonderes für uns ausgedacht.

»Dom«, meinte er nur. »Es wird euch gefallen.« Anfangs konnte ich mir nichts darunter vorstellen, doch als ich dort war, stellte ich fest, dass das Volksfest Hamburger Dom ein Ort war, an dem sich Kinderträume erfüllten.

Freudig erregt zwängte ich mich durch die Menschenmassen und mein Blick haftete sich an die verschiedenen Attraktionen. Kinder und Erwachsene drängten sich in den Gondeln, die an einem gewaltigen Riesenrad baumelten. Eine überdimensionale Krake ließ ihre Arme kreisen, mal schnell, mal langsamer. In langen Schlangen stauten sich die Besucher, die es gar nicht erwarten konnten, sich von der Riesenkrake durch die Luft schleudern zu lassen. Sobald sich die Riesenkrake drehte, kreischten die Menschen – doch es war ein fröhliches, ausgelassenes Kreischen, als würden sie es genießen, Angst zu haben. Rechts und links reihte sich Spielbude an Spielbude, wo man mit Dosen werfen und menschengroße Plüschtiere gewinnen konnte. Neben einem Gerät, das einer Waschmaschine ähnelte, stand ein Mann und tauchte einen dünnen Holzstab hinein. Als er ihn wieder herausholte, war ein rosa Wattebausch drum herum gewickelt. Ein Kind schnappte danach, zupfte daran und steckte sich rosa Wattestücke in den Mund. Jeder Stand versprühte seinen eigenen aufregenden Duft und lud mit Musik zum Flanieren ein.

Meinen Geschwistern und mir klappte die Kinnlade runter. Das war ein Spaß: der Geruch von Maiskolben, Pommes frites und Backwaren, ulkige Vergnügungen, fröhliche Menschen. Ringsum wirbelten Kinder wie hüpfende Flöhe herum – ihre Lebensfreude sprang auf mich über. Dieser Ort war großartig. Ich wollte nie mehr von hier weg. Meine Geschwister tummelten sich glücklich im Gemenge. Selbst meine Eltern waren frohgestimmt, scherzten miteinander und teilten sich einen leuchtend gelben Maiskolben. Mein Vater schien nicht mehr an die gestrige Auseinandersetzung mit mir zu denken.

Ich hatte Zahir lange bearbeiten müssen, bis er bereit gewesen war mitzukommen. Nun freute ich mich, dass er dabei war, zog ihn am Arm zu einem der Fahrgeschäfte und bat und bettelte, mit mir eine Fahrt in einem der achterbahnartigen Züge zu unternehmen. Schließlich gab er nach. Wir stiegen zusammen ein und legten uns den Gurt um. Als es losging, zuckte mein Onkel zusammen.

»H-h-hast du etwa Angst?«, fragte ich belustigt. Ich konnte sehen, wie sich sein Kehlkopf rauf und runter bewegte; er schluckte angespannt. Wir saßen ganz vorn im ersten Wagen. Noch recht langsam fuhren wir immer weiter hinauf und die bunten Lichter der Stadt strahlten vor mir auf wie ein Sternenzelt. So glücklich war ich, das konnte nicht wahr sein!

Ich dachte an die Worte, die meiner Mutter nach Khalils Beerdigung an mich gerichtet hatte: »Du glaubst, dein Lachen für immer verloren zu haben. Doch die Zeit hat heilende Kräfte. Irgendwann erinnert nur noch eine blasse Narbe an den unendlichen Schmerz der Vergangenheit. *Sabr*, Geduld, mein Kind.«

Unser Wagen blieb in schwindelerregender Höhe stehen.

»Verflucht noch mal, wo hast du mich da hingeführt?«, stöhnte Zahir. Ich kicherte, und während wir nun steil abwärtsrasten, verwandelte sich mein Kichern in schallendes Gelächter. Es war, als würde ich schweben. Ich fühlte mich schwerelos. Sorglos. Ich dachte an nichts – *fühlte nur*. Fühlte, dass irgendwann alles wieder gut werden könnte.

Zurück am Boden und am Fahrtende angelangt, riss Zahir fluchend seinen Gurt auf und sprang aus dem Wagen. Draußen erwarteten uns schon die anderen. Ich bat meine Mutter um Geld, weil ich Hunger auf ein halbes Fladenbrot hatte, und lief mit ein paar Mark zu einem benachbarten Stand. Dort kaufte ich mir das mit Fleisch und Salat gefüllte Brot und biss herzhaft hinein. Ich konnte mein Glück kaum fassen. Die Musik, die Lichter und Laute. Ich war wie in Trance.

In der Ferne entdeckte ich einen kolossalen Gorilla und rannte dorthin. Der Gorilla breitete seine Arme aus, bewegte seinen Kopf und machte unheimliche Geräusche. Ich gaffte ihn minutenlang an; mein Mund stand offen, Joghurtsoße tropfte aus meinen Mundwinkeln auf mein Hemd. *Unglaublich. Ein unglaublicher Ort.*

Es dauerte eine ganze Weile, bis mir auffiel, dass ich nun ganz woanders war und meine Familie verloren hatte. Verdammt. In welcher Richtung hatte ich sie zurückgelassen? Ich lief von einem Stand zum Nächsten, aber nichts kam mir bekannt vor. Panik. Ich hatte auch keinen blassen Schimmer, wie ich vom Dom zurück nach Hause kommen sollte. Nachdem ich eine ganze Zeit lang hilflos umhergelaufen war, tippte mich jemand an. Zwei Polizisten sahen von oben auf mich herab. *Na toll, das hat mir gerade noch gefehlt.* Ich schleckte schnell die Soße von meinen Lippen.

Blablabla, sagte ein Polizist. *Ich habe Mutter versprochen, keinen Ärger zu machen. Nicken und lächeln.* Der uniformierte Mann musterte mich skeptisch. Blablabla, wiederholte er, schon etwas eindringlicher. Ich musste mir etwas einfallen lassen. *Am besten biete ich ihm mein Fladenbrot an, damit er merkt, dass ich keinen Streit suche.* Ich hielt es dem Uniformierten hin.

»D-d-du, Dummer?«, fragte ich und lächelte unschuldig. Die Polizisten hoben die Augenbrauen, sahen erst mich und dann sich gegenseitig an. Anscheinend hatten sie keinen Hunger. Sie machten eine Bewegung, mit der sie andeuteten, dass ich mitkommen sollte. Was war denn jetzt los? Ich wollte keinen Ärger. Doch sie blieben unerbittlich und fuhren mich auf eine nahe gelegene Wache. Dort wurde mir mit Händen erklärt, dass ich meine Taschen ausleeren müsse, doch außer ein Paar Bonbons und etwas Wechselgeld war nichts weiter drin. Ich verstand noch, dass sie meinen Namen wissen wollten. Diese Frage fing immer mit *wie* an und ich hatte sie bereits einige Male gehört.

»Hamidullah Rahimi, Sohn von Aminullah Rahimi«, gab ich einem der Polizisten auf Dari Auskunft. Zahir hatte mir einmal eingeschärft: »Wenn dich ein Uniformierter nach deinem Namen fragt, gib immer den Namen deines Vaters mit an – damit er weiß, mit welcher Familie er es zu tun hat.«

Der Polizist beugte den Kopf nach vorn. »Mullah Rahimi?«, fragte er und zog die Augenbrauen hoch.

»Nee, Hamidullah Rahimi«, korrigierte ich. Wie sollte ein Junge wie ich auch ein Mullah sein? Was dachten sich diese dummen Polizisten? Er zuckte mit den Schultern und schüttelte den Kopf. *Mein Name gefällt ihm wohl nicht.* Er zeigte auf einen Stuhl, und ich setzte mich. Mittlerweile war mein Fladenbrot kalt geworden. Nie kann ich meinen Dummer richtig genießen, ärgerte ich mich, immer kommt etwas dazwischen.

Etwa drei Stunden später kam meine Mutter in die Wache gebraust, gefolgt vom Rest der Familie. Gott sei Dank. Ich lief auf sie zu. »I-i-ich schwöre – ich habe nichts gemacht!«, schoss es aus mir heraus.

Sie umarmte mich. »Was ist passiert?«, fragte sie besorgt.

»Keine Ahnung, aber ich h-h-habe keinen Ärger gemacht«, wiederholte ich vorsichtshalber. Unser Vater unterhielt sich mit dem Beamten auf Englisch.

»Mullah Rahimi«, sagte der Polizist und schrieb etwas in sein Formular.

Mein Vater sah mich verblüfft an. »Warum hast du dich ihnen als *Mullah* vorgestellt?«, fragte er. Ich sparte mir die Antwort. Am Ende zeigte unser Vater noch einmal die grünlichen Duldungspapiere vor und wir machten uns auf den Heimweg.

»W-w-warum haben die mich mitgenommen?«, wollte ich wissen.

»Weil sie davon ausgegangen sind, dass du dich verlaufen hattest – sie wollten dir helfen«, erklärte mein Vater. »Übrigens hast du einen der Polizisten beleidigt und gefragt, ob er dumm sei.«

Was? Wann sollte ich das denn gefragt haben? Ich hatte ihnen doch nur höflich mein Fladenbrot angeboten. Meine Geschwister brachen in Gelächter aus.

»Es ist an der Zeit, Deutsch zu lernen, kleiner Mullah«, meinte Mutter schmunzelnd.

Unsere neue Wohnung lag in der Oppelner Straße in Jenfeld, einem Viertel am östlichen Stadtrand von Hamburg. Im Gegensatz zur Gegend um Steindamm und Hansaplatz schien Jenfeld ein *familiärer* Ort zu sein. In der Nähe gab es einen See, mehrere Bäche, einen Sportplatz und ein kleines Einkaufszentrum, das Jen. Die flachen Dächer der Hochhäuser ragten in den Himmel und die Fenster lagen so dicht nebeneinander, dass man in die Nachbarwohnung hätte hinübergreifen können. Um die Plattenbauten herum wuchsen hohe Halme, die mit Wasser besprengt wurden, und die Ahornbäume leuchteten so prächtig grün, als wären ihre Blätter gerade eben in Farbeimer getaucht worden. Mit ihren Grünflächen, den bleigrauen Häuserfassaden und den tollenden ausländischen Kindern erinnerte mich die Oppelner Straße an den Makrorayon. Vermutlich war das der Grund, weswegen ich mich dort sofort heimisch fühlte. Im Hof wimmelte es von spielenden Jungen und Mädchen; darunter viele Zigeunerkinder, deren Mütter geblümte Röcke und klirrende goldene Armreife trugen und die ihren frechen Kindern oft den Hintern versohlten. In unserer Straße fand man kein einziges deutschsprachiges Kind.

Unsere Wohnung im sechsten Stock war durchaus bescheiden – aber es gab genügend Platz. So bekam jeder eine eigene Matratze und ich musste mir mein Zimmer nur noch mit Wahid teilen. Zudem gab es eine kleine Küche und eine richtige Badewanne. Die Wände waren zwar schlecht verputzt und der Lack blätterte von den Fensterläden, die Balkonstangen rosteten und der Boden war halb herausgerissen – und doch waren wir zufrieden: Es schien uns eine Ewigkeit her, das letzte Mal *Platz* gehabt zu haben.

Den schmalen Flur hinunter gab es einen winzigen Abstellraum, der unsere *Vorratskammer* werden sollte. Man konnte schließlich nie wissen. Noch am selben Tag machte sich meine Mutter auf den Weg, um Einkäufe zu erledigen. Sie kam mit vier Säcken Reis zurück.

Kapitel 18
Schulqualen

Kurz nach unserem Umzug wurden wir Kinder eingeschult, obwohl keiner außer Jackie Deutsch konnte. Sie hatte sich durch ihre Lernbemühungen zumindest gewisse Grundkenntnisse angeeignet. Hingegen hatte unser Vater in seinen Hamburger Jahren kaum Deutsch gelernt. Sein Umgang hatte sich vor unserer Ankunft auf ein paar afghanische Asylanten beschränkt, und auf der Arbeit reichten ihm wenige Wörter wie *Guten Tag, Danke, Bitte* und *Auf Wiedersehen*; ansonsten schlug er sich irgendwie mit seinen Englischkenntnissen durch. Seinen resoluten Ehrgeiz und unbedingten Bildungswillen schien er mit dem Alter verloren zu haben. Wenn ihn Jackie damit konfrontierte, antwortete er nur, so viele Jahre, wie er zum Deutschlernen bräuchte, hätte er gar nicht mehr zu leben. Mutter hingegen versuchte es zumindest; sie übte mit meiner Schwester Vokabeln und sah sich deutschsprachige Sendungen an – doch meistens schaltete sie nach nur wenigen Minuten den Fernseher aus. Die Sprache war ihr völlig fremd, es war, als würde sie den Fröschen beim Quaken lauschen. Wahid, Julie und ich hatten im Wesentlichen nur den Kontakt miteinander – und meist ganz andere Sachen im Kopf, als Vokabeln zu büffeln.

Ich kann also nicht gerade behaupten, dass ich mich sonderlich auf die Schule freute. Mein letzter Schulbesuch lag lange zurück und die Erinnerungen an diese Zeit waren nicht besonders schön. Schon früher in Afghanistan war ich ein schlechter Schüler gewesen, stritt mit meinen Mitschülern, fühlte mich hinter der Schulbank nicht wohl. Anstatt dem Unterrichtsgeschehen zu folgen, blickte ich lieber aus dem Fenster und beobachtete die Schwalben, die mir im Vergleich zu mir so ungeheuer frei vorkamen. Nur dank Khalil war diese Zeit einigermaßen erträglich. Ich war froh gewesen, als meine Mutter nach dem Raketenangriff, der den Hausmeister getötet hatte, entschied, dass ein weiterer Schulbesuch zu gefährlich für mich war.

Nun war alles noch weitaus schlimmer geworden; ich befand mich nicht nur in einem fremden Land, das ich nicht verstand, ich war auch noch der Einzige von uns, der als Grundschüler eingestuft wurde, und so wurde ich von meinen Geschwistern getrennt. Dieses Mal war ich also ganz auf mich selbst gestellt. Und dann war da noch die Sache mit der Sprache. Nicht nur, dass ich kein Deutsch konnte; selbst *wenn* ich die schwierige fremde Sprache irgendwann erlernte, so hörte sich doch nach wie vor alles, was aus meinem Mund kam, wie die abgehackte, ständig abreißende Singstimme auf einer springenden, zerkratzten CD an.

Für meinen ersten Schultag kaufte mir Mutter ein frisches weißes Hemd sowie neue Turnschuhe mit Klettverschlüssen und kämmte mein glattes Haar zur Seite. Meine für gewöhnlich frechen Gesichtszüge wurden nun durch eine eher biedere Fassade einigermaßen gezähmt.

Bevor sie sich von mir verabschiedete, sah sie mir streng in die Augen. »Du weißt noch, was du mir versprochen hast?«, fragte sie.

Ja, ich solle keinen Ärger machen. Sie schmunzelte und presste mir einen duftenden Kuss auf die Wange. Es ist schon merkwürdig, doch die *eigene* Mutter duftet irgendwie immer gut. Sie versprühte ihren Geruch wie eine Jasminblüte, und überall, wo er haften blieb, fühlte ich mich zu Hause.

Die Grundschule befand sich unweit unserer Wohnung. Auf dem Weg verspürte ich ein nervöses Unwohlsein in der Magengegend. Als ich vor dem Klassenzimmer stand, waren meine Handflächen schweißnass und mein Herz pochte vor Aufregung. Neugierige Blicke richteten sich auf mich, als ich hineintrat.

Eine freundlich blickende Lehrerin stellte mich den anderen vor. Ich habe es nie geschafft, mir ihren Namen zu merken. Ich glaube, es war irgendetwas mit einem Vogel. Vielleicht Frau Vogelsang? – Ich weiß es nicht mehr. Mit halb geschlossenen Lidern schaute ich in die Runde – ich war mit Abstand der Älteste und der Einzige in *so* einer Aufmachung. Ich fuhr mir möglichst unauffällig, kreuz und quer, durch meine Frisur. Die Frau Lehrerin las meinen Namen von einem Zettel ab.

»Ha-mi-dul-lah Ra-hi-mi?«, fragte sie. *Verdammt. Sie hat mir eine Frage gestellt und auf Fragen muss man antworten.* Doch je nervöser ich war, desto schwerer fiel mir das Sprechen. Angespannt suchte ich nach einer Antwort. Die Lehrerin sah mich erwartungsvoll an. *Verdammt.*

»H-h-hamid«, erwiderte ich flüsternd und hüstelte, um von meinem Stottern abzulenken.

»Okay, Hamid«, sagte sie mit einem strahlenden Lächeln und bedeutete mir, mich neben einen Jungen mit kastanienbraunen Locken und olivfarbenem Teint zu setzen.

Er musterte mich wortlos. »H-h-hallo«, murmelte ich. Seine Augen funkelten wie hellgrüne Smaragde und um seinen Hals pendelte ein goldenes Kreuz an einer dünnen Kette. Ich lächelte verlegen; doch ohne es zu erwidern, drehte er seinen Kopf wieder nach vorn und rückte ein Stückchen zur Seite, als hätte ich eine ansteckende Krankheit. Ein Zucken glitt über mein Gesicht. Ich hasste ihn von diesem Moment an – die Arroganz in seinen Smaragdaugen –, denn

ich wusste sofort, die Art und Weise, wie er da eben von mir wegge-
rutscht war, würde mir in den nächsten Monaten den Schlaf rauben.

Frau Vogel-Lehrerin sah mich mit munteren Augen an. Oh nein,
jetzt bloß nichts fragen, dachte ich mürrisch. Natürlich tat sie es doch.
Blabla. Ich hatte kein Wort verstanden. *Was?* Die Blicke der Klasse
hafteten an mir. Als würden alle auf meine Reaktion warten. In diesem Moment verfluchte ich meine Faulheit. Warum hatte ich nicht auf
Jackie gehört? Sie hatte so oft angeboten, mit mir Deutsch zu üben.

Die Lehrerin widerholte ihre Frage lauter. Doch *lauter* half
nicht – ich war doch nicht taub! Ich schnaubte verärgert. In mehr als
einem Jahr hatte ich gerade mal gelernt, drei Fragen zu beantworten:

Wie heißt du? Hamid.

Wie geht's dir? Gut.

Woher kommst du? Kabul.

Dann kannte ich noch einige wenige weitere deutsche Wörter
wie *Bitte, Danke, Hallo, Tschuss, Moin* – und *Aschloooch.*

Wie ich das Wort *Aschloooch* gelernt habe, ist eine Geschichte für
sich und wert, erzählt zu werden. Es war noch nicht lange her – irgendwann in den ersten warmen Frühlingstagen. Ich hockte auf
einer winzigen Grünfläche am Hansaplatz und vertrieb mir meine
Langeweile mit dem Quälen eines Insekts. Ich buddelte einen Ohrwurm unter der Erde ein, und immer wenn er meinte, es endlich
herausgeschafft zu haben, und seine hässlichen Fühler aus der klum-
pigen Erde ragten, schüttete ich ihn wieder zu. Es war ein grausames
Spiel mit dem Überlebenswillen des kleinen Tierchens, ein Spiel mit
der Hoffnung.

Zwei Männer gingen vorbei und bogen in eine Gasse ein, doch
bevor sie aus meinem Sichtbereich verschwanden, beobachtete ich
etwas Merkwürdiges, das meine Neugier weckte: Die Hand des einen Mannes wanderte an den Hintern des anderen und drückte fest
zu. Meine Neugier zwang mich, ihnen auf leisen Sohlen nachzugehen. Vorsichtig spähte ich in die enge Gasse. Einer der Männer
hatte hellbraunes Haar, war grobknochig und strotzte nur so vor
Männlichkeit. Der andere war so ziemlich das genaue Gegenteil:
schmächtig, schneeweiße Haut und Züge, die eher denen einer Frau
glichen. Dieser andere spitzte anzüglich die Lippen und streckte sei-

ne Hand aus, woraufhin der Grobknochige hektisch seine Geldbörse aus der Hosentasche kramte. Seine Hände – sie waren beachtlich groß – zitterten vor Aufregung. Er zückte einen Geldschein, und der Schmächtige schnappte sofort danach. Dann nahm der Grobknochige das Gesicht des Schmächtigen in seine übergroßen Hände und küsste ihn glühend direkt auf den Mund.

Ich hielt die Luft an. Das zu sehen machte mich unbehaglich, aber ich blieb wie festgenagelt stehen. Ich konnte mich nicht rühren. Der Schmächtige löste sich aus dem Griff des Grobknochigen und kniete vor ihm nieder. Dem grobknochigen Mann mit den übergroßen Händen entfuhr ein leises Stöhnen. Was nun geschah, verstörte mich vollends; er öffnete eilig seinen Hosenstall. Wegen der Erregung in seinen Gliedern hatte er Schwierigkeiten, den Reißverschluss aufzubekommen. Eine Hand bebte, mit der anderen hielt er seine Geldbörse fest. Dann zog er seinen stehenden Pimmel aus der Hose und ich drehte mich angeekelt weg. Es drangen merkwürdige Geräusche aus der Gasse; als würde ein nasser Fisch durch ein schmales Rohr gleiten, begleitet von einem rhythmischen Aufstöhnen.

Plötzlich ein lauter Schrei, und ich fuhr zusammen. Mit einem Auge schielte ich in die Gasse; der Grobknochige mit den übergroßen Händen rollte sich brüllend auf dem Asphalt – sein Gesicht war schmerzverzerrt und er klammerte sich an seinen Pimmel. Blut quoll zwischen seinen großen Fingern hervor. Währenddessen kroch der andere auf allen vieren von ihm weg und schnappte nach dem Portemonnaie am Boden. Dann stand er auf und rannte an mir vorbei, ohne mich wahrzunehmen. Der Mann mit den übergroßen Händen wälzte sich hin und her und jaulte immer wieder dasselbe Wort. So oft, bis es sich mir genau eingeprägt hatte: *Aschloooch.*

Die Mitschüler gafften mich an. Ihre Blicke waren winzige Nadeln, die sich in meine Haut bohrten. Ich fühlte mich fürchterlich unwohl.

»B-b-bitte?«, fragte ich zögerlich. Ein Raunen ging durch die Klasse, einige Kinder kicherten leise und mein lockiger Sitznachbar schnaufte tonlos. Ich wäre am liebsten im Erdboden versunken. Mit mitleidigem Blick nickte Frau Vogel-Lehrerin verständnisvoll und wiederholte ihr Sätzchen gegenüber einem anderen Kind, das dann aufstand und das Licht ausschaltete. *Das also hat sie gewollt.*

Die Minuten bis zur Pause kamen mir wie eine Ewigkeit vor. Ich fühlte mich beobachtet und saß die ganze Zeit reglos wie eine Statue; starrte auf meine Finger, die sich in den Holztisch klammerten. In der Pause stand ich allein im Hof und kramte mein Fladenbrot aus einer Tüte. Meine Mutter hatte es liebevoll mit einer Hähnchenfrikadelle und Salat belegt. Ich musste daran denken, wie sie es – nach ihrer Spätschicht gestern Nacht im Hotel – heute Morgen mit müden Augen gerichtet hatte. Sie tat alles, um eine gute Mutter zu sein. Wie traurig sie wohl wäre, würde sie mitbekommen, dass ich mich in der Schule so unwohl fühlte. Auf einmal bekam ich Mitleid mit ihr – Mitleid, weil sie dauernd Mitleid mit *mir* hatte.

Gerade als ich in mein Brot beißen wollte, schlug es mir jemand aus der Hand und riss mich aus meinen Gedanken. Meine Frikadelle fiel herunter, Hackfleischkrümel verteilten sich auf dem Asphalt. Vor mir bäumte sich ein grinsender Junge aus meiner Klasse auf. Er war so schwarz, wie es ein Mensch nur sein kann, nur seine Zähne leuchteten wie eine Laternenreihe bei Nacht. »Eh!«, rief ich wütend.

Er lachte hämisch. »B-b-b-b-b-bitte!«, äffte er mich nach und brach in schallendes Gelächter aus. Seine Stimme war schrill wie das Wiehern eines ausgewachsenen Pferdes. Einen Schritt hinter ihm stand der Lockenkopf; die Smaragdaugen und das goldene Kreuz funkelten im Sonnenlicht. Er verzog keine Miene, doch die Schadenfreude stand ihm deutlich ins Gesicht geschrieben. Etwas in seinem Blick verriet mir, dass er den Schwarzen angestiftet hatte. *Dieses Gefühl* keimte wieder in mir auf; meine Wut brodelte wie siedendes Wasser. In meinen Fingerspitzen begann es zu kribbeln, ich stand kurz vor der Explosion.

Doch dann geschah etwas Sonderbares. Als würde eine Glasglocke über eine Flamme gestülpt: Meine Wut verpuffte. Dafür setzte ein überwältigendes Gefühl der Trauer ein. Es schnürte sich um meinen Hals und würgte mich, bis ich das Gefühl hatte, ersticken zu müssen. Der Schwarze gaffte mich immer noch grinsend an. Meine Mundwinkel zitterten; ich drehte mich schnell weg und bahnte mir einen Weg zur Toilette. Dort sperrte ich mich ein. Ich lehnte mich an die Wand und schlug meinen Hinterkopf gegen die Fliesen. Wie hatte ich nur so dumm sein können? – So dumm zu glauben, irgendwann könne alles wieder gut werden.

Ich war am Boden zerstört. Spürte einen unerträglichen Schmerz und biss in meine Faust – doch es half nichts; das Gefühl klang nicht ab. Der Schmerz saß tief in meiner Brust, wo er sich ausgebreitet, es sich gemütlich gemacht hatte. So schnell würde er nicht mehr verschwinden. Nein, solange Khalil nicht zurückkam, würde er nicht mehr von der Stelle weichen. In mir stieg ein Schluchzer auf, kämpfte sich nach oben und brach aus meinem Mund. Ich vergrub mein Gesicht in den Händen. Nie hatte ich mich einsamer gefühlt.

Die folgenden Monate in der Schule wurden zur Tortur. Der Konflikt zwischen dem Lockenkopf und mir spitzte sich immer mehr zu. Sein Name war Noah und er war ein gläubiger Christ. Anfangs begriff ich nicht, weswegen er neben mir so seltsam vor sich hin murmelte. Ich glaubte, er würde Selbstgespräche führen, doch wenn er wieder leise zu flüstern anfing und ich zu ihm rüberschielte, waren seine Hände gekreuzt. Er betete! Das tat er jeden Tag und manchmal umfasste er dabei seinen Kreuzanhänger. Er tat es so oft, dass ich mich irgendwann fragte, ob er wohl besonders gläubig war oder eben einfach zu viele Sünden auf dem Gewissen hatte.

Noah und ich waren so verschieden, wie es zwei Jungen nur sein konnten. Ganz anders als er, hatte ich keinerlei Interessen, weder an Sport noch an Büchern oder Kunst. Erneut verweigerte ich das Leben. Ich begleitete meine Geschwister nicht an den See oder in den Hof und versuchte gar nicht erst, in der Nachbarschaft Freunde zu finden. Stattdessen stopfte ich mich mit Süßigkeiten voll und verbrachte den halben Tag vor der Glotze, so dass mir innerhalb kürzester Zeit eine deutliche Wampe und kleine Pausbäckchen wuchsen. Es war ein Rückfall in die alte Lethargie. Ich war wie ein Blinder, dem das Augenlicht geschenkt worden war, der sich jedoch weigerte, die Lider zu öffnen. Ich wollte die Welt nicht sehen – ich ertrug sie einfach nicht. Mein Leben bestand aus sinnlosem Nichtstun. Sooft ich konnte, schwänzte ich den Unterricht; ich lungerte allein im Einkaufszentrum Jen herum oder kam früher nach Hause. Meine Eltern hatten ohnehin keinerlei Kontrolle über meinen Tagesablauf; sie schufteten den ganzen Tag, und am Abend waren sie sogar zum Streiten zu müde.

Im Pausenhof blieb ich für mich allein. Das hatte ich mir nicht so ausgesucht, sondern ich wurde eindeutig von den anderen Jungen gemieden und ignoriert. Sobald ich meinen Mund öffnete, um mit den wenigen Worten, die ich hatte, die Fragen der Lehrerin zu beantworten, fing das dumpfe Gelächter schon an. In dieser Zeit bekam ich kein einziges freundliches Lächeln von meinen Mitschülern geschenkt. Für all das gab es jedoch überhaupt keinen ersichtlichen Grund, denn meine Klasse bestand hauptsächlich aus ausländischen Kindern wie ich, die in sozialen Brennpunkten lebten und aus armen Familien stammten; viele von ihnen sprachen nur gebrochenes Deutsch. Irgendwann fing ich an, mir einzureden, dass Noah hinter alledem steckte. Gott weiß, was er den anderen für Lügen über mich erzählt hatte. Dafür hasste ich ihn umso mehr.

Noah war, wie gesagt, ganz anders als ich. Er war sportlich, smart und *anderen* wohl sympathisch. Schöne Menschen haben das Glück, fast immer beliebt zu sein, und genau das war Noah – gut aussehend und beliebt. Er wurde von Jungen wie Mädchen gleichermaßen angehimmelt, obwohl er arm war und Tag für Tag dieselben abgenutzten Kleider trug. Außerdem zeigten sich in seinem Verhalten deutliche Spuren von Grausamkeit. Er manipulierte seine Freunde, indem er ihnen Streiche aufzwang, aus denen er sich selbst heraushielt. Sie stritten mit Lehrern, ärgerten die Mädchen und prügelten sich, während er still im Hintergrund die Fäden zog. Da Noah zu den Menschen gehörte, die das gewisse Etwas hatten, wurde ihm widerstandslos gehorcht. Dieses gewisse Etwas war nichts, was man künstlich hätte erzeugen können – man kommt damit auf die Welt. Es ist wie ein Gen, das den Menschen heller strahlen lässt. In Noahs Nähe schien alles zu schrumpfen und in seinem Glanz zu verblassen.

Ich wusste, dass er meinen Hass spürte, der wie ein straffer Faden zwischen ihm und mir gespannt war. Doch Noah spielte auch damit. Er war klug genug, um zu wissen, dass ich ihn für jedes zweideutige Grinsen und jeden belächelnden Blick innerlich verfluchte. So tat er mir nie etwas *Direktes* an, wie mich zu schlagen oder zu beleidigen. Doch ich war mir sicher, dass es immer um mich ging, wenn er neben den anderen Jungen stand, die alle nach seiner Pfeife tanzten, und sie alle plötzlich zu lachen anfingen. Noah brauchte nichts weiter tun, als mir einen herablassenden Blick zuzuwerfen und ein abfälliges *Pff!* dazu zu hauchen. Damit trieb er mich schon in den Wahnsinn. Das wusste er. Ganz bestimmt. Allein schon für dieses *Pff!* hasste ich ihn so sehr, wie ich einen Menschen nur hassen konnte.

Das für mich Schlimme und Schädliche war, dass ich nichts anderes mehr tat, als in der Hängematte der Sinnlosigkeit zu schaukeln und Noah zu hassen. Selbst wenn ich schlief, träumte ich von ihm. Wie ich ihn zu Boden warf, würgte, bis er gluckernde Laute von sich gab und langsam erstickte – dann erst, wenn er leblos dalag, ließ ich von ihm ab. Wenn ich aus meinen Träumen aufschreckte, erfüllten mich dieser zügellose Hass in mir und das triumphale Gefühl, das ich bei seinem Tod empfunden hatte, mit Angst und Schrecken. Wenn ich an Noahs Tod, meinen *Mord*, dachte, jagten mir eiskalte Schauer über den Rücken, ich bekam eine Gänsehaut und fragte mich, was zum Teufel denn mit mir los war. Nie zuvor hatte ich auf einen einzigen Menschen so viel Hass projiziert. Ich glaubte, nie wieder einen Menschen so sehr hassen zu können. Etwa acht Jahre später sollte sich das als Trugschluss herausstellen.

Kapitel 19

Hass bis aufs Blut

Umso mehr freute ich mich über die Ferien – nicht, dass ich etwas Besonderes geplant hatte, aber so konnte ich zumindest etwas Abstand von meinem verstörenden Hass gewinnen. Noch mehr wie sonst lebte ich nun in meiner eigenen Welt und verbrachte viel Zeit vorm TV. Mittlerweile hatte ich beträchtlich zugenommen und mir waren zipfelförmige Brüste gewachsen. Ich fühlte mich immer unwohler in meiner Haut und entfremdete mich mehr und mehr von mir selbst. Die Distanz zu mir hatte einen Vorteil – ich *fühlte* weniger. Ich war zwar immer noch Hamid; hatte seine schmalen Augen, seine steile Nase und seinen schweren Körper, aber irgendwie war ich es auch nicht. Meine Gefühle gehörten nicht mehr zu mir. Sie waren ganz woanders, und es war, als würde nur ihr dumpfes Echo bei mir ankommen.

Wenn mich meine Geschwister wegen meines Gewichts aufzogen, ärgerte ich mich nicht. Und wenn ich Khalils Foto betrachtete, schmerzte es gar nicht mehr. So beschloss ich eines Tages, dass es an der Zeit war, Khalil zu vergessen. Einfach so. Meine Gelübde und Schwüre von früher kümmerten mich nicht mehr. Ich vergaß auch sie. Ich nahm unser abgewetztes und eingerissenes einziges gemeinsames Foto, strich es noch einmal glatt und legte es zusammen mit dem Bruce-Lee-Film in einen Schuhkarton. Diesen verstaute ich irgendwo und vergaß später, wo. Für über sieben Jahre verbannte ich Khalil aus meiner Erinnerung.

TV- und Esssucht, Passivität und Leere mochten den Eindruck vermitteln, ich sei ein depressiver Junge – aber so war es nicht. Ich war einfach nur gleichgültig – und das *gefiel* mir so. Das Angenehme an meiner Art des Gleichgültigseins war, dass ich die schönen Dinge des Lebens genießen und die traurigen einfach abspalten konnte. Ich war wie ein Fabrikarbeiter am Laufband und sonderte die missratenen und unschönen Produkte aus. So freute ich mich wie jedes Kind auf die seltenen Besuche bei McDonalds oder die Torten an den Geburtstagen meiner Geschwister, auch die sonntäglichen Familientage waren meistens angenehm. Unsere anfangs so karge Wohnung bekam allmählich eine Persönlichkeit; Familiengerüche setzten sich in Möbeln und Gardinen fest, Schwarz-weiß-Fotos verdeckten poröse Wände und die dunkelroten Teppiche mit ihren wirren, okkulten Mustern versprühten ein billiges orientalisches Flair.

Wir fingen an, uns wohlzufühlen und wieder ein normales Familienleben zu führen. An Sonntagen nahmen sich unsere Eltern frei und Mutter bestand darauf, dass wir zusammen aßen. Dann kochte sie Pilau, schmorte Köfte, machte Salat mit frischer Nanaminze und *gischnis*, Koriander, wie in alten Zeiten. Trotz ihrer beschwerlichen Arbeitsbedingungen, der ständigen Schufterei von frühmorgens bis spätabends, schien sie ihren ansteckenden Frohsinn wiedergefunden zu haben, was eindeutig daran lag, dass sie sich keine wirklichen Sorgen mehr machen musste – Sorgen, wie wir sie in Afghanistan gehabt hatten. Zum ersten Mal seit 1979 – erst der Einmarsch der Sowjettruppen, dann der endlose Krieg, die Flucht und schließlich das elenden Jahr in der Miniwohnung in St.

Georg – konnte sie zur Ruhe kommen. Ihr früheres Leben war ein einziger Kreislauf aus Sorgen und Ängsten gewesen, und nach fünfzehn langen Jahren fiel dieses marternde Gefühl nun wie eine alte Haut von ihr ab.

An solchen Familientagen redeten wir trotzdem oft über *damals*. Doch nie über die schlechten, immer über die guten Zeiten. Wie bei den Toten – über sie herzuziehen war verboten. Also unterhielten wir uns über die schönen Tage in Kabul. Und davon hatte es doch so einige gegeben.

Selten einmal gesellte sich auch Onkel Zahir zu uns. Es sah von Mal zu Mal grauenvoller aus. Keiner wusste so recht, wie er lebte und womit er sein Geld verdiente. Es war eigentlich nicht anders als in Kabul – nur, dass er uns aus seinem Leben verbannt hatte. Eine Hazara-Frau, die meine Mutter aus der Moschee kannte, hatte ihr erzählt, dass Zahir spiele und sich täglich mit anderen spielsüchtigen Afghanen treffe, die ihr Geld vom Amt – oder weiß Gott woher – verscherbelten. Keinen wunderte es. Er hatte schon in Afghanistan viel Geld auf Buzkashi-Spiele verwettet, und ohnehin gab es wohl kaum eine Sucht, der er nicht verfallen war.

Als ihn Mutter damit konfrontierte, blockte er ab. Wie alle unzugänglichen Menschen, die ihre Gefühle hinter einer Mauer verstecken, war er kritikunfähig. »Weißt du, was die Afghanen wirklich gut können?«, fuhr Zahir sie an. »Ihre Nasen in die Angelegenheiten anderer Leute stecken. Sie denken mehr über das Leben der anderen nach als über ihr eigenes.«

Mutter verdrehte die Augen und sparte sich einen Kommentar. Mein Onkel schenkte sich neuen Whisky ein; die goldschimmernde Flüssigkeit schlängelte sich um die Eiswürfel und füllte das breite Glas. Dieses Spiel beobachtete ich nun schon, seit ich denken konnte, und ich fragte mich, ob ich ihn eigentlich je ohne sein Whiskyglas gesehen hatte. Er konnte ohne eine Frau leben, ja selbst ohne uns, aber niemals ohne seinen verdammten Whisky.

»Diese Dummschwafler sind doch alle gleich«, fuhr er fort. »Erst sprechen sie ihr *kalimah, ›La ilaha illa Allah‹*, es gibt keinen Gott außer Allah, und kurz darauf lästern sie über ihre Nachbarn. Da lieber gar keine Moral als eine solche Doppelmoral«, schnaubte er und nahm einen kräftigen Schluck vom goldenen Whisky.

»Mensch, was ist bloß los mit dir?«, mischte sich unser Vater ein. »Du bist ein erwachsener Mann und bekommst dein Leben nicht in den Griff.«

Zahir schluckte. Dieser offene Angriff schmeckte ihm überhaupt nicht. Seine geballte Faust schlug auf die Tischplatte und Gläser wie Teller klimperten gegeneinander. Keiner von uns erschrak oder fuhr zusammen – seine Reaktionen waren mittlerweile voraussehbar wie das Ende eines indischen Films. »*Du* brauchst mir nicht zu erzählen, wie ich mein Leben zu führen habe! *Du* hast nicht annährend so viel Leid gesehen wie ich – also misch dich *nie* wieder in *mein* Leben ein!«

Betretenes Schweigen kam auf. Mutter hustete künstlich und versuchte, das Thema zu wechseln. »Habt ihr schon die aktuellen Nachrichten mitbekommen?« Das taten sie immer: Wenn eine Situation unangenehm wurde, lenkten sie sofort ab und redeten stattdessen über Politik.

Zahir knurrte noch ein wenig vor sich hin, sprang aber darauf an. »*Bale*«, brummte er. Woraufhin die Alten ein Gespräch über die neuen politischen Entwicklungen in Afghanistan begannen. Wie alle Exilafghanen verfolgte auch unsere Familie jede noch so unbedeutende Meldung aus der Heimat. Offenbar waren wir gerade noch rechtzeitig geflohen. Damals in Kabul hatte ich gedacht, es könne nicht mehr schlimmer werden, doch nun schien Gott Afghanistan gänzlich aufgegeben zu haben. Die Brutalität der Milizen kannte keine Grenzen mehr und die Unschuldigen starben wie die Schmeißfliegen. Man hörte grausame Geschichten von abgetrennten Gliedmaßen in Brunnen, aufgespießten Augäpfeln, gehäuteten Männern und Gruppenvergewaltigungen. Unsere ehemaligen Befreiungskämpfer hatten sich längst überwiegend in Mörder, Menschenschänder und Drogenbarone verwandelt. Der pathetische Drang der Afghanen nach Unabhängigkeit und Freiheit hatte sie letztendlich ihre eigene Heimat, ihr Land gekostet. Sie hatten es zurückerobert und dem Erdboden gleichgemacht – die Freiheit war nun so viel wert, wie ein Sandkorn in der öden Wüste. Sie war wie ein Stück Brot, das einem von einer Horde Wilder aus der Hand gerissen und am Boden zu Staub zertrampelt wird.

Eines der politischen Themen, die von den Exilafghanen in diesen Tagen lebhaft diskutiert wurden, war der Aufstieg eines einäugigen paschtunischen Fundamentalisten aus der Umgebung von Kandahar – Mullah Omar. Der frühere Dorfmullah, der nach dem Abzug der sowjetischen Truppen gegen die Regierung Nadschibullah in den Kampf gezogen war, hatte bei der Explosion eines Schrapnells sein rechtes Auge verloren. Die Afghanen lieben Heldensagen wie ungezuckerten Schwarztee, und so war es zunächst vor allem eine weitererzählte Geschichte, die ihn unter den Afghanen weltweit bekannt werden ließ: Als ein Milizenkommandant zwei Mädchen entführt und vergewaltigt hatte, soll der Mullah dreißig Männer um sich versammelt haben. Gemeinsam retteten sie die Mädchen aus den Klauen des Wüstlings und hängten ihn an einem Panzerrohr auf.

Die Afghanen hatten längst genug von dem bestialischen Vorgehen der Mudschaheddin – ein frommer, ehrbarer Mullah, der sich für Zucht und Ordnung einsetzte, kam ihnen da gerade recht. Er rollte Gebetsketten zwischen Daumen und Zeigefinger. Er war ein gottestreuer Mann. Er war der neue Held. Bereits ein Jahre später sollte er nicht nur unter den Afghanen weltweite Berühmtheit erlangen – als Anführer der Taliban.

Meine Geschwister hatten sich in der neuen Heimat längst eingelebt. Sie suchten sich Nebenbeschäftigungen, mit denen sie sich ein Taschengeld verdienen konnten, knüpften Freundschaften, gingen ins Kino und besuchten Freibäder. Immer wieder erwischte ich sie dabei, wie sie untereinander Deutsch sprachen und sich überhaupt mehr und mehr an die hiesige Kultur anpassten. Meine Schwestern kauften sich heimlich Schminksachen und kleideten sich wie ihre Klassenkameradinnen; Wahid hatte seine erste Liebschaft mit einem osteuropäischen Mädchen aus seiner Schule. Er zeichnete viel und es war nach wie vor sein Wunsch, Künstler zu werden – nur wusste er noch nicht genau, was er zeichnen wollte. Julie zeigte ein besonderes Interesse an Mode und träumte davon, eine begnadete Modeschöpferin zu werden.

Unter uns Geschwistern waren Wahid und Julie die Träumer. Sie kamen nach meiner Mutter, die uns beigebracht hatte, dass es nur die Grenzen gibt, die uns der eigene Verstand setzt. Jackie hingegen war wie unser Vater, der immer rational und analytisch war. Als

Älteste von uns vieren hatte sie Afghanistan vor wie während des Kriegs kennengelernt; sie kannte die guten wie die schlechtes Seiten der Menschen und war viel zu realistisch, um den idealistischen Vorstellungen der Träumer Glauben zu schenken. Etwa der Hoffnung, dass ein einzelner Mensch die Welt verändern könne. Oder dem Gedanken, dass nur unser Verstand uns unsere Grenzen setze. Das Gesetz setze Grenzen, und Menschen bräuchten Regeln – so ihre Überzeugung –, Regeln, die verhinderten, dass sie ihren animalischen Instinkten freien Lauf ließen. So verkündete sie irgendwann, dass sie nach dem Abitur Jura studieren und Rechtsanwältin werden wolle. Unser Vater freute sich natürlich und auch unsere Mutter äußerte keinerlei Einwände, sah sie es doch als eine Art Pflicht, ihre Kinder bei der Verwirklichung ihrer Träume zu unterstützen – ganz egal, wie realistisch oder unrealistisch diese auch sein mochten.

Beim Gedanken an meine eigenen Träume wurde mir unwohl zumute. Vor nicht allzu langer Zeit hatte ich noch ein berühmter Kampfmeister werden wollen. Diese Träume waren verglüht; wie lodernde Flammen einem Häufchen Asche gewichen. Heute fantasierte ich von anderen Dingen. Wie Noah unter meinen Händen erstickte.

Als die Ferien vorbei waren und die Schule wieder losging, überlegte ich mir alle möglichen Ausreden, um nicht hingehen zu müssen – doch ich kam nicht drum herum. Jede Pause verbrachte ich allein im Hof. Ich störte mich nicht weiter an der Einsamkeit; auch wenn man als Außenseiter leicht das Gefühl bekommt, der einzige Einsame auf dieser Erde zu sein. Doch solche Empfindungen blendete ich irgendwie aus – sie gehörten einfach nicht mehr zu mir. Ich ignorierte den Spott meiner Mitschüler und saß meine Tage ab, die dahindrifteten wie Plastikmüll in der Meeresbrandung. Nur der Hass auf Noah ließ sich nicht ersticken. Wenn ich ihn schon neben mir atmen hörte … Jeder seiner Atemzüge war es wert, gehasst zu werden.

Eines Tages geschah etwas, wodurch sich meine Situation schlagartig verändern sollte. Ich stand im Pausenhof und schlang mein Fladenbrot in mich hinein. Es war Herbst geworden, und als ich hochschaute, war der Himmel hinter einer dichten Wolkendecke verschwunden. Ein matter Nebel hatte sich über das Schulgebäude, den Rasen und die Kinder gelegt, tauchte ihre schattenhaften

Bildteil

Die Familie feiert 1984 Hamids ersten Geburtstag in Kabul

Hamid mit seiner Schwester Jacqueline

Im Alter von neun Jahren in traditioneller afghanischer Tracht

Der vierzehnjährige Hamid in Hamburg

In seiner Bar Buddah Lounge in der
Langen Reihe, Hamburg – St. Georg

Profiboxer (24) ist Koks-Dealer

Dealer-Ring gesprengt / Auch bei Sport-Ass Hamid R. klickten die Handschellen

Boxer Hamid R. (24) steigt für den Ömer-Stall Arena in den Ring.

Monatelang waren die Ermittler an der Koks-Connection dran. Jetzt schlugen die Polizisten zu, nahmen acht Täter fest. Einer der Drogenhändler ist ein alter Bekannter der Beamten. Es ist Hamid R. (24), Nachwuchsboxer im Arena-Gym von Ahmet Öner und Ex-Chef der „Buddha-Lounge" an der Langen Reihe (St. Georg).

Insgesamt 18 Wohnungen durchsuchten die Polizisten gestern Morgen seit 6 Uhr in Hamburg und Schwerin. Sie stellten 2,5 Kilogramm Kokain sicher und beschlagnahmten 115 000 Euro, einen Porsche 911 und einen VW-Lupo. Sieben Männer (23 bis 34 Jahre alt) und eine Frau (23) wurden festgenommen und einem Haftrichter vorgeführt.

Die Polizei geht davon aus, dass die Täter mit rund 5,5 Kilogramm Koks gedealt haben. Zudem sollen sie einem 36-Jährigen eine scharfe Waffe verkauft haben.

Zuvor hatten Ermittlungen ergeben, dass die drei Albaner Roland Z. (30), Gojart L. (34) und Artan K. (34) ihr Koks aus den Niederlanden bekamen – und von Hamid R. Der Nachwuchsboxer beschäftigte zwei Drogenkuriere, von denen ein Mann (22) bereits seit August dieses Jahres in Untersuchungshaft sitzt.

Hamid R. ist kein Unbekannter. Gegen den Boxer, der auf der deutschen Rangliste im Mittelgewicht auf Platz elf steht, wurde bereits im Mai 2005 ermittelt – wegen gefährlicher Körperverletzung. Damals betrieb der 24-Jährige gemeinsam mit seinen Geschwistern die „Buddha-Lounge" an der Langen Reihe. Weil sich Nachbarn immer wieder über den Lärm in dem Laden beschwerten, soll Hamid R. kurzerhand zwei Schläger engagiert haben. Diese prügelten die Mieterin Susanne G. (46) und Gode W. (50) damals im Flur des Hauses krankenhausreif.

WIEBKE STREHLOW

Eine Fehlübersetzung führt 2007/2008 zu falschen Anschuldigungen

Hamid und sein Vorbild Dariusz Michalczewski in Hamburg

Hamid Rahimi bekommt vom amtierenden afghanischen
Präsidenten Hamid Karzai den höchsten Staatsorden verliehen

Wenige Tage vor dem *Fight for Peace* am 30. Oktober 2012
mit afghanischen Kindern in den Bergen bei Kabul

Auf dem Weg in sein altes Viertel in Kabul im Gespräch
mit Einheimischen

Hamid genießt vor seinem Boxkampf in Afghanistan
sichtlich das Bad in der Menge

Hamid steht seinem Kontrahenten Said Mbelwa
nach dem Wiegen gegenüber

Fight for Peace in Kabul am 30. Oktober 2012:
Hamid Rahimi im Moment seines großen Triumphes

Hamid präsentiert nach seinem Sieg den WBO-Interconti-Gürtel
vor dem Präsidentenpalast

Vor dem zerstörten Darul-Aman-Palast bei Kabul im
Gespräch mit einem Einheimischen

Umringt von Kindern auf den Straßen Kabuls

Bildnachweis

Vor der Kulisse Kabuls (Foto: Marcel Mettelsiefen), S. I
Hamids erster Geburtstag (Foto: privat), S. II
Mit Schwester Jacqueline (Foto: privat), S. III
In traditioneller Tracht (Foto: privat), S. IV
Der vierzehnjährige Hamid (Foto: privat), S. V
In seiner Bar in St. Georg (Foto: privat), S. VI
Hamburger Morgenpost: Profiboxer ist Koks-Dealer (Morgenpost Verlag GmbH), S. VII
Mit Dariusz Michalczewski (Foto: Julie Rahimi), S. VIII o.
Hamid Rahimi und Präsident Hamid Karzai (Foto: Regierung Afghanistan), S. VIII u.
Hamid über Kabul (Foto: Marcel Mettelsiefen), S. IX
Im Gespräch mit Einheimischen (Foto: Marcel Mettelsiefen), S. X o.
Jubelnde Menschenmassen (Foto: Wahid Rahimi), S. X u.
Nach dem Wiegen (Foto: Marcel Mettelsiefen), S. XI
Sieg beim *Fight for Peace* (Foto: AFP/Getty Images), S. XII
Mit WBO-Gürtel (Foto: Marcel Mettelsiefen), S. XIII
Vor dem Darul-Aman-Palast (Foto: Wahid Rahimi), S. XIV
Hamid mit Kindern in Kabul (Foto: Marcel Mettelsiefen), S. XV

Konturen in ein gespenstisches Licht. Vom gestrigen Regen war der Boden noch schlammig. Ich weiß nicht genau, woran ich dachte – vermutlich an gar nichts, sofern man überhaupt an gar nichts denken kann –, als urplötzlich etwas Hartes gegen meinen Schädel prallte. Ich taumelte, doch die Wucht war so gewaltig, dass ich mit Handflächen und Knien voran in eine Pfütze fiel. Das dreckige Regenwasser spritzte in alle Richtungen. Auf meine Kleider. In meinen Mund. Einen Moment lang drehte sich alles. Ich verstand nicht, was geschehen war, und spürte nur den pochenden Schmerz auf meiner linken Wange.

Dann drang das Gelächter der Kinder an meine Ohren. Es wurde immer lauter und intensiver. Von Sekunde zu Sekunde. Als würden nacheinander ein Dutzend lachender Kinder aus einem Erdloch kriechen. Sie zeigten mit ihren boshaften Fingern auf mich. Ich fasste mir ins Gesicht – es war nass. An meiner Wange klebte feuchter Dreck und tropfte an meinem Hals herunter. Das Gelächter wurde lauter. So musste es sich anhören, wenn Hyänen lachten. Neben mir rollte ein Fußball aus und ich begriff: *Jemand* hatte ihn mir direkt ins Gesicht geschossen. Ich wusste, *wer* dahinter steckte. Ich hätte die Sache ignorieren sollen – aber ich *konnte* es einfach nicht.

Was als Nächstes geschah, würden andere einen Ausraster oder Wutanfall nennen. Ich denke, in Wirklichkeit hatte ich genau auf diesen Moment gewartet – ja, sogar davon *geträumt*. Ich packte den Ball und drehte mich um. Da stand er; mit dem bekannten überheblichen Glanz in seinen Augen, die selbst durch den dichten Nebel hindurch smaragdgrün leuchteten. Einen Meter vor ihm krümmte sich der Schwarze vor Lachen. Ich wusste, dass tatsächlich er, der Schwarze, den Ball geschossen hatte – doch das war mir egal. Der Strippenzieher war ein anderer. Mit entschiedenen Schritten ging ich auf Noah zu. Als ich vor ihm stand, blickte ich ihm direkt in die Augen. Er sah mich mit einer Mischung aus Verblüffung und Belustigung an. Wir waren etwa gleich groß, doch Noah war athletisch und sportlich. Ich holte aus und schoss den Fußball in die Ferne; er flog im hohen Bogen über einen Zaun. Woraufhin wütende Rufe lautwurden.

»Ey!«, rief Noah und boxte mir gegen die Schulter. Mit dem, was folgte, hätte er wohl nie gerechnet. Ich packte ihn am Kragen und schleuderte ihn gewaltig zu Boden. Dann ließ ich meinem Hass freien Lauf. Meine Faust schlug auf sein Gesicht ein, ich spürte, wie meine Knöchel gegen sein Jochbein und die Nase prallten. Noah verstand überhaupt nicht, wie ihm geschah. Er versuchte sich aus meinem Griff zu befreien – doch er hatte keine Chance. Mein Hass verlieh mir eine übermenschliche Kraft. Ich rammte meinen Ellenbogen in seine Brust und prügelte immer wieder mit der geballten Faust auf ihn ein. Meine Hand wurde warm von seinem Blut. Doch ich konnte nicht von ihm ablassen – ich war wie im Rausch.

Jemand umschlang meinen Hals und zerrte an meiner Jacke. Ich fuhr herum. Reflexartig verpasste ich dem Schwarzen einen Fausthieb. Er taumelte überrascht. Dann wandte ich mich wieder Noah zu, der mittlerweile ganz benommen war. Ich packte seinen Hals und drückte fest zu. Er röchelte und bohrte seine Finger in meine Hände. Davon hatte ich geträumt! Dann sah ich es plötzlich; es erschien mir wie ein greller Blitz, der eine schwarze Nacht zerriss. Sein selbstbewusster Blick war verschwunden. Hinter einem Schleier aus Tränen entdeckte ich pure *Angst*.

Ich ließ erschrocken von ihm ab. Noah wimmerte. Seine eine Gesichtshälfte war über und über von seinem Blut besudelt. Sofort bereute ich meine Tat. Dann erst nahm ich auch die anderen Kinder um uns wahr – sie starrten mich stumm, mit offenen Mündern an. Keiner sagte etwas. Keiner versuchte Noah zu helfen. Als ich aufstand, wichen alle einen Schritt zurück. Ich ließ ihn liegen und rannte davon – ohne mich einmal umzudrehen.

Ich lief so lange, bis ich am Einkaufszentrum angekommen war. Ich schnappte nach Luft und lehnte mich gegen eine Säule. Noahs blutverschmiertes Gesicht erschien vor meinem inneren Auge. An meiner Faust klebte noch sein Blut. Nie zuvor hatte ich jemandem derart wehgetan. Jemanden so sehr *gehasst*. Mir wurde speiübel und ich übergab mich in einen Blumenkübel. Ich wischte mir mit dem Ärmel über die Lippen und hockte mich hin.

Er hat mir überhaupt nichts getan. Ich habe ihn so übel zugerichtet. Er wird sich rächen. Sie werden mich zu zehnt verprügeln und demütigen. Komischerweise machten mir diese Gedanken keine Angst. Ich war bereit, die Konsequenzen zu tragen. Sollten sie mich doch bestrafen. Ich hatte es nicht anders verdient.

Es vergingen noch einige Stunden, in denen ich einfach dasaß und über all das nachdachte. Ich traute mich kaum, nach Hause zu gehen. Der Regen tröpfelte auf meine Haut und hinterließ tränenförmige Flecken auf meinen Fäusten. Irgendwann machte ich mich auf den Heimweg. Ich hatte meiner Mutter versprochen, keinen Ärger zu machen – nun hatte ich Riesenärger am Hals. Mein Gesicht war schmutzig, meine Jacke zerrissen und in meiner Jeans war ein Loch. In der Wohnung schloss ich mich sofort im Bad ein und ging unter die Dusche. Als das warme Wasser auf mein Gesicht prasselte, wunderte ich mich, denn all der Gewissensbisse zum Trotz fühlte ich mich seltsam befreit ... Das Leben war einfach ein Mysterium. All die Gedanken, die mich geplagt hatten, verschwanden zusammen mit Noahs Blut im Abfluss.

Ein Wochenende verging und ich ließ mir gegenüber meiner Familie nichts anmerken. Am Schultag *danach* war ich mir sicher, dass Noah und seine Freunde mich verprügeln würden. Mir schwante nichts Gutes. Dennoch war ich nicht nervös. Ich hatte Mist gebaut. Es ist okay, wenn sie mich verprügeln, dachte ich. Das war wohl auch der Grund, weshalb ich nicht ängstlich war. Schuld ist nur so lange unerträglich, bis sie gesühnt worden ist.

Ich ließ mir Zeit und betrat als Letzter das Klassenzimmer. In diesem Augenblick verstummten die Gespräche und alle starrten mich an. Eine sonderbare Spannung lag in der Luft. Noah saß auf seinem Platz und starrte gedankenverloren geradeaus. Unter seinem Auge und auf der Oberlippe klebten zwei große weiße Pflaster. Ich musste ihm die Lippe gespalten haben – aber zumindest schien nichts gebrochen zu sein. Als er mich sah, erschauderte er. Ich konnte es genau sehen: dieses ängstliche Zucken in seinem Blick. Nachdem ich ihm die Arroganz aus den Augen geprügelt hatte, konnte ich ihn beim besten Willen nicht mehr hassen. Er tat mir nur noch leid. Am liebsten hätte ich mich bei ihm entschuldigt. Nicht aus Angst – es tat mir wirklich leid, was geschehen war.

Ich setzte mich auf meinen Platz neben ihm. Er traute sich nicht einmal, mich anzusehen. Ich könnte schwören, dass er die Luft angehalten hat. *Er muss mich für ein Monster halten – alle müssen mich jetzt für ein Monster halten.* Wie es aussah, schien Noah gar nicht vorzuhaben, sich zu rächen ... Er schien gar nicht wütend, nur verängstigt. Das gefiel mir aber auch nicht. Wenn Noah sich nicht rächen wollte, musste ich mich zumindest entschuldigen. *Entschuldigung – wie sagt man das auf Deutsch?* Es fiel mir nicht ein. Ein weiteres Mal ärgerte ich mich wirklich über meine schlechten Sprachkenntnisse.

Auf einmal stand der Schwarze vor mir und riss mich aus meinen Gedanken. Ich konnte die leichte Schwellung um sein Auge herum erkennen. *Nun ist es doch so weit. Sie werden mich verprügeln.* Innerlich freute ich mich fast. Ich wollte förmlich verprügelt werden, sühnen. Doch der Schwarze – ich wusste bis dato nicht mal seinen Namen – lächelte unsicher. *Was ist denn jetzt los?* Er streckte seine Hand aus und legte einen Haufen Spielkarten vor mir auf den Tisch. Auf den Karten waren Wrestler abgebildet. Ich hatte die Jungen öfters mit ihnen spielen sehen, aber das Spiel nicht verstanden. Nur so viel wusste ich: Der Gewinner hatte am Ende einen Haufen Wrestler-Karten vor sich liegen.

»Bitte«, sagte er so langsam, als wäre ich ein Außerirdischer. *Will er mich jetzt veräppeln?* Ich hatte das Gefühl, dass uns die ganze Klasse beobachtete. *Was ist denn jetzt los?* Verwirrt schaute ich zu Noah rüber, der immer noch stur die Tafel anstarrte.

»Ich«, sagte der Schwarze und tippte auf seine Brust. »Dein«, er zeigte auf mich. Und dann sollte ich ein neues und durchaus wichtiges Wort kennenlernen: »Freund«.

Kapitel 20
Ein Psycho

Nach meinem Prügelsieg über Noah war in der Schule nichts mehr, wie es gewesen war. Meine Mitschüler verspotten und mieden mich nicht mehr. Stattdessen hielten sie respektvollen Abstand. Ihr Verhalten ähnelte dem von Raubtieren in einem Rudel, wo die Schwächeren vor dem Stärkeren kuschen, um ihn nicht herauszufordern. Ab und an kam es vor, dass ein Mitschüler aus irgendeinem unausweichlichen Grund direkt vor mir stand. Dann lächelte er angespannt, mit zuckenden Mundwinkeln und flatternden Pupillen, als würden seine Augen vor meinen davonlaufen. Wenn ich einen solchen Blick auffing, fand ich darin Furcht, aber zugleich auch Anerkennung.

Meine Mitschüler hielten mich für … nun ja … ein wenig verrückt. Bevor ich dem beliebtesten Jungen der Klasse das Blut aus dem Leib geprügelt hatte, war ich bloß der wortkarge Neuling gewesen, ein störrischer Eigenbrötler, der sich vom Rest isoliert und in seiner eigenen Welt eingemauert hatte. Über so einen konnte man sich ohne weiteres lustig machen. Nun war es anders. Nun war ich der einsilbige Einzelgänger, der zu gefährlichen, unbegründeten Gewaltausbrüchen neigte. Ein introvertierter Schläger. An meinen Kinderhänden klebte Kinderblut – und alles zusammen ergab einen fabelhaften Psycho. So einen verspottete man lieber nicht.

Bald verbreiteten sich wilde Ammenmärchen über diesen Psycho. Kein Wunder: Die Kinder meiner Schule waren meist leichtgläubige, schnodderige Einfaltspinsel aus mittellosen Familien, die sich bereitwillig jeden Bären aufbinden ließen, so dass es in ihren Köpfen vor abstrusen Hirngespinsten nur so wimmelte. Man verstehe mich nicht falsch, ich will mich nicht über sie lustig machen, denn natürlich konnten diese Kinder nichts für ihre schlichten Gemüter. Sie waren nicht so zur Welt gekommen, sondern wurden so *gemacht*. Im Grunde genommen sind wir alle nichts weiter als Klumpen Tonerde auf der Töpferscheibe der Welt, wo wir geformt oder verformt werden.

Die abenteuerlichsten Gerüchte über mich machten also die Runde und verschafften mir eine gewisse Berühmtheit. So hieß es beispielsweise, ich hätte ein Schweigegelübde abgelegt und mir selbst ein Stück Zunge abgeschnitten, um es besser einhalten zu können – das sollte wohl auch mein Stottern erklären. Einem anderen Gerücht zufolge war mir in einem Lager das Kämpfen beigebracht worden, schließlich lerne man in Afghanistan von Kindesbeinen an Krieg zu führen. Zudem hätte ich einer streunenden Katze mit bloßen Händen das Genick gebrochen. Keine Ahnung, wie sie *darauf* gekommen waren – vermutlich gehört zu einem echten Psycho das Quälen von Tieren einfach dazu. Die kindliche Fantasie meiner Mitschüler kannte keine Grenzen und war so bunt wie der Stoff eines Zirkuszeltes.

Über all diese Gerüchte konnte ich nur lächeln – von der Sache mit der Katze einmal abgesehen, die mir ganz und gar nicht gefiel. Ich mochte Tiere und wäre nie im Leben auf die Idee gekommen, einem unschuldigen Haustier etwas anzutun. Als ich nun der deutschen Sprache allmählich immer mächtiger wurde, setzte ich alles daran, zumindest dieses Gerücht aus der Welt zu schaffen. Das übrige Gerede störte mich nicht weiter.

Im Übrigen hatte es auch einige Vorteile, den Ruf eines Psychos zu genießen. Erstens ließ man mich in Ruhe. Ich hätte gackernd und quiekend über den Schulhof laufen können, ohne dass irgendwem ein Kommentar über die Lippen gerutscht wäre. Zweitens behandelte man mich jetzt mit Respekt. Wenn die Lehrerin mich aufrief und ich wieder einmal stotternd ein paar völlig unpassende Wörter zusammenklaubte, blieben nun alle mucksmäuschenstill. Sie behielten ihr Hyänengekicher für sich. Drittens war ich *irgendwie* beliebt. Man hielt mir Türen auf, als wäre ich ein feiner Herr, manchmal fand ich Bonbons auf meinem Tischpult und noch dazu wurde ich im Sportunterricht immer als Erster in eine Mannschaft gewählt. Dabei war ich nach wie vor unsportlich und hatte den wabbeligen Körper einer im Wasser treibenden Qualle.

Zwei schulische Begebenheiten aus dieser Zeit waren aber dann doch reichlich absurd. Das eine war die Sache mit der Klassensprecherwahl. Drei Jungen kandidierten. Zwei, zu denen ich keinerlei Bezug hatte, und Noah. Er schien kein echtes Interesse an der Kandidatur zu haben, musste sich aber als bisheriger Klassensprecher mit zur Wahl stellen. Die zwei Jungen bauten sich vor der Klasse auf und brabbelten irgendetwas. Sie waren wie Obstkörbe, die sich selbst verkaufen mussten. Noah stand still in der Ecke und äußerte sich nicht weiter. Sowieso schien er seit der Prügelei *irgendwas* verloren zu haben. Ich wusste nicht genau *was*; wenn ich ihn aber ansah, erinnerte er mich an den kahlen Stängel einer Pusteblume, der bei einem Windstoß alle Samen auf einmal davongeflattert waren.

Ich enthielt mich und gab einen leeren Zettel ab. Außer meinem Namen und wenigen kurzen Wörtern konnte ich natürlich ohnehin nichts schreiben. Eines dieser Wörter war VERSAGA. Erst im Nachhinein fand ich heraus, dass VERSAGA gar kein richtiges Wort war – was die Sache umso kläglicher machte. Das Wort stand mit blauer Farbe auf die Innenwand unseres Eingangs zum Treppenhaus geschrieben; groß und leuchtend hob es sich vom restlichen Gekritzel ab. Jeden Tag sah ich es an, wenn ich auf den Fahrstuhl wartete, und irgendwann entschied ich mich, Jackie nach der Bedeutung zu fragen.

»SAGA ist eine Hamburger Baugesellschaft für soziale Wohnungen – und wir leben in so einer«, erklärte sie.

»A-a-aber warum *VERSAGA*?«

»Ein Versager ist ein Verlierer, ein Taugenichts, eine Null – wahrscheinlich gehen die meisten davon aus, dass man in den Jenfelder Hochhäusern eben auch nichts anderes findet als solche Leute«, antwortete sie zynisch.

VERSAGA, dachte ich. Wer auch immer sich dieses Wortspiel ausgedacht hatte, war mit Sicherheit kein Idiot.

Unsere freundlich lächelnde Lehrerin schrieb die Namen der Klassensprecherkandidaten an die Tafel und machte sich an die Auszählung der Stimmzettel. Als sie das erste Papier auseinanderfaltete, machte sie große Augen und zog die Mundwinkel überrascht an. Dann nahm sie die Kreide in die Hand und schrieb einen weiteren Namen an die Tafel: *Hamid*. Ich musste es ganze drei Mal lesen, bis ich es glauben konnte. *Was ist denn nun schon wieder los?*

Sie faltete einen weiteren Zettel auf, nickte lächelnd und machte einen zweiten weißen Kreidestrich unter meinen Namen. So ging es die ganze Zeit weiter. Noah blies sich eine Locke aus dem Gesicht und die zwei anderen Kandidaten verstanden die Welt nicht mehr – genauso ging es mir. Was *sollte* das? Muss man anderen denn immer erst das Fürchten lehren, um von ihnen akzeptiert zu werden? Was war das bloß für ein Mechanismus, der da über sozialen Rang und gesellschaftliche Geltung bestimmte? Was war das überhaupt für eine Welt? Am Ende des Schultages gratulierte mir die Lehrerin mit ihrem üblichen Honigkuchenlächeln zum Sieg wider Willen. Diese Welt war ein rätselhafter Ort.

Die andere unerklärliche Begebenheit war, dass Aleeke nun in der Tat unbedingt mein Freund werden wollte. Aleeke war der Schwarze, der mir den Fußball an den Kopf geschossen und dem ich daraufhin ein blaues Auge verpasst hatte. Er war es auch, der mir später von dem umlaufenden Gerede erzählte und mich mit den

Details der wilden Gerüchte über mich vertraut machte. Bis heute bin ich mir ziemlich sicher, dass er einige dieser Gerüchte selbst in Umlauf gebracht hat. Schließlich hatte ich ihm gehörig eine verpasst und ihn damit vor der gesamten Schule erniedrigt. Die anderen Kinder hänselten ihn deswegen, und in diesem Alter ist ein gehässiges Kinderlachen wie ein fetter schwarzer Blutegel, der einem die Freude aus der Seele saugt. Von den Gerüchten dagegen konnte Aleeke nur profitieren, stand er so doch gleich in einem viel besseren Licht da. Ein blaues Auge von einem mörderischen Psycho verpasst zu bekommen, der in einem afghanischen Kampflager ausgebildet worden ist, war schon nicht mehr so demütigend, ja, es machte einen sogar interessant.

Anfangs hatte ich keinerlei Interesse an einer Freundschaft mit Aleeke. Ich wollte *überhaupt* keine neuen Freunde. Mir gefiel es ganz gut hinter der hohen Mauer, die ich aus den Ziegelsteinen meiner schmerzlichen Erfahrungen errichtet hatte. Die Erwachsenen verstanden das nicht; ihnen fehlte das nötige Feingefühl. Ohne sich viel Gedanken zu machen, glaubten sie, derlei Probleme seien höchstens etwas für ältere, gereiftere Menschen.

Wenn manche nur wüssten. Dass eine Kinderseele verletzlich wie Pergamentpapier ist. Dass sie genauso leicht einreißt und die Anzahl der Risse unsere werdende Persönlichkeit entscheidend prägt und mitzerreißt. Dass schon Kinder Schutzmauern errichten *müssen* und dass diese Mauern sehr früh sehr hoch werden können. Meine ragte bis an den Himmel.

Einen Freund zu haben hieße, diesen Menschen einzulassen, ihn so groß werden zu lassen, dass er hinter diese Mauer zu spähen vermochte. Und dann bedürfte es nur *einer* falschen Bewegung, um alles zum Einsturz zu bringen und das bisher von der Mauer Geschützte unter den Trümmern zu begraben. Das wollte ich nicht riskieren. Ich wusste bereits, wohin Freundschaften führen konnten, wie viel sie in Trümmer zu legen vermochten.

Mein Einzelgängerdasein befriedigte mich völlig. Den Unterricht vertrieb ich mir mit gedankenlosem Dahinträumen und der Naturbeobachtung; dem Unterrichtsgeschehen konnte ich nach wie vor nichts Nützliches abgewinnen. Nach der Schule sah ich weiterhin fern oder stopfte alles Mögliche in mich hinein, auch wenn ich keinen Hunger hatte. Das waren wohl meine einzigen Interessen. Ansonsten war ich gern für mich allein.

Doch nun war da Aleeke, und er wollte unbedingt mein Freund werden. In den Pausen heftete er sich mir an die Fersen und begleitete mich wie ein Schatten. Ich mochte ihn nicht besonders. Er war schrill und gierte nach Aufmerksamkeit. Außerdem gefiel mir nicht, dass er sich erst *jetzt* um meine Freundschaft bemühte. Noch vor kurzem hatte er mich verspottet und gequält. Ich konnte einem Naturell, das seine Vorlieben und Sympathien so leicht änderte und einfach sein Fähnchen nach dem Wind drehte, nicht viel abgewinnen. Also tat ich mein Bestmögliches, ihn zu ignorieren, aber Aleeke gab nicht auf.

Einmal schenkte er mir eine rote Baseballkappe und einen *Peace*-Schlüsselanhänger aus Metall. Als ich von der Pause ins Klassenzimmer zurückkam, lag beides auf meinem Tisch – das machte mich nun endgültig wütend. Ich hatte die Wrestler-Karten nicht angenommen und würde auch diese neuen Geschenke nicht annehmen – ich wollte seine Freundschaft einfach nicht! Also packte ich die Baseballkappe und den Schlüsselanhänger und marschierte damit auf Aleekes Platz zu. Er kippelte mit seinem Holzstuhl und ein Kaugummiballon blähte sich vor seinen wulstigen Lippen auf. Er lächelte freundlich. Vermutlich glaubte er, dass ich mich über seine großzügigen Geschenke freute.

Zornig fuchtelte ich mit den Sachen herum. »Nein!«, brüllte ich. »Nein! Nein! Nein!« Aleeke legte seinen Kopf schief und sah mich verblüfft an. *Du Idiot.* Ich presste meine Lippen zusammen und warf mit der Baseballkappe nach ihm. Das kam ziemlich überraschend. Reflexartig griff er nach der Kappe; sie sprang von der einen Hand in die andere wie ein Stück heiße Kohle. Aleeke verlor das Gleichgewicht und kippte mit dem Stuhl nach hinten um. Er landete krachend auf dem Boden und ächzte. Die gesamte Klasse brach in gellendes Gelächter aus. Aleekes geplatzter Kaugummiballon klebte wie ein Spinnennetz um seinen Mund – er machte einen kläglichen Eindruck. Seufzend ging ich zu meinem Platz zurück. Später dachte ich noch lange über den desolaten Ausdruck in seinen Augen nach. Wieder hatte ich ihn ungewollt gedemütigt. Das schlechte Gewissen ließ mir keine Ruhe. Es war wie eine halb zerstampfte Kakerlake, die an meiner Schuhsohle klebte und sich wand. Warum war dieser Schwachkopf auch so wahnsinnig darauf versessen, mein Freund zu werden? Ich meine, immerhin hatte ich ihm vor wenigen Wochen ein blaues Auge verpasst.

Nach einer schlaflosen Nacht entschied ich, es wiedergutzumachen, indem ich sein Freund wurde. Nun ja, nicht wirklich ein *Freund*. Ich würde eben mit ihm abhängen und damit meine Schuld tilgen, mein Gewissen erleichtern. Auf die Dauer wurde das dauernde Alleinsein ohnehin ziemlich ermüdend und langweilig, auch wenn es mich nach wie vor nicht sonderlich störte. Und in Gesellschaft von jemandem, der nicht mit mir verwandt war, nicht meine Sprache sprach, würde ich immerhin meine Deutschkenntnisse aufbessern können.

Ich putzte mir die Zähne, wusch mein verschlafenes Gesicht, besprengte meine Haare mit etwas Wasser und zog eine Bluejeans sowie einen grauen Filzpullover an. Bevor ich die Wohnung verließ, griff ich in das Glasgefäß mit meinen heiß geliebten Murmeln und fischte eine Handvoll heraus. Die harten Kugeln massierten meine Handfläche.

Im Klassenzimmer wartete ich, bis sich der Raum vollständig gefüllt hatte. Alle sollten es mitbekommen. Mit festen Schritten ging ich auf Aleeke zu und drückte ihm die Murmeln in die Hand. Erst begriff er nicht und schaute mich eingeschnappt an. Dann öffnete er seine Hand und betrachtete die gläsernen Murmeln, die mit einem leisen Knirschen gegeneinander rieben. Plötzlich ging ein Leuchten durch seinen sonst so faden, öligen Blick. Aleeke schien sich zu freuen. Er hatte meine Geste verstanden.

Seither waren wie so etwas wie Freunde. Aleeke stammte aus Kamerun und hatte elf Geschwister. *Elf.* Jeder Name fing mit A an. Afua, Azuka, Adowa, Aduke, Akosua … den Rest habe ich vergessen. Aleeke prahlte gern damit, dass sein Name *starker Löwe* bedeutete – als lasse ein Name auf die Persönlichkeit seines Trägers schließen. Sein aufgekratztes Wesen trieb mich manchmal schier in den Wahnsinn. Er konnte keine Sekunde stillsitzen, wie von Hämorrhoiden geplagt rutschte er andauernd auf seinem Stuhl hin und her. Da er außerdem noch ununterbrochen plapperte, verbesserten sich meine Deutschkenntnisse tatsächlich innerhalb kürzester Zeit. Ich bemerkte nicht einmal, wie sich mein Wortschatz um eine ganze, neue Sprache zu vergrößern begann. Es schien ein natürlicher Prozess zu sein, wie wenn ein Chamäleon die Farbe einer neuen Umgebung annimmt.

Doch auch die Sache mit Noah ließ mir keine Ruhe. Ich fühlte mich noch immer in seiner Schuld. Mein Hass war der Reue gewichen und Reue entpuppte sich als ein merkwürdiges Gefühl. Wie ein faules Stück Obst, das einem schwer und unverdaulich im Magen liegt. Erst als Erwachsener habe ich den Sinn der Reue in unserem Leben begriffen. Sie ist wie ein gottgesandtes Tau, das uns der Himmel zuwirft, wenn wir vom Weg abkommen und in den Abgrund zu rutschen drohen. Ohne Reue wären wir verloren.

Noah ignorierte mich nach wie vor. Er tat es aber nicht mehr auf dieselbe eitle, kraftvoll-überhebliche Weise wie zuvor. Der hybride Glanz in seinen Augen war verschwunden – sie waren keine Smaragde mehr, sondern tümpelgrüne Steine. Ich hatte wohl seinen kindlichen Stolz gebrochen. Ich suchte mehrfach den Kontakt zu ihm, doch er zeigte sich nachtragend und stur und wies mich unmissverständlich ab. In seinem ablehnenden Verhalten erkannte ich meinen eigenen Starrsinn wieder, was ihn mir wiederum symphytisch machte. Aleeke zeigte kein Verständnis für meine Bemühungen um Noah. Was ich denn mit einem eigebildeten Lackaffen wie Noah wolle? Immerhin habe er mich monatelang mit Arroganz behandelt. Nun habe er es eben nicht anders verdient, als der Angeschmierte zu sein. »Und wer hat mir den Ball an den Kopf geschossen?«, fragte ich barsch. Aleeke verstummte.

Es war dennoch seltsam. Ich wollte unbedingt, dass Noah mir verzieh, dabei hatte ich ihn noch vor wenigen Monaten gehasst wie nie einen Menschen zuvor. Doch solange alle Brücken zwischen uns abgebrochen waren, würde mir mein Gewissen keine Ruhe lassen. Noah war nicht so einfach gestrickt wie Aleeke – ich musste mir eine List einfallen lassen. Einige Tage später hatte ich die zündende Idee.

Beim Sportunterricht achtete ich darauf, nicht in Noahs Mannschaft gewählt zu werden. Das Spiel ging los und die Spieler der beiden Mannschaften schossen sich nacheinander gegenseitig ab – wir spielten Völkerball oder etwas Ähnliches. *Ich muss den richtigen Moment abwarten.* Als sich Noah einmal unaufmerksam wegdrehte, riss ich einem Mitspieler den Ball aus der Hand. Ich zielte auf Noahs Schädel und erwischte ich ihn mit voller Wucht. Im Zielen bin ich immer gut gewesen. Der Ball prallte an seinem Kopf ab und Noah fiel taumelnd zu Boden. Die Mitschüler kicherten mal wieder wie ein Haufen gehässiger Hyänen; ihm gegenüber konnten sie es sich mittlerweile erlauben.

Noah richtete sich sofort wieder auf. Er kniff die Brauen zusammen und in seinen Augen flackerte es bedrohlich – die Wut stand ihm förmlich ins Gesicht geschrieben. Ich grinste ihn triumphierend an. Wie beabsichtigt hatte ich das Fass zum Überlaufen gebracht. Ohne einen Moment zu zögern, kam er auf mich zugelaufen, stürzte sich wie ein Raubtier auf mich und wir wälzten uns am Boden – doch ich wehrte mich nicht wirklich ernsthaft.

Die anderen Schüler bildeten einen Kreis um uns herum und feuerten *mich* an. »Hamid, Hamid, Hamid«, riefen sie im Chor. Das machte Noah nur noch wütender. Sein lodernder Zorn hatte seinen Verstand ausgeschaltet und er traktierte mich mit wütenden Fausthieben. Ich ließ es geschehen – und es fühlte sich gut an. Als würde er die Gewissensbisse aus mir herausprügeln. Nach jedem Schlag wog das lastende Gefühl der Reue etwas leichter.

Schließlich gelang es dem Sportlehrer, uns auseinanderzureißen. Er brüllte Noah an, doch der war noch immer fuchsteufelswild und versuchte sich aus dem Griff des Lehrers zu lösen. Er hatte mir mehrfach in den Magen geboxt und ich spürte leichte Krämpfe. Mein Mund füllte sich mit dem süßlichen Geschmack von Blut und meine Zunge schmerzte; ich hatte mich gebissen. Ich würde ein paar blaue Flecken kriegen. Ansonsten hatte ich nichts weiter abbekommen.

Unsere Klassenkammeraden waren längst verstummt, denn man brüllt nur den Namen des Siegers, und da sie alle zu mir gehalten hatten, kam Noahs Revanche-Sieg nun allzu unerwartet. Doch letztlich hat der Gewinner immer die Meute auf seiner Seite. Noah hatte den Psycho vermöbelt – er musste ordentlich Mumm in den Knochen haben, so hieß es später. Seine Ehre war wiederhergestellt.

Der Lehrer redete auf Noah ein, der vor Zorn bebte. Er sah mir direkt in die Augen und ich erwiderte seinen Blick. Doch mein Ausdruck war nicht feindselig, sondern versöhnlich. Da er recht scharfsinnig war, begriff er nun schlagartig die Situation. Er schnaubte weiter, doch nun schien er sich über sich selbst zu ärgern. Dann befreite er sich aus dem Griff des Lehrers und bahnte sich einen Weg in die Umkleidekabine.

Wir waren endlich quitt.

In der darauffolgenden Stunde saß Noah wieder neben mir. Wir schwiegen beide, doch bald schon rückte er näher an mein Ohr heran und flüsterte: »Hast du … mal einen Radiergummi für mich?« Dazu deutete er mit der Hand. Ich verstand, nickte und reichte ihm das Gewünschte. Mit einem Mal war die Anspannung zwischen uns verschwunden.

Kurz vor Ende der Stunde legte Noah die Stirn auf seine ineinander verschränkten Hände. Er murmelte etwas vor sich hin und mittlerweile wusste ich, dass er betete.

Ich musste unwillkürlich lächeln.

Kapitel 21

Sport

Ich war mittlerweile vierzehn Jahre alt und ich hatte zwei Freunde. Noah und Aleeke. Sie waren nicht nur *so etwas wie* Freunde, sondern echte Freunde, besonders Noah. Eine Entwicklung, die ich nicht hatte aufhalten können und die ich irgendwann auch nicht mehr aufhalten *wollte*. Wir verbrachten auch außerhalb der Schule viel Zeit miteinander und hatten eine Menge Spaß mit allen möglichen Blödeleien. Ich muss zugeben, es war eine schöne Zeit.

Freundschaften besitzen eine eigentümliche Kraft und können vieles verändern. Das sorglose Beisammensein und Teilen von Interessen war wie Medizin für meine kränkelnde Seele. In der langen Zeit meiner Einsamkeit hatte ich nur noch an die möglichen Schattenseiten der Freundschaft gedacht. Wie weh sie tun kann. Dass Freundschaft zu knüpfen bedeutet, eine innere Bindung zu einem Fremden aufzubauen, so dass er vom Fremden zu einem Freund wird – einem Freund, der verwunden und verschwinden und dadurch unheilbare Schäden hinterlassen kann. Auch jetzt noch ließen mich diese beklommen machenden Gedanken und Ängste nicht los, und oft hätte ich mich am liebsten wieder hinter meiner alten Mauer verkrochen und alle Türen verriegelt.

Doch es muss nicht immer so enden, redete ich mir gut zu. *Nicht immer.*

Die wachsende Bindung zu Noah sorgte dafür, dass meine Mauer immer durchlässiger wurde. Unsere vereinten Kräfte der Freundschaft trugen mit starker Hand Ziegelstein um Ziegelstein ab, ließen die Mauer zwischen uns schrumpfen. Seine ganze Wesensart kam mir entgegen und ich konnte ihn wirklich gut leiden. Entgegen meiner anfänglichen Erwartung war er weder oberflächlich noch manipulativ – ich hatte mir da vieles nur eingebildet oder aufgrund meiner mangelnden Sprachkenntnisse falsch interpretiert –, und unter seiner hart zu knackenden Schale verbarg sich ein wertvoller Kern, der vieles zu bieten hatte. Wie bei einer Mandel.

Noah stammte aus einer einfachen georgischen Familie, die großen Wert auf Sittsamkeit und Mäßigung legte. Diese Erziehung hatte ihn sehr geprägt und so war er bescheiden und zeigte kein Interesse an teuren Kleidern oder ähnlichen materiellen Gütern. Dagegen konnte Noah für alle möglichen anderen Dinge eine regelrechte Leidenschaft entwickeln. Für einen Song oder einen sportlichen Wettkampf etwa oder einfach das bloße Beobachten einer schwimmenden Ente auf dem See. Er konnte sich stundenlang in eine Tätigkeit vertiefen und den Rest der Welt vergessen.

Darum beneidete ich ihn. Ich kannte diese Erfahrung nicht, mein Wesen war flatterhaft wie der Flügelschlag eines Kolibris und ich hatte große Schwierigkeiten, mich allein auf eine Sache zu konzentrieren. Mein Kopf war immer woanders als meine Hände oder Füße, und meine Gedanken waren wie Abfolgen ungereimter Filmsequenzen, ein ständiges Zappen durch alle Kanäle; ich hatte größte Schwierigkeiten, sie zu ordnen und in einen klaren Zusammenhang zu bringen. Ich konnte mich höchstens mal vorübergehend in ein leckeres Gericht oder ein unterhaltsames Fernsehprogramm vertiefen, aber nichts konnte mich wirklich fesseln und ganz für sich einnehmen. Was vermutlich daran lag, dass all das viele, sinnlose Nichtstun meinen Hirninnenraum in eine unkultivierte, öde Wüstenlandschaft verwandelt hatte.

Es war besonders *eine* Entdeckung, die mein Bewusstsein bald dauerhaft verändern sollte – das Interesse am Sport.

Eines sommerlichen Tages überredete mich Noah zu einer Partie Basketball mit den Nachbarsjungen. Einmal die Woche trafen sie sich für ein zwangloses freundschaftliches Spiel auf dem Gummiplatz. Zuvor hatte Noah immer Aleeke mitgenommen, aber mittlerweile tat er es nur noch ungern. Das Verhältnis der beiden hatte sich merklich abgekühlt. Noah vertraute mir an, was ich sowieso schon wusste: Er fühlte sich von Aleeke verraten. Aleeke hatte ihn nach seiner Niederlage in der Prügelei mit mir einfach im Stich gelassen, war auf die Seite des Siegers übergelaufen und hatte sich fortan an *meine* Fersen geheftet.

»Aleeke ist ein treuloser Hund, der laufend sein Herrchen wechselt«, sagte Noah spitz. »Wenn die Stube woanders wärmer ist und das Essen besser schmeckt, leckt er prompt einem neuen Herrchen das Hinterteil.«

»D-d-du übertreibst«, gab ich zurück. Ich mochte Aleeke nicht wirklich trauen, aber so schlimm war er nun auch wieder nicht. Schließlich war er mein Freund.

»Du wirst schon sehen«, unkte Noah.

Was mir an Noah besonders gefiel, war, dass er keine neugierigen Fragen stellte. Er erkundigte sich weder nach dem Grund für mein Stottern noch nach meinem Leben vor der Ankunft in Deutschland. Es war, als hätte er ein gewisses Feingefühl für Themen, über die ich ohnehin *nie* hätte sprechen wollen.

Ich hatte mich lange gesträubt, bei diesen Basketballspielen mitzumachen. Immerhin hielt ich mich selbst für ungelenk und war nie ein großer Sympathisant *irgendeiner* Sportart gewesen – von meiner kindlichen Buzkashi-Begeisterung vielleicht einmal abgesehen. Aber mein Freund ließ nicht locker. So kam ich mit. Aleeke im Schlepptau. Noah gefiel das nicht, aber er tolerierte ihn meinetwegen.

Die anderen Mitspieler waren gleichaltrige Jungen aus der Nachbarschaft; Zigeuner, Türken, Jugos und so weiter. Einige von ihnen trugen ärmellose Basketballtrikots, bunte Kappen und Markenturnschuhe. Um zu erraten, dass diese Sachen allesamt gestohlen waren, musste man über keine detektivischen Fähigkeiten verfügen. Niemand in diesem Wohnviertel konnte sich solche Sachen leisten.

Sie empfingen uns freundlich, da Noah von den Jungs der Gruppe gemocht wurde. So wie fast überall. Der wahre Grund für seine Beliebtheit war wohl, dass er so ungeheuer loyal war – ein gestandener Mann in seiner Treue und Zuverlässigkeit. Er hielt stets fest zu den Menschen, die er mochte, und das gefiel mir an ihm.

»Das Ganze ist nur ein Spiel unter Freunden – nichts verbissen Ernstes«, versicherte er mir. Es war nur ein Spiel. Ich machte mit.

Es war Mittag und die Sonne stand im Zenit. Sie röstete meinen Schädel, versengte meine nackten Schultern. Schweiß tropfte mir vom Körper und ich fuhr mir mit der Hand über die Stirn. Der strenge Geruch aufgewärmten Gummis mischte sich mit dem Duft der ringsum blühenden Stiefmütterchen. Als das Spiel losging, stand ich erst einmal eine Weile unbeholfen mitten im Feld und tat nichts weiter, als schwer zu atmen und zu schwitzen. Angesichts meiner mangelnden Fitness bei zugleich stattlichem Körpergewicht konnte schon das bloße In-der-Sonne-Stehen mächtig an meinen Kräften zehren.

Plötzlich warf Noah den Ball in meine Richtung und ich fing ihn reflexartig. Meine Hände umschlangen die pralle Kugel und die Fingerspitzen bohrten sich in gefurchten Kunststoff. Augenblicklich durchströmte ein sonderbares Gefühl meinen Körper. *Ich* hatte den Ball. Er gehörte mir. Ich wollte ihn beschützen. Ihn wie ein Ei, in dem ein Küken reift, ins sichere Nest legen. Ein mir bislang unbekannter Ehrgeiz loderte in mir auf. Als würde es nur noch mich und diesen Ball geben. Nichts anderes zählte mehr. An nichts anderes dachte ich. Ich umschlang den Basketball und rannte los. Meine Bewegungen mochten taperig und unelegant wirken – aber das war mir ganz egal.

»Du musst *dribbeln*«, rief Noah. »Das ist kein Football!«

Doch ich achtete nicht auf ihn. Mit aller Gewalt bahnte ich mir den Weg zum Korb. Ich rammte die entgegenkommenden Spieler mit meinen Schultern wie eine Bowlingkugel die Pins. Sie fielen nacheinander um. Das könnt ihr vergessen, dachte ich, ich gebe diesen Ball niemals her.

Direkt vor dem Korb blieb ich stehen.

»Falsche Richtung!«, brüllte Aleeke – doch es war zu spät; ich nahm Anlauf, sprang und versenkte den Ball im Korb.

»Jaaa!«, grölte ich, »jaaa!«, und ballte meine Hände zu Fäusten. Ich hatte soeben einen Punkt gemacht! *Was für ein Gefühl!* Unglaublich.

»Noah, hast du das gesehen?«, rief ich aufgeregt und drehte mich um. Doch alle starrten mich nur an. Zwei der Jungen, die ich umgeworfen hatte, kauerten am Boden und rieben sich die Schultern. Warum freute sich denn niemand?

»Das war der falsche Korb!«, grölte Aleeke belustigt. Abrupt verdüsterte sich meine Miene. Ich hatte mich soeben zum Affen gemacht. Noah kam auf mich zugelaufen.

»Gut gemacht«, sagte er und zwinkerte mir zu. »Das war Absicht«, meinte er gegenüber den anderen Spielern. Ich verstand nicht. »In Afghanistan spielen die *so* – die sind nicht verweichlicht wie die Muschis hier.« Die anderen Spieler zogen die Augenbrauen hoch. »Dort geht es zu wie auf einem Schlachtfeld, wie bei einem waschechten *Wettkampf!*«, fügte Noah hinzu und klopfte mir auf die Schulter. Ich war von seinem spontanen Einfall zu meiner Ehrenrettung mehr als verblüfft.

»Ah …«, raunten die Jungen und nickten ehrfürchtig.

»Geh nicht zu rüde mit uns um – wir sind das nicht gewohnt, verstehst du?«, meinte er abschließend zu mir. Ich nickte und meine Mundwinkel verzogen sich zu einem Lächeln. Dann sagte er etwas leiser: »Du musst es weiter versuchen – Sport ist *dein* Ding, glaub mir.«

Das restliche Spiel verlief ohne Zwischenfälle. Ich stellte mich zwar tollpatschig an und warf keinen einzigen weiteren Korb, dennoch fand ich Gefallen an dem Spiel. Ich kann nicht genau sagen, was es war, was mich in seinen Bann zog. Die Dynamik? Die Lebendigkeit? Die Bewegung? Der Wettkampf um Sieg und Niederlage? Doch als es zu Ende war, fühlte ich mich seltsam erfüllt – dabei hatten wir verloren.

Es ist schwierig, die Wirkung zu erklären, die das Spiel auf mich hatte. Ich war wie eine verstaubte Glühbirne in einem dunklen Tunnel, die man zum ersten Mal angeschaltet hat. Ohne einen Anschluss, ohne Strom und Energie ist sie nutzlos. Erst wenn man den Stromkreis schließt, sie unter Spannung setzt, erwacht sie zum Leben und alles wird hell. Nur wenn sie leuchtet, ist sie von Bedeutung, erfüllt ihren Sinn und Zweck. Für einen winzigen Moment hatte ich mich so gefühlt. Bedeutungsvoll. Eine leuchtende Glühbirne.

Nach dem Spiel saßen Noah, Aleeke und ich im Schneidersitz auf dem Gummiplatz. Ich kramte eine Tüte Sonnenblumenkerne aus meinem Rucksack. Aleeke machte Späße. Wir lachten. Noah und ich teilten uns eine kühle Flasche Wasser. Wir knackten Sonnenblumenkerne. Und in ebendiesem Moment der inneren Zufriedenheit leuchtete ein Erinnerungsbild vor meinem geistigen Auge auf: Khalil, Jamal und ich unter dem schwer mit süßen Früchten behängten Feigenbaum im Makrorayon. Bunte Glasmurmeln rollen über die schwarze Erde. Ich gewinne die Partie. Jamal ist mal wieder eingeschnappt, er ist und bleibt ein furchtbarer Verlierer. Khalil freut sich über meinen Sieg und sammelt die Murmeln für mich.

Ein reißender Stich zog mir durch die Brust – ich verstand nicht *warum*. Ruckartig stand ich auf und verließ wortlos das Spielfeld. Auf dem Heimweg ertränkte ich die Bilder aus der alten Heimat gewaltsam wieder im dunklen Tümpel meiner verdrängten Erinnerungen.

Nachdem ich mich über so lange Zeit hinweg in mich selbst eingegraben hatte, nahm nun mein Interesse an einer Veränderung immer mehr zu. Die Welt ringsum veränderte sich tagtäglich. Menschen entwickelten sich. Am deutlichsten führten mir das meine Geschwister vor Augen. Julie machte gerade ihr Fachabitur und Jackie studierte bereits Rechtswissenschaften an der Hamburger Universität. Ihr tatendurstiger Ehrgeiz war unstillbar. Meine Eltern waren sehr stolz – wie alle afghanischen Eltern, denen die ungeahnte Entwicklung ihrer Kinder nun zum Lohn ihrer Flucht wurde.

Nur Wahid schien noch immer genauso orientierungslos zu sein wie ich. Er besaß zumindest seine Leidenschaft für Farben und Formen, nur wusste er nichts Gehaltvolles damit anzufangen. Bis ihn in einer schwülen Sommernacht ein rätselhafter Traum heimsuchte.

In seinem Traum durchwanderte Wahid zusammen mit mir das Bamiyan-Tal und traf dort einen Buddha, der mit einem Besen den Boden kehrte. Bei diesem Buddha handelte es sich nicht etwa um eine immense Steinfigur, wie es die berühmten, heute zerstörten Statuen aus Bamiyan waren, sondern um einen fettleibigen, kahlköpfigen und goldleuchtenden Buddha wie aus einem ostasiatischen Souvenirgeschäft. Doch dieser Buddha lächelte nicht. Seine wulstigen Lippen zeigten nach unten.

Wahid fragte ihn, warum er denn so traurig blicke. Der Buddha seufzte und setzte sich auf einen Felsen, als hätte er nur darauf gewartet, dass ihn jemand nach seinem Kummer fragte. Er sei müde, antwortete er. Sehr müde. Die Schweißperlen glitzerten auf seinem kahlen Goldschädel. Er müsse den ganzen Tag den Menschen hinterherräumen und ihren Dreck beiseiteschaffen. Der Buddha deutete mit seinem dicken Zeigefinger auf einen steilen Berg, der wie ein überdimensionaler zusammengefegter Staubhaufen aussah. Er bestand aus leeren Patronenhülsen, Handgranaten ohne Zeitzünder, zerdrückten Getränkedosen, Kaugummiverpackungen.

»Seht ihr«, sagte er. »Das ist nur der Dreck von *heute*.« Kein Wunder, dass er bei all der anstrengenden Arbeit sein Lächeln verloren habe. Wahid nickte verständnisvoll. Der traurige Buddha tat meinem Bruder leid. Er solle sich ausruhen.

»Mein Bruder übernimmt das Aufräumen und ich kümmere mich um dein Lächeln«, sagte Wahid zum Buddha. Ich ließ mir den Besen geben und fegte den Boden, derweil Wahid Farbkasten und Pinsel zückte. Er stellte sich vor den Buddha und zeichnete die Konturen seiner Lippen nach. Dann betupfte er dessen Wangen und Lippen mit Pfirsichfarbe und malte ihm halbmondförmige Augenbrauen. So. Jetzt sei er wieder wie neu. Er habe ihm das Lächeln ins Gesicht zurückgezeichnet.

Am nächsten Morgen erzählte uns Wahid von seinem wundersamen prophetischen Traum. Keiner von uns war je im Bamiyan-Tal gewesen. Seine malerischen Ausschmückungen weckten in uns die Sehnsucht nach dem unbekannten Bamiyan, die Sehnsucht nach Afghanistan. Mir gefiel Wahids Traum irgendwie. Ein wenig tiefgründig. Ein wenig verrückt. Ein wenig wie mein Bruder. Doch unser Vater verschluckte sich fast an seinem allmorgendlichen *chai*. Er sah Wahid streng an und fragte in ernstem Tonfall, ob er denn Haschisch rauchen würde. Schon seit längerem habe er den Verdacht, dass Wahid ab und an mal einen durchziehe. Besonders dann, wenn er sich im Zimmer einschließe und die melancholischen Klänge alter afghanischer Volkslieder durch die Wände schallten.

Mein Bruder verneinte. Was dann sonst mit ihm los sei? Nur Verrückte hätten solche Träume. Wahid ignorierte die Tiraden meines Vaters. So oder so, er hatte seine Bestimmung gefunden. Seine Leinwand sollten von nun an die Gesichter der Menschen sein – er würde ihnen mit seinen Farben ein Lächeln auf die Lippen zaubern.

Ich verspürte den inneren Drang, mich zu verändern und weiterzuentwickeln. Ein Drang, der mich niemals losließ, der mich ständig vorwärtspeitschte, so dass jedes Zurückfallen in die alte Lethargie undenkbar war. Dazu gehörte auch, dass ich mich in meiner Haut wieder wohlfühlen wollte. Ich begann, regelmäßig Sport zu treiben und meine Ernährung umzustellen. An den Wochenenden stand ich lange vor meinen Geschwistern auf und drehte einige Runden um den Block. Zu Beginn war jede Bewegung mühsam, als wären meine Beine aus Blei, doch mit der Zeit wurde ich schneller und fitter. Jeden Morgen stemmte ich Gewichte, ich ging mehrmals die Woche zum Basketball und zog an den Sonntagen Bahnen im nahe gelegenen Schwimmbad. Neben der Pubertät machte mein Körper in dieser Zeit noch eine zweite Entwicklung durch. Ich verlor an Gewicht, mein Rücken wurde breiter und die Umrisse meiner Muskeln traten immer deutlicher und kräftiger aus dem Hautmantel hervor.

Doch es war nicht nur das. Erstaunlich war, dass mein Stottern merklich weniger wurde. Ich verhaspelte mich nicht mehr bei jedem Satz und stockte nur noch, wenn ich *wirklich* aufgeregt war. Im Gegenzug wuchs mein Selbstwertgefühl.

Der Sport gab mir Kraft und innere Ruhe. Er nahm meine Aggressionen und verwandelte sie, machte sie zum Treibstoff meiner Bewegungen und verschaffte meiner stetigen Unruhe, dem untergründigen Drängen in mir ein Ventil. Wenn ich hinterher erschöpft und ausgepumpt unter der Dusche stand, spürte ich in mir Frieden, Zufriedenheit, Glück. Allerdings hielt dieses wohltuende Gefühl der friedvollen Ruhe nie lang an, und bald erwachte jene quälende Unruhe und Unzufriedenheit in mir wieder und drängte mich – ein Gefühl, das niemals länger von mir abließ, aber das ich durch den Sport immerhin bezähmen, zu etwas *Gutem* machen konnte.

Eines Samstagmorgens wachte ich noch vor Sonnenaufgang auf, trank ein Glas Orangensaft, nahm ein gesundes Frühstück zu mir und machte mich auf den Weg zum unweit gelegenen Öjendorfer Park, wo es einen See gab, an dem Ausländerfamilien im Sommer Grillfeste veranstalteten. Dort angekommen, absolvierte ich einige Dehnübungen und joggte los. Ich schloss die Augen, füllte meine Lungen mit Luft und lief und lief und lief. In diesem Augenblick passierte es: Ich gab mich vollends einer Sache hin. Ich verschmolz mit meinen Bewegungen; meine Gedanken und mein Körper waren eins – höchste, innige Konzentration von einer geradezu überirdischen Klarheit. Ein Gefühl wie nicht von dieser Welt.

Kapitel 22
Der Traum von Blankenese

Aus unterschiedlichen Gründen, die nichts mit dem Unterricht zu tun hatten, begann mir die Schule Spaß zu machen. Ich besuchte nun die Haupt- und Realschule in Jenfeld, und wir hatten es so deichseln können, dass Noah, Aleeke und ich in dieselbe Klasse kamen.

In der neuen Klasse hatte ich mich noch kein einziges Mal geprügelt – es hätte auch keinen Anlass dazu gegeben. Die zuvor so unkontrollierbaren Gefühle von Hass und Wut waren aus meiner Seele verschwunden oder schlummerten zumindest tief unten auf ihrem Grund, und wenn sie einmal drohend an die Kerkertüren ihrer dunklen Verliese hämmerten, hatte sie der Sport rasch wieder zum Schweigen gebracht. Die Freude am Sport hatte etwas in mir geweckt; etwas, das tief in meinem Inneren geschlummert hatte: die Neugier auf das Leben. Ein Leben, das ich verweigert und wie einen gut gefüllten Teller von mir weg geschoben hatte – immer und immer wieder. Im Grunde hatte ich *gegen* das Leben gekämpft, das Leben aufgegeben. Aber wofür? Für welches Ziel? Für wen? Nicht für mich jedenfalls.

Nun schien alles eine neue Richtung einzunehmen. Der Horizont lang offen und einladend vor mir, und ich war ein Kapitän, der in letzter Minute beschlossen hatte, seinen Kurs zu wechseln – gerade noch rechtzeitig, bevor das Schiff an einem Felsen zerschellt wäre.

Jeden Morgen freute ich mich auf den neuen Tag. Kaum hatte ich meine Augen geöffnet, dachte ich nur noch an Basketball. Ich träumte vom intensiven Geruch des Balles. Vom Kribbeln, wenn ich ihn zwischen meinen Fingerkuppen kreisen ließ. Dem dumpfen Laut, wenn er auf dem Asphalt aufschlug. *Ich musste spielen.* Und zwar in jeder freien Minute.

In den ersten Schulstunden konnte ich mich kaum konzentrieren, denn ich musste unablässig an die große Pause denken. Ich hatte den unbändigen Drang, mich zu bewegen, und sobald der Gong durch das Klassenzimmer zu vibrieren begann, stürzte ich schon aus dem Raum, um mir als Erster den Ball zu schnappen. Es war ein billiger, abgenutzter Basketball aus synthetischem Material, der kaum noch Grip hatte – aber für mich war er alles, was ich brauchte.

Mittlerweile hatte ich für alle möglichen sportlichen Aktivitäten eine große Leidenschaft entwickelt: Laufen, Schwimmen, Volleyball, Zirkeltraining. Aber Basketball – Basketball hatte es mir *wirklich* angetan. Mir gefiel das Spiel in der Gruppe, und ich fühlte mich zugehörig. Wir Sportler, Basketballer waren eine Einheit, wir gehörten zusammen und setzten uns ab von den Jungs, die heimlich in den Pausen rauchten, ständig onanierten und sich nur für Mädchen und Sex interessierten – für uns zählte nur das Spiel. Das schweißte zusammen und ließ aus Fremden schnell Freunde werden. Es war wirklich ein Phänomen.

Wenn ich dann auf den Korb zulief, meinen Gegner austrickste und mir die Seele aus dem Leib schwitzte, war es ein gelungener Tag. Ein wunderbarer Tag. Nach jedem Spiel fühlte ich mich ein wenig reiner – als hätte der Schweiß den Dreck von meinem Körper und aus meinen Gedanken gespült. Ich liebte dieses Gefühl, und es ist mir unvergesslich geblieben.

Insgesamt schien in dieser Zeit alles besser zu werden: meine Noten in der Schule, die Beziehung zu meiner Familie, meine ganze Einstellung gegenüber dem Dasein. Es war irgendwie ein Neubeginn. Und gerade in dieser Zeit – jetzt, wo ich angefangen hatte, das Leben zu *wollen*, es so sehr zu wollen, wie ich atmen wollte – holte mich schließlich meine Vergangenheit ein. Sie legte sich wie eine Wurfschlinge um meinen Hals und zog mich in das Loch zurück, aus dem ich gerade erst herausgekrochen war.

Mahnende Anzeichen gab es natürlich auch damals. Ich wollte das Leben, unbedingt, mit all seien Genüssen und Versprechungen, aber wollte ich nicht vielleicht auch *zu viel?* Mir stand nicht der Sinn danach, das zu hinterfragen. Zuerst einmal *wollte* ich. Immer wenn ich im Hausflur stand und dieses Wort »VERSAGA« las, mir dabei meine Mutter vorstellte, wie sie demütig auf Knien den Dreck anderer Leute, ja selbst die Kackhaufen ihrer Hunde, wegschrubbte, immer dann flammte ein unbändiger Wunsch in mir auf. Ich wollte die Dinge besitzen, sie an mich reißen. Dinge, die mir nicht gehörten und die mir, wie es aussah, auch nie gehören würden. Geld. Ansehen. Macht. Alles, was ich mir damit erkaufen konnte. Mein Leben in VERSAGA-Jenfeld versprach mir nichts von alledem. Wie konnte ich dieser Realität nur entkommen? Gab es da nicht noch andere Möglichkeiten, andere Wege? Akbar, ein Exilafghane wie ich, hatte es doch auch geschafft! Immer wieder dachte ich an solchen Tagen an jenen Frühlingsnachmittag zurück, als ich wie gebannt seiner süß duftenden Freundin gefolgt und in seinem gelbem Raubtierwagen mit den schwarzen Lederbezügen wie der König vom Steindamm durch St. Georg gebraust war. Vielleicht hatte Akbar damals ja recht gehabt: Asylanten blieben nur drei Möglichkeiten. Die ersten beiden hatte ich bereits kennengelernt, und sie schienen jedenfalls nicht dahin zu führen, wo ich hinwollte. Und ich *wollte* dahin.

Eines jener Dinge, die ich eigentlich nicht haben konnte, flog mir eines Tages im wahrsten Sinne des Wortes einfach so zu: An meinem fünfzehnten Geburtstag schenkte Aleeke mir meinen ersten eigenen Basketball; keinen gewöhnlichen, sondern einen teuren NBA-Ball aus Leder – so einen hätte ich mir unmöglich leisten können. Aleeke war ein begnadeter Dieb und hatte diesen Ball eigens für mich gestohlen. Bereits mit vier Jahren hatte er seine erste Tüte Gummibärchen aus einem Supermarktregal geklaut, weil seine Mutter sie ihm nicht kaufen wollte oder konnte. Er wurde nicht erwischt und schlussfolgerte daraus, er könne *alles* haben, selbst wenn er es sich nicht leisten konnte. Für ihn waren die Artikel in einem Geschäft wie Früchte auf einem Baum, die man sich einfach nehmen konnte, solange keiner hinsah. Er kultivierte seine eigenen Methoden, die ihm das Stehlen einfacher gestalteten, und darin konnte ihm wirklich keiner etwas vormachen – Aleeke wurde *nie* erwischt.

Meine Freude über diesen Ball war unendlich groß. Ich konnte meine Dankbarkeit gar nicht in Worte fassen und umarmte ihn spontan. Aleeke war über diesen Gefühlsausbruch sichtlich überrascht. Ich auch. Es war lange her, dass ich einen Freund umarmt hatte. Genau genommen fünf Jahre. Ich konnte mich noch gut an diesen Moment erinnern: Damals hatte mich Jamal unerwartet umarmt, um sich vor seiner Flucht von mir zu verabschieden, was ich zu diesem Zeitpunkt aber nicht begriffen hatte.

Seltsam. Im Rückblick betrachtet, scheint alles irgendwie miteinander zusammengehangen zu haben. Ohne meinen anfänglichen Hass auf Noah und Aleeke wären sie vielleicht nie meine Freunde geworden, meine Leidenschaft für Basketball und Sport überhaupt wäre womöglich unentdeckt geblieben, ich hätte Adriana nie kennengelernt und wäre Jamal nicht wiederbegegnet. Am Ende führte mich mein Hass zurück zu Jamal.

Seit ich meinen Basketball hatte, nahm ich ihn überallhin mit; in die Schule, den Supermarkt, ins Einkaufszentrum. Wenn gerade kein Korb in der Nähe war, warf ich den Ball gegen eine Wand, wenn ich keine Wand fand, dribbelte ich am Boden – ich brauchte nur meinen Ball und eine waagrechte oder senkrechte Fläche. Einerseits war ich also recht anspruchslos, andererseits träumte ich von einer Spielfläche, die auch den höchsten Ansprüchen genügte. So verbrachte ich Wochen und Monate damit, die optimale Fläche zu finden – den *perfekten* Ort zum Spielen. Dafür begab ich mich bis in die entlegensten Winkel der Stadt. Meist allein, denn Noah und Aleeke fanden meinen übersteigerten Basketball-Enthusiasmus sonderbar. Sie meinten, ich würde nur noch an Basketball denken – und wenn ich einmal nicht an Basketball dachte, stemmte ich wohl Gewichte. Sie fanden, dass ich das Ganze viel zu ernst nahm. Was ich denn vorhätte? Profispieler zu werden? Sie verstanden es einfach nicht: Der Asphalt konnte woanders ebener, der Korb neuwertiger, die Atmosphäre eindrucksvoller sein. Und so suchte ich weiter.

Eines Tages fand ich dann einen Platz, der diesem perfekten Ort meiner Träume schon recht nahe kam. An einem kühlen Wintertag – ausgerechnet im Nobelviertel Blankenese. Und ich fand noch etwas anderes. *Jemanden.*

Der Hamburger Winter war ein ganz anderer als der Winter in Kabul, der die Stadt in trostlosen grauen Nebel einhüllte. Bei bitterem Nachtfrost starben dort die mageren Bettlerkinder, und die leise vom Himmel rieselnden Flocken hatten ihre Leichen bis zum Morgengrauen begraben. Eiseskälte ummantelte die afghanische Erde und das Land versank in tödlicher Stille. Wenn die Friedhofsruhe alles unter sich begrub, erinnerten nur noch das Heulen der Bomben und das Dröhnen der Panzer daran, dass es noch Leben und Morden in diesem Land gab, dass noch immer nicht alles tot war. Die Hamburger Wintertage waren dagegen eher sanft und freundlich, und an Tagen wie diesem übten sie einen eindrucksvollen und erhebenden Zauber auf mich aus. Das lichterlohe Geflimmer in den buntgeschmückten Straßen, der Duft von Lebkuchen und der Trubel auf den Weihnachtsmärkten ... unvergleichbar mit dem kältestarrenden Friedhofswinter in Kabul.

Ich war rein zufällig in Blankenese gelandet und fand auf Anhieb Gefallen an diesem Stadtteil. Die Sonne strahlte vom blauen Himmel und ringsum glitzerte der Schnee wie ein perlenbesetztes Hochzeitskleid. Einzelne Eisschollen tanzten unten auf der Elbe. Eine dünne weiße Schicht überzog die Baumkronen wie Puderzucker. Doch mehr als die Natur zog mich der unübersehbare Reichtum der Häuser ringsum in den Bann. Fürstliche Auffahrten mündeten in den breiten Doppelgaragen prunkvoller Villen. Es schienen ausnahmslos elegante Karossen die Straßen entlangzufahren, sie bogen in Zufahrten ein, deren Tore sich automatisch öffneten und schlossen.

Es stank förmlich nach Geld. Moneten schien es hier mehr als Schneeflocken zu geben. Auf merkwürdige Weise fühlte ich mich in dieser Umgebung gleichzeitig behaglich wohl und völlig fremd und ausgestoßen; ich spürte, dass ich hier ungefähr so gut hineinpasste wie ein Drei-Zentner-Mann in ein enges Rüschenkostüm. Arm zu sein fühlte sich in diesem Viertel besonders elend an. Und trotzdem genoss ich zugleich diesen üppigen Wohlstand, konnte mich an all der Pracht gar nicht sattsehen. Ähnlich verhält es sich vermutlich mit allen Orten auf der Welt, wo es jeden Luxus im Überfluss gibt. Im Gegensatz hierzu war das Leben in Afghanistan selbst für die Reichsten der Reichen bescheiden – ein paar der korruptesten Warlords vielleicht ausgenommen. Doch hier, in Deutschland, gab es alles im Überfluss. Von allem zu viel, nur für uns zu wenig. Das ließ die Gier umso stärker aufflammen.

Ich fand ein kleines umzäuntes Areal, wo es einen Basketballkorb gab. Es wirkte wie ein ungenutztes Privatgrundstück. Dort konnte ich spielen und gleichzeitig die Umgebung beobachten. Ich ließ meiner Fantasie freien Lauf und stellte mir vor, mit meiner Familie in einer dieser Villen zu leben.

Wir würden es uns auf einem Ledersofa vorm lodernden Kaminfeuer gemütlich machen und stilvoller Musik lauschen. Vermutlich europäischer Klassik … das hörten doch mondäne Leute … oder Jazz, da war ich mir nicht ganz sicher. Unser Vater würde einen bordeauxroten Bademantel tragen und eine Pfeife rauchen. Vor meinem geistigen Auge sah ich seine teure Armbanduhr im matten Feuerschein glänzen. Mutter hatte sich hübsch gemacht, wie jeden Abend, und jetzt stand sie in der Küche, damit beschäftigt, ein Lamm zu tranchieren … oder vielleicht besser eine Gans – kultivierte Menschen servierten wohl kaum ein ganzes Lamm, sie aßen Gänseleberpastete und Fischeier. Ich stellte mir den Geschmack von zerstampfter Leber auf meiner Zunge vor … da blieb ich doch lieber beim Lamm. Reiche Menschen konnten ohnehin essen, was sie wollten, und was sie heute aßen, war morgen eine Delikatesse, um die sie alle weniger Wohlhabenden beneideten. Wässrige Austern, Oktopus, rosafarbene Shrimps in Embryoform. Würden die Reichen anfangen, ihre Meerschweinchen aufzuessen, gäbe es in den Gourmettempeln bald Meerschweinchen à la carte. Gefüllt mit Gänseleberpastete.

Wenn ich also in einer dieser Villen leben könnte, besäße ich ein *eigenes* Zimmer und dazu noch einen Extraraum nur für meine Basketbälle, mit einem Korb an der Wand. Nein, einen *ganzen* Basketballplatz im Garten. So wie diesen hier, wenn nicht noch größer. Jeden Morgen würde mich ein Fahrer in einem schicken Wagen zur Schule kutschieren. Möglicherweise in einem gelben Mercedes … so wie Akbars Wagen. Ich hatte ihn damals so bewundert, als ich in seinem Nobelschlitten eine Runde hatte drehen dürfen. Wenn ich das nur auch haben könnte … Die Welt würde mir zu Füßen liegen … Die schönsten Mädchen mich umschwärmen …

Energisch ließ ich meinen Ball dribbeln und mein Traumgespinst zerplatzte wie eine Seifenblase, wenn sie gegen etwas Hartes stößt. Aber nicht alle Traumbilder platzten. Ich blinzelte. War das Traum oder doch Wirklichkeit?

Ein Lichtstrahl hatte mich geblendet und ich hatte den Blick zur Seite gewandt. Da sah ich sie. Ich blinzelte noch mal. Sie war so schön wie mein Traum von eben. Nein, schöner. Traumhaft, aber kein Traum. Dabei hatte ich nur einen Blick von der Seite auf ihr Profil erhascht. Ein unvergessliches Profil mit feiner Stupsnase und einer ebenmäßigen Stirn; einer Stirn, die die formvollendete Wölbung eines kostbaren Fabergé-Eies aufwies. Ihr hellbraunes Haar wellte sich an den Spitzen und leuchtete in einem sanften Goldton. Das Mädchen trug braune Lederhandschuhe, einen fließenden auberginefarbenen Wintermantel, der sichtlich teuer gewesen war, und fellbesetzte Schuhe mit kleinen Absätzen. Keine Frage: Sie kam aus wohlhabendem Hause.

Ich schätzte sie auf etwa sechzehn, doch ihre Wirkung war nicht die eines heranwachsenden Mädchens. Dafür war sie einfach ein viel zu beeindruckendes Geschöpf. Sie stand etwa dreißig Meter entfernt auf der gegenüberliegenden Straßenseite und schien mich nicht wahrzunehmen. Plötzlich hob sie leicht den Kopf an, wie ein Vogel, der ins Rauschen der Wälder horcht, und unsere Blicke trafen sich für eine winzige Sekunde. Es war einer dieser Augenblicke im Leben, in denen die Zeit stehenbleibt und förmlich einzurasten scheint. Die Welt stand für einen Sekundenbruchteil still, erfüllt nur vom unendlichen Dröhnen meines pochenden Herzens.

Dann war ihr Blick auch schon an mir vorbeigezogen, gleichgültig und ohne innezuhalten, wie der Kegel eines Scheinwerfers, der suchend die Umgebung abgetastet und nichts Besonderes gefunden hat. Aber ich konnte meine Augen nicht mehr von ihr abwenden. Von diesem Moment an wusste ich, dass sie zu mir gehörte. Ich weiß selbst nicht, weshalb ich mir da so sicher war. Es war rätselhaft und unerklärlich. Natürlich, sie war atemberaubend schön, aber das war nicht der wahre Grund. Diese Anziehungskraft ... sie zeugte von Besonderheit. Ich hatte noch nie etwas Ähnliches erlebt. Dieses Mädchen besaß etwas Pures und Einzigartiges – es leuchtete von innen wie ein Glühwürmchen in der Dunkelheit.

Bislang hatte sich mein Interesse am anderen Geschlecht in Grenzen gehalten. Ich hatte ein oder zwei Mädchen geküsst, doch vermutlich auch nur, weil sich die Situation mehr als angeboten hatte. Komischerweise kam ich beim weiblichen Geschlecht sogar an. Ich war gut gebaut, galt als rebellisch und mein Gesicht verströmte einen Hauch von Exotik – alles zusammen übte wohl einen gewissen Reiz auf die Mädchen aus. Doch noch keine hatte mein Interesse zu wecken und vom Sport weg auf sich selbst zu lenken vermocht. Bis zu diesem Augenblick.

Mich packte eine fremde Sehnsucht, und ich wusste, sie würde nicht verschwinden, solange ich dieses Mädchen nicht ansprach. *Ich musste mit ihr sprechen.* Ihr frontal ins Gesicht blicken. Alles über sie erfahren. Mein Ball glitt mir aus der Hand, sprang auf den Boden, hopste ein paarmal und rollte dann aus. Ich ließ ihn liegen und rannte, ohne weiter nachzudenken, auf die gegenüberliegende Straßenseite. *Ich werde mit ihr sprechen.*

Außer uns war die Straße menschenleer. Sie ging schon wieder weiter, wohin auch immer. Ihre Schritte waren schlendernd und langsam, als besäße sie alle Zeit der Welt. Bald hatte ich sie eingeholt und folgte ihr in geringem Abstand. Als eine kalte Winterbö meine Wange peitschte, war es, als würde ich aus einem Trancezustand erwachen. *Wie soll ich sie denn ansprechen? Was soll ich ihr sagen?*

Ich besaß nichts, außer einem gestohlenen Basketball ... womit ich hätte prahlen können? Zweifel kamen auf, mein Schritt geriet ins Stocken und ich blieb ein Stück zurück.

Wie sehe ich überhaupt aus? Ich schaute an mir herunter. Meine Bluejeans war verblichen, die zerfledderten, zu langen Hosenbeine schlurften schmutzig am Boden und meine billigen *Shamp*-Turnschuhe waren uralt. Ich rückte meine Wollmütze zurecht, in der ein fingerdickes Loch klaffte. Wer war ich schon? Die Schöne vor mir war kein gewöhnliches Mädchen aus Jenfeld – sie spielte in einer ganz anderen Liga. Mein Leben erschien mir im Gegensatz zu ihrem so unendlich mickrig und wertlos. Ich blieb stehen. Sie würde mich auslachen. *Was zum Teufel mache ich da bloß?* Wieso sollte eine wie *sie* mit einem wie *mir* reden?

Ich wollte gerade frustriert kehrtmachen und zu meinem Ball zurücklaufen, da blieb sie stehen und drehte sich in meine Richtung. Mir stockte der Atem. »Verfolgst du mich etwa?«, fragte sie und ich fühlte mich auf frischer Tat ertappt.

»N-n-nein«, stammelte ich. *Verdammt.* Ausgerechnet jetzt musste ich stottern! »I-i-ich spiele hier Basketball.«

»Und wo ist dein Basketball?« Sie hob eine Augenbraue an. Ich wurde von Sekunde zu Sekunde nervöser. Die in meinem Inneren brodelnde Hitze stieg mir zu Kopf, meine Wangen glühten, und ich hatte das Gefühl, dass es jeden Moment aus meinen Ohren herausdampfen müsse wie aus einem Kessel. Ich brachte keinen Ton heraus.

»Hast du etwa deine Zunge verschluckt?«

Ihre Stimme klang selbstbewusst und irgendwie … belustigt. Natürlich, dachte ich. Weil ich mich hier lächerlich mache. Der Gedanke regte mich auf. Für eine reiche Schnepfe wie sie war ein Tölpel wie ich sicher eine willkommene Abwechslung zum drögen Alltag. »Nein«, entgegnete ich kalt. *Was habe ich mir dabei bloß gedacht? Ich sollte lieber beim Basketball bleiben.* Verbittert wandte ich mich zum Gehen.

»Hey!«, rief sie plötzlich. »Willst du gar nicht meinen Namen wissen?«

Das kann sie unmöglich ernst meinen. Weitergehen. Sie macht sich nur über dich lustig … aber was, wenn nicht? Dann verpasst du gerade die Chance deines Lebens. Wer weiß, ob du sie jemals wiedertriffst. Du wirst bis ans Ende deiner Tage an diese eine verpasste Gelegenheit denken. Ich muss es zumindest versuchen. Mehr als verlieren kann ich nicht.

Im Nachhinein wünschte ich, ich wäre einfach weitergegangen … ihr wäre sehr viel Leid erspart geblieben. Doch ich machte kehrt und ging geradewegs auf sie zu. Als ich vor ihr stand, war ich derart nervös, dass mir kein einziges Wort einfiel.

Die Schönheit ihres Gesichts warf mich um. Die goldbraunen Augenbrauen rundeten sich zu feinen Bogen und ihre Lippen waren saftig und einladend wie ellipsenförmig geschnittene Pfirsichstücke. Ich wollte sie berühren … mit meinen Lippen, meiner Zunge … Und der Ausdruck dieser Augen erst. Ihre Farbe schimmerte wie flüssiger Nektar. Nirgendwo auf dieser Welt, wusste ich, würde ich ein zweites Mädchen wie sie finden.

»W-w-wie …« Ich täuschte ein Hüsteln vor. »Wie heißt du?«

»Adriana«, sagte sie geradeheraus und blies sich eine Haarsträhne aus dem Gesicht. »Und du?«

»Ein schöner Name … ich heiße Hamid.« Ich streckte ihr meine Hand entgegen, und als sie nach ihr griff, beugte ich mich ganz plötzlich hinunter und küsste sie auf die Wange. Es war nicht geplant, nicht beabsichtigt. Ein Reflex. *Oh Gott. Was tu ich da bloß?* Während ich das dachte, nahm ich ihren betörenden Duft nach Mandeln und frischer Milch wahr. Adriana zuckte zurück.

»Was wird das denn?«, fragte sie und unterdrückte ihr Lachen hinter vorgehaltener Hand. »Küsst du jedes Mädchen sofort?«

»N-n-nein«, sagte ich verdattert. »Tut mir leid.« Betretenes Schweigen.

»Na ja … schon gut … und warum hast du mich nun verfolgt?«

Weil du das Mädchen meiner Träume bist, dachte ich.

»Weil du das Mädchen meiner Träume bist!«, schoss es aus mir heraus. Es war so ehrlich und klang so abgedroschen, dass ich mich sofort dafür schämte. Ich leistete mir einen Patzer nach dem anderen – sie musste mich für einen totalen Volltrottel halten. Ich erwartete ein vernichtendes Lachen. Doch sie sah mir direkt in die Augen, und ich weiß nicht, was sie dort fand, aber im gleichen Moment huschte ein sanftes Lächeln über ihre Lippen. Ein kurzlebiges Lächeln, schwach wie Wellengekräusel im Wirbel einer flüchtigen Windbö – aber es war da gewesen. Sie hatte mich angelächelt.

Den ganzen Heimweg über wich mir mein breites Grinsen nicht mehr aus dem Gesicht. Ich konnte es kaum glauben. Mein Herz machte Freudensprünge. Ich war so glücklich. Vor der Haustür blickte ich noch einmal in den Himmel: Ein wahrlich anbetungswürdiger Mond glänzte wie poliertes Porzellan auf einer schwarzen Tischdecke mit kleinen funkelnden Punkten.

Ihre Telefonnummer. Sie hat mir ihre Telefonnummer gegeben. War so etwas absurd Undenkbares, undenkbar Absurdes überhaupt möglich? Ja, es war möglich. Es war geschehen.

Das Leben war voller Wunder.

Kapitel 23

Wiedersehen macht Freude

»Wie soll das funktionieren ... *die Welt verändern?*«, fragte sie.

»Es hört sich schwieriger an, als es ist«, antwortete ich.

»*Die Welt verändern* ... das hört sich nicht nach schwierig, sondern nach *unmöglich* an«, erwiderte sie scharfzüngig.

»Es muss nicht gleich die ganze Welt sein ... Veränderung kann mit einer winzigen Geste anfangen ... sie muss nur *beginnen.*«

»Na, dann beginne mal schön, am besten gleich hier in meinem Bett.« Adriana kicherte und schürzte die Lippen zu einem reizenden Schmollmund. Allerdings wirkten ihre Lippen heute ein wenig staubig und saftlos, wahrscheinlich war ihr Mundraum vom Kiffen ausgetrocknet. Wir rauchten ab und an einen, wie sehr viele andere junge Pärchen auch.

»Ich meine es ernst«, sagte ich mit Nachdruck und sah ihr ins Gesicht. »Es kann mit einem winzigen Samen beginnen.«

»Oder einem Samen*erguss*«, raunte sie lasziv und schob ihren warmen Schenkel über meine Leiste. Ihre Haut war soft wie Satinbettwäsche.

»Hör mir doch kurz zu.« Ich schob sie sanft von mir. »Wenn du heute einen Samen pflanzt, sprießt daraus morgen ein Baum, dieser trägt Früchte, spendet Schatten und reinigt die Luft, oder?« Sie nickte unbeteiligt und gähnte demonstrativ laut. »Wenn man sich's so überlegt, fängt eigentlich alles ganz klein an ... Vor rund siebzehn Jahren warst du so groß wie ein Wurm, und wer weiß, was du in deinem Leben noch alles schaffen wirst.« Ich erzählte unbeirrt weiter. Kiffen machte mich eindeutig redegewandter – zumindest *hielt* ich mich für redegewandter.

»Was soll *ich* denn schon schaffen? Ich werde die Schule beenden, studieren und dann irgendeinen Job annehmen.«

»*Mehr* willst du nicht vom Leben?«

»Vermutlich noch einen netten Mann, zwei Kinder, ein Haus, einen Hund.«

»Mehr nicht?«, fragte ich verständnislos. Ich mochte nicht glauben, dass man sich *damit* zufriedengeben konnte. Ohne irgendwelche höheren Ziele anzustreben.

»Mehr braucht es nicht, um glücklich zu sein. Und was ist mit dir – was willst du denn vom Leben?«

»Mehr als *das*.« In meine Stimme hatte sich unbewusst ein Hauch Feindseligkeit geschlichen.

»Also mehr als nur Basketball spielen und mit mir im Bett herumlungern?«, ergänzte sie mit einem frechen Lächeln im Gesicht.

»Ich möchte irgendwann zurück nach Kabul und Großes schaffen. Das ist mein Wunsch. Ich denke schon sehr lange darüber nach.« Ich wusste, dass es sich flach und geistlos anhörte, aber anders konnte ich es nicht ausdrücken. So war es. So und nicht anders.

»Samen pflanzen und Maiskolben ernten? Oder Hanfblüten? Mohnkapseln?« Adriana nahm mich nicht ernst, was mich wiederum entrüstete.

»Sehr witzig«, versetzte ich mucksch.

»Schatz, ich glaube kaum, dass die in Kabul mehr Samen und Bäume brauchen«, meinte sie abwesend. Dann zündete sie den halben Joint wieder an, rollte den Filter zwischen Daumen und Zeigefinger und nahm einen genüsslichen Zug. Mit halb geschlossenen Lidern atmete sie den trüben Qualm aus. Der Dunst tanzte die Wand empor und löste sich in Deckenhöhe auf.

»Woher willst *du* wissen, was die brauchen?«, fragte ich barsch.

»Weiß nicht … war nur so ein Gedanke«, gab sie kleinlaut zurück.

»Du hast keine Ahnung von dieser Welt, bist ein verwöhntes Püppchen und kennst nur die schönen Seiten des Lebens.«

Ich spürte eine Aversion gegen Adriana in mir aufsteigen. Das kam durchaus häufiger vor. Immer dann, wenn ich sie genauer ins Auge fasste, hinter die bildschöne Fassade drang, dort auf leere Räume stieß und feststellen musste, dass sie … nun ja … eben etwas oberflächlich war. Es fehlte ihr eindeutig der *Tiefgang*. Was vermutlich daran lag, dass sie sehr behütet in einer heilen Plastikwelt aufgewachsen war, bislang nur wenige Höhen und Tiefen erlebt hatte und nicht wie ich durch die Hölle gegangen war. Sie war von Natur aus eher extrovertiert, neigte nicht zu grüblerischer Selbstversunkenheit, und so war es eigentlich auch verständlich, wenn sie in ihren jungen Jahren und in diesem sorgenfreien Umfeld noch kaum Tiefe und Substanz entwickelt hatte. Schließlich prägen die Verletzungen, die wir erlitten haben, unsere Persönlichkeit entscheidend mit. Wie hatte Zahir einmal gesagt? »Wir können am Schmerz wachsen oder an ihm zerbrechen. So oder so ist das Leid der Weg in unser Ich. Ohne Wunden können wir es nicht finden.« Als würde uns das Leid den Körper aufschneiden und unter Schichten aus Haut, Blut und Fleisch die Seele suchen.

Adriana stieß einen gekränkten Seufzer aus. Die Abendsonne schien durch cremefarbene Gardinen auf ihren nackten Körper. Im rötlichen Strahlenkegel sah sie einfach hinreißend aus. Das zerzauste goldbraune Haar ringelte sich um ihre hellhäutigen Brustwarzen. Klein und rund, erinnerten sie mich an harte Knöpfe.

Vielleicht bin ich einfach zu streng mit ihr, dachte ich. *Sie hat recht – was tue ich schon, außer Basketball spielen und im Bett herumlungern?* Ich war nicht besser als sie. Adrianas Seele war noch kindlich heil, und das war auch gut so. Das Leben hatte ihr noch keine schweren Wunden geschlagen wie mir. Dafür konnte ich ihr keine Vorwürfe machen. Dagegen machte ich *mir* Vorwürfe, weil meine Zunge oft schneller als mein Verstand war und dadurch so manchen Schaden anrichtete. Wo es sich mit den Gedanken doch verhält wie mit gutem Wein – je länger man ihn ruhen lässt, desto reifer wird er.

»Das mit dem Baum war nur bildlich gemeint«, erklärte ich mit ruhiger Stimme. »Es geht einfach darum, etwas zu schaffen, das dauerhaft bleibt. Meine Mutter hat mir so etwas in der Art einmal erzählt und ich habe es mir zu eigen gemacht.« Ich legte meine Hand auf ihren warmen Bauch.

»Das sagst du immer.« Sie setzte sich auf.

»Was?«

»Dass ich keine Ahnung von dieser Welt habe. Wenn ich so verwöhnt bin und nur die schönen Seiten kenne – warum bist du dann mit mir zusammen?« Die Hälfte ihres Gesichts war überschattet, ihre ellipsenförmigen Lippen in dunkel und hell geteilt. In ihrer braunen Iris funkelten gelbe Punkte wie Nektartropfen.

Ich schlang meine Arme um ihren Rücken und zog sie näher an mich heran. »Na, weil du so süß und sexy bist«, flüsterte ich ihr ins Ohr und biss ihr sanft ins Ohrläppchen. Sie kicherte und versuchte sich spielerisch aus meinem Griff zu befreien.

»Sei ehrlich – warum bist du mit mir zusammen?«, fragte sie ernst.

Das fragst du mich? Ich brach in einen innerlichen Lachkrampf aus und ein leises Lächeln legte sich um meine Lippen. »Das weißt du doch.«

»Liebst du mich denn?«

Ich ächzte. Warum waren Mädchen so? Warum musste man ihnen alles andauernd durch Worte bestätigen? *Sag, dass du mich liebst. Sag es. Sag es. Sag es!* Es war immer dieselbe Prozedur.

»Ja.«

»Sag es.«

Ich fühlte mich wie in einem fensterlosen unterirdischen Raum gefangen, in dem mir allmählich die Luft ausging. Meine Muskeln kontrahierten und ich hatte das Gefühl, gleich einen Anfall zu bekommen. Einen Muskelkrampf. »Du weißt es doch«, wiederholte ich zähneknirschend. Natürlich liebte ich sie. Aber ich konnte dieses Gefasel nicht ausstehen. Worte waren trügerisch und schneller verraucht als jeder Joint. Ich bevorzugte Taten.

»Sag es«, forderte sie nochmals. Vor Wut schien sie nur noch diese zwei Wörter herausbringen zu können. *Sag es.* Wie eine zerkratzte Schallplatte. Ihre Miene war versteinert. Ich konnte meine Augen nicht von ihr abwenden. Sie war wunderschön, selbst oder gerade wenn sie wütend war. Eine Aura sinnlicher Unschuld umgab sie wie ein Strahlenkranz. Es ging mir noch immer durch Mark und Bein, wenn ich sie ansah – selbst nach einem Jahr Zusammensein.

Hatte Gott sie für mich gezeichnet? Nur für mich ganz allein? Jeder Pinselstrich war ein Abbild meiner Träume. *Mein Mädchen.* Ich musste es mir wieder und wieder ins Gedächtnis zurückrufen. Denn mein Glück begriffen hatte ich immer noch nicht. Wenn ihr Kopf auf meiner Brust lag und ihr lauwarmer Atem meine Haut streifte. *Mein Mädchen.* Es war wie ein Traum.

Unser erstes Date kam mir wie gestern vor. Ich konnte mich genau an jedes Detail erinnern. An die brennende Glut in mir, wenn ich ihre Hand hielt und ihre klar lackierten Fingernägel meine Innenflächen abtasteten. Allein schon diese Berührung ließ mein Blut in Wallung geraten. Es war ein atemberaubender Moment. Ich wollte ihn wie einen Vogel fangen und einsperren, so dass er mir nie wieder entwischen konnte. Wir kamen uns näher, küssten einander und ich inhalierte ihren nach Minze duftenden Atem. Das Zusammenspiel unserer Lippen und der Geschmack ihrer feuchten Zunge ... es trieb mich in den Wahnsinn! Wie im Rausch packte ich ihre festen Brüste, küsste ihr Schlüsselbein und ließ meine Hand unter ihren Rock gleiten. Obwohl sie eine dicke Baumwollstrumpfhose trug, spürte ich die Hitze zwischen ihren Beinen. Meine Atmung geriet außer Kontrolle. Mein Herz pochte heftig. *Was für ein Gefühl!* Adriana rückte ein wenig von mir ab und gab mir zu verstehen, dass ich zu weit ging – was mich nur umso verrückter machte.

Von diesem Tag an konnte ich an nichts anderes mehr denken. Wenn ich in der Schule war, Basketball spielte, am Esstisch aß ... immer dachte ich nur an Adriana und zählte die Stunden bis zum nächsten Treffen. Ich stellte mir ihren Körper nackt und in allen erdenklichen Positionen vor. Wie würde es sich anfühlen, wenn sie sich – oder ich sie – Faser für Faser auszog? Wie würde ihr Körper schmecken und duften? Ich wollte in ihr weiches Fleisch eindringen. Tief und fest ... Diese Fantasien bestimmten meine Tage und besonders meine Nächte. Sie raubten mir den Schlaf und bescherten mir feuchte Träume. *Ich musste sie spüren, sonst würde ich explodieren.*

Es passierte nach einigen Monaten, als ihre Eltern mal wieder verreist waren. Wir küssten uns leidenschaftlich und sie fuhr mir mit der Zungenspitze über die Lippen. Ich spürte die pulsierende Erregung in meiner Hose pochen. Meine Hände glitten durch ihr volles Haar, folgten den Rundungen ihres Körpers. Meine sehnsüchtige Gier ließ sie nur umso schöner erscheinen. Ich entblätterte sie langsam, Kleidungsstück um Kleidungsstück, wie eine zarte, verschlossene Blüte. Ein Stück unter ihrem Nabel entdeckte ich ein Tattoo, blaue Flügelspitzen und Fühler, aber um es ganz zu sehen, musste ich ihr erst den Slip abstreifen. Tatsächlich, ein Schmetterling!

Ich drückte ihre Beine auseinander. Sie wehrte sich nicht, schlang fordernd ihre Schenkel um meine Hüfte und zog mich näher an sich heran. Sie stöhnte mir leise ins Ohr und bohrte ihre Finger in meinen Nacken. Ich hob ihre Hüfte an und drang keuchend in sie ein. Langsam, mit kreisenden Bewegungen. Unsere Körper rasteten ineinander ein, waren eins und untrennbar. Wir glühten, verglühten miteinander. Es war, als würde mein Körper in Stücke gerissen, aber dieses Zerrissenwerden erfüllte mich mit rasender, befreiender Lust.

Sie lächelte beseelt. Die Poren meiner Haut saugten ihren Duft ein. Erschöpft nahm ich ihr Gesicht in meine Hände und küsste ihr abwechselnd Stirn, Augenlider und Lippen. Ich vergrub meinen Kopf in ihrem Haar und schlief mit ihrem Duft in der Nase ein. Eng umschlungen. Ohne jeden Gedanken an Vergangenheit oder Zukunft. Es sollte immer so bleiben. Immer nur Gegenwart. Ich fühlte mich leicht wie der über ihrem Schoß flatternde Schmetterling.

Warum mich Adriana liebte, war mir im Grunde ein Rätsel. Sie stammte aus besten Verhältnissen, und ich war bloß ein Asylant und damit mehr oder weniger der Abschaum der deutschen Gesellschaft. Ein ziemlich gewöhnlicher Asylant noch dazu, der Sport liebte und in den Tag hineinlebte. Meine Familie besaß weder Geld noch Ansehen. Ich konnte mir mit meiner Freundin noch nicht einmal einen Restaurantbesuch leisten, und Adriana war eindeutig Besseres gewöhnt. Ihre Eltern hatten sich getrennt und sie lebte aus irgendeinem Grund bei ihrem Vater, einem wohlhabenden Bauunternehmer, der vor einigen Jahren eine neue Frau geheiratet hatte. Persönlich kennengelernt hatte ich ihn bislang noch nicht. Natürlich nicht. Er war selten zu Hause und an seinen freien Tagen jettete er mit seiner verschwenderischen Partnerin um die Welt. Adriana meinte, das sei ihr *egal*, aber der bittere Ton in ihrer Stimme verriet das Gegenteil. »Egal« bedeutet nie *egal*. Besonders nicht aus dem Mund einer Heranwachsenden.

Dennoch war Adrianas Leben mehr als komfortabel; sie lebte in einer luxuriösen Villa, besuchte eine Privatschule und besaß ein oder zwei Pferde in einem abgelegenen Stall, um die sie sich aber kaum kümmerte. Ihr Leben drehte sich um Designertaschen, Urlaube in Südfrankreich – und um mich. Anfangs hielt ich es für reinen Protest: Die brave Vorzeigetochter rebelliert gegen den ständig abwesenden Vater. Nun war ein Jahr vergangen und sie war immer noch da. Warum auch immer.

»Da ist etwas in deinen Augen«, sagte sie einmal. »Etwas Trauriges, Verletzliches … ich weiß nicht, aber es ist immer da, selbst wenn du lachst.«

So etwas hatte mir noch nie jemand gesagt. Ich fühlte mich unbehaglich, als wäre ich ihr nun eine Erklärung schuldig. Ich sei überhaupt nicht traurig, meinte ich.

»Etwas *in* dir ist es. Du kannst es vielleicht verbergen, aber deine Augen … sie verraten dich.«

»Du redest unsinniges Zeug«, sagte ich kalt.

»Es ist die Wahrheit und … es hat mich berührt.«

Ich fühlte ich mich auf seltsame Weise ertappt und wechselte das Thema.

Es sah ganz so aus, als mochte Adriana noch so einiges mehr an mir, nicht nur die Trauer in meinen Augen. Sie fühlte sich in meiner Nähe beschützt, und ohne dass ich ein Wort darüber verlieren musste, war sie sich instinktiv sicher, dass ich immer für sie einstehen würde. Und genauso war es auch. Außerdem hielt sie mich für einen *Freigeist*, und das gefiel ihr. Ich hatte dieses Wort noch nie zuvor gehört. Ein Freigeist, so erklärte sie mir, trotze den Regeln der Gesellschaft und lebe sein Leben nach seinen eigenen Gesetzen. Keine Ahnung, wie sie darauf gekommen war, doch ich fand es schön, dass sie mich auf diese Art sah. Ein Freigeist. In ihren verliebten honigbraunen Augen fand ich mich selbst wieder – in hochidealisierter Form.

Insbesondere mochte sie auch unseren afghanischen Familiensinn, und wenn ich sie zum Essen mit nach Hause nahm, schwärmte sie noch tagelang von der Herzlichkeit meiner Mutter, den lärmenden Diskussionen zwischen meinen Geschwistern und den ausschweifenden philosophischen Vorträgen meines Vaters, die er ihretwegen auf Englisch hielt. Diese Sympathie beruhte auf Gegenseitigkeit: Auch meine Eltern und Geschwister mochten sie; ihr feines Wesen, die guten Tischmanieren und höflichen Umgangsformen. Und so fühlte sich Adriana, das Villenkind reicher, geschiedener Eltern, zwischen den orientalischen Teppichen und künstlichen Topfpflanzen unserer ärmlichen Wohnung in der Jenfelder Plattenbausiedlung pudelwohl. Sie meinte, wie hätten etwas, das man für kein Geld der Welt kaufen könne: Familienzusammenhalt.

Das machte mich stolz. In dieser Zeit war ich aus den verschiedensten Gründen oft stolz. Auf meine Familie, meine Freundin, mich selbst. Es war ein herrliches Gefühl, stolz sein zu können. Ich hatte mir ein neues, funktionierendes Leben in Hamburg aufgebaut, meiner Familie ging es gut, ich trieb Sport, war in meinem Umfeld anerkannt und hatte eine Freundin.

Alles entwickelte sich prächtig, aber etwas fehlte in diesem Leben. Wieder suchte mich Unruhe heim. Ich spürte, dass mir *das* nicht genügte. Nie genügen würde. Meine Seele dürstete nach etwas, irgendetwas, und ich wusste nicht, wie ich diesen Durst stillen konnte. Ich war noch immer auf der Suche. Auf der Suche *wonach?*

»Es kann nicht so schwer sein … *Ich – liebe – dich*«, sagte Adriana mit übertriebenen Lippenbewegungen, als versuche sie einem Taubstummen das Sprechen beizubringen. Ich grinste.

»Ist ja gut«, sagte ich lächelnd. »Ich – liebe – dich.«

Adriana schlang ihre Arme um mich. Ihre ganze Wut war plötzlich verflogen und sie war froh und selig wegen dreier dahingesagter Wörter.

»Hör mal … ich muss dir etwas erzählen.« Sie tunkte den ausgerauchten Joint in ein halbleeres Glas. Nachdem sie sich nun meiner Liebe versichert und dieses Thema erst mal abgehakt hatte, wechselte sie abrupt das Thema. »Da ist ein Junge …«

Ich richtete mich auf. »Was für ein Junge?«, fragte ich und hielt den Atem an.

»Ich wollte es dir nicht sagen, weil … ach, ich weiß nicht …«

»Sag schon«, gab ich mit aufgesetzter Ruhe zurück. Innerlich war ich zunehmend gereizt. *Was für ein Junge, verdammt?*

»Er hat mich einmal angesprochen, vor ungefähr sechs Monaten. Ich habe ihm die kalte Schulter gezeigt, doch seitdem treffe ich ihn andauernd auf dem Schulweg. Immer wieder. Es kann kein Zufall sein.«

Ich atmete erleichtert auf. Nach einem ernstzunehmenden Nebenbuhler klang das nicht gerade. »Was tut er, wenn er dich sieht?«

»Das ist es ja – nichts. Er starrt mich nur an, und dieser Blick …«

»Was ist damit?«

»Er ist unheimlich. Wirklich unheimlich. Es jagt mir jedes Mal einen Schauer über den Rücken.«

»Warum hast du mir bislang noch nichts davon erzählt?«, fragte ich wütend, ohne aber die Beherrschung zu verlieren.

»Ich weiß nicht … er hat mir ja nichts getan.«

»Wie heißt er?«

»Keine Ahnung.«

»Ab sofort hole ich dich von der Schule ab«, sagte ich mit erregter Stimme. »Du sollst wissen, ich werde dich immer beschützen, wenn dir Gefahr droht – von anderen Kerlen oder sonst was. Keiner soll dir je ein Haar krümmen, Adriana. Das verspreche ich dir, hoch und heilig. *Ich werde dich immer beschützen.*«

Sie nickte. »Danke. Ist gut. Ist ja nichts passiert.«

»Es *darf* auch nichts passieren.« Ich beruhigte mich wieder etwas. »Weißt du sonst noch etwas über ihn?«, hakte ich nach.

Sie schüttelte den Kopf. Dann überlegte sie kurz. »Doch. Er sieht ausländisch aus. So wie du. Und er hat eine fingergroße Narbe auf der Stirn, ziemlich auffällig.«

Zwei Wochen lang holte ich Adriana jeden Tag von der Schule ab, ohne dass etwas passierte. Der Junge mit der Narbe ließ sich nicht blicken. Ich schlug vor, ihr das nächste Mal ganz unauffällig zu folgen, so als würden wir nicht zusammengehören. Sollte sie ihn sehen, wollte sie mir ein Zeichen geben.

Ihre Schule lag nicht weit von ihrer Villa entfernt. Am nächsten Tag folgte ich ihr in einem größeren Abstand. Ich bemerkte ihn *sofort*. Er stand auf der anderen Straßenseite und rauchte. Doch war er zu weit weg, dass ich seine Gesichtszüge hätte ausmachen können. Zumal es Winter war und er seine Wollmütze tief in die Stirn gezogen trug. Adriana drehte sich um und gab mir das vereinbarte Zeichen.

Langsamen Schrittes überquerte ich die Straße und ging auf ihn zu. Er schien mich nicht wahrzunehmen. Sein Blick klebte an Adriana, schien sie förmlich zu verschlingen. Wut kochte in mir auf, und ich entschied, ihm gleich kräftig eine zu kleben, damit er nie wieder auf die Idee käme, meiner Freundin nachzustellen. Er war ganz in Schwarz gekleidet und unter seiner Mütze ragten lange, zum Zopf gebundene Haare hervor. Als ich ihn schon fast erreicht hatte, drehte er sich zu mir um, sah mich an und riss plötzlich die Augen auf. Sein Gesicht schien mir irgendwie vertraut. *Aber woher?*

»Hamid?«, fragte er entgeistert, als hätte er soeben ein Gespenst gesehen. Ich blieb ruckartig stehen und kniff blinzelnd die Lider zusammen. *Wer bist du?* Seine Mundwinkel verzogen sich zu einem Grinsen. Er nahm die Mütze ab und entblößte seine sichelförmige Narbe. Ich bekam eine Gänsehaut. Er war es. Jamal.

Das kann unmöglich wahr sein! Wie groß war schon die Wahrscheinlichkeit, dass sich zwei Freunde aus Kabul am anderen Ende der Welt zufällig über den Weg liefen? Und es dann auch noch auf dasselbe Mädchen abgesehen hatten? Ich starrte ihn an und konnte meinen Blick nicht von ihm abwenden. Da stand er. Seine Augen waren in die vertraute Schwärze und Dunkelheit getaucht. Seine Augen, in denen man sich verlieren konnte. Doch der Blick wirkte erloschen und einsam. Er machte einen Schritt auf mich zu. Früher war er größer als ich gewesen, nun überragte ich ihn um fast einen Kopf. Er schien seither nicht mehr gewachsen zu sein.

»V-v-verdammt ... das kann nicht wahr sein ...«, schoss es verdattert aus mir heraus.

»Scheiße, Mann!«, schrie er begeistert. »Du kannst ja wieder sprechen!«

Wir fielen uns lachend in die Arme. *Unglaublich.* Ich packte ihn unter den Achseln und hob ihn ein Stück an, so dass seine Füße über dem Boden baumelten.

»Immer noch ein *karamon*, ein Kämpfer!«, grölte er und klopfte mir auf den Rücken.

Die Zeit schien stehengeblieben. Als hätte es die letzten Jahre gar nicht gegeben. Wir waren wieder Kinder. Als seien wir nie getrennt gewesen. Meine Sinne spielten mir einen Streich und plötzlich hatte ich den rauen, herben Duft afghanischer Erde wieder in der Nase. Er drang wie aus einem geöffneten Parfümflakon und erfüllte die Luft.

Ich war wieder in Kabul. Kabul, wie es gewesen war. Kabul vor dem Sommer 1992.

Kapitel 24

An der Wegscheide

Es war fünf Uhr in der Früh, aber wir konnten nicht aufhören zu reden. Wir hatten einander eine Menge zu erzählen, und die Wörter sprudelten nur so aus uns heraus wie die Kohlensäure aus einer durchgerüttelten Flasche Sodawasser nach dem Öffnen. Endlich *durften* wir uns öffnen. Es war tatsächlich ein *Dürfen*. Wie auf einem Beichtstuhl – wir konnten uns alles von der Seele reden, ohne Angst haben zu müssen, verurteilt oder verraten zu werden. Es war schon eine seltsame Wiederbegegnung. Ich hatte Jamal seit Jahren nicht mehr gesehen, und obwohl ich gewusst hatte, dass er mit seiner Familie nach Deutschland geflohen war, hatte ich nicht versucht, nach ihm zu suchen.

Ehrlich gesagt, ich hatte nicht einmal oft an ihn gedacht. Und doch verspürte ich ihm gegenüber sofort eine tiefe innere Verbundenheit. Ein Blick in sein Gesicht weckte Erinnerungen wie ein verblasstes Polaroidfoto – die schwarzen, unergründlichen Augen, jene leichte Krümmung des Nasenbeins, die sichelförmige Narbe an der Stirn … Sein Gesicht war eines der wenigen Bilder, die mir aus der Kindheit geblieben waren.

Ich hatte ganz von vorne zu erzählen angefangen. Wie er plötzlich fortgewesen war. Wie ich weiter geschwiegen hatte und alles noch viel schlimmer wurde. Wie sich die Bombensplitter in Tariks Schädel gebohrt und seinen Verstand in blutigen Hirnbrei verwandelt hatten; wie Tarik in Windeln über den Hof gelaufen war, während ihm der Sabber aus den Mundwinkeln tropfte. Wie wir dann alle von heute auf morgen geflüchtet waren, Hals über Kopf – und gerade noch rechtzeitig. Wir hatten gedacht, *das* wäre schon die Hölle gewesen … doch nach uns kamen die Taliban über Afghanistan wie ein Haufen räudiger Höllenhunde.

Jamal saß an unserem Esszimmertisch und hörte gebannt zu. Meine Familie hatte es nicht glauben können, als ich es ihnen erzählte – wie hatten wir uns nur wiedertreffen können? Die Welt war so klein. *Kismet*, hatte meine Mutter gesagt und sich versehentlich auf die Zunge gebissen.

»Diese pakistanischen Scheusale.« Jamal vergrub seine Kiefer in einem giftgrünen Apfel und spuckte einen Kern auf den Tisch. »Mein Bruder hat mir alles über sie erzählt ... Wusstest du, dass sie Säuglinge meucheln? Sie packen sie an Armen und Beinen ... spalten sie wie ein Stück Holz ... hehe ...«

Sein *Hehe* hatte nichts mit einem echten, lebendigen Lachen gemein. Es wirkte eher wie der desperate Versuch, Grauen zu überspielen. Ein Lachen, als würde man einem aufgedunsenen Leichnam die Lippen rot anpinseln, ihm einen Hut aufsetzen und ihn spazieren führen.

Jamals Bruder, einer der beiden, die vormals für die Mudschaheddin gekämpft hatten, hatte Kabul nicht verlassen wollen. Die Taliban? Die Taliban waren eine neue, noch unverbrauchte Macht – ein weitgehend unbeschriebenes Blatt. Niemand wusste so recht, was von ihnen zu erwarten war. Sie waren weder Mudschaheddin noch Soldaten noch Russen – was also waren diese *talibs*? Schüler, Gelehrte, Wissenssuchende – nichts anderes bedeutet das Wort *talib*. Sie setzten sich größtenteils aus entwurzelten oder verwaisten Flüchtlingen zusammen, die in pakistanischen Medresen, Koranschulen, den dogmatischen Geifer der Mullahs in sich aufgesaugt hatten wie Säuglinge die Milch der Ammenbrust. Nach annähernd zwei Jahrzehnten Krieg war das afghanische Volk kriegsmüde, ein matter, ausgedörrter Körper, so dass es den Taliban ein Leichtes war, ihm auch noch das letzte Blut aus den Adern zu saugen.

Nach der Einnahme Kabuls begaben sich die Taliban umgehend zum UN-Hauptquartier, in das sich der ehemalige afghanische Präsident Mohammed Nadschibullah geflüchtet hatte. Nachdem sie ihn misshandelt und kastriert hatten, banden sie seinen blutigen Körper an einem Jeep fest und schleiften ihn über die Straßen um den Präsidentenpalast. Schließlich hängten sie seinen Leichnam öffentlich auf, Seite an Seite mit seinem ebenfalls gefolterten und ermordeten Bruder. Man stopfte beiden die Taschen voller Geld und steckte ihnen Kippen zwischen die Finger – als Symbol ihrer Korruption.

Unter der Führung von Mullah Omar erlangten die Taliban eine globale Publicity für die unter ihrem pseudoreligiösen Tarnmäntelchen begangenen barbarischen Verbrechen. Wir hörten davon – *jeder* hörte davon –, wie sie 1998 nach der Einnahme von Mazar-e-Sharif durch die Straßen bretterten und sinnlos auf alles schossen, was sich bewegte – selbst auf Maultiere. In der Stadt hatte zuvor ein Massaker an gefangenen Taliban stattgefunden, und zur Rache richteten sie nun ein grausames Blutbad an. Ihrer mörderischen ethnischen Säuberungsaktion fielen Tausende Hazara zum Opfer. Dreitausend? Viertausend? Fünftausend Tote? Wer kannte schon die genauen Zahlen? Wir hörten auch von den stumpfsinnigen, grausam geahndeten Verboten, die sie im ganzen Land verhängten: Burka- und Bartzwang, Verbot von Fernsehen, Musikhören, Schachspielen. Auf bislang unschuldige Vergnügungen stand plötzlich die Todesstrafe und öde Friedhofsstille legte sich übers Land.

»Mein Bruder hat wie alle Männer in unserer Familie einen eher schwachen Bartwuchs«, sagte Jamal mit geweiteten schwarzen Echsenaugen. »Also haben sie ihn angehalten ...« Er biss erneut in seinen Apfel und das Fruchtfleisch spritzte mir ins Gesicht. »Sie wollten wissen, warum er keinen Bart hat, und er meinte, weil ihm eben keiner wächst ... hehe ... logisch, oder?«

»Hm ...«, antwortete ich unsicher. Mein Mundraum schmeckte trocken und pelzig.

»Dann haben sie ihn geschlagen ... Mein Bruder ist wütend geworden ... Du kennst ihn doch ... hehe ... Er hat gebrüllt, der Talib könne ihm gern ein paar seiner Arschhaare borgen – davon hätte er mit Sicherheit genug für zehn Vollbärte ... hehe.« Jamal lachte. Ich brachte keinen Ton heraus. »Den Rest kannst du dir denken; ein Ohr ab, Oberlippe gespalten und ... er hat ... weiß auch nicht ... er hat ... irgendwie ... Schmerzen beim Scheißen ... ach ... keine Ahnung ...«

Seine Stimme zitterte, er legte das rundherum abgeknabberte Kerngehäuse zurück in die Schüssel mit den Äpfeln und wechselte schnell das Thema. Es stellte sich heraus, dass wir sogar in derselben Asylantenpension gelandet waren und wir uns nur knapp verfehlt hatten – kurz vor unserem Eintreffen war er dort ausgezogen. »Hotel Kabul ... hehe ... was für ein Name, findest du nicht? Der schäbigste Ort dieser Stadt heißt Kabul.«

Ich erzählte von unserer Ankunft in Deutschland, von den Monaten der Stummheit und Einsamkeit, bis ich Noah und Aleeke vermöbelt und sie dadurch zu meinen Freunden gemacht hatte.

»So ist das ... hehe ... mit Gewalt kommt man überallhin ... Frag mich nicht, wieso das so ist«, sagte er grinsend.

Dieses Hehe … hat er das schon früher gemacht? Es war mir nie zuvor aufgefallen.

»Tja … das ist unser Leben … Mein Vater muss Koffer schleppen, meine Mutter Toiletten schrubben, na ja … Was ist eigentlich mit deiner Mutter? Wie geht es ihr?«

Jamals Grinsen wich abrupt aus seinem Gesicht. Er senkte die Augenlider und atmete tief ein. »Zora ist gestorben. Hirnaneurysma. Umgefallen und sofort tot gewesen … komisch …« Er stockte. »Russen überlebt. Mudschaheddin überlebt. Flucht überlebt … und plötzlich fällt sie um und ist tot … als wäre sie von einer unsichtbaren Kugel getroffen worden … *Zingdagi chist* – was ist das Leben? Ein sinnloser Scheißhaufen.«

Für einen kurzen Moment verzogen sich seine Gesichtszüge. Es sah unheimlich aus – als hielte man einer Wachsfigur ein Feuerzeug unters Kinn: Augenbrauen, Nasenspitze und Mundwinkel glitten abwärts, als begänne sein Antlitz zu schmelzen und würde gleich auf die weiße Tischdecke tropfen. Doch der Ausdruck verschwand genauso schnell, wie er aufgetaucht war.

»Das tut mir leid.« Ich hatte seine Mutter Zora mit ihrem Motorrad und ihrem verrückten Lachen als eine lebenslustige, starke Frau kennengelernt – die Sorte Frau, die sich auf ein wildes Pferd setzen und es sofort in den Griff bekommen kann. Jamal hatte seine pechschwarzen Augen von ihr geerbt. Und doch war Zoras dunkler Blick nicht so abgründig wie seiner gewesen, sondern in all der Schwärze leuchteten Güte und Liebe. Sie hatte stets um ihre Kinder gekämpft. Den Tod ihres Sohnes, der für die Sache der Mudschaheddin gefallen war, hatte sie mit Würde genommen, den Krieg aber bis ins Mark verachtet.

Ich überlegte, ob ich aufstehen und Jamal mit irgendeiner Geste trösten sollte, doch schon setzte er wieder sein maskenhaftes Grinsen auf und rief: »Ach … erzähl mir lieber, wie ausgerechnet *du* zu *diesem* Mädchen gekommen bist!«

»Was soll das heißen?«, fragte ich trocken.

»Na, du weißt schon … hehe … einer wie du – und so ein Mädchen?«

»*Einer wie ich?*« Ich fand nicht, dass er in der Position war, mir so etwas zu sagen, zumal es ihm todernst damit schien.

»Ach … ich meine es doch nicht so … ich dachte, vielleicht kannst du mir paar Tipps geben, damit ich irgendwann auch so ein Mädchen finde«, sagte er augenzwinkernd.

»Sei einfach du selbst«, entgegnete ich kalt.

»Dann wird es ja nie was … hehe.« Er kramte ein Tütchen mit mehlweißem Pulver aus der Brusttasche.

»Was ist das?«, entfuhr es mir, und meine Stimme klang entsetzter als eigentlich beabsichtigt. Ich konnte mir schon denken, was es war. Er streute das Pulver auf den Esstisch und schob es mit einer Telefonkarte zu einer dünnen Linie zusammen. »Was machst du da?« Ich richtete mich auf. »Meine Schwestern sind zu Hause … meine Mutter kann jeden Moment aufstehen.«

Doch Jamal beugte sich über den Tisch und fuhr zweimal mit der Nase über die dünne Linie aus weißem Pulver, bis auch das letzte winzige Körnchen verschwunden war. *Was erlaubst du dir da? In der Wohnung meiner Eltern …* Ich war gereizt und strengte mich an, ruhig zu bleiben. Er zuckte mit den Nasenflügeln und leckte sich über die Zähne. Dann schloss er die Augen und lehnte seinen Kopf zurück, als würde er sich sonnen.

»Warum nimmst du so einen Scheiß?« Einerseits war ich wütend, andererseits besorgt. Seit meiner Kindheit hatte ich zugesehen, wie Drogen und Alkohol meinen Onkel von innen ausgehöhlt und zerfressen hatten. Gegen ein wenig Spaß hatte ich natürlich nichts einzuwenden, mal einen entspannten Joint mit der Freundin … Aber von selbstzerstörerischen Ausschweifungen hielt ich nichts.

»Das ist mein Wundermittel … es muntert mich auf, wenn ich traurig bin, und macht mich wach, wenn ich müde bin.« Mit geweiteten Augen starrte er auf seine Armbanduhr. Es war eine goldene Rolex – ich konnte es genau erkennen. »Gerade jetzt bin ich ein wenig traurig *und* ein wenig müde.« Er grinste unnatürlich.

Wie kann er sich eine Rolex leisten, dachte ich perplex.

»Ich halte nichts von Koks«, stellte ich klar.

»Aber ich *brauche* es, *mefami?*«, gab Jamal zurück.

»Bist du etwa ein Junkie?«, fragte ich angeekelt und setzte mich wieder.

»Ein *Junkie?* Wegen ein bisschen Koks? Hey, Junkies sitzen im Bahnhofsklo und spritzen sich *Heroin* … hehe … Ich bin nur ein

Typ, der gern feiert – und in der Szene gehört ein wenig Koks zum guten Ton.« Jamal räusperte sich wie ein feiner Herr. »Du bist ja noch ganz grün hinter den Ohren … hehe … hast keine Ahnung von der Szene.« Er streckte seinen Arm über den Tisch und kniff mir in die Wange wie ein Erwachsener einem neunmalklugen Kind. Ich kam mir wie ein Idiot vor.

»Lass das.« Ich drehte mein Gesicht weg. Jamal verschränkte seine Arme hinterm Kopf. Sein Blick zeugte von Zufriedenheit.

»Kokain ist ein Potenzmittel fürs Selbstbewusstsein … hehe … selbst wenn du im wahren Leben ein Loser bist … nach nur einer Line bist du wie wiedergeboren … stark und unbesiegbar … als würde man einen schlappen Spieler austauschen, der es nicht bringt.« Er strich eine schwarze Haarsträhne aus seinem Gesicht, das trotz seiner vielen Makel einen fesselnden Reiz auf mich ausübte. Es war wie früher: Nie ließ er auch nur einen Funken Unsicherheit durchblicken. Seine Augen waren düster, schienen gleichsam nach innen zu blicken und den Betrachter mit sich zu ziehen, wie in einen geheimnisvollen, abgründigen Brunnen.

»Mit einer Line Koks im Hirn bist du voller Zuversicht, hast das Gefühl, alles sein und alles tun zu können. Die Welt liegt dir zu Füßen und du kannst nach ihr greifen oder sie zertreten – wonach immer dir ist und wann immer du willst.«

Seine Beschreibung der Kokainwirkung war durchaus faszinierend. Dieses Zeug weckte in ihm anscheinend die mächtige Illusion von Kraft und Überlegenheit … Doch war es nicht traurig, dass er eine solche Illusion überhaupt nötig hatte? Dass er mit der nackten Wirklichkeit offenbar nicht zurechtkam?

»Das ist nichts für mich«, betonte ich selbstsicher, und Jamal zuckte desinteressiert mit den Achseln.

»Sag mal, wie verdienst du eigentlich dein Geld?«, fragte er beiläufig.

»Wie jetzt?« Ich gähnte müde – in wenigen Stunden musste ich in der Schule sein und mir gefiel das Ganze nicht mehr besonders. Jamal dagegen zeigte keinerlei Anzeichen von Müdigkeit.

»*Pool*, Geld«, er beugte seinen Kopf nach vorn und rieb seine Fingerspitzen aneinander. »Irgendwie musst du dein Mädchen doch bei Laune halten.«

»Was meinst du damit? Ich verdiene noch kein Geld ... Ich bin ziemlich beschäftigt ... mit Basketball und Adriana ...«

»Ich habe schon gesehen, dass es dir ... na ja ... nicht so gutgeht ... finanzmäßig meine ich ... Aber dass du gar *nichts* hast ... das tut mir irgendwie leid ... Was sind das eigentlich für Turnschuhe? *Shamp* ... noch nie gehört.«

Meine zerfledderten Turnschuhe standen im Flur. In diesem Moment schämte ich mich für sie.

»Es braucht dir nicht leidzutun«, sagte ich. »Adriana interessiert das nicht.«

Jamal stützte seinen Kopf auf seine Hand und überlegte. »Dann muss es wohl dein Schwanz sein.«

»Was?«

»*Wallah* ... ein Zauberstab ... hehe.«

»Wovon redest du eigentlich?« Ich begriff nicht.

»Na, du musst ein guter Ficker sein. Deshalb bleibt die Alte auch bei dir.«

Das ließ meine Stimmung endgültig umschlagen. *Mir reicht's jetzt.* Ich stand ruckartig auf und packte ihn am Kragen. »Hast du ein Problem?«, fragte ich mit zornfunkelndem Blick. Er zuckte zurück und befreite sich aus meinem Griff.

»Was ist denn los, Mann? Ich mach doch nur ein wenig Spaß ... du bist doch mein Bruder ...« Er strich und klopfte über sein schwarzes Hemd, das nach teurem Designerfummel aussah, als hätte ich Dreck an meinen Fingern gehabt. »Ich seh schon, du liebst die Kleine wohl wirklich.«

»Warum hast du sie eigentlich verfolgt – bist du so was wie ein Stalker oder so?«, fragte ich provokativ.

»Ach Unsinn ... ich wollte sie nur klarmachen, aber jetzt ist sie das Mädchen meines Bruders – da rühr ich sie nicht mehr an.«

»*Du* würdest *sie* auch wohl kaum anrühren *können*«, sagte ich herablassend. Seine Miene verdüsterte sich sofort. Er schwieg. Damals wusste ich es noch nicht. Dass ich mit ein paar achtlos losgetretenen Steinchen eine Lawine ausgelöst hatte. Eine Gewalt, die alles unter sich begraben sollte.

»Na ja, weißt du, ich muss gleich wieder aufstehen, also bis dann ... Wir sehen uns ... bald«, meinte ich. Es war Zeit, dass er ging.

Jamal sah wieder auf seine gelbgoldene Rolex. Sie hatte ein champagnerfarbenes Ziffernblatt und glänzte im matten Lampenlicht wie ein Goldbarren. Wie es wohl war, eine solche Uhr zu haben? Vielleicht könnte auch ich so herumlaufen.

»Womit verdienst *du* eigentlich dein Geld?«

»Ach ... dieses und jenes ... du weißt schon.« Jamal zwinkerte. »Warum musst du denn schon gleich wieder aufstehen? So früh?«

»Wegen der Schule ... Gehst du etwa nicht in die Schule?«

»*Pff* ... nee ... Blödsinn. Wir zwei und Schule ... waren doch schon in Kabul keine Leuchten ... und hier bleiben uns sowieso nicht viele Möglichkeiten.«

»Wieso?« Ich erzählte von meinen Geschwistern, die allesamt studierten und es zu etwas bringen wollten. Möglichkeiten hatten wir hier viele. Viel mehr als in Afghanistan.

»Ja, die haben aber auch *kala,* einen Kopf dafür, *mefami.* Nicht wie wir zwei Hauptschüler ... hehe ... Als würde *dir* das Spaß machen.«

»Nein, aber es muss sein.«

»Was *muss sein?* Was bringt dir das? Willst du danach eine Lehre als Tischler machen? Wir kommen aus gutem Hause ... uns ging es mal richtig gut ... Hast du das etwa vergessen? Hast du vergessen, welchen Respekt unsere Familien genossen haben?«

»Nein.« Natürlich hatte ich es nicht vergessen. Nie hatte ich es vergessen. Aber inzwischen hatte ich es schon so lange verdrängt, dass daraus eine schneeige, neblige Erinnerung geworden war.

»Asylant – zum Amt verdammt. So ist es«, seine Stimme bebte. »Willst du mir etwa erzählen, es stört dich nicht, dass du deinem Mädchen nicht mal ein vernünftiges Geschenk kaufen kannst? Dass deine Eltern wie Knechte arbeiten müssen?«

»Doch – aber was bleibt mir denn anderes übrig?«

»Na, so einiges ... Ich habe eine Idee. Wie wäre es, wenn du gleich heute die Schule schwänzt und ich dich einmal mitnehme und dir zeige, wie ich mein Geld verdiene?«

»Ich weiß nicht ...«

»Du kannst so weitermachen und der Welt zusehen, wie sich dreht, während du dich nicht vom Fleck bewegst – oder du kannst alles verändern ... von heute auf morgen ... und nach ihr schnappen, dich an ihr festkrallen und sie aussaugen ...«

Seine Worte lösten etwas in mir aus. Sie aktivierten einen inneren Reiz. Sprachen etwas an, was schon die ganze Zeit dagewesen war, in mir geschlummert und auf den Moment zum Erwachen gewartet hatte. *Die Lust auf mehr.* Ich spürte es.

»*Wir* können sportliche Jungs wie dich gut gebrauchen ... und wir beide ... wir wären ein starkes Team!«

Ich dachte nach. *Es wird schon nicht so schlimm sein. Ich kann es mir ja zumindest mal ansehen, und wenn es mir nicht gefällt, lass ich die Finger davon und mach einfach dort weiter, wo ich aufgehört habe. Und überhaupt, wer spricht schon vom Aufhören? Ich mache sowieso weiter. Egal, wie es kommt, ich kann weiter Basketball spielen, mit meinen Freunden und mit Adriana abhängen. Ich gebe nichts auf. Jamal scheint es finanziell gutzugehen – und habe ich von Akbar damals nicht ähnliche Sprüche gehört? Vielleicht hätte ich auf ihn hören sollen. Dem ging es ja auch ziemlich gut, der lebte eindeutig auf der Sonnenseite. Ich will auch mal die Sonnenseite kennenlernen! Außerdem ist Jamal mein guter alter Freund aus meiner Heimat und er meint es sicher gut mit mir. Ihm kann ich vertrauen.*

»Okay ... ich komme mit. Aber dieses Zeug ... Kokain ... das rühr ich nicht an.«

Kapitel 25
Gangster

Als ich noch ein Kind war, hatte unser Vater versucht, uns seine eigenen *Gebote* einzutrichtern. Es waren nicht zehn, sondern sechs. Du darfst nicht:

1. stehlen, außer es handelt sich dabei um ein gutes Buch;
2. lügen, denn die abscheulichste Wahrheit ist besser als die schönste Lüge;
3. eine Waffe ergreifen, denn wer eine Waffe in die Hand nimmt, ist auch bereit, sie zu benutzen;
4. Drogen nehmen, denn wer vor der Realität davonlaufen will, ist ein feiger Hund;

5. unehrliches Geld verdienen, denn es bedeutet, seine Moral zu verkaufen;
6. aufgeben, denn unser Ziel dient uns als Kompasspfeil, der uns durch die Irrwege unseres Lebens führt.

Im Nebel wie in Dunkelheit,
in Trauer und in Einsamkeit,
lasst euch die Kräfte nie rauben,
verliert eure Träume nie aus den Augen

Das hatte er wieder und wieder gesagt. Meine Geschwister hielten sich an seine weisen Worte. Ich hingegen brach jedes einzelne seiner Gebote.

An jenem Morgen nach unserem langen Gespräch war ich mit Jamal mitgegangen, hatte die Schule geschwänzt und mir einen ersten Einblick in seine Welt geben lassen. Bald sollte ich die Schule immer häufiger schwänzen, bis ich schließlich überhaupt nicht mehr hinging. Das, womit ich nun mein Geld verdiente, konnte man in der Schule ohnehin nicht lernen.

Nach und nach erfuhr ich, wie Jamals zu dem geworden war, der er nun war. Er hatte zwei Jahre gezwungenermaßen die Schulbank drücken müssen. Eines Tages ließ ihn eine Klassenkameradin abblitzen und meinte, sie würde sich nicht mit einem *dreckigen Paki* abgeben. Für die Deutschen war Afghanistan damals ein Land, das ganz weit weg war. Pakistan, Indien, Afghanistan – *alles eine Soße*. Erst durch den 11. September und George Bushs Krieg gegen die Taliban richteten sich die Augen der Welt auf das Land am Hindukusch wie auf einen brennenden Kometen am Firmament.

Wie alle eitlen Menschen ertrug Jamal die Abweisung nicht. Er schleuderte das Mädchen durch das halbe Klassenzimmer und malträtierte sie mit Tritten. Die Folge war, dass er angezeigt und von der Schule verwiesen wurde. Wenige Monate später starb dann seine Mutter. Wenn Jamal je einen Menschen geliebt hatte, dann Zora. Ihr unerwarteter Tod brach ihm das Herz und nahm ihm die letzte menschliche Wärme – er ist nie darüber hinweggekommen. Sein Vater verdiente sich in Deutschland sein Geld als Pizzabote, die Brüder übten ähnliche Berufe aus. Doch Unterordnung und Gehorsam waren nichts für den Führer der *Watan Doost*; diese elende, aussichtslose Sklaverei widerte ihn vielmehr zutiefst an. In der neuen Heimat waren er und seine Familie arm wie die Kirchenmäuse, aber Jamal besaß eine gehörige Portion Bauernschläue. Er begriff rasch, dass Skrupellosigkeit und Manipulation die besten Mittel waren, um schnell ans große Geld zu kommen. So wendete er sich vom Rest seiner Familie ab und machte sich zunächst einen Namen, indem er sich ringsum durch die Gegend prügelte.

Nach und nach baute er sich eine kleine Bande auf – wie schon damals in Afghanistan, nur dass es diesmal härter zur Sache ging. Zweifellos besaß er noch immer Führerqualitäten, konnte mitreißende, dynamische Reden schwingen und mithilfe suggestiver Tricks seine Mitmenschen wie Marionetten für sich tanzen lassen. Mit seinen Jungs sorgte er in der Gegend für *Ordnung*; sie gingen keiner Schlägerei aus dem Weg und prügelten sich wegen Nichtigkeiten. Meist ging es einfach darum, ihr Revier zu verteidigen und zu zeigen, wer der Stärkere war.

Auf der Straße herrschte ein darwinistisches Ausleseprinzip – nur die Stärksten, Mächtigsten, Unerbittlichsten hatten eine Chance. Ihr Geld verdienten Jamal und Co. über alle möglichen unsauberen bis hochkriminellen Methoden: Einbrüche, Raub oder illegale Tätigkeiten gegen Bezahlung, wie etwa Geldeintreiben. Der Verdienst wurde unter den Mitgliedern der Bande aufgeteilt – das heißt, Jamal erhielt von allem die Hälfte. Er hatte die hierarchische Ordnung sorgfältig wie ein Spinnennetz gewebt und stand einsam an der Spitze.

Doch alles fing erst *richtig* an, als er Inaya kennenlernte. Ein tunesisches Mädchen mit blondiertem Haar und einem überdimensionalen Mund, der bei Jungs und Männern meist reflexhaft den gleichen Gedanken wachrief: *Was passt da wohl alles rein?*

Viel. Inaya genoss den zweifelhaften Ruf, für jeden die Beine breitzumachen, der etwas in der Tasche hatte.

Jamal verdiente durch seine illegalen Geschäfte gutes Geld, aber seine Unternehmungen waren auch äußerst gefährlich. Mit seinem Tun machte er sich naturgemäß täglich neue Feinde; ein falscher Schritt und er war tot oder im Knast. Wegen mehrfacher Körperverletzung hatte er bereits drei Monate in Jugendhaft gesessen – das wurde ihm auf die Dauer zu heiß.

»Zuhälterei ist hier in Hamburg eine Art Grauzone«, erzählte er mir. Jeder weiß, wer ein *mordagau* ist – und die Bullen kümmern sich einen feuchten Furz drum. Solange eine Pussy ihren Zuhälter nicht anzeigt, passiert nichts – und keine Frau zeigt den Mann an, den sie liebt.« *Mordagau* bedeutet auf Dari Zuhälter – wörtlich übersetzt »totes Rind«. In Afghanistan zählt das Wort zu den schlimmsten Beleidigungen. Hier in Hamburg jedoch genossen die Luden Prestige; sie hatten die Autos, die Mädels, die Klamotten. Wenn sich im Frühjahr die ersten Sonnenstrahlen am Himmel zeigten, fuhren sie ihren Lamborghini, ihren Porsche oder ihren Mercedes an der Alster spazieren. Braungebrannt, mit dicken Muskeln und Nobelklamotten, stets eine aufreizend gekleidete Mieze an der Seite, lebten sie das Leben, von dem Jamal träumte – von dem wir alle *irgendwie* träumten. Doch nicht alle waren bereit, dafür auch so weit zu gehen wie Jamal. Auch wenn die Sache mit der Zuhälterei eigentlich ganz leicht war. Alles, was man brauchte, waren ein paar handfeste Kontakte ins Milieu und ein *gutes* Mädchen, das für passendes Geld alle Männerwünsche erfüllte.

Jamal führte Inaya aus, vögelte sie, kaufte ihr dieses und jenes – und machte nebenbei einen auf »große Liebe«. Dennoch sei das Ganze ein hartes Stück Arbeit gewesen, wie er mir anvertraute.

»Jede Schlampe streitet natürlich ab, eine Schlampe zu sein, und sobald sie mit dem Herumgehure auch offiziell ihr Geld verdient … na ja, dann is es eben raus … hehe«, hatte Jamal erklärt. »Die wollt' mir andrehen, sie sei Jungfrau. Dabei schluckt ihre Muschi Schwänze wie Vitaminbonbons … hehe … Die muss erst verrecken und im Sarg liegen, damit sie mal alleine schläft.«

»Was willst du dann mit ihr?«, fragte ich angeekelt.

Er kniff die Augenlider zusammen und rieb Zeigefinger und Daumen. »*Pool* – Geld … so eine Bitch bringt eine Menge ein«, sagte er grinsend. »Und es ist *fast* legales Geld.«

»Das macht sie einfach so?«, fragte ich ungläubig.

»Wer macht schon etwas *einfach so* … sie hat sich verliebt«, antwortete Jamal.

»Und das reicht, um sie anschaffen zu schicken?« Mein Kontakt zur Welt der käuflichen Liebe beschränkte sich auf die kettenrauchenden gelbsüchtigen *lutshaki*-Frauen vor unserer alten Wohnung zwischen Steindamm und Hansaplatz. Ich konnte mir nicht vorstellen, dass ein Mädchen *freiwillig* seinen Körper verkaufte.

»Inaya wurde immer nur *gefickt*, aber nie geliebt, *mefami*«, erklärte Jamal und leckte mit der Zunge über seine Zähne. »Und das Herz eines Mädchens, das nie beschützt und geliebt worden ist, saugt jedes Zeichen von Anerkennung und Fürsorge auf wie ein Schwamm.«

»Hört sich tragisch an.« Ich kannte Inaya nicht weiter, dennoch hatte ich Mitleid mit ihr. *Ein Herz, das nie beschützt und geliebt worden ist.*

»Ach, halb so wild. Ich habe auf sie aufgepasst, ihr erzählt, sie wäre was Besonderes, ihr das Gefühl gegeben, sie zu lieben – denn selbst die größte Schlampe will einfach nur geliebt werden.«

»Und als Nächstes hast du ihr gesagt: ›Hey Baby, los, verkauf deinen Arsch für mich – weil ich dich so sehr liebe‹?«, fragte ich spöttisch.

»Ach nein … als Nächstes habe ich mit ihren Träumen und Ängsten gespielt, ihr von den schönen Dingen dieser Welt erzählt: Kleider, Schmuck, Autos, Häuser, und dass *wir* all das haben könnten und dass ich all das mit ihr *zusammen* erreichen will – für *unsere* gemeinsame Zukunft. Da hat sie gleich große Augen gemacht, denn jede Fotze macht große Augen, wenn man ihren Namen und die Wörter *gemeinsame Zukunft* in einem Satz erwähnt.« Er schnalzte mit der Zunge und legte ein Bein über das andere.

Wir saßen in seiner Wohnung auf der großen Ledercouch. Das Wohnzimmer war geschmackvoll eingerichtet. Der Fußboden aus hellem Holz, die Möbel in einem edlen Schwarzton gehalten; ein kleiner Spalt zwischen den goldfarbenen Gardinen erlaubte einen Blick hinunter auf die Postkartenkulisse der Alster. Im Plasma-TV – damals der neuste Schrei und sündhaft teuer – flimmerte das Musikvideo zu *Georgy Porgy* von Eric Benét und Faith Evans.

»Wenn man eine Pussy erst mal an der Angel hat, geht es nur noch darum, sie an Land zu ziehen und auszunehmen … hehe.« Er schnalzte mit der Zunge. Mir wurde von seinen Worten übel, aber zugleich hatte mich die Neugierde gepackt. *In diesem Rechtsstaat solche Möglichkeiten … Luden handeln mit Frauenkörpern wie andere mit Teppichen … keiner schert sich darum … Wie ist das möglich?*

»Und was hast du dann gemacht?«, fragte ich.

»Hehe … bekommst wohl gerade selbst Bock drauf«, sagte er grinsend.

»Bestimmt nicht … es interessiert mich einfach.«

»Na gut, dann habe ich langsam angefangen, ihren *Kopf* zu ficken: Die Geschäfte laufen nicht mehr so gut, Rechnungen über Rechnungen, wenn ich weiter Scheiße baue, wandere ich in den Knast und so weiter.« Er hielt kurz inne und zündete sich eine neue Marlboro an. »Dann meinte ich, dass ich ein Mädchen bräuchte. *Wie – ein Mädchen?*, hat sie erschrocken gefragt. Na, ein Mädchen, das etwas Geld reinbringt. *Wie – Geld reinbringen?* Na ja, indem sie Männern schöne Augen macht. *Hä? Damit lässt sich doch kein Geld verdienen …*« Jamal äffte ihre naive Stimme in einem hohen, grellen Tonfall nach. »Sie ist nicht gerade die hellste Kerze auf der Torte, *mefami.*« Er verdrehte die Augen.

Obwohl er stilvoll und erwachsen gekleidet war, mochte ich kaum glauben, dass er schon achtzehn Jahre alt war – er hatte im Gegensatz zu mir nicht einmal Bartwuchs.

»Und dann?«, fragte ich. Ich zündete mir ebenfalls eine Fluppe an und inhalierte tief.

»Sie wollte mich natürlich nicht mit einer anderen teilen müssen … *Ein anderes Mädchen? Aber du hast doch mich, blablabla …* Lange Rede, kurzer Sinn – jetzt ackert sie und bringt mir jeden Monat einen Batzen Kohle ein.« Er achte auf den Fußboden. »Du solltest es selbst ausprobieren, Bruder.«

Ich dachte nach. *Dein Mädchen. Du spielst mit ihr. Nimmst sie. Benutzt sie. Verkaufst sie. Höhlst sie aus wie einen Fischkadaver, bis sie nur noch eine tote, leere Hülle ist. Ohne Inhalt. Du tötest keinen Körper. Du tötest eine Seele.*

»Nein danke«, entgegnete ich. »Das könnte ich Adriana nicht antun.«

»Nein … Adriana natürlich nicht. Sie ist etwas Besonderes; unbeschädigt wie ein Rohdiamant …« Jamal blies langsam Rauch aus. Er bekam einen träumerischen, sinnlichen Blick. Als würde er sie sich gerade vorstellen … so wie Inaya …

Was sollte das? Das gefiel mir nicht. Mein Körper war plötzlich angespannt wie ein straffes Seil. Mein rechtes Bein klopfte unaufhörlich auf den Boden. »Hör auf damit«, murmelte ich zähneknirschend.

»*Was?*« Jamal sah mich an und hob die Augenbrauen.

»Dein Blick ... Hör auf, so an sie zu denken!«, rief ich warnend.

Jamal brach in schallendes Gelächter aus. Der Rauch kam ihm aus den Nasenlöchern, er musste husten. »Du ... du«, er röchelte und lachte. »Du bist paranoid ... hehe ...«

»*Was?*«, fragte ich verdattert. Dann wurde sein Blick todernst.

»Hör zu – du bist mein Bruder. Ich interessier mich nicht für dein Mädchen, wie oft denn noch? Also relax.« Er sah mir direkt in die Augen – er schien es ernst zu meinen.

Ich kam mir wie ein Idiot vor. Meine Muskeln lockerten sich wieder. Die Zigarette zwischen meinen Fingern war heruntergebrannt. Ich zündete mir eine neue an. »Okay.«

»Du scheinst aber wirklich *verdammt* in sie vernarrt zu sein«, stellte er fest.

»Das stimmt. Wenn ihr nur einer ein Haar krümmt ... ich würde zum Mörder werden«, sagte ich bestimmt.

Mein Freund nickte lächelnd. »Eine saubere Einstellung ...« Dann wechselte er den Tonfall und seine Stimme wurde energischer. »So, jetzt kommen wir aber zum Wesentlichen! Ich hab nun den ersten richtigen *Job* für dich.«

»Ach ja – worum geht es?«, fragte ich aufgeregt. Er fasste mir an den Oberarm. Mein Talent liege in meinen Muskeln, unterstrich er. Ich sei schon immer stärker als die anderen Jungs im Block gewesen – und vor allem mutiger. Damit ließe sich eine Menge Geld verdienen. Zum Geldeintreiben brauche man durchtrainierte, starke Typen, die einschüchtern und wenn nötig auch zuschlagen könnten.

Ich überlegte. Zuschlagen konnte ich, klar, aber einfach so einen Schwächeren vertrimmen – *ohne triftigen Grund?* Ich nannte ihm meine Bedenken.

»Wir prügeln keine Rentner oder Kinder. Das sind selbst Kriminelle. Schuldner. Verbrecher. Du musst bereit sein, deine Skrupel abzulegen. Wenn du die Nerven bewahrst und deine Angst unter Kontrolle kriegst, kannst du es weit bringen. Also – *schaffst* du das?«

»Du weißt, dass ich kein Hosenscheißer bin«, antwortete ich mit fester Stimme. Angst war nicht das Problem; durch den Krieg hatte ich einen Weg gefunden, meine Angst aktiv anzugehen. Aber mir kamen Zweifel. Kannst du deine Skrupel vollständig ablegen?, fragte mein Gewissen. Du wärst nicht mehr derselbe …

Aber das Geld, der Ruhm, der Respekt … du könntest ein besseres Leben führen, raunte ein anderer Teil von mir. *Und – willst du überhaupt derselbe bleiben? Du willst doch von alledem weg, raus aus VERSAGA-Jenfeld, wo man nur Diener und Knecht werden oder vom Geld der Stütze vegetieren kann; hinauf an die Sonnenseite willst du, zu den Reichen und Schönen, einer von ihnen willst du werden, ganz egal, durch welche Dunkelheiten der Weg dahin auch führen muss.*

»Ich kann das«, sagte ich selbstsicher.

»Gut, dann treffen wir uns morgen um 23.00 Uhr hier in meiner Wohnung.«

»Okay.«

»Ich habe auch noch ein Geschenk für dich.« Jamal stand auf und ging ins Schlafzimmer. Er kam mit einer Knarre zurück. »Das ist meine Selbstladepistole – du erbst sie jetzt.«

»Brauche ich die wirklich?«, fragte ich. Ich kam mir vor wie in einem billigen Gangsterfilm.

»Wir machen keine Kindergartengeschäfte, *mefami?* Jungs wie wir handeln sich schnell eine ganze Schar von Feinden ein – wir leben gefährlich und müssen vorbereitet sein.«

Er reichte mir die Pistole. Es war das erste Mal, dass ich eine solche Schusswaffe in der Hand hielt – in Afghanistan hatten wir immer nur Steinschleudern gehabt. Sie war schwarz und glänzte wie ein seidiger Panther. Ich fuhr mit den Fingerspitzen über den Lauf und das Stahlgehäuse, behutsam, als seien es die Kurven eines jungfräulichen Mädchens. Mit der Waffe in der Hand fühlte ich mich wie ein anderer. Mächtiger. Stärker. Unbesiegbar.

»Du musst aber vorbereitet sein – die Knarre hat einen Fehler, sie klemmt manchmal. Dann geht sie nicht los, auch wenn sie geladen ist.«

Ich nickte, konnte meinen Blick aber nicht von der Pistole abwenden. Du hasst doch Waffen – Waffen haben dir deinen Blutsbruder und die Heimat genommen, meldete sich mein Gewissen. Nun hast du eine in der Hand – bist du auch bereit, sie zu benutzen? Ich hatte mit einem einzigen Ja meine Seele verkauft; sie gegen die Aussicht auf mehr Geld und einen fragwürdigen Statusgewinn eingetauscht. Du bist verloren, flüsterte mein Gewissen.

Am nächsten Abend klemmte ich mir die Pistole an den Hosengurt und fuhr mit Aleeke im Schlepptau zu Jamal. In der Schule hatte ich ihm ein wenig von dem bevorstehenden »Riesending« erzählt. Er hatte große Augen gemacht, denn Jamal, den hier alle nur als *den Verrückten* kannten, war ihm schon ein Begriff. Er hatte mich angebettelt, mitkommen zu dürfen, während Noah nur verächtlich abgewinkt hatte. Dieser Typ sei ein dreckiger Zuhälter – was ich denn von so einem wolle? Es sei jedem selbst überlassen, was er aus seinem Leben mache, antwortete ich schroff. Ich sei schließlich kein Richter.

In seiner Wohnung mit Alsterblick angekommen, sah Jamal an Aleeke herunter und rümpfte sichtlich die Nase. »Muss der Nigger unbedingt dabei sein?«, fragte er überheblich.

»Nenn mich nicht Nigger.«

»Lass gut sein – er ist mein Freund«, warf ich ein.

»Ihr nennt euch doch selbst Nigger«, meinte Jamal, ohne mir Beachtung zu schenken.

»Aber nur ein Nigger darf einen Nigger *Nigger* nennen«, erklärte Aleeke mit überschlagender Stimme.

Jamal seufzte. »Okay. Meinetwegen. Aber nur, weil er *dein* Freund ist, Hamid.«

Ein anderer Junge, er hieß Rashid, kam dazu und wir stiegen gemeinsam in Jamals Wagen. Es war ein schwarzer Mercedes CLK mit abgedunkelten Scheiben, funkelnden Felgen und weichen Ledersitzen. Der Innenraum duftete nach süßen Äpfeln. Jamal lehnte sich zurück und startete den Motor. Seine langen Haare waren nach hinten gegelt, er war von Kopf bis Fuß in Schwarz gekleidet und hatte eine edle Lederjacke an. An seinem Hals baumelte eine goldene Kette mit einem runden Anhänger und am Armgelenk trug er heute eine andere Rolex als gestern. Jamal drehte den CD-Player an. Bassverstärker brachten den Wagen zum Beben und die geschmeidige Stimme von Randy Crawford ertönte.

I play the street life
Because there's no place I can go
Street life, it's the only life I know
Street life, and there's a thousand parts to play
Street life, until you play your life away
You let the people see
Just who you wanna be
And every night you shine
Just like a superstar

Jamals Kopf wippte im Takt mit. Von der Seite betrachtet, war der leichte Knick in seinem Nasenrücken besonders auffällig. Die krumme Nase hatte er sich acht Jahre zuvor geholt, als wir zusammen mit Khalil die Kamele der Kuchis-Nomaden bestiegen hatten. Jamals unwilliges Wüstenschiff hatte ihn abgeworfen und er war mit dem Gesicht voran auf den steinigen Boden geknallt. Sein Nasenbein war gebrochen und das Blut quoll nur so aus ihm heraus wie ein Wasserstrahl aus dem aufgedrehten Hahn. Doch Jamal hatte nicht geweint, nicht geschrien. Nein: Er hatte lauthals angefangen zu lachen. Er war eindeutig und von Grund auf ein *diwane*, ein Verrückter.

Street life, you can run away from time
Street life, for a nickel or a dime
Street life, but you better not get old
Street life, or you're gonna feel the cold

Ich schaute aus dem Beifahrerfenster. Draußen herrschte reglose Stille, die Finsternis legte sich über die Straßen wie ein dämonischer Schatten. Ein entlaubter Baum in gebeugter Gebetshaltung streckte seine Äste wie flehende Hände dem Himmel entgegen.

Kannst du das? Willst du das? Wirst du das tun? Noch immer redete mein Gewissen unaufhörlich auf mich ein. Konnte man das nicht abstellen, so wie Jamal soeben die Musik abgestellt hatte? Ein flaues Gefühl hing mir schwer im Magen, als hätte ich glitschigen Lehm gegessen.

Du kannst. Du willst. Du musst.

Der Wagen bremste. »Eigentlich brauche ich das dank Inaya nicht mehr tun.« Jamals Stimme riss mich aus meinen Gewissenskämpfen. »Ich mache das nur noch zum Spaß: Ihr jämmerliches Winseln, der Geruch von frischem Blut, die Angst in ihren Augen – das ist besser als jede Droge. Das gibt mir meinen Kick!«

Er lenkte den Mercedes in eine Parklücke und hielt an. Ich schluckte.

»Wir gehen da jetzt rein.« Er packte mich an der Schulter und zeigte mit dem Finger auf ein vierstöckiges Backsteinhaus. »Der Sack dort drinnen hat 30 000 Mark Schulden bei meinem Kollegen, einem Puffbesitzer. Wir werden ihn auspressen – nur *du und ich*.«

»Was ist mit mir? Ich will auch jemanden auspressen!«, bettele Aleeke vom Rücksitz aus.

Jamal drehte sich um. »Du Wurst kannst höchstens was aus deinem Schwanz pressen … hehe … Überlass das mir und meinem Bruder – du darfst hier unten Schmiere stehen.«

»Aber …«

»Ruhe jetzt!«, brüllte Jamal, und Aleeke verstummte sofort. »Rashid bringt uns durch den Hauseingang – er kommt überall rein – und dann: *Let the party begin!*«

Das ungute Gefühl breitete sich weiter in meinem Bauchraum aus, stieg mir in die Brust, schnürte mir den Hals zu. *Was ist das? Angst? Hast du etwa Angst?*, spöttelte ein Teil von mir.

Jamal nahm ein Tütchen aus seiner Brusttasche. Er verteilte das Pulver auf einem Papierblock, dann rollte er einen Geldschein zu einem dünnen Röhrchen zusammen und zog sich das Kokain durch die Nase. »Willst du auch? Es macht dich härter für heut Nacht.«

Ich schüttelte den Kopf. Jamal zog einen Rucksack unter seinen Sitz hervor. »Was ist das?«, fragte ich.

»Meine Hilfsmittel«, sagte er augenzwinkernd.

»Aber die Person … also dieser Mann … er lebt doch allein, oder? Da ist keine Frau in der Wohnung … oder ein Kind?«, hakte ich nach.

»Nein. Er lebt allein«, antwortete Jamal kalt.

Rashid fummelte wortlos am Schloss herum; ich hatte ihn die ganze Zeit noch kein Wort sagen hören. Mit einem Klicken sprang die Tür auf. Rashid wandte sich um und ging zurück zum Wagen, wo auch Aleeke wartete.

Wie gern würde ich kehrtmachen. Abhauen. Nie wiederkommen. *Es ist noch nicht zu spät. Noch liegt alles in deiner Hand. Noch kannst du entscheiden, was für ein Mensch du sein willst.*

Jamal prägte sich die Namensschilder an den Klingeln ein und wir betraten das Treppenhaus.

Das Licht flackerte auf und ein Nachtfalter ließ sich von seinem hellen Strahl in den Bann ziehen. Schwarze Nachtfalterflügel schlugen gegen die Lampe. *Klack. Klack. Klack.* Das Geräusch erschien mir sagenhaft laut. *Klack. Klack. Klack. Es ist zu spät. Klack. Klack. Klack. Du hast dich längst entschieden.*

Wir stiegen die Treppen rauf. Blieben vor einer Tür stehen. Ich spürte die Kanone an meinem Steißbein. Meine Hände schwitzten. Mein Herz war eine ratternde Fabrikmaschine in meiner Brust. Jamal sah mich mit wachsamen Augen an und legte seinen Zeigefinger auf die Lippen. Dann klingelte er. *Einfach klingeln?* An der Tür war kein Guckloch.

»Wer ist da?«, fragte eine tiefe Männerstimme.

»Nachbar. Herr Müller. Könnten Sie mir vielleicht etwas Geld für den Zigarettenautomaten wechseln?«

Ein Schlüssel drehte sich im Schloss. Als sich die Tür einen Spaltbreit öffnete, trat Jamal mit voller Kraft zu. Die schwere Holztür knallte dem Mann an die Stirn. Er ächzte. Taumelte. Fiel rückwärts zu Boden. Jamal stürzte hinein und packte den benommenen Mann am Schopf. Ich schloss hektisch die Tür hinter mir.

»Hilf mir«, sagte Jamal auf Dari. Ich war nervös, wusste nicht, was ich tun sollte, also packte ich den Mann kurzerhand an den Beinen und wir schleiften ihn gemeinsam ins Bad. Es ging ganz leicht, denn er war schlank und wehrte sich kaum. Er schien die Situation noch nicht recht begriffen zu haben. Jamal schloss die Badezimmertür ab, drehte den Wasserhahn auf. Das Rauschen hallte im Raum wider. Dann legte er dem Mann sein Knie auf die Kehle und drückte ihm die Luft ab. Der Mann war etwa Anfang dreißig – Türke, vielleicht auch Araber, mit einem buschigen Schnauzer. Er hatte eine Platzwunde auf der Stirn und das Blut lief ihm übers Gesicht. Er versuchte sich aufzubäumen, doch Jamal verstärkte den Druck auf seinen Kehlkopf und der Mann brachte nur noch ein ersticktes Krächzen hervor.

»Halt ihn fest«, ordnete Jamal emotionslos an. Dann sah er dem Mann fest in die Augen. »Adnan will seine Kohle, du kannst uns sagen, wo du dein Geld versteckst, und wir beenden das schnell … oder du weigerst dich und wir werden heute Nacht zu dritt *sehr* viel Spaß haben.« Er sagte das, ohne mit der Wimper zu zucken. Kaltblütig. Professionell. »Du bekommst jetzt die Möglichkeit zu antworten. Mein Freund hat eine Knarre, und wenn du schreist, bist du tot.« Dann hob er sein Knie ein Stückchen an, so dass der Mann sprechen konnte.

»Ich habe kein Geld«, stieß der Mann hervor. Ängstlich flatterten seine Pupillen zwischen Jamal und mir hin und her. Bevor der Mann weitersprechen konnte, schlug Jamal schon mit der geballten Faust zu. Es knackte. In diesem Augenblick passierte etwas mit Jamal. Seine sonst so leeren, erloschenen, kalten Augen blitzten auf. Es war, als entzünde man in einer dunklen Höhle ein Feuer.

»Hilfe!«, schrie der Mann plötzlich auf und fing an, sich gegen uns zu stemmen. Wir drückten ihn nach unten. »Hilfe!«

»Schlag ihn!«, befahl Jamal und drückte ihm wieder die Luft ab. Ich blickte den Mann an. Das Blut troff ihm nur so vom Gesicht. Ich zögerte. »Los! Er ist ein mieser Kleinkrimineller und weigert sich, seine Schulden zu bezahlen! Er ist eine Ratte! Ein Stück Scheiße! Los!« Jamal spornte mich an, als sei ich ein Boxer im Ring.

Ich atmete tief durch und ballte die Fäuste. Dann schlug ich auf ihn ein. Der Mann stöhnte. Sein Blut spritzte gegen mein Gesicht. Er wimmerte. Er flehte. Mein Faust prallte gegen seine Wange, grub sich ihm ins Fleisch. Adrenalin brauste durch meinen Körper. Ich prügelte auf seinen Oberkörper ein. Das war kein Mensch mehr. *Ein Krimineller! Eine Ratte! Ein Stück Scheiße!* Ich war im Blutrausch.

Jamal öffnete seinen Rucksack. Ich ließ von dem Mann ab. Die Schmerzen schienen ihn betäubt zu haben. Meine Fäuste waren von seinem Blut dunkelrot verklebt. Jamal zog nacheinander einige Gegenstände aus dem Rucksack. Einen Elektroschocker, einen Metallstab, eine Haarbürste, in der statt Borsten Nadeln steckten … Er reihte die Gegenstände nebeneinander auf.

»Also, ich gebe dir eine letzte Chance. Entweder du machst den Mund auf oder …«, er zeigte auf die Gegenstände, »… ich steckte dir zuerst diesen Metallstab in den Arsch und jage dir ein paar Stromstöße in den Tunnel … Danach ist dein Arschloch ein offener Wasserhahn und bei jedem Furz fließt dir die Scheiße raus.«

Mir lief ein kalter Schauer über den Rücken. *Was soll das? Es war nur von Prügeln die Rede, nicht von Folter.*

Der Mann fing an zu zittern. Beine, Arme, Wangen bebten wie bei einem epileptischen Anfall. »Nein …«, bibberte er. »Bitte nicht.«

»Also?«, fragte mein Freund.

»Schlafzimmer … hinter … hinter … dem Schrank …«, stammelte er.

Jamal fand das Geld und steckte es mitsamt seinen Folterinstrumenten in den Rucksack. »Wir werden jetzt verschwinden – und wehe, du gibst auch nur einen Mucks von dir oder rufst die Bullen, denn dann komm ich wieder und knöpfe mir deinen haarigen Arsch vor, verstanden?«, verkündete Jamal.

Der Mann musste ihn für wahnsinnig halten. *Ist er wahnsinnig?*

Der blutüberströmte Mann nickte mit zusammengepressten Lippen. Wir ließen ihn liegen und schickten uns gerade an, die Wohnung zu verlassen, da kam der Mann langsam aus dem Badezimmer gekrochen. Er hinterließ eine rote Spur auf den Fliesen. Wir drehten uns zu ihm um. *Was will der Idiot?*

»Ich … ich … habe … mir dein Gesicht gemerkt.« Er deutete mit einem zittrigen Finger auf Jamal. »Das … das … gibt ein Nachspiel.«

Du Schwachkopf!, dachte ich. *Wie blöd kann man sein?* Jamal kniff die Augenbrauen wütend zusammen. »Du hast wohl noch nicht genug?«

»Lass gut sein«, bat ich. Mein Blutrausch war verflogen und ich wollte nur noch hier raus. Jamal nahm kurz Anlauf und trat dem Mann mit voller Wucht ins Gesicht. Der Kopf verdrehte sich wie der einer Puppe und der Mann landete mit einem dumpfen Rums flach auf dem Boden. Dort blieb er regungslos liegen.

»Was hast du gemacht?«, schrie ich. Der Mann bewegte sich nicht mehr.

»Der schläft erst mal ne Runde – los, lass uns abhauen.«

Wir rannten die kurze Strecke Richtung Wagen. Die Luft schmeckte eisig und schmerzte in der Lunge. Als würde ich Rasierklingen schlucken. Am Mercedes blieben wir stehen. Ich atmete schwer.

»Na, das war doch gar nicht schlecht fürs erste Mal«, sagte Jamal und klopfte mir stolz auf den Rücken. Er kramte im Rucksack und holte einen Batzen zusammengerollter Geldscheine raus. »Hier, dein Anteil.«

Ich nahm das Geld entgegen und steckte es mir in die Hosentasche. In diesem Moment stieg die Galle in mir hoch, und ich schaffte es gerade noch rechtzeitig, mich umzudrehen und den Inhalt meines Magens über ein Gestrüpp zu verteilen.

»Keine Sorge, nicht schlimm, das ist ganz normal – du kotzt gerade deine Seele aus«, rief Jamal lachend.

Kapitel 26

Knochenbrecher

Je tiefer ich in diese Welt tauchte, in die Jamal mich eingeführt hatte, desto schmutziger gestaltete sich mein Alltag. Die folgenden Monate spielte ich den Geldeintreiber für Zuhälter, Bordellbesitzer, Drogendealer und anderes Nachtgetier aus den dunklen Kanälen der Unterwelt. Unter meinen Auftraggebern waren aber auch nach außen hin *seriöse* Bauunternehmer, Firmenbosse, Gastronomen, die sich die ellenlangen und oft aussichtslosen Gerichtsverfahren sparen wollten. Wenn ein Schuldner offiziell kein Geld mehr hatte und sich insolvent meldete, sahen die Gläubiger ihr Geld meist nie wieder. Dabei waren die Leute in aller Regel nicht wirklich pleite – nur eben *offiziell*. Ihr Geld bunkerten sie auf Auslandskonten oder in ihren Häusern. Dann rief man uns – die Jungs mit den Eiern aus Stahl, die nichts zu verlieren hatten. Wir pressten die Schuldner aus wie Zitronen und erhielten dafür unseren Anteil.

Kriminelle, Zuhälter und halbseidene Gestalten, die ihre Geschäfte am Rand der Legalität und darüber hinaus trieben, hatten es im Hamburg der späten neunziger Jahre viel leichter als heute. Die dreckigen Sümpfe der Kriminalität schwappten über ihre Ufer, und keiner wagte es so richtig, sie trockenzulegen; Drogendealer und Luden verdienten sich goldene Nasen – nicht vergleichbar mit den Hartz-IV-Zuhältern von heute. Wir waren die Jungs dazwischen; weil andere sich die Finger nicht schmutzig machen wollten, schlugen wir uns für Geld die Fäuste blutig, brachen Nasen und Rippen. Wie viele? Zu viele. Nach sechs Monaten und sechsundsechzig Übergriffen hatte ich durch gezieltes Körpertraining beträchtlich an Muskelmasse zugenommen und wusste, wie die Sache lief.

Unsere Opfer empfanden besonders die *Ankündigung* von Schmerzen und Folter als furchtbar – was wir ihnen antun *könnten*. Oft reichte das schon aus, um sie wie die Singvögel zwitschern zu lassen. Von allen menschlichen Emotionen ist die Furcht wohl die Intensivste. Man kann mit ihr spielen. Es gibt sie nur so lange, bis die Situation, vor der man solche Angst hatte, eingetroffen ist, dann erlischt sie wie eine Kerze im Windzug. Man muss versuchen, diese Kerze so lange und so hell wie möglich brennen zu lassen, denn Angst raubt uns Urteilsvermögen und Realitätssinn, macht uns schwach und besiegbar. Der erste Impuls sagt uns: Renn weg! Weich aus! Ergib dich! Gegen diesen Impuls anzukämpfen kostet viel innere Kraft, aber wer nicht dagegen ankämpft, hat schon verloren. Ich wusste das, weil ich in Extremsituationen aufgewachsen war; ich wurde tagtäglich mit meinen Ängsten konfrontiert und hatte gelernt, damit umzugehen. Die meisten der Menschen in Deutschland hatten das jedoch nicht, jedenfalls nicht in dem Maße wie ich, deshalb war die Anwendung von Gewalt manchmal gar nicht erst nötig.

Es gab unter den Schuldnern allerdings so einige zähe Hunde, die sich weigerten, ihre Geheimverstecke preiszugeben. Was diese hartnäckigen Spezialfälle anging, so hatte ich erkannt, dass ich mit nur wenig Kraftaufwand einen maximalen Effekt erzielen konnte – ich musste nur wissen *wie*. So schnürte ein gezielter Treffer in die Leber meinem Opfer für wenige Sekunden die Luft ab – es rang nach Atem und war völlig wehrlos. Das hatte ich bereits in den Bruce-Lee-Filmen meiner Kindheit gesehen. Wenn ich den Kehlkopf für drei Sekunden zusammendrückte, schloss sich der Kehldeckel und die Person bekam das Gefühl zu ersticken. Dabei musste ich sehr vorsichtig sein, denn drückt man ein wenig zu lange, ist der arme Kerl tot.

Hinzu kamen *besonders* unangenehme Methoden für *besonders* unangenehme Schuldner: Schläge mit Nothämmern, Gürteln, Nagelknüppeln, Brettern, Schlagstöcken, Schlagringen, Einsatz von Elektroschockern, Verdrehen von Gliedmaßen, Verbrennungen mit glühenden Zigaretten – die Liste war lang. Meine Fäuste zertrümmerten Knochen, ließen sie wie dürre Äste knacken, Zähne wurden ausgespuckt, Menschen wurden körperlich und seelisch gebrochen. Blut und Tränen flossen wie Wasser.

Schreie. Weinen. Winseln. Anfangs – als ich noch weich war und noch die *Mittel* zurückwies, um mich kälter und härter zu machen – mischten sich auch die Rufe meiner moralischen Bedenken in diesen Tumult. Aber sie wurden immer leiser und verstummten schließlich, während die Gier nach Gewinn umso lauter und schriller ihre Stimme erhob.

Manchmal fragte ich mich noch, was ich da tat und wofür. Für ein wenig Geld? Für ein wenig Respekt? Dafür würde man mich früher oder später bestrafen. Ins Gefängnis stecken. Meine Mutter würde sich für mich schämen, meine Freundin mich verlassen. Und was ist mit Karma? Mit *Gott*? Ich werde nicht ungeschoren davonkommen …

Warum Gewissensbisse?, fragte ein anderer Teil von mir zurück. *Du schlägst keine Großmütter, sondern Kriminelle. Du bist ein »badmosh«, der andere Verbrecher bestraft. Du bist ein Richter der Unterwelt. Ha! Dafür wirst du bezahlt. Sogar sehr gut. Dafür wirst du respektiert. Und wie! Vorbei sind die Zeiten des Elends. Bald kannst du dir alles leisten … bald muss deine Mutter nicht mehr die Scheiße anderer Leute aufwischen … und du kannst dein Mädchen ausführen … Karma? Du wirst doch belohnt, dein Geld vermehrt sich, dein Leben wird besser. Den Guten geht es schlecht, den Schlechten geht es gut – das ist das wahre Karma.*

Und Gott? Aber was ist mit Gott?

Was soll mit dem schon sein! Gott wird sich nicht blicken lassen. Wie immer. Wo ist Gott denn damals beim Krieg in Afghanistan gewesen? Etwas in mir lachte. Höhnisch und laut. Es breitete sich in meinem Körper aus, als säße mir ein Dämon in den Knochen. Ein böser Dschinn.

Mir gefiel das Leben eines *badmosh*. Der *badmosh* war eine Klasse für sich, stand über allen, pfiff auf Normen und Regeln. Er richtete sich nach seinen eigenen Gesetzen, den Gesetzen der Straße. Er lebte auf der Überholspur, genoss alle Freuden, die das Leben zu bieten hatte. Ein *badmosh* war nie ein Asylant, ganz egal, wo er herkam. Kein Öl-Auge. Kein Außenseiter, kein dienender Sklave, kein Scheiße-Wegwischer. Er war gefährlich. Beliebt. Privilegiert. Man liebte oder hasste ihn – aber man hatte immer *Angst* vor ihm. Respekt.

Mein Lebensstandard verbesserte sich rapide und meine Ansprüche wuchsen. Ich schmiss die Schule, denn was versprach mir ein minderer Abschluss schon für Möglichkeiten? Einen zweitklassigen Job, mit dem ich gerade so über die Runden kommen würde? Damit hätte ich mich nie zufriedengeben können. Ich wollte mein eigener Boss sein. Tun, was mir gefiel. Das führte zu Hause zu einem Riesenkrach. Ehemaliger Engineer-Sahib bekam einen Wutanfall.

Ohne Abschluss bist du ein Nichts in Deutschland! Wozu habe ich euch hergebracht? Um euch bessere Chancen zu ermöglichen! In diesem Land stehen dir alle Türen offen – und du schließt dich ein! Lungerst den ganzen Tag mit deinen nichtsnutzigen Freunden auf der Straße herum. Was ist los mit dir? Aus dir könnte ein Arzt oder Anwalt werden – du bist gescheit. Sieh dir deine Geschwister an. Jackie studiert Jura. Weißt du, was das bedeutet? Jura! Jura! Jura! Aus ihr wird eine Akademikerin! Auch Julie studiert. Und Wahid … Wahid malt eben Gesichter an … na ja … aber er studiert nebenbei! Was noch mal? Kommunikations*irgendwas*! Genau! So ist es richtig.

Meine Geschwister seien eben aus anderem Holz geschnitzt, entgegnete ich gelassen.

Ja, aus edlerem. Sie sind Adlerholzbäume, aus denen kostbares Räucherholz gewonnen wird, und du bist ein morsches Tischbein. Er nannte mich auch einen *padar nolat*, jemanden, der seinem Vater Schande macht.

Die Konsequenz aus dem Streit war, dass ich von zu Hause auszog und mir eine kleine Wohnung in Mundsburg anmietete. Mein Vater hatte recht. Meine Geschwister *waren* aus edlerem Holz geschnitzt. Wir hatten alle dasselbe Blut, kannten den Krieg, die Flucht, die Nächte, die nach Urin, Rattenkot und Angstschweiß stanken. Dennoch waren sie Vorzeigekinder. Eine zukünftige Anwältin. Eine Studentin mit guten Noten. Ein Visagist mit festem Einkommen und bald vielleicht einem eigenen Schönheitssalon. Mich konnte man nicht vorzeigen. Ich war das schwarze Schaf – oder vielleicht besser so etwas wie ein Krokodil zwischen Goldfischen in einem idyllischen Vorgartenteich. Aber meine Geschwister hatten auch mehr Glück gehabt. Sie hatten *Talente*. Mein Talent lag allein in meinen Fäusten – ich konnte andere verprügeln. Das war wohl kaum etwas, womit man sich schmücken konnte. Nicht in der Welt meiner Geschwister.

Ich hatte natürlich nicht vor, den Rest meines Lebens nur Nasen zu brechen. Ich sah das nur als eine Phase. Mir gefielen zwar die Privilegien eines *badmosh*, nicht aber, was ich alles dafür tun und aufgeben musste – zuvorderst meine Menschlichkeit. Wenn ich weiter auf dieser Bahn blieb, würde ich einfach nur dreckiges Geld verdienen, es zum Fenster hinauswerfen, um mir ein gutes Gefühl zu kaufen, und am Ende mit nichts dastehen. Oder mit weniger als nichts im Gefängnis landen. Dafür lohnte sich diese schmutzige Tätigkeit einfach nicht. Ich spürte, wie ich nach jedem *Einsatz* abstumpfte und allmählich etwas *in mir* starb. Das war gefährlich. Das gefiel mir nicht. Noch kämpfte ich dagegen.

Ich beobachtete auch die anderen Jungs in meinem Umfeld. Manche von ihnen hatten mit *zwölf* angefangen, Gras zu verkaufen, daraus wurde Koks, das sie bald nebenher selbst konsumierten, mit siebzehn waren sie Zuhälter, mit achtzehn fuhren sie die schicksten Schlitten, sie lebten in den Tag hinein, verprassten ihr Geld für Partys, Drogen, Weiber. Wie lange würde das gutgehen? Zehn Jahre? Höchstens. Hatten sie erst die Kontrolle über ihr Leben verloren, vergingen die Jahre wie am Fließband. Am Ende waren sie seelisch ausgebrannt und körperlich verbraucht wie die Nutten, die sie fickten oder anschaffen schickten. Es war wie in dem Song *Street Life*, den ich auf dem Weg zu meinem ersten »Job« in Jamals Mercedes gehört hatte: *Straßenleben, weil ich sonst nirgendwo hingehen kann; Straßenleben, das einzige Leben, das ich kenne; Straßenleben, und du spielst Tausende Rollen, in diesem Straßenleben, bis du dein Leben verspielt hast.*

Ich wollte mein Leben nicht wie einen Einsatz verspielen, deshalb setzte ich mir ein klares Ziel: *Nur so lange, wie es nötig ist.* Bis ich genug Geld zusammenhatte, um mir ein eigenes *legales* Business aufzubauen. Das bedeutete zu verzichten, nicht auf allzu großem Fuß zu leben und mein verdientes Geld zu hüten. Keine rauschenden Partys. Keine Nutten. Keine Drogen. Meine Familie und meine Freundin durften die Veränderung in meinem Leben nicht allzu sehr spüren. Ich musste meinen Kopf klar und sauber halten, also kaufte ich mir wirtschaftliche Bücher, las Biografien von bedeutenden Persönlichkeiten, sah mir Fernsehdokumentationen an. Die Schule aufzugeben bedeutete nicht, dass ich mich nicht weiterbilden wollte. Ein dummer Mensch wird im Leben nicht sehr weit kommen – ganz egal, wie stark er ist. Wer etwas erreichen will, muss mit Geld umgehen können, soziale Kompetenzen besitzen, Ziele haben – schnelles Geld zu machen allein ist kein kluges Ziel.

Ich wollte nicht so werden wie die anderen Jungs in meinem Umfeld. Nicht so wie Jamal. Ich schaffte es, mein Leben einigermaßen unter Kontrolle zu halten, mein Geld zu sparen und mein größeres Ziel anzusteuern. Ich hielt durch. *Ein* ganzes Jahr lang. Erst an jenem diesigen Novembertag bog mein Weg in eine neue Richtung ab. Diese neue Richtung führte steil abwärts.

Jamal und ich hatten den Auftrag bekommen, einen Mann um knapp 200 000 Mark zu erleichtern. Unser Auftraggeber war ein Baulöwe, der Inaya einmal wöchentlich im Edelbordell Relax besuchte. Er bestellte immer dasselbe *Menü*: Sie sollte sich mit ihrem prallen Hintern auf sein Gesicht setzen und ihm in den Mund pinkeln – dafür zahlte er Unsummen. Er hatte sie hinterher gefragt, ob sie vielleicht ein paar zwielichtige Typen kenne, die ihm bei *so einer Sache* helfen könnten – es ginge da um eine Menge Geld.

Wir trafen uns mit ihm im Marriott zum Mittagessen: ein groß gewachsener Mann mit ergrautem Haar und einer Kartoffelnase. Er gehörte zu den Männern, die blutige Steaks aßen, Chivas Regal tranken und Pferderennen besuchten. Wenn ich ihn ansah, musste ich mir vorstellen, wie er seine Zunge in Inayas Hintern steckte und ihre Pisse trank … mir verging der Appetit. Er erzählte uns von seinem ehemaligen Freund, einem reichen Sack, dem er die 200 000 Kröten geliehen hatte, um sie dann aber niemals wiederzusehen. Der ehemalige Freund war ein Immobilienhai, der alles auf seine Frau überschrieben hatte, somit war ein Gerichtsverfahren zwecklos. Er brauche professionelle Jungs, vertraute er uns an. Aber seien wir vielleicht nicht … ein wenig jung?

Dafür hätten wir eine Menge Erfahrung, sagte Jamal mit fester Stimme. Wir kämen aus Afghanistan, seien dort Kindersoldaten gewesen und hätten eine militärische Ausbildung genossen, log er. Der Baulöwe staunte nicht schlecht. Die Hälfte an uns: 100 000 – also 50 000 für jeden. Das klang nach einer Menge Asche. Der Kerl, dieser reiche Sack, habe ein Haus in Poppenbüttel, doch das sei zu gefährlich – er habe eine Frau und eine kleine Tochter –, aber diese Woche würde er in sein Ferienhaus an der Ostsee fahren, vermutlich allein, das lag abgelegen, und jetzt im Spätherbst sei diese Ecke verlassen wie ein Friedhof. Wir sollten aber vorsichtig sein – der Kerl habe es faustdick hinter den Ohren.

Und am Wochenende machten wir uns auf den Weg. In diesem Jahr hatte es ungewöhnlich früh geschneit, und die Felder und Wälder ringsum waren weiß bezuckert. Es war schön an der Ostsee. Am späten Abend fanden wir das Ferienhaus des reichen Sacks. Ein flaches, weißes Bungalow, das aussah wie eine Finca. Die Lichter waren ausgeschaltet, aber in einem der dunklen Räume flackerte der Fernseher. Wie sollten wir da reinkommen? Hier konnten wir nicht einfach klingeln und reinstürmen. Die Gegend war verlassen und er würde uns nicht ohne weiteres aufmachen. Wir schlichen um das Haus herum und fanden eine Terrassentür. Jamal machte sich mit einer Telefonkarte am Schloss zu schaffen.

»Das klappt doch nie«, flüsterte ich.

»Doch, jedenfalls wenn die Tür nur zugezogen und nicht abgeschlossen ist ... zieh deine Maske über«, murmelte Jamal und steckte die Karte zwischen Türrahmen und Schloss. Ich konnte gedämpfte Stimmen aus der TV-Röhre hören. Ringsum herrschte Finsternis und Einsamkeit. Der Mond war nur eine dünne Sichel. Ein paar Raben dösten auf nebelfeuchten, schneeigen Ästen und schreckten auf, wenn sich die Baumkronen knarrend im Wind wiegten. Ich zog eine schwarze Wollmaske über, durch die man nur meine Augen sehen konnte. Wir vermummten uns selten, denn die meisten Schuldner waren selbst Kriminelle, und wir konnten davon ausgehen, dass sie uns nicht anzeigen würden. In diesem Fall war es anders. Wir mussten vorsichtiger sein.

Die Tür ging auf. Wir traten auf leisen Sohlen in die Küche. In der Dunkelheit tasteten wir uns durch den Raum. Durch den Türspalt erkannte ich die Umrisse eines Mannes; er saß mit dem Rücken zu uns auf einem Sofa im Wohnzimmer. Seine Arme waren über die lederne Rückenlehne gebreitet, in der einen Hand hielt er eine Fernbedienung. Der Immobilienhai. Der reiche Sack. *Das muss er sein.* Jamal und ich sahen uns an. Er nickte. Ich zog die Pistole aus meinem Hosenbund.

Jamal machte einen Schritt nach vorn und schob langsam die Tür auf. Sie quietschte. *Verdammt.* Wir traten in den Raum. Doch das Sofa war leer. *Wo ist er?* Wir sahen uns um. Der Bildschirm flimmerte. Ringsum Dunkelheit. *Verfluchte Scheiße!* Ich umfasste die Knarre mit beiden Händen und richtete sie geradeaus. *Wo ist er?* Plötzlich trat ein Schatten hinter dem Türrahmen hervor. *Da!*

»Runter mit der Waffe oder ich knall ihn ab!«, befahl eine raue Stimme vom anderen Ende des Raumes her, etwa sechs Meter entfernt. Der Schatten hielt etwas auf Jamal gerichtet, es sah aus wie ein Jagdgewehr. Meine Knarre zielte auf den Schatten. *Verdammt! Verdammt! Verdammt!*

»Schieß!«, schrie Jamal. »Schieß!« Mein Puls raste.

»Das würde ich an deiner Stelle sein lassen«, sagte der Mann bestimmt. »Ich drücke, ohne zu zögern, ab.« *Was nun? Was soll ich tun?*

»Schieß!«, brüllte Jamal. Im nächsten Augenblick geschah etwas, was ich nie werde vergessen können. Ein kleines Mädchen trat aus einem seitlichen Raum ins Wohnzimmer. Sie ging einige Schritte – und stand plötzlich mitten in der Schusslinie!

»Leni, weg da!«, rief die schattenhafte Gestalt in verzweifeltem Ton. Das Kind stand etwa zwei Schritte von mir entfernt. Sie war vielleicht vier oder fünf Jahre alt, trug einen Plüschpyjama und hatte helles gelocktes Haar. *Oh, Gott! Oh, Gott!* Was jetzt?

»Papa ... was ... is los?«, fragte sie schläfrig.

»Nichts, Schätzchen ... geh zurück ins Bett«, antwortete er im Flüsterton. Die Angst ließ seine Stimme beben wie ein Trommelfell. *Warum jetzt ausgerechnet so was?* Mein Blick wanderte zwischen meiner Knarre und dem kleinen Mädchen hin und her. Dann drehte sie sich um und sah mich. Sah mich an. Sie riss die Augen auf. Ihr Blick war ängstlich und ... unschuldig. Er bohrte sich wie eine Kugel in mein Fleisch. *Ich ziele gerade auf ein Kind! Oh, mein Gott! Auf ein*

Kind! Meine Knie wurden weich. Mein Körper verwandelte sich in eine Masse aus Gummi … Ich konnte mich kaum noch auf den Beinen halten. Plötzlich senkte der Mann sein Gewehr.

»Schieß!«, schrie Jamal. Meine Hände zitterten. Der Mann sprang auf seine Tochter zu und packte sie. Ich senkte meine Pistole.

»Lauf!«, rief ich auf Dari. Wir drehten uns um und rannten durch die Terrassentür hinaus. Wir patschten durch den Schneematsch, brachen durch Gebüsche, zertraten Beete – als es knallte. *Ein Schuss!* Ich war mir sicher, dass der Mann auf uns schoss, wollte mein Tempo beschleunigen, doch ein plötzlicher Schmerz machte sich in meinem Körper breit und wurde mit dem nächsten Schritt unerträglich. Ich war getroffen! Abrupt blieb ich stehen.

»Wir müssen weiter«, befahl Jamal. »Wegen dir wurde ich fast abgeknallt!«

»Ah …«, stöhnte ich und sah an mir herunter. In meinem rechten Schuh war ein rundes Loch. *Was ist passiert?*

»Du hast dir in den Fuß geschossen!«, stellte Jamal gereizt fest. »Wir müssen zum Wagen, bevor die Bullen kommen!«

Ich biss die Zähne zusammen und humpelte weiter, wobei ich mich bemühte, mit dem rechten Fuß so wenig wie möglich aufzutreten. Der Schmerz schnürte mir die Luft ab. Endlich am Auto angelangt, drückte Jamal aufs Gaspedal, und bald bretterten wir mit zweihundert Sachen über die Autobahn. »Bist du verrückt?«, brüllte er mich an. »Der hätte mich fast erschossen!«

»Was hätte ich denn tun sollen – *ihn vor den Augen seiner Tochter erschießen?*«, schrie ich wütend zurück. Ich versuchte, den Schuh auszuziehen. »Ah …«, ich verzog mein Gesicht vor Schmerz. Meine ehemals weiße Sportsocke war blutgetränkt. Die Kugel steckte noch in meinem Fuß. *Geschieht mir recht! Ich habe es nicht anders verdient! Was ist nur aus mir geworden?* Ich erinnerte mich, wie der Soldat damals sein Gewehr gegen Zahir erhoben hatte. Wie ich mich gefühlt hatte. Wie viel Angst ich um meinen Onkel gehabt hatte. Wie ich diesen Soldaten gehasst hatte. *Ich bin nicht besser als dieser Soldat.* Ich schlug mit der Faust aufs Armaturenbrett.

Jamal zuckte zusammen. »Jetzt dreh mal nicht ab – ich geb dir gleich was gegen die Schmerzen.«

Ich will nichts gegen die Schmerzen. Es ist gut. Es soll wehtun!

Nach etwa dreißig Minuten Fahrt hielt Jamal an einem menschenverlassenen Rasthof. Er schaltete das Licht im Innenraum an. »Lass mal sehen«, sagte er.

»Ist schon okay«, antwortete ich mit zusammengepressten Lippen.

Jamal holte eine Tüte mit Kokain aus seiner Brusttasche. »Nimm das, Hamid ... Du bist ... zu weich ...«, meinte er trocken. »Das hätte mich heute fast umgebracht ... *Du* hättest mich heute fast umgebracht ... Nimm das ... es macht dich härter.«

Ich betrachtete das weiße Pulver. *Du bist zu weich ... es macht dich härter ...*

Ich wollte nie wieder an diesen Abend denken ... nie wieder an diesen *Blick* ...

Ich riss Jamal die Tüte aus der Hand und streute das weiße Pulver hastig auf die lederne Armlehne. Ohne weiter nachzudenken, zog ich es durch die Nase und brach damit eines der wenigen Prinzipien, die ich noch gehabt hatte. Mein Puls begann zu rasen. Mein Atem wurde schneller. Ich wurde wacher. Ich wurde klarer. Ich wurde härter. Ich fühlte mich gut. War doch eine coole Aktion, oder?

Ich betrachtete die schwarze Armlehne.

Wo eben noch Koks war, war jetzt nichts.

Wo eben noch Schmerz war, war jetzt nichts.

Wo eben noch ein Mensch war, war jetzt nichts.

Kapitel 27

Der Schnee in meinem Herzen

Die kommenden zwei Jahre erlebte ich in einem permanenten Rauschzustand. Jamal hatte nicht zu viel versprochen: Kokain war ein Wundermittel, das mich mächtiger, kälter, härter machte – zumindest fühlte ich mich so. Alle Hemmungen, alle Scham und Moral verschwanden im Rausch, sie erfroren unter einer frostigen Schicht eiskalter Klarheit; das Gewissen schlief, als hätte man eine riesige Betäubungsspritze in die Seele gestochen. Bald hatte die Sucht mich völlig in ihren Klauen und legte sich wie eine Decke aus Schnee über mein eisiges Herz.

Während das Kokain meine Skrupel ganz klein machte, wurde vieles andere ganz groß: Ein nahezu allmächtiges Gefühl von Überlegenheit und Euphorie durchströmte meinen Körper. Alle Unsicherheiten und Zweifel werden in diesem Zustand hinweggefegt, das Selbstbewusstsein wird neu modelliert. Ich war Super-Hamid, ein menschlicher Halbgott.

Ein Vorfall bestätigte mich in dieser Selbstüberschätzung: Als ich eines Abends nur mal eben Zigaretten holen ging, hatte ich plötzlich das Gefühl, verfolgt zu werden. Ich fuhr herum und ein Maskierter bäumte sich vor mir auf, eine blitzende Klinge in der Hand. Er rammte mir sein langes Messer mitten in die Brust und war auch schon wieder im Nebel verschwunden. Ich sank rückwärts auf die Knie. Mein Herz! Das war das Ende. Instinktiv schlug ich die Hand an die Brust, doch da war kein Blut, keine Wunde. Nur ein dumpfer Schmerz wie von einem Faustschlag. Ich fasste in meine Jackeninnentasche und zog mein Nokia-Handy heraus. Eben war es noch heil gewesen. Jetzt war es völlig demoliert. Ich fing laut an zu lachen, und schrie und lachte, lachte und schrie. Von da an sollte ich mich wirklich für übermenschlich halten. Gott hielt seine wachenden Hände über mich. Keiner konnte mir was! Ich war unbesiegbar.

Meine neue, durch das Koks bewirkte Gefühlsverkümmerung und Skrupellosigkeit nutzte mir bei meinen Geschäften ungemein. Die lähmende, lästige Stimme meines Gewissens wurde immer leiser, bis sie endlich ganz verstummte ... und wenn ich dann von einem High wieder runterkam, redete bald ohnehin nur noch die Sucht auf mich ein.

Nach knapp sechzig Minuten verlor das Kokain seine Wirkung. Doch mit der Zeit wurden die Abstände immer kürzer. 45, 30, 20, 10 Minuten ... Das Runterkommen war grässlich! Mein wunderbares Selbstbild zerplatzte und ich verwandelte mich in ein trostloses Wrack. Kokain führt dir keine neue Energie zu, sondern melkt nur deine vorhandenen Kraftreserven, wringt dir den Lebenssaft bis zum letzten Tropfen aus dem Leib. Innere Leere. Müdigkeit. Schwermut. Die depressiven Gedanken raubten mir den Verstand. Ich konnte nicht mehr klar denken und war aggressiv wie ein tollwütiger Hund. Aber immer gab es einen Ausweg: Koks, Schnee, weißes Pulver.

Ich verlor jeden Bezug zur Realität; vergaß die Geburtstage meiner Geschwister, verschlief Gerichtstermine, verlor mich vollkommen in der Drogen- und Partyszene. Mein Alltag bestand nur noch aus Koksen, Feiern – und Geldeintreiben, um ungestört weiterkoksen und weiterfeiern zu können. Alles drehte sich um Geld und Koks und den ständigen Nachschub an Geld und Koks. Denn jede Nacht feiern zu gehen und in Szenelokalen Runde um Runde zu schmeißen, um auch stets Gesellschaft um sich zu haben, wird auf die Dauer unangenehm teuer. Ich kümmerte mich weder um meine Familie noch um meine Freundin. Verglichen mit meiner Liebe zum Koks wurde Adriana zu einer Randfigur in meinem Leben, doch aus irgendeinem Grund blieb sie noch immer bei mir, gab mich nie ganz auf. Mir war es im Grunde fast schon egal, jedenfalls wenn ich drauf war. Alles in meinen Leben hatte an Bedeutung verloren.

An viele dieser unzähligen Abende unter Drogeneinfluss erinnere ich mich nicht mehr, und das ist wohl auch gut so. Manche sind mir dafür umso stärker im Gedächtnis geblieben.

Adriana und ich hatten uns die letzte Zeit über nur gestritten. Sie fühlte sich vernachlässigt und machte sich Sorgen um mich. Die vielen teuren Geschenke, die ich ihr oft mehr aus Prahlsucht und schlechtem Gewissen denn aus einem echten zärtlichen Antrieb kaufte, konnten sie nicht fröhlich stimmen, und ein Keil bohrte sich zwischen uns. Ich vermied es, mir Gedanken darüber zu machen. Schließlich brauchte ich nur die nächste Line zu ziehen, und schon war alles gefühlt wieder in Ordnung zwischen uns. Und überhaupt – was brauchte ich Adriana, wenn ich Coke hatte? Doch auch während unsere Beziehung allmählich in die Brüche zu gehen schien, gab es immer wieder versöhnliche Momente einer größeren Nähe. In einer dieser Phasen gingen wir mit Jamal und Inaya in eine Bar. Ich war bis oben hin voll mit Kokain und Alkohol und hatte das Gefühl, regelrecht abzuheben. Die Droge machte mich immer übermutig und weckte in mir den Drang, mich unbedingt beweisen zu wollen.

»Wetten, dass ich die härtesten Bauchmuskeln der Welt habe?«, rief ich in die Runde, aber die Musik war laut, die anderen unterhielten sich und keiner schenkte mir Beachtung. »*Wetten, dass ich die härtesten Bauchmuskeln der Welt habe?«* Dieses Mal brüllte ich. Jamal sah an mir herunter und seine Mundwinkel zuckten. Der übermäßige Drogen- und Alkoholkonsum hatte meine Muskeln weich und schlapp gemacht, aber beim Blick in den Spiegel sah ich dennoch keinen dürren, kalkweißen Jungen mit schlaffem Körper und den eingefallenen Wangen eines Süchtigen, sondern einen Adonis mit stählernen Muskeln und einem strahlenden Gesicht. Und so *fühlte* ich mich auch.

»Los, Jamal, schlag zu – aber tu dir nicht weh«, feuerte ich ihn an und versuchte meine Bauchmuskeln anzuspannen. Doch Jamal warf mir nur einen verächtlichen Blick zu und sagte kein Wort. Stattdessen wandte er seine schwarzen Augen von mir ab und Adriana zu. *Immerzu* sah er sie an. Ich mochte nicht, dass er sie so ansah, ich mochte diesen Blick nicht. Diesen verschlingenden Blick, der Jamals Gegenüber förmlich in die bodenlosen Abgründe seiner Seele hineinzusaugen schien. Er kam mir bekannt vor, dieser Blick, von früher. Ich wusste nicht mehr, wann und wo ich Jamal zuvor so hatte blicken sehen, doch die Erinnerung verhieß nichts Gutes. Er *sollte* sie nicht anblicken; Adriana *sollte* sich nicht in diesen Blicken verfangen. Niemand sollte sie so anblicken, nicht Jamal, nicht Aleeke, nicht Rashid, nicht Cem … Alle Blicke sollten sich auf *mich* richten!

»Wetten, dass kein Messer dieser Welt da durchkommt!« Meine Stimme war so laut, dass sich auch die Leute am Nebentisch umdrehten und zu uns herüberstarrten. Adriana stöhnte und Inaya sah mich mit aufgerissenen Augen an. »*Das* sind Muskeln – und die sind stärker als jedes Messer.« Ich setzte das Siegerlächeln eines spartanischen Kriegers auf.

»*Das* will ich sehen«, rief Inaya mit einem beschwipsten Lächeln auf ihren blutrot bemalten Lippen.

Ohne weiter zu überlegen, zog ich mein Springmesser aus dem Hosenbund und rammte es mir in den Leib. Adriana stieß einen Schrei aus. Alle Blicke in der Bar wandten sich mir erschrocken zu. Die Klinge glitt durch mein Körpergewebe wie durch warme Butter. Ich zog das Messer wieder heraus und spürte, wie es sich warm und nass auf meiner Bauchdecke verteilte.

»Hat der sich gerade *selber* angestochen?«, rief jemand hinter mir.

»Oh Gott!«, schrie Adriana und griff nach ein paar dünnen Servietten. »Was ist bloß los mit dir? Was?« Sie drückte mir die sofort vollgesogenen Papierservietten an die Wunde und fing an zu weinen.

»Du tust wohl alles für ein bisschen Aufmerksamkeit«, meinte Jamal und schüttelte den Kopf. Ich blieb unbekümmert sitzen und nahm einen kräftigen Schluck von meinem Wodka auf Eis. *Es tut nicht weh.* Die Drogen betäubten den Schmerz, ich spürte nur ein leichtes Ziehen, das mich nicht sonderlich beunruhigte. *Bestimmt nur eine kleine Wunde an der Oberfläche.* Erst als ich das Messer in meiner Hand auf den Tisch legte, sah ich, dass die Klinge bis oben hin voll Blut war.

Am Morgen erwachte ich von einem höllischen Stechen in der Magengegend. Ich drückte gegen meinen Bauch und hatte das Gefühl zu ersticken. Ich schaute mich um. Kahle weiße Wände. Beißender Krankenhausgeruch. Adriana, die auf einem Stuhl eingenickt war. Da fiel es mir wieder ein. Das Messer. Das Blut. Aber dann? Wie war ich hierhergekommen? Zu den Magenkrämpfen kamen die Entzugserscheinungen. Sie ließen mich alles intensiver spüren, machten alles doppelt so unangenehm. Ich schnappte nach Luft, hob mein Krankenhauskostüm und sah den Verband an meinem Bauch.

Die Tür ging auf und eine übergewichtige Krankenschwester mit fettigen, rot gefärbten Haaren und Krümeln um den Mund betrat das Zimmer. Sie kam mir vage bekannt vor. Ich war ja nicht zum ersten Mal hier. Die Schwester stellte ein Tablett mit dem Frühstück neben mein Bett und betrachtete einen Augenblick lang sinnierend mein schmerzverzerrtes Gesicht. »Ach, Herr Rahimi … mein Lieblingspatient. Vielleicht sollten wir Ihnen hier bald ein festes Zimmer einrichten?« Ich war nicht zu Späßen aufgelegt, wunderte mich aber, dass sie sich noch so gut an mich erinnern konnte. Schließlich war die Sache mit meinem Fuß schon eine ganze Weile her.

»Warum tut das so verdammt weh?«, fragte ich. Ein marternder Schmerz!

»Dass Sie überhaupt noch Schmerzen spüren … Ich dachte, sich in den Fuß zu schießen wäre dumm, aber sich selbst in den Bauch zu stechen … das ist sehr dumm.«

»Das war keine Absicht.«

»Wie bitte?«

»Ich hab mir nicht mit Absicht in den Fuß geschossen«, gab ich halblaut zurück und der penetrante Schmerz in der Magengegend ließ mich aufstöhnen.

»Aber Sie haben sich *mit Absicht* in den Magen gestochen?« Die Schwester holte einen Keks aus ihrem Kittel und ließ ihn zwischen ihren malmenden Zähnen verschwinden.

»Ich … weiß es nicht mehr.« Der Schmerz trieb mir beinahe die Tränen in die Augen.

»Wieso sind Sie denn so mies drauf? Gestern Nacht waren Sie doch so lustig und haben dem Arzt noch angeboten, Ihnen ein Skalpell in die Brust zu rammen.«

Gestern Nacht? Ich hatte nur einige höchst vage Erinnerungen. Da waren Flure, Menschen in Kitteln, ärgerliche Stimmen. Und dann dieses Wohlgefühl …

»Wissen Sie denn nicht mehr? Betrunken und vollgekokst sind Sie halbnackt durch die Notaufnahme geirrt und haben das Personal geärgert, bis jemand die Security geholt hat. Da Sie in diesem Zustand nicht operiert werden durften, haben wir Ihnen Morphium gegen die Schmerzen gegeben. Da sind Sie bald friedlich weggeschlummert wie ein Baby.« Sie lachte und ein paar Kekskrümel landeten auf meinem Bett.

Morphium? Ja, ja, ich erinnere mich! Morphium! Ein herrliches Gefühl, wie im Himmel oder im Mutterleib, und ich wollte unbedingt wieder zurück – zurück in diesen Mutterleib-Himmel. Morphium, das war die beste Droge, die ich je kennengelernt hatte, das Nonplusultra, alles so friedlich, so schön, so himmlisch, wie im Fruchtwasser zu schwimmen, im Fruchtwasser des Himmels.

Sie ist eine ziemlich nervige Krankenschwester, dachte ich, aber sie könnte mein Engel werden, wenn sie … *Vielleicht kann ich sie ja überreden* … Ich ärgerte mich über die Schmerzen, die es mir schwermachten, überzeugend und schlagfertig zu sein. »Warum tut das so weh? Es war doch nur ein kleiner Schnitt«, wollte ich wissen. »Ich hab doch nur mal … reingepikst. Kann man da nichts dagegen tun?«

»Wir mussten Ihren Darm rausholen und auf Verletzungen prüfen«, erklärte sie mit einem kalten Lächeln.

»Darm rausgeholt? Sie wollen mich wohl verarschen!«

»Sicher nicht. Wollen Sie es genauer wissen? Meter um Meter wird der lange Darm in so einem Fall an einer speziellen Stange aufgehängt und auf Einstichlöcher untersucht. Das dauert, bis der sich wieder einkriegt, und es tut verdammt weh, wie Sie gemerkt haben – das sind Schmerzen wie nach einem Kaiserschnitt.«

Immer noch dieses kalte Lächeln in ihrem Gesicht. Es kam mir vor, als wolle sie sich an meinen Qualen ergötzen. Aber vielleicht zeigt sie Erbarmen? *Los, jetzt red nicht lang um den heißen Brei herum, versuch's einfach.* »Können Sie mir nicht etwas gegen die Schmerzen geben?«, bettelte ich. »Am besten vielleicht noch einmal was von diesem, was war es noch mal … Morphium? Ich zahle auch.«

Adriana, die unser Gespräch geweckt hatte, stöhnte leise und die Krankenschwester setzte einen Gesichtsausdruck auf, als hätte sie soeben einen Wurm in einem angebissenen Apfel entdeckt. »Sehe ich etwa wie ein Dealer aus?« Sie schüttelte ihren fettigen Haaransatz und stiefelte mit schweren Schritten aus dem Zimmer. Die Wunde schmerzte wie der Teufel und der Hunger nach Stoff ließ mich nicht zur Ruhe kommen.

»Ich muss hier weg.«

»Was? Du wurdest gerade operiert!«, rief Adriana verzweifelt. »Bitte, Baby …«

»Das geht dich einen Scheiß an!« Irgendwie schaffte ich es aufzustehen, in gekrümmter Haltung streifte ich mir meine Lederjacke über das blaue Krankenhauskostüm und verließ das Krankenzimmer. Adriana folgte mir fluchend. Keine der Schwestern versuchte, mich aufzuhalten.

»Hallo, Herr Rahimi«, grüßte mich ein entgegenkommender Arzt. *Kennt mich hier denn jeder?* »Bis zum nächsten Mal!«, rief von weiter vorn die rothaarige Krankenschwester, als wäre sie die Kellnerin in meinem Lieblingsrestaurant.

Halbnackt, mit einer frisch genähten Wunde, spazierte ich aus dem Krankenhaus. Die giftgrünen Plastiküberzüge an meinen Füßen hinterließen Spuren im Schnee. Ich hatte nicht einmal meine Schuhe angezogen. Ich fröstelte, als der kalte Wind mein dünnes Krankenhauskleid bis über meinen nackten Hintern in die Höhe flattern ließ. Trotz des marternden Schmerzes, der mir durchs Mark zog, und der Eiseskälte, die meine Eier blau anlaufen ließ, konnte ich nur an eines denken: Kokain.

Ach, Moment, habe ich nicht noch was? Mit dreckigen nikotingelben Fingernägeln kramte ich eine Tüte aus der Tasche meiner Lederjacke. Die Rettung!

»Nein!«, schrie Adriana und riss sie mir aus der Hand. Sie öffnete sie hastig und zerstreute das Pulver auf dem Boden. *Nein!*

»Du Miststück!« Ich machte einen Schritt auf sie zu und verpasste ihr eine schallende Ohrfeige. Es war das erste Mal, dass ich sie schlug. Sie verstummte und sah mich mit weit aufgerissenen Augen an. Sie füllten sich mit Tränen.

Ich beachtete sie nicht weiter, setzte mich an den Straßenrand und kratzte das Koks vom Boden. Der kalte Schnee schmolz unter meinem heißen Arsch.

Ich zog mir kalten, nassen Schnee in die Nase, mit Matsch und Straßendreck vermischt.

Vielleicht war dies der erbärmlichste Moment in meiner Drogenlaufbahn, doch wüsste ich noch manch andere, die ihm leicht den Rang ablaufen könnten, und an den erbärmlichsten von allen kann ich mich womöglich gar nicht mehr erinnern. Genau das macht einen Süchtigen aus – im freien Fall nach unten gibt es keine Grenzen der Erbärmlichkeit.

Keine zwei Wochen nachdem ich mir das Messer in den Magen gerammt hatte, war ich wieder in Stimmung, feiern zu gehen. Vielleicht war ich auch nicht wirklich in Stimmung, aber das Kokain hielt mich ohnehin tagelang wach, und so vertrieb ich mir die meiste Zeit in Diskotheken. In diesem Zustand hat man den unbändigen Drang, unter Menschen zu sein, zu reden und zu tanzen, sich zu zeigen und gesehen zu werden.

Außerdem musste ich mich ablenken. Ich hatte seither nichts mehr von Adriana gehört, sie reagierte weder auf meine Anrufe noch auf meine SMS. Aus schlechtem Gewissen heraus hatte ich ihr einen teuren Bulgari-Anhänger und einen Bund weißer Rosen nach Hause schicken lassen, doch die Sachen kamen vom Absender zurück – sie hatte die Schachtel nicht einmal geöffnet. *Es ist vorbei. Sie will dich nicht mehr. Sie hat dich verlassen … Endlich hat sie es begriffen …*

Ich rasierte mich, wusch mir das Gesicht und gelte mir die Haare vor dem Badezimmerspiegel. Ich hatte an Gewicht verloren, meine Wangen waren mager, mein Blick leer und freudlos. Ich seh nicht gut aus, dachte ich beim Blick in den Spiegel. Ich fühlte mich ausgemergelt und hatte starke Kopfschmerzen. *Nimm eine Line, dann fühlst du dich besser ... du hast noch eine lange Nacht vor dir ...* Ich zog eine Line und lehnte mich zurück. *Schon besser ...* Dann knöpfte ich mein eng anliegendes Hemd von Dolce & Gabbana zu, streifte eine Bluejeans über, schlüpfte in meine maßgefertigten neuen italienischen Schuhe, zog ein Sakko von Armani an und parfümierte mich mit einem herben Duft.

In letzter Zeit verprasste ich eine Menge Geld. Ich hatte meinen Schrank randvoll mit teuren Klamotten gefüllt und auch meine Mutter und meine Schwestern mit einer neuen Garderobe eingedeckt. Jackie allerdings hatte meine Geschenke nicht angenommen und enttäuscht den Kopf geschüttelt. Mein Lebensstil ... meine Ansichten ... mein Blick ... Sie kannte das alles schon, kannte es von Zahir. Natürlich rochen sie alle den Braten, aber sie hatten ohnehin keinerlei Einfluss auf mich. Ich hatte zu diesem Zeitpunkt etwa drei Gerichtsverfahren wegen Körperverletzung am Laufen, ließ mich fast nie bei Familientreffen blicken und trieb mich sieben Tage die Woche in der Party- und Drogenszene herum.

Mein Vater redete nicht mehr mit mir, auch Wahid würdigte mich keines Blickes. Vor etwa drei Monaten war ich ihm im Vollrausch an die Gurgel gegangen und hatte ihn so lange gewürgt, bis er blau angelaufen war und meine Mutter mich von ihm weggezogen hatte. Ich kann mich nicht mal mehr an den Grund erinnern. Von Zahir hatte ich seit etwa zwei Jahren nichts mehr gehört; er versank wohl im Whisky wie ich in den Drogen. Aber es war auch eine Zeit, in der ich niemanden brauchte. Nichts und niemanden – außer Kohle und Koks.

Ich stieg in mein neues Auto, einen schwarzen Mercedes CLK Cabrio, ähnlich wie der Wagen von Jamal, und brauste in Richtung von Jamals Wohnung davon. *Der Wagen schnurrt wie eine Katze ... Fühl nur das Leder ... weich und fein, wie die Haut eines Mädchens ... so kannst du dich sehen lassen. Hättest du das erwartet? Sieh nur, was du alles erreicht hast ... Kein Flüchtling! Kein Asylant! Kein*

Öl-Auge! Ha! Das Verdeck war offen und ich drückte aufs Gaspedal. Die feuchtwarme Sommernachtsluft kribbelte auf meinen Wangen. In meinem Körper machte sich eine euphorische Stimmung breit. *Das ist Freiheit – wenn man niemanden braucht. Du hast deine Fäuste, deine Kohle, du bist jung – die Welt gehört dir! Vergiss Adriana! Du brauchst sie nicht …*

Wie immer schwarz gekleidet kam mir Jamal mit einem breiten Grinsen im Gesicht entgegen – dem ekstatischen Grinsen eines Koksers. Sein markanter, breitbeiniger Gang zeugte von Selbstvertrauen. Er schwang die Hüften, als wolle er mit seinem Gegenüber Tango tanzen. Seine Hände waren zu Fäusten geballt, stets zum Kampf bereit. Er stieg ein und wir steuerten unseren Stammclub Traxx an. Es war ein hipper Szeneladen mit einer strengen Tür, nicht jeder wurde eingelassen. Wir schon – wir wurden überall eingelassen. Langsam rollten wir an der langen Schlange vorbei, die sich vor der Disko versammelt hatte.

Wie sie dich ansehen … flüsterte eine Stimme in mir. *Du bist Hamid der Knochenbrecher, Hamid der Kämpfer, du bist wie eine Bombe, die jeden Moment explodieren kann … keiner legt sich mit dir an! Diese Würstchen da draußen können dir alle nicht das Wasser reichen …*

»Warum hast du Adriana nicht mitgebracht?«, fragte Jamal beiläufig. Mit einem Mal war meine Stimmung im Keller.

»Sie hat Schluss gemacht«, antwortete ich missmutig.

»Oh … hm … aha … Warum?«

»Keine Ahnung … Ich hab sie angeschrien und geohrfeigt«, gab ich gereizt zurück.

»Hm … Frauen brauchen manchmal Schläge … Das wird schon wieder«, meinte Jamal.

»Nein, ich glaube diesmal nicht …«

»Nein?« Seine Stimme klang grell und irgendwie … froh. *Er freut sich, merkst du das nicht?*

»Ach, ist jetzt egal …«, winkte ich ab.

»Na ja … hehe … dann habe ich ja jetzt vielleicht eine Chance bei ihr …«, sagte Jamal augenzwinkernd. In diesem Augenblick ging es mit mir durch. Ich sprang von meinem Sitz, lief auf die andere Seite und zerrte Jamal aus dem Wagen.

»Was hast du gesagt? Was?!«, brüllte ich ihn an. Noch ehe er überhaupt den Mund aufmachen konnte, hatte ich ihm einen Tritt in die Magengegend verpasst. Oder knapp darunter.

»Das ... das war doch nur ein Scherz!«, rief er erschrocken. In seinen Augen ... das war *Angst*. Er hätte mit meiner Reaktion nie gerechnet, nie erwartet, dass ich mich *gegen ihn* richten würde. Ich schlug ihm meine Faust ans Kinn. Er rutschte an der Autotür herunter und hielt seine Arme schützend vors Gesicht. Ich starrte voller Wut und Verachtung zu ihm herab.

»Du bist eine *Kakerlake* – sie würde dich für kein Geld der Welt an sich ranlassen!«, rief ich und drehte mich um. Alle ringsum starrten uns an – jeder hatte es mitbekommen. Ohne mich weiter um ihn zu kümmern, marschierte ich an der Schlange vorbei in den Club hinein.

Eine Woche später sollten Jamal und ich uns wieder versöhnen. Ich vergaß den Vorfall. Er nicht. Er sollte noch lange Monate daran zu knabbern haben.

Ich rempelte einige Leute an und lief direkt in die Toilette. Dort inhalierte ich etwas Kokain, um meine Nerven zu beruhigen. Das half. Ich drängte mich durch die tanzende Menge, setzte mich auf einen Barhocker, bestellte einen Wodka Red Bull und rauchte. Vor mir die Tanzfläche; die Reflektionen der Diskokugel funkelten wie silberne Blitze durch den Raum. Sofort fiel mir ein groß gewachsenes Mädchen mit einem Rotstich im Haar auf. Ihr Hintern war saftig und rund, sie trug turmhohe High Heels und ihr kurzes buntes Kleid schimmerte im Diskolicht wie die Schuppen einer Nixe. Sie tanzte. Doch es war mehr als nur tanzen. Sie schien ihre Umgebung ausgeblendet zu haben und in eine eigene Welt eingetaucht zu sein. Ich leckte mir über die Lippen, rauchte und sah ihr zu. Ihr Körper bewegte sich im Einklang mit den Rhythmen, es war, als würde sie mit der Musik verschmelzen. Sie war wie eine Welle im Wind. *Was für Bewegungen!*

Kleine Schweißperlen glänzten auf ihrer Stirn. Sie warf ihr wildes rötliches Haar zurück, eine Strähne blieb auf ihren Lippen kleben. Sie drehte sich, fuhr mit den Fingerspitzen über ihre Konturen ... es war unglaublich. Noch nie hatte ich eine Frau so tanzen sehen. *Du musst sie ansprechen.*

Ich hatte in den vergangenen Monaten so einige Frauen getroffen, nahm es mit der Treue nicht so ernst. Nicht mehr. Ich trank, kokste, amüsierte mich Nacht für Nacht, die Verführungen waren überall und das Kokain in mir gab ihnen gerne nach. Doch sie konnten meine Leere nicht füllen. Diese Frauen waren wie Einwegflaschen, die ich leertrank und wegwarf. Wie Blumen, die einmal gepflückt, gleich anfingen zu welken. Sie waren nicht wie Adriana. *Sie* konnte ich die ganze Nacht im Arm halten und alles um mich herum vergessen. Adriana wiederum war wie alle Mädchen – sie witterte den Betrug sofort. Dann heulte sie Rotz und Wasser, verließ mich und kam doch wieder zurück. Sie schenkte mir ein Gefühl, das nicht von dieser Welt war, und dennoch spielte ich damit – spielte, weil ich mein Leben verspielte. Aber diesmal schien sie es ernst zu meinen, nicht wieder zurückkommen zu wollen. Und heute wollte ich Adriana vergessen.

Wenn du sie, die rote Tänzerin, heute nicht nimmst ... wirst du nie wieder ruhig schlafen können. Das Koks kurbelte meine Lust an und brachte sie auf Hochtouren. *Du kannst sie haben ... warum nicht? Du kannst sie alle haben ...* Das Koks war der schützende Panzer um mein Selbstbewusstsein. *Du willst sie ... also nimm sie!*

Ich stand auf und tanzte auf sie zu. Sie sah mich nicht an. Tanzte einfach weiter. Als ich näher kam und ihre Hüften umfasste, drehte sie sich um; ihr Blick wild und wütend. Sie schien mich gerade wegstoßen zu wollen, als sie unvermittelt innehielt. Plötzlich hoben sich ihre Mundwinkel und ein Lächeln legte sich über ihr Gesicht. Ihre Lippen waren betörend, aber in ihrem Blick war auch etwas ... Verrücktes. Irgendwie kam sie mir vage bekannt vor. *Siehst du ... du kannst sie alle haben.* Sie schmiegte sich an meine Hüften und wir bewegten uns im Rhythmus. Ich hatte eine Riesenlatte. Sie musste es spüren ... Nach einigen Minuten des unbeschwerten Tanzes drehte sie sich um, warf mir einen lüsternen Blick zu, führte ihren Zeigefinger in den Mund und bewegte ihn sanft hin und her. Ich stellte mir vor, wie sie ... es raubte mir die Sinne.

Sie neigte sich an mein Ohr. »Lust auf Doktorspielchen?«, fragte sie und lächelte süffisant. Ich verstand erst nicht, aber ihr Gesicht ... *Ah! Doktorspielchen! Das Mädchen im Rüschenkleid!* War sie's wirklich oder spielte mir meine Erinnerung einen Streich? Und was spielte das für eine Rolle? *Lang ist's her! Wie hieß sie noch mal? Stimmt: Rijana* ... Der gerufene Name, der damals meinen Erkundungen ein jähes Ende setzte, hatte sich in mein Gedächtnis eingebrannt.

Diesmal fackelten wir nicht lange und gingen gleich zur Sache. Wir machten im Auto rum und ich hatte das Gefühl, meine Hose würde jeden Moment platzen – als sich plötzlich alles veränderte. Rijana steckte mir ihre Zunge tief in den Hals, und es fühlte sich an, als würde eine nasse Fischflosse in meinem Rachen zappeln. Auf Koks war ich fast völlig immun gegen physische Reize, alles spielte sich im Wunderland der Fantasie ab. Mein Körper war taub, mein Geist hellwach. Ein simpler Gedanke konnte ein Feuerwerk euphorischer Gefühle auslösen oder auch einen regelrechten Horrortrip bewirken.

Ein unbeschreibliches Gefühl von Abscheu und Ekel überkam mich. Ein Gefühl, das normalerweise erst auftauchte, *nachdem* ich mit einem Mädchen geschlafen hatte. Ich spürte, wie sich das Harte in meiner Hose in Rührei mit Würstchen verwandelte. Alles schien sich vor meinen Augen aufzulösen. Ich war starr. Ich wollte sie nicht anfassen. Ich wollte nicht, dass sie mich anfasste. *Was ist los mit dir? Reiß dich zusammen!* Ich suchte in meiner Hosentasche nach Koks. Nichts ... leer ... ich hatte nichts mehr! Panik. Etwas trommelte in meiner Brust. Wie ein kleiner Dämon, der von innen gegen meinen Brustkorb schlug. Ich wurde unruhig. *Du brauchst was ... sofort ...*

»Ist was?«, fragte Rijana, während sie auf meinem Ohrläppchen herumkaute.

»Hast du ... Koks?«

»Nee ... hihi ... hihi ... hihi«, kicherte sie. Ihr Kichern war so unangenehm wie kratzende Fingernägel auf einer Tafel. *Hihihihihihihihi* ... der Dämon trommelte gegen meine Brust. *Du brauchst Koks ... nur ein bisschen ... dann geht's dir besser, dann bist du wieder fröhlich und kannst vögeln bis zum Morgengrauen.*

Ach nein; ich muss mich einfach zusammenreißen. Ich bin doch kein Junkie! Ich halte es doch wohl eine Stunde ohne Koks aus. Ja. Ja. Ja. Geht schon.

Ich packte Rijana an den Schenkeln, fasste ihr grob an die Brüste, in den Schritt ... doch es half nichts ... ich kriegte keinen hoch. Sie beugte ihren Kopf über meinen Sitz und machte sich an meinem Hosenschlitz zu schaffen. Ich schluckte. Ich schloss die Augen. *Konzentrieren ... du schaffst das ... ist doch so geil ...*

»Was is'n das?«, fragte Rijana belustigt. »So was hab ich ja noch nie gesehen ... Der is ja ganz weich ... hihi ... hihi ... hihi ...«

Hihihihihihihihi ... was für ein grässliches Gekicher. Wie das eines Insekts. Einer Heuschrecke mit riesig langen Fühlern ... Wenn ein Insekt kichern könnte, dann so ... Der Dämon trommelte immer heftiger. Mein ganzer Körper vibrierte ... Ich hatte das Gefühl, wahnsinnig zu werden. Ich stieß sie unsanft zur Seite.

»Was ist los?«, fragte Rijana.

»Ich muss weg«, antwortete ich gereizt. Sie hob die Augenbrauen. *Wie werde ich sie jetzt bloß los?*

»Wohin?«

Der Dämon ... er ließ mich nicht in Ruhe ... er trommelte und trommelte ...

»Weg! Hau ab! Los, hau ab!«, brüllte ich. Sie zuckte zusammen, öffnete entgeistert die Autotür und stürmte raus.

»Krankes Arschloch!«, rief sie beim Aussteigen. Ich drückte aufs Gas. Ich war bis oben hin zugedröhnt. Mein Fuß zitterte am Pedal. Die Straße verflüssigte sich vor meinen Augen, als läge ein Ölfilm über meinen Pupillen. Öl-Augen ... Eigentlich war die Straße schnurgerade, doch jetzt hatte ich das Gefühl, eine wilde Slalomstrecke zu fahren. Mehrmals wäre ich mit entgegenkommenden Fahrzeugen fast zusammengestoßen. Es gab nur einen Menschen, den ich jetzt noch sehen wollte. Nur einen. Eine.

Ich bog in die Straße ein. Die weißen Villen leuchteten in der Nacht. Ich stieg aus dem Auto. Alles verschwommen. *Bin ich denn so zu? Was ist los mit mir ...*

»Adriana!«, brüllte ich von der Auffahrt aus. »Adriana! Adriana! Adriana!«

Hundegebell. Lichter gingen an.

»Adriana! Ich weiß, dass du mich hörst!« Mein Mund schmeckte trocken. Ich fühlte mich elend. Wie ein verlassener Hund.

Die Eingangstür ging auf und Adriana kam in einem Bademantel heraus. Ihr goldbraunes Haar war zerzaust, ihr Blick schläfrig und wütend. »Bist du verrückt geworden?«, fragte sie verärgert, dabei bemüht, leise zu sprechen. »Du hast meinen Vater geweckt … was ist los mit dir?« Sie sah mich mit ihren Honigaugen an.

»Du siehst aus wie eine Prinzessin.« Ich machte einen Schritt auf sie zu, wollte sie umarmen, aber sie wich zurück.

»Was soll das? Bist du wieder drauf?«

»Bitte verzeih mir … ich habe einen Fehler gemacht.« Ich senkte den Blick.

»*Einen?*« In ihren Augen lag Enttäuschung, Trauer, Wut.

»Ich kann nicht ohne dich – ich brauche dich, ohne dich bin ich verloren«, schoss es aus mir heraus. So etwas hatte ich noch nie zu ihr gesagt. Noch nie zu irgendwem. Ich war davon ausgegangen, dass ich niemanden brauchte … aber jetzt … der Gedanke, sie zu verlieren … Ich hatte das Gefühl zu ersticken. Ich fühlte mich plötzlich so schwach … so weich … als würde das harte Metall in mir schmelzen …

»Ach, Hamid …«, sie stockte. Ihre Augen füllten sich mit Tränen. »Da ist etwas in dir … etwas Kaputtes … Zerbrochenes … ich weiß nicht, was – aber ich kann dir nicht helfen … Du *lässt* dir nicht helfen …«

Da ist etwas Trauriges, Verletzliches in deinen Augen, hatte sie gesagt, damals, als unsere Liebe noch jung und heil war. Damals hatte es sie berührt. Jetzt schien es ihr Angst zu machen. Jetzt schien es sie von mir fort zu treiben.

»Ich weiß nicht, was ich machen soll …«, bekannte ich. Ich merkte, dass meine Stimme verzweifelt klang. »Aber wenn du mich jetzt verlässt …«

»Seitdem dieser Jamal in deinem Leben ist … Du hast dich so verändert …«, sagte sie.

»Was soll ich tun?« Ich nahm ihre Hand. Ich küsste ihre Hand. So zart und weich. Allein für diese Hand musste ich sie schon lieben.

»Wach auf … bevor es zu spät ist.«

Kapitel 28

Der schwarze Rabe

Es war wieder November.

In dieser Nacht hatte ich einen Traum. Ein gewaltiger Adler gleitet durch die Lüfte; im gleißenden Licht glänzt das schwarze Gefieder des prächtigen Vogels wie Onyx. Er kreist um die goldene Sonne, als wolle er sie bewachen. Ich fühle die Schwerelosigkeit, die Freiheit und Unabhängigkeit, wie sie nur ein Adler fühlen kann. Der Adler bin ich. Mein krummer Schnabel teilt die Wolkendecke; ich erblicke Berge, Täler und kristallklare Gewässer. Da spüre ich mit einem Mal einen lodernden Schmerz in meinem Leib; als wäre mein Blut siedendes Wasser, mein Federkleid aus Feuer. Eine flammende Pein – nicht von dieser Welt. Meine brennenden Flügel können mich nicht mehr am Himmel halten und ich stürze in rasendem Flug auf die Erde hinab. Die hungrigen Geier warten schon auf mich; sie picken an mir, wollen mir das Feuer aus den Augen fressen. Ich schlage um mich, wehre mich, doch der Schmerz lähmt mich und ich lasse es geschehen … ich sterbe qualvoll.

Ich erwachte schweißgebadet und rollte mich im Bett herum – Adriana neben mir lächelte im Schlaf, ihre Haut war im Winter schneeweiß. Irgendwie war sie doch wieder zu mir zurückgekehrt – Jamal hatte in diesem Punkt recht behalten –, und trotz allem waren wir erstaunlicherweise noch immer zusammen. Sie lebte seit einigen Monaten bei mir und ihre Anwesenheit war mein letzter Hafen der Ruhe. Ein Hafen allerdings, durch den auch immer neue Stürme tobten, denn unsere Liebe blieb ein unentwegter Kampf. Bis zum bitteren Ende habe ich nie verstanden, was sie bei mir hielt. Vielleicht suchte sie noch immer nach dem Weichen und Verletzlichen in mir, nach jenem Blick in meinen Augen, der sie anfangs so berührt hatte. Doch statt mich verletzlich zu zeigen, schlug ich ihr nur neue Wunden; kaum schien die eine vernarbt, riss ich eine neue auf. Sie konnte einfach nicht loslassen – und ich ließ sie auch nicht. Ich fing sie immer wieder ein und holte sie zurück. Entschuldigungen. Liebesschwüre. Versprechen. Ich würde mich ändern, ein besserer Mensch werden; keine Sorge, ich hab alles im Griff … Doch es dauerte meist keinen Tag und ich hatte alle guten Vorsätze wieder über Bord geworfen – eingetauscht gegen ein paar Gramm Kokain.

Ich wollte sie wecken, um ihr von meinem Traum zu erzählen, aber sie schlief so friedlich. Nur im Schlaf fand sie Ruhe vor den Sorgen, die ich und meine Dämonen ihr bereiteten.

Mein Mund schmeckte trocken, ich stand auf, um mir aus der Küche etwas zu trinken zu holen. Die Fliesen waren kalt unter meinen Fußsohlen. Ich überlegte, etwas zu nehmen, aber dann würde ich nicht schlafen können, und ich spürte die Müdigkeit noch tief in meinen Knochen sitzen. Nach zwei durchfeierten Nächten war ich das erste Mal wieder eingeschlafen. Wenn ich drauf war, kam ich nie zur Ruhe, und wenn ich runterkam, brauchte ich wieder etwas gegen die dunklen Gedanken. Ein Teufelskreis. *Vielleicht ein Joint, das beruhigt ...* Ich suchte in meinen Jackentaschen nach Papers, als ich seltsame Geräusche vernahm; ein Rascheln und Trappeln, leises Flüstern, gedämpftes Atmen ... *Das bildest du dir nur ein.* Dann hörte ich etwas klicken und beobachtete, wie die Klinke meiner Wohnungstür langsam nach unten gedrückt wurde. *Was zum Teufel ...*

Ehe ich überhaupt einen klaren Gedanken fassen konnte, standen mehrere maskierte Gestalten in meiner Wohnung. *Was ist hier los, verdammt?* Ich sah mich hektisch um ... *meine Knarre!* Doch es ging alles so schnell, ich hatte keine Chance. Einer von ihnen holte aus und zog mir eins mit dem Totschläger über. Das harte Metall traf mich von links ins Gesicht. Es knackte und mein Schädel wirbelte herum, als wäre mir das Kinn in den Nacken gedreht worden. Ich taumelte und versuchte mich an der Wand festzuhalten. Ein erneuter Schlag. Meine Hände rutschten an der Wand ab. Ich verschluckte etwas Hartes ... ein Zahn. Ich sackte stöhnend zusammen.

Von fern Schreie, Weinen, ein Flehen ... Ich nahm alle Laute wie unter Wasser wahr; leise, dumpf, weit weg. Das Blut sickerte mir in die Augen, ein blutiger Nebel, in dem alles zu versinken drohte. Hinter dunkelroten Schwaden ein Vermummter, der Adriana am Nacken zerrte wie einen bestraften Hund – aus dem Zimmer. Sie wehrte sich. Ein schwarzer Lederhandschuh schlug ihr ins Gesicht. Mein Körper krampfte sich zusammen. Der Blutnebel wurde dichter. *Ich muss aufstehen ... Ich muss aufstehen ... Ich kann nicht ...*

Die Lederhandschuhe hielten ihr den Mund zu. An den Haaren gezogen verschwand sie aus meinem Blickfeld. Jetzt konnte ich sie nur noch dumpf gurgeln hören. Ich kämpfte mit aller Kraft gegen meine Ohnmacht an, krümmte mich, wollte mich irgendwie an der Wand hochziehen …

Ein Vermummter nahm Anlauf, die Stahlspitze seiner Schuhe erwischte mich im Gesicht. *Wach auf, bevor es zu spät ist*, hallten ihre Worte in meinem wirbelnden Kopf nach. Aber es *war* zu spät. Alles wurde schwarz und ich verlor das Bewusstsein.

Ein Wimmern. Mühsam versuchte ich, meine Augen zu öffnen. Sie waren dick zugeschwollen, ich konnte nur aus schmalen Schlitzen sehen. Meine Lider zitterten. Das Sonnenlicht brannte in meinen Augen. Ich bemühte mich aufzustehen, aber jede Bewegung kostete unendlich viel Energie und jagte höllische Schmerzen durch meinen Leib. Wieder ein wimmernder Laut. Wie das Flehen eines Vogels mit gebrochenen Flügeln. Ich begriff nicht … *Was ist passiert? Woher kommen diese Laute?* Auf allen vieren kriechend folgte ich dem Wimmern. Mein Körper war eine einzige klaffende Wunde. Der herbe Geschmack von Blut und offenem, rohem Fleisch lag auf meiner Zunge.

Im Wohnzimmer fand ich Adriana … auf dem Fußboden eingerollt wie ein Fötus im Mutterleib. Sie zitterte. *Warum liegt sie auf dem Boden? Dort ist es kalt. Sie friert doch …*

Langsam kam ich zu mir. Erinnerung und Gedanken rasteten wie Schlüssel und Schloss ineinander ein. Sie haben sie geschlagen, dachte ich. *Wie kann man eine Frau schlagen?*

»Baby …«, murmelte ich mit halb geschlossenem Mund. Das Sprechen tat unglaublich weh. Ich berührte ihr Haar, aber sie zog den Kopf weg. Ihr Gesicht war in ihren Armen vergraben. Sie sagte nichts. Wimmerte. Winselte. Zitterte. *Was ist geschehen? Was haben die ihr angetan?* Morgenröte durchflutete den Raum. Alles war in mattrotes Licht getaucht. Eine rote Sonne. Blut. Mein mattrot getrübter Blick.

Ich sah an ihr herunter – wo war ihr Slip? Wie lange war ich bewusstlos gewesen? Atemnot presste mir die Brust zusammen. Die Erkenntnis grub sich mit messerscharfen Klauen in mein Hirn, in mein Herz, meine Eingeweide. *Diese Drecksschweine!* Ich legte meine Hand auf ihre Schulter – ihre Haut war kalt. Ich hatte es ihr versprochen ... ihr versprochen, sie zu beschützen. *Keiner soll dir je ein Haar krümmen, Adriana ...*

»*Wer* hat dir das angetan?«, brüllte ich. Sie reagierte nicht. »Wer? Einer oder mehrere?«

Blinde Wut packte mich, ergriff das Regiment; ich war ein Sklave in einem Körper, der von rasendem Zorn regiert wurde. Ich hätte sie am liebsten gerüttelt, die Wahrheit aus ihr herausgeschüttelt. Mit beiden Händen packte ich ihren Kopf und starrte sie an. Ihre Oberlippe war aufgerissen und angeschwollen, ansonsten keine Verletzungen – keine sichtbaren.

»Einer oder mehrere?«, wiederholte ich gellend. Ich wollte sie zerdrücken, wie eine Orange in meinen Händen, alles aus ihr herauspressen. »Rede! Verflucht! Rede!« Ich schüttelte sie und ihre Haare wurden vor und zurück geworfen, sie waren ganz verklebt vor Tränen. Ihr Körper hing schlaff und leblos wie Gummi in meinen Armen.

»Einer«, sagte sie ausdruckslos. Der Träger ihres BHs war zerrissen ... Mein Zorn machte mich rasend, trieb mich an wie die Peitsche ein feuriges Pferd. Ich blickte sie wild an, wollte wieder schreien. Eine Träne trat ihr aus dem Auge und floss langsam die Wange entlang, hinterließ eine glänzende Spur auf ihrer Haut.

»Gott ... Baby ... es tut mir ...« Ich presste meine Stirn an ihre und küsste sie zwischen die Augen, es schmeckte salzig und rau. So hatte sie immer im Urlaub am Strand geschmeckt.

»Ich werde diesen Typen finden ...«, schwor ich. »Gnade ihm Gott ...«

»Du weißt nicht, wer es war – und du wirst es auch nie erfahren«, sagte sie leise, aber bestimmt. Sie schien so weit weg von mir, dass ihre Stimme nur als ein schwacher Widerhall ankam.

»Ich werde es herausfinden ...«, bekräftigte ich.

»Und dann? Brichst du ihm alle Knochen? Gewalt ist deine Antwort auf alles. Du weißt dir nie anders zu helfen, weil du *schwach* bist; du hast deine Seele verkauft, weil du *schwach* bist«, sagte sie gefasst und kalt. *Weil du schwach bist ...*

»Was redest du da ... ich bin bereit, für dich zu sterben.«

»Sterben? Du bist längst tot und vergiftest alles um dich herum mit deinem Totenhauch. Du hättest lieber *leben* sollen für mich ...«

Sieben Tage lang rannte ich wie ein Irrer in der Stadt umher, auf der Suche nach einem Phantom. Die Knarre immer im Bund. Es war die Suche nach der Nadel im Heuhaufen. Ich hatte unzählige Feinde. Wie vielen hatte ich die Knochen zertrümmert? Ich versuchte eine Liste aufzustellen. Unmöglich – es waren zu viele, die Erinnerungen zu verschwommen. Die letzten zwei Jahre waren in einem ständigen Rausch aus Kokain, Alkohol und Adrenalin an mir vorübergezogen. Die meisten meiner Opfer würde ich vermutlich nicht einmal wiedererkennen – in Blut getränkte Gesichter sehen doch alle gleich aus. Mit der Zeit hatte ich auch noch angefangen, meine Auftraggeber zu bescheißen, einen nach dem anderen. Ich sah nicht ein, warum ich für einen lausigen Anteil die Drecksarbeit erledigen sollte. Also trieb ich Geld ein – und behielt es gleich für mich. Ich hatte eine Menge Feinde ... aber ich war bereit, *ihn* ausfindig zu machen, meinen unbekannten größten Feind, und ihn umzubringen – koste es, was es wolle. Die Maskierten hatten mir das Nasenbein gebrochen, einen Schneidezahn herausgeschlagen und mehrere Rippen geprellt; sie hatten mich um mehrere Zehntausend in bar erleichtert und mir meine Rolex Daytona gestohlen. Doch einer von ihnen hatte mir weit mehr als das genommen – meine Menschlichkeit.

Ich war bereit zu morden.

Ich raste durch die Straßen und knöpfte mir wahllos einen nach dem anderen vor, wenn ich wusste, dass er in der Gegend etwas zu sagen hatte. Meine Mittel, die Jungs zum Sprechen zu bekommen, waren unterschiedlich. Den einen bedrohte, den anderen erpresste ich, den dritten lockte ich mit Geld. Die meisten dieser kleinen Pseudogangster werden von einem unrühmlichen Drang nach Bestätigung getrieben und prahlen gerne überall mit ihren Schandtaten herum. Vielleicht hatte jemand etwas gehört? Ich war schließlich kein Unbekannter in dieser Stadt, und mich fertiggemacht, mich *gefickt* zu haben taugte gut zur Imagepolitur – damit konnte man sich schmücken. Ich erkundigte mich in Leihhäusern, ob dort meine Uhr aufgetaucht sei. Doch keine Spur.

Immer an meiner Seite – Jamal. Er wirkte beunruhigt und zeigte sich untröstlich über das Geschehene. *Wir* werden ihn finden, baute er mich immer wieder auf. Nie zuvor war ich derart dankbar gewesen, ihn an meiner Seite zu haben.

Das Kokain half mir, die Schmerzen zu ertragen. Ich war weder beim Arzt gewesen noch hatte ich meine Nase richten lassen. Mein Riechorgan war derart angeschwollen, dass ich nur noch durch den Mund atmen konnte, und wies eine starke Krümmung nach rechts auf. Im Laufe der kommenden Jahre wurde mir die Nase noch mehrere weitere Male gebrochen, doch die eigentümliche Rechtskrümmung sollte sich nie verändern und mich fortan bei jedem Blick in den Spiegel an diese eine Nacht zurückerinnern.

Adriana hatte noch am selben Tag ihre Sachen gepackt und war ausgezogen. Sie hatte keinen Ton mit mir gesprochen. Sie war einfach gegangen. Ohne mich auch nur anzusehen … Ich hatte nicht versucht sie aufzuhalten. Unsere Beziehung war zerbrochen. Adriana war Schlimmes geschehen, etwas, was nicht wiedergutzumachen war, und ich konnte ihr nicht beistehen – ihr nicht einmal in die Augen sehen. Bis zu dem Tag, an dem sie mich traf, war ihr Leben wunderbar gewesen. Wäre ich an jenem Tag einfach weitergegangen, hätte sie irgendwann einen normalen Jungen kennengelernt, sich verliebt, ihn geheiratet; ihr Leben wäre noch immer genauso wunderbar wie damals – aber zu ihrem Leidwesen hatte ich kehrtgemacht und mich in ihr Leben gedrängt.

Sie hatte mir nur Liebe geschenkt, mich zu retten versucht und war dabei selbst untergegangen – in *meinem* Sumpf aus Gewalt, Irrsinn und Schmerz versunken.

Der Gedanken an Rache trieb mich an. Rache war alles, woran ich noch dachte. Das Schwein, das ihr das angetan hatte, hatte meinen Killerinstinkt geweckt und mich blutdürstig gemacht. *Er wird leiden, ich werde ihm eine Kugel zwischen die Beine jagen, denn das hat er verdient …* Die Rachegedanken gaben mir Kraft. Nur um der Rache willen atmete ich noch.

Am achten Tag danach klingelte Jamal gegen Mittag bei mir Sturm und riss mich aus dem Schlaf. Er wisse, wer es war; wer mir das Geld gestohlen, mich geschlagen …

»Das ist mir scheißegal! Ich scheiß auf das verfluchte Geld – wer hat sie *angerührt? Wer?*«

Die Gardinen waren zugezogen und der Raum abgedunkelt. Jamals eckiges, eingefallenes Gesicht war in Dunkelheit getaucht. In letzter Zeit wirkte er irgendwie noch düsterer, grauer, gespenstischer als je zuvor. Er richtete seine schwarzen, erloschenen Augen auf mich. Cem sei es gewesen.

Cem? Wer zum Teufel war Cem?

Na, der Geldeintreiber, der Typ vom Traxx, der Adriana einmal …

Ah! Ich erinnerte mich vage an ihn – wir waren drei- oder viermal aneinandergeraten, aber es war nie eskaliert. Es hatte immer nur eine unerklärliche Anspannung in der Luft gelegen, wenn wir zusammen in einem Raum waren. »Warum sollte *er* das tun?«, fragte ich skeptisch. Ich hatte *echte* Feinde, und dieser Cem war nur irgendwer, der mich nicht ausstehen konnte.

»Ich weiß es nicht … aber er ist in derselben Branche wie du tätig. Vielleicht wollte er dir deinen Rang streitig machen, vielleicht hat ihn jemand angeheuert … wer weiß …«, sagte Jamal mit versteinertem Gesichtsausdruck.

»Aber warum Adriana …« Ich verstand nicht. Das war nicht üblich. Wir Jungs waren dreckig und machten schmutzige Sachen, aber selbst in diesem Gewerbe gab es Regeln: Wir rührten Frauen und Kinder nie an, schlugen nur dann zu, wenn unser Feind allein oder in reiner Männergesellschaft war. Nur ein völlig ehrloser Köter konnte *so etwas* tun …

»Er ist doch schon immer scharf auf sie gewesen«, meinte Jamal.

Gut, ich erinnerte mich nun tatsächlich daran, dass dieser Cem sie einmal angebaggert hatte. Damals hatte ich ihm deutlich zu verstehen gegeben, dass sie zu mir gehörte, woraufhin er Leine gezogen hatte. Plötzlich glaubte ich, mich auch daran zurückzuerinnern, dass er sie den gesamten Abend über angestarrt hatte …

»Wer hat dir das erzählt?«, fragte ich. Es war wichtig, dass ich den Richtigen erwischte. Ich werde ihn umbringen … es *muss* der Richtige sein. »Woher bist du dir so sicher, dass *er* es war?«

»Leute aus Jenfeld haben es mir gesagt – er kommt doch auch aus Jenfeld«, erklärte Jamal.

»Ich weiß nicht, Leute reden gern.«

»Sie haben noch etwas erzählt, aber ich weiß nicht, ob es stimmt und ob es dir überhaupt weiterhilft.« Jamal zögerte, schien plötzlich unsicher.

»Was?«

»Na ja, er soll überall damit geprahlt haben, dass er sie … Und es war die Rede von einem Tattoo … einem Schmetterling, kann das sein?«

In diesem Moment gingen bei mir alle Lichter aus. Eilig schlüpfte ich in meine Hose. »Wo wohnt er?« Es gab keinen Zweifel – sein Schicksal war besiegelt.

»Warte, du solltest nicht gleich …« Jamal griff nach meinem Arm. Ich schüttelte ihn ab.

»Hör zu, ich werde es so oder so rauskriegen – sag mir, wo er wohnt«, wiederholte ich.

»Wir sollten das planen; wenn wir da einfach aufkreuzen und ihn erschießen oder so, wandern wir für den Rest unseres Lebens in den Bau«, meinte er besorgt. »Wir sollten zumindest Vorsorge treffen, um abzuhauen …« Es rührte mich in diesem Moment beinahe, dass er von *wir* sprach. Ich legte meine Hand auf seine Schulter.

»Ich zieh das allein durch und ich gehe nicht in den Knast«, versicherte ich.

»Sondern?«

»Ich weiß es noch nicht … ich will ihn erst einmal in die Finger bekommen.« Ich hatte keinen Plan, wie ich vorgehen wollte. Keine Ahnung, was *danach* kommen sollte. Aber das Danach war mir gleichgültig – es zählte das Jetzt. Würde ich erst einmal anfangen nachzudenken – über meine Familie und alles andere, was ich verlieren würde –, käme ich nur unnötig ins Grübeln.

»Wenn du Hilfe brauchst …«, er stockte.

»Ich schaff das schon …«, wiegelte ich ab. »Ich zieh das alleine durch.«

Er gab mir die Adresse und begleitete mich zu meinem Wagen. Wir umarmten uns, klopften einander auf den Rücken und verabschiedeten uns – es war ein bisschen so wie viele Jahre zuvor in Kabul. Nur dieses Mal war es wirklich ein Abschied für immer.

Auf der Fahrt malte ich mir alles aus: wie ich ihn ins Auto zerren, irgendwo einsperren und stundenlang foltern würde, bis er darum bettelte, sterben zu dürfen. Ich parkte meinen Wagen gegenüber seiner Wohnung in Jenfeld – sie war nur eine Straße von der Wohnung meiner Eltern entfernt. Es war ein ungewöhnlich eisiger Tag Ende November und die Scheiben meines Wagens beschlugen von meinem Atem. Schneeflocken klatschten auf die Frontscheibe und ich machte die Scheibenwischer an. Alle zwanzig Minuten nahm ich Koks – mit einem Nasenbruch ein beschwerliches Unterfangen. Ich zog und zog, doch meine Nase war noch immer angeschwollen und mit verkrustetem Blut verstopft. Ich lehnte meinen Kopf zurück, trichterte mir das Koks ein wie Nasentropfen, verrieb die Reste auf meinem Zahnfleisch. Es wirkte nicht optimal, aber es wirkte. Ich wurde wacher, kälter, entschiedener.

Du musst aufmerksam bleiben. Er wird schon noch kommen. Er wird leiden, weil du ihn leiden lassen wirst. Er wird betteln, aber du wirst es nicht hören. Denn er hat es nicht anders verdient ... du weißt, dass er es nicht anders verdient hat. Du wirst nicht schwach – du bist stark ... Du bist Hamid der Knochenbrecher, Hamid der Kämpfer ... du schaffst das ...

Nach drei Stunden sah ich ihn endlich die Straße entlangkommen. Ich erkannte ihn an seinem durchtrainierten Kastenkörper und den lockigen Haaren. Er ging so seelenruhig – ein Mann, der nichts und niemanden fürchten muss. Zuvor hatte ich Bedenken gehabt, in letzter Minute doch noch einen Rückzieher zu machen, aber als er sich nun bis auf wenige Meter angenähert hatte, kamen unzählige Bilder in mir hoch. Wie er ihr den Mund zuhält, sich über sie beugt, dann reißt ihr der BH-Träger ...

Ich packte die Knarre und stieg aus dem Wagen. Als ich direkt vor ihm stand, sah er mich irritiert an. Ich wollte ihn nur noch umbringen. Ihn keine Sekunde länger aufrecht stehen sehen. Diese Augen mussten erlöschen. Mein Puls raste, wie ein Trommelwirbel, der in die Schlacht ruft. Ich zielte mit der Waffe auf ihn. Genau zwischen die Beine. Er riss den Mund auf und wedelte mit den Armen. *Bitte!* Er schrie. Er flehte. Er winselte. Der Novemberwind heulte mir in den Ohren. Im Wind hörte ich Adriana wimmern und winseln. Passanten schrien. *Bitte!*

Ich schoss. Ein Mal. Die Kugel bohrte sich in sein Fleisch. Sein Gesicht verzerrte sich zur Grimasse. Ich hatte ihn kastriert. Recht so.

Ich schoss. Zwei Mal. Er glitt auf dem Schnee aus. *Bitte!* Sieh da, er kann immer noch flehen.

Ich schoss wieder. Er kippte mit einem dumpfen Knall auf den Boden. Seine Fingerkuppen bohrten sich in unberührten Schnee.

Blut färbte die weiße Decke in den Farben der Morgenröte. Sie wurde entweiht und war nicht mehr rein.

Ich sprang in meinen Wagen und raste los. Ich hatte nicht viel Zeit. Das Adrenalin raste durch meine Blutbahnen. Mein Herz hämmerte wie verrückt. Noch war ich mir nicht recht im Klaren darüber, was passiert war. Offenbar hatte ich Cem nur einmal wirklich getroffen und die beiden letzten Patronen waren im Lauf steckengeblieben. Was hatte Jamal damals gesagt? *Du musst aber vorbereitet sein – die Knarre hat einen Fehler, sie klemmt manchmal.* Der erste Schuss immerhin hatte ihn voll erwischt. Ob Cem wirklich tot war? Oder vielleicht nur verwundet? Sicher tot … Ich wünsche, er ist tot, dachte ich hasserfüllt.

Ich musste mein Mädchen sehen. Nur noch ein letztes Mal.

Adriana ging nicht an ihr Handy, also schrieb ich ihr eine SMS: *Ich hab ihn erwischt. Ich muss dich sehen.*

Es verging keine Minute und mein Telefon klingelte. »Was hast du getan?«, fragte sie mit einem Zittern in der Stimme.

»Was getan werden musste …«

»Wen hast du erwischt? *Wen?*«

»Ihn … er ist … oder besser, er *war* ein Türke … Der Name würde dir nicht viel sagen.«

Auf der anderen Seite der Leitung trat Schweigen ein. Ich hörte Adriana ein- und ausatmen. »Du hast einen Fehler gemacht. Einen unglaublichen Fehler.«

»Es war meine Entscheidung.« Ich wusste, dass sie das nie gewollt hätte, aber ich *musste* es tun.

»Du verstehst nicht … Du hast den Falschen … Gott, was hast du nur getan … Sei in einer halben Stunde an unserem Platz, ja?« Sie legte auf.

Ich brauchte einige Minuten, um ihre Worte zu verdauen. *Den Falschen.* Was meinte sie damit?

Unser Platz war der Ort, an dem wir uns zu unserem ersten Date getroffen hatten; mit ihrem goldbraunen Haar und dem auberginefarbenen Mantel war sie mir damals wie ein schöner Traum erschienen. Das war nun lange her. Doch als ich an diesem blutigen Tag wieder dort in Blankenese ankam, spiegelte sich die weiße Win-

tersonne in glasklaren Eiszapfen und die Erde war schneebedeckt –
genauso wie vor Jahren. Nichts schien verändert – aber wir waren
nicht dieselben.

Adriana sah kränklich aus. Überhaupt sah sie nicht aus wie das
Mädchen, in das ich mich damals verliebt hatte. Sie trug einen dünnen Trenchcoat und steckte sich eine Zigarette zwischen bibbernde,
bläuliche Lippen. Die Haare waren unter einer Wollmütze vergraben, ihr Gesicht war eingefallen, von gelblicher Blässe überzogen.
Unter ihren Augen hatten sich graue Ringe gebildet. Das nektargol-
den in ihrem Blick schimmernde Licht war erloschen. Erloschen,
wie mein eigenes Licht. Die erloschenen Augen eines gebrochenen
Menschen. Wie konnte sie sich innerhalb weniger Tage so verändert
haben?

»Du solltest nicht so viel rauchen – das ist ungesund«, sagte ich
mit einem halben Lächeln.

»Hamid, was hast du nur getan?« Sie sah zu mir hoch und biss
sich auf die Unterlippe.

»Was meinst du damit – der Falsche?«, fragte ich und vergrub
meine frierenden Hände in den Hosentaschen.

»Es *war* der Falsche ... es kann nur der Falsche gewesen sein ...«,
gab sie zurück. »Ich hoffe, du hast ihn nicht ... Du hast ihn doch
nicht umgebracht?«

»Ich weiß nicht ... Es *kann* aber nicht der Falsche gewesen sein ...
Er wusste von deinem Tattoo ... unmöglich.«

»Wie bist du auf ihn gekommen?«

»Jamal hat ihn ausfindig gemacht«, sagte ich aufrichtig.

Sie stieß einen verächtlichen Laut aus. »Natürlich hat er das ...«

»Hör mal, ich weiß, dass du ihn nicht magst, aber er hat mir oft
geholfen ...«

»Wobei? Ein schlechter Mensch zu werden?«, unterbrach sie
mich. »Bist du so blind? Er hat gedacht, sich unter einer Maske verstecken zu können ...«

»Wovon redest du da?«, fragte ich irritiert. Ich verstand nicht.
Was meinte sie mit *Maske*?

»... aber er hat einen Fehler gemacht – er hat mir dabei in die
Augen gesehen ...«

»Hör auf!«, brüllte ich sie an. »Du redest Mist!«

»Diese Augen … sie haben mir schon immer Angst gemacht … als würde man in ein bodenloses Loch starren …«, sagte sie kalt.

»Nein!«, schrie ich. Wie konnte sie etwas so Unglaubliches behaupten? *Nein! Nein! Nein!*

»Ich wollte es dir nicht sagen. Weil ich dich kenne! Ich wusste, was du tun würdest – aber er wusste es anscheinend auch …« Sie fing an zu schluchzen. »Du hast einen Unschuldigen auf dem Gewissen … wie konntest du nur?«

Ich wollte es nicht glauben – aber insgeheim kannte ich die Wahrheit. Langsam stieg sie in mir auf und ergriff Besitz von mir. Ein Moment nach dem anderen tauchte aus den Schatten meiner Erinnerung. Sätze, Szenen, Empfindungen. *Du würdest sie auch wohl kaum anrühren können … Du bist eine Kakerlake – sie würde dich für kein Geld der Welt an sich ranlassen …* Wie oft hatte ich es ihm unter die Nase gerieben, dass er nie auch nur den Hauch einer Chance bei ihr haben würde? Ich hatte ihn gedemütigt … Hass und Wut waren über die Jahre in ihm gewachsen und hatten eine zerstörerische Kraft entwickelt. Bis er sie sich einfach *geholt* hatte. Ich war so blind gewesen!

Es war die Rede von einem Tattoo, einem Schmetterling … Hätte ich es mir da eigentlich nicht schon denken sollen? Zumindest Verdacht schöpfen?

Aber wie denn? Jamal ist mein Freund. Als Kind hat er meinen Arm genommen und mir hochgeholfen, als ich kniend und verloren neben Khalils Grab zusammengesunken war. Er ist mein Freund.

Ist er das? Er hat dir diese Waffe geschenkt, eine Waffe, mit der du einen Unschuldigen niedergeschossen hast. Er hat seine Hand ausgestreckt und dir Kokain gegeben. Kokain, das dich krank und kalt gemacht hat.

Wie konnte er mir das nur antun? Ich hatte ihn wie einen Bruder in mein Herz gelassen! Er war mein Freund!

Er ist nicht dein Freund. War es nie. Erinnere dich nur zurück. Wie er sie angesehen hat. Und da fiel mir ein, weshalb mir sein Blick an jenem unglückseligen Messer-Abend in der Bar so bekannt vorgekommen war. Auf dieselbe Art hatte er damals den Opal von Khalils Mutter angesehen, bevor er ihn gestohlen und unter der Erde vergraben hatte.

Ich konnte nicht einmal mehr wütend sein. Der Schmerz der Erkenntnis war stärker als alle Wut dieser Welt. Ich lehnte mich gegen eine Hauswand und rutschte daran herab, als wäre ich selbst angeschossen worden. Ich schlug mit der nackten Faust gegen das Mauerwerk, aber es half nichts, der Schmerz ließ sich nicht wegprügeln. Der Schmerz kam aus einem Teil meines Körpers, der in den letzten Jahren erkaltet war und seine Funktion weitestgehend eingestellt hatte. Der Schmerz kam aus meinem Herzen. Ich holte meine Pistole aus dem Bund. Konnte sie mich auch gegen das verteidigen, was mir *wirklich* Angst bereitete?

»Ich muss … ich muss …«, stammelte ich und starrte auf meine Pistole.

»Nein, Hamid. Du musst gar nichts – es ist vorbei. Du hast genug Schaden angerichtet.« Sie blickte mitleidig zu mir herab. »Ich ziehe zu meiner Mutter nach München, noch diese Woche. Du musst dir um mich keine Sorgen machen – ich schaff das schon. Ich bin stark. Aber du … du bist schwach. Ich mach mir Sorgen um dich.«

»Hör auf …« Ich kam mir erbärmlich vor.

»Du musst diesen Teufelskreis durchbrechen. So kannst du nicht weiterleben. Du musst endlich die Konsequenzen für deine Taten tragen.« Sie drehte sich um und ging. Ohne sich zu verabschieden. Ohne eine Berührung. Ohne zurückzusehen. Ging aus meinem Leben.

Mit gesenktem Kopf trottete ich davon, ohne zu wissen, wohin. Nach einigen Minuten setzte ich mich auf eine verlassene Bank in einem weitläufigen Park. Die Sonne ging langsam unter und der Himmel färbte sich dunkel. Schwarz waren auch die Gedanken, die mir durchs Hirn tobten.

Es ist alles deine Schuld. Du wollest mehr Macht. Mehr Geld. Mehr Ansehen. Ein besseres Leben. Und nun hast du alles verloren. Mehr als alles …

Ich zog eine Line. Mein Körper war kalt und wie betäubt, aber mein Herz brannte mir glutheiß in der Brust. Wie weiter? Ich wusste weder ein noch aus. *Ich kann nicht in den Knast wandern und den ganzen Tag mit meinen Gedanken eingesperrt sein, diesen tobenden, schwarzen Gedanken.* Wie soll ich damit leben? Ich habe wegen meiner Gier so viel Leid über Menschen gebracht. Über Unschuldige.

Über die, die ich liebte. Khalil, meine Familie, Adriana ... Ich habe alles um mich herum vergiftet, weil ich nur an mich selbst denken konnte. Ich kniff die Augen zusammen, ballte meine Fäuste, hob meinen Kopf und kämpfte vergeblich gegen die Tränen an.

Dein Leben ist vorbei, flüsterte eine kalte Stimme in mir. *Du bist eine Hülle ohne Inhalt, und ganz gleich wie viel Kokain du in dich hineinstopfst – du bleibst leer. Du hast dich längst verloren, bist erfroren im weißen Schnee.*

Nein! Ich brüllte und schlug mir die eigenen Fäuste an den Kopf. *Deine Fäuste und deine Wut haben dir nur Probleme gemacht.* Ich prügelte auf die Steinbank ein. Immer und immer wieder. Die Haut an meinen Knochen löste sich ab, wie wenn man ein Leichentuch von einem Toten wegzieht, und entblößte rohes Fleisch. Ich spürte keinen Schmerz. Als gehöre mein Körper nicht zu mir. Ich rauchte. Ich kokste. Es half nichts. Ein unerträglicher Schmerz zerdrückte mein Herz, ich wollte nur eins: Er sollte verschwinden.

Mach dem Ganzen endlich ein Ende. Es wird dich sowieso keiner vermissen.

Ich drückte mir die Pistole an die Brust. An eine kalte Brust, die nicht zu mir gehörte. An eine Brust, in der ein glutheißes Herz mich mit unerträglichen Schmerzen folterte. Wie gern hätte ich in diesem Moment ein Wort an Gott gerichtet, aber ich konnte mich an kein einziges Gebet erinnern. Ich schloss meine Augen und spürte, wie das Kokain durch meinen Körper raste. Ich presste den Lauf an mein Herz. Mein Puls schlug so laut. Ich schloss die Augen und schoss.

Warten. Warten. Warten.

Doch es geschah etwas Unerwartetes. Kein Knall. Kein Schmerz. Kein sekundenschnelles Durchlaufen meines kurzen, verpfuschten Lebens. Einfach nichts.

»Verdammter Ladefehler!«, brüllte ich wütend. »Kann ich nicht einmal bestimmen, wann ich sterbe?«

Krrraaahahaha ... krrrraaahahaha ... krrrraaahahaha ...

Was zum Teufel ist das für ein Geräusch? Ich drehte mich erschrocken nach rechts und links.

Krrrraaahahaha ... krrrraaahahaha ... krrrraaahahaha ...

Da bemerkte ich ihn. Auf der weißen Schneedecke saß ein pechschwarzer Rabe.

Krrraaahahaha ... krrraaahahaha ... krrraaahahaha ...

Es war ein Riesenvogel, vielleicht so groß wie ich. Sein Schnabel spitz wie eine Machete, die Federn schwarz wie der Tod. Er neigte den Kopf zur Seite und starrte mich an.

Krrraaahahaha ... krrraaahahaha ... krrraaahahaha ...

»Du machst dich wohl lustig über mich, verfluchter Rabe!«, schrie ich ihn an. Er schlug mit den Flügeln und öffnete belustigt den Schnabel.

Krrraaahahaha ... krrraaahahaha ... krrraaahahaha ...

Was für ein Lachen, was für ein arroganter Rabe!

»Pass bloß auf«, warnte ich ihn. Seine Augen waren schwarz und abgrundtief wie ... wie ... wie die Augen von Jamal. Er verschränkte seine Flügel hinter dem Rücken und stolzierte über das weiße Schneelaken der toten Wintererde. So selbstgefällig ...

Krrraaahahaha ... krrraaahahaha ... krrraaahahaha ...

»Du machst dich über mich lustig? Weil ich zu dumm bin, um mich umzubringen? Ich warne dich, du dreckiges Rabenaas!« Ich sah ihn aus blindwütigen Augen an, doch er kümmerte sich nicht um mich, pflügte über die Schneedecke wie auf Schlittschuhen, ritzte mit seinen schwarzen Rabenkrallen dunkle Rabenspuren in die Erde. Dann blieb er stehen und schaute mich einen Moment lang an.

»Gaff mich nicht so an, du schwarzer Bastard!«

Krrraaahahaha ... krrraaahah ... Ein Knall.

Sein krächzendes Lachen fand ein jähes Ende. Er stieß einen Todesschrei aus, flatterte noch einmal auf und kippte um.

Wieder Blut. Wieder roter Schnee. Wieder hatte ich geschossen.

Verflucht! Ich starrte die Knarre an. *Du schießt auch nur dann, wenn es nicht nötig ist!* Der Rabe zuckte ein letztes Mal, dann lag er still. Er war plötzlich so klein – zusammengeschrumpft wie ein Ballon, aus dem die Luft raus ist. Mein aufgeputschtes Hirn ... es hatte mir einen Streich gespielt.

Du hast sie nicht mehr alle, du verfluchte Koksnase! Ich lief am toten Raben vorbei und stach mit dem Lauf meiner Pistole in die harte Erde. Ich grub und grub, bis das Loch tief genug war. Vergrub die Knarre im Loch. Scharrte noch etwas Schnee darüber. Und rannte davon.

Am Morgen stand es schon in der Zeitung. Der flüchtige Afghane Hamid R. habe einen Türken niedergeschossen – es sei dabei um Schutzgeldzahlungen gegangen. Es war nicht schwer gewesen herauszufinden, wer der Täter war; mich hatten genug Zeugen beobachtet. Die Polizei musste mich bereits überall suchen. Ich hatte mein Handy weggeworfen. Wie sich meine Mutter wohl fühlte ...

Ich blieb zwei Tage in einem Motel versteckt und fasste den Entschluss zu fliehen. Ich hatte noch genügend Geld für eine Flucht und auch gute Kontakte, die mir falsche Papiere besorgen würden. Jedoch konnte ich nicht zurück in meine Wohnung oder zu meiner Familie, um mich zu verabschieden – es war zu gefährlich. Ich musste meiner Mutter irgendwie eine Nachricht zukommen lassen. Ein Lebenszeichen. Gab es denn keinen Menschen auf dieser gottverdammten Welt mehr, dem ich noch vertrauen konnte? Vielleicht doch.

Die Gegend hatte sich wenig verändert; Nutten, Freier, Junkies und Asylanten wie damals. Auch wenn sich St. Georg allmählich zu einem schicken In-Viertel zu mausern begann, hatte diese Entwicklung den Hansaplatz doch noch kaum erreicht. Ich suchte meinen Nachnamen auf den Klingeln einer der Wohnungen in der Nähe des Hotels Kabul und schaute mich nervös um. In dieser Gegend am Steindamm wimmelte es geradezu von Polizisten. *Rahimi.* Ich klingelte. Nichts rührte sich, und ich musste abermals läuten, bis sich die Tür endlich mit einem leisen Summton öffnete.

Zahir sah elend aus. Nicht dass er, seit ich ihn kannte, jemals gut ausgesehen hätte, aber nun schien er sehr krank zu sein. Er stand da, nur mit einer langen Unterhose und einem alten Unterhemd bekleidet, und hielt sich am Türrahmen fest. Er rieb sich die Augen, als könne er nicht glauben, wer da vor ihm stand.

»Hamid? Du siehst beschissen aus«, sagte er keuchend.

»Sagt der Richtige«, antwortete ich. Wir fielen uns in die Arme. Es war schön, ihn zu umarmen – eine ehrliche Seele im Arm zu halten.

»Wie komm ich zu der Ehre? Ich dachte, ich würde dich erst auf meinem Begräbnis wiedersehen?«, fragte Zahir. Ich betrat seine winzige Wohnung und ein übler Gestank stieg mir die verstopften Atemwege hoch. Es roch dreckig, modrig und säuerlich. So musste die aufgeschnittene Leber eines Alkoholikers im Endstadium riechen. Schlimmer war nur noch der Verwesungshauch im Krankenhaus von Kabul gewesen.

»Was stinkt hier denn so?«, fragte ich beiläufig. Es war helllichter Tag, aber der Raum war abgedunkelt. Auf der Spüle sammelte sich schmutziges Geschirr, am Boden lagen Essensreste und mitten im Raum stand ein löchriges Sofa. Was für eine Absteige, jeder Hund hauste da besser. Auf dem kniehohen Tisch standen ein paar halbvolle und viele leere Flaschen.

»Kann ich dir etwas anbieten?«, fragte Zahir. Dünne rote Furchen hatten sich wie Spinnenbeine über sein Gesicht gegraben.

»Was zu trinken, wenn's geht, was Alkoholisches«, antwortete ich. Aus einer der halbvollen Flaschen goss Zahir billigen Whisky in ein schmutziges Glas. Dieser Gestank … »Was stinkt hier bloß so?«, fragte ich wieder und nahm das Glas entgegen.

»Mein Güte – das bin wahrscheinlich ich!« Zahir lachte gellend. »Erzähl mir lieber, was du die letzten Jahre so getrieben hast?«

»Nicht viel … lebe alleine … weiß nicht …« Wo sollte ich bloß anfangen? Doch Zahir machte es mir einfach.

»Du bist ein *charsi* – ein Drogenabhängiger –, das sehe ich dir an deiner krummen Nasenspitze an«, schoss es aus ihm heraus. Ich schämte mich – selbst vor ihm. »Sieh dich nur an, dein graues Gesicht, die hohlen Augen … wie dünn du geworden bist. Du kannst gar nicht ruhig sitzen, bist ganz nervös, dein Pupillen – mal hier, mal da. Mir kannst du nichts vormachen.« Er sah mich geradeaus an. Ein Blick, der einfach die Tatsachen konstatierte, ohne mich zu verurteilen. Ich schwieg und nippte am Glas.

»Also, erzähl mir: Was hast du die letzten Jahre getrieben, und wie kann ich dir helfen, dich aus deinem Schlamassel wieder rauszuholen?« Ein schiefes Lächeln legte sich über seine Lippen. Also erzählte ich es ihm. Ich erzählte von Anfang an; von Noah und dem Hass, von Adriana und der Liebe, von dem Wunsch nach einem besseren Leben, von meinen Fäusten und dem Geld, von dem Schuss, von Jamal …

Zahir hörte aufmerksam zu. Nach drei Stunden, zwei Joints und drei Gläsern Whisky hatte ich genug erzählt und meine Seele wie einen Mülleimer vor ihm ausgeleert. »Ich werde verschwinden und möchte dich darum bitten, Mutter ein paar Worte von mir auszurichten«, sagte ich. Ich gähnte. Das Gras hatte mich träge und müde gemacht.

»Weißt du, an wen du mich erinnerst?«, meinte Zahir, ohne auf meine Bitte einzugehen. »An mich – du bist wie ich.«

»Bestimmt nicht.« Ich schüttelte den Kopf. Zahir war sein Leben lang ein Trinker gewesen, er hauste einsam und verlassen in einer widerlichen Einzimmerwohnung – er hatte nichts auf die Reihe bekommen.

»Ich weiß, was du denkst, aber ich war nicht immer so. Erst als ich angefangen habe, davonzulaufen und meine Sorgen im Alkohol zu ertränken, bin ich so geworden«, antwortete er. Ich war überrascht. Mein Onkel hatte immer geleugnet, ein Alkoholproblem zu haben.

Und dann fing *er* an zu erzählen. Er war noch ein Kleinkind gewesen, als seine Mutter mit dem armen Reislieferanten durchbrannte und nur Zahir mitnahm, während sie meinen Vater bei ihrem ersten Ehemann zurückließ. Die Mutter und ihr Liebhaber bekamen ein eigenes Kind, und der Reislieferant konnte Zahir nie akzeptieren. Er zwang ihn schon im Alter von fünf Jahren, hart zu arbeiten. Fortan musste er von morgens bis abends Reissäcke schleppen und durfte weder die Schule besuchen noch Freundschaften knüpfen. Wenn er krank wurde oder sich weigerte, schlug ihn der Reislieferant grün und blau. Einmal rutschte ihm ein Reissack aus den Händen und er verschüttete die Körner auf der Erde. Daraufhin prügelte ihn der Mann so heftig, dass er ihm einen Arm brach; und weil er mit dem gebrochenen Arm keinen Reis mehr tragen konnte, prügelte er ihn fünf Wochen lang weiter, bis der Bruch einigermaßen verheilt war. Manchmal tat er ihm auch noch Schlimmeres an, als ihn zu prügeln.

Im Alter von acht Jahren hatte Zahir es nicht mehr ertragen und war davongerannt. Weder hatte er Geld, noch wusste er, wohin die Reise gehen sollte – er wollte nur weg. Im Arm: einen Sack Reis. Ein ganzes Jahr sollte dieser ihn vor dem Hungertod bewahren. Dann lernte er Asif kennen, einen älteren Waisenjungen, der auf der Straße lebte und sein Geld mit Gaunereien verdiente. Mit zehn Jahren rauchte er zum ersten Mal Opium – heilige Scheiße, was für ein Zeug! Die Schläge waren vergessen, die Sorgen weggeblasen, die Gedanken in Rauch aufgelöst. So einfach ist es also, habe er sich damals gedacht. So einfach, vor der Wirklichkeit davonzurennen. Von nun an wollte er nichts anderes mehr tun als Opium rauchen, und um es zu rauchen, musste er es verkaufen, denn der Wirklichkeit zu entfliehen war ein teures Vergnügen. Das Opiumverkaufen wurde seine Haupteinnahmequelle und er verdiente gutes Geld, denn in Afghanistan gab es einen Haufen Menschen, die vor der Realität davonlaufen und ihre Gedanken in grauem Rauch auflösen wollten. Und wenn man erst mal Opium und seine Wirkung kennengelernt hat, gerät man schnell mit seinen teuflischen Verbündeten in Kontakt, dem Alkohol und anderen Drogen. Irgendwann hatte Zahir dann zufällig seinen Bruder wiedergetroffen, der sein komplettes Gegenteil war. Dem versuchte er, seinen Lebenswandel und seinen Broterwerb zu verheimlichen, was ihm aber nur teilweise gelang, und ihr Verhältnis blieb all die Jahre über kühl und distanziert.

Jetzt, am Ende, hatte er sein Leben verraucht und versoffen, es wie eine leere Whiskyflasche weggeworfen – und warum? Weil er hatte davonlaufen wollen. »Und so sieht dieses Leben aus«, er machte eine Geste in den Raum hinein, »ein Leben auf der Flucht vor mir selbst. Traurig. Einsam. Verloren wie das letzte Sandkorn am Meeresgrund.«

Ich schluckte und schaute auf den ausgerauchten Joint zwischen meinen vergilbten Fingerspitzen.

»Du solltest nicht davonlaufen … willst du so enden wie ich? Wie *das hier?*«

Ich sah ihn an. Zahir arbeitete nur noch auf den Tod hin – und wenn ich der Wahrheit ins Gesicht sah, war ich nicht viel besser. Er hielt wenigstens *irgendwie* durch … ich hatte mir schon eine Pistole an die Brust gesetzt und abgedrückt. Ich seufzte. »Aber was soll ich tun?«, fragte ich verzweifelt. Mein Leben war ein einziges Chaos.

»Du solltest deine Strafe nehmen wie ein Mann.«

»Ins Gefängnis wandern? Meine Gedanken würden mich in den Wahnsinn treiben …«, sagte ich mehr zu mir als zu ihm.

»Bist du denn so schwach? Du musst doch ein wenig an deine innere Kraft glauben … Du kannst doch dich selbst nicht einfach so aufgeben.«

»Aber selbst wenn ich es durchstehe – was soll ich *danach* tun? Ich habe keinen Abschluss, keine Perspektiven, kein Talent …«, meinte ich hoffnungslos.

»Jeder hat ein Talent. Also ich – ich kann trinken wie ein Loch«, sagte er grinsend.

»Das ist kein Talent …«

»Meinst du? Wenn Furzen ein Talent sein kann, warum dann nicht auch Saufen?«

»Furzen?«

»Ja, jemand hat mir einmal erzählt, dass es da so einen Franzosen gab … Joseph irgendwas … und der hat sein Geld damit verdient, auf der Bühne zu furzen – er konnte das ganze Alphabet rauf und runter furzen. Selbst die *Marseillaise* und so weiter. Er ist im Moulin Rouge aufgetreten – das kenn ich sogar! Die Franzosen haben ihn geliebt – wegen ein paar Fürzen, kannst du dir das vorstellen? Selbst ein König hat ihn auf ein paar Fürze in seinen Palast eingeladen. Sein Leben wurde sogar verfilmt!« Er lachte und ich stimmte mit ein. Ich hatte lange nicht mehr gelacht …

»Was ich dir damit sagen will, ist, dass es bei einem Talent nicht darum geht, wie gut du etwas kannst, sondern wie sehr du es *liebst*. Dann kannst du selbst mit Fürzen dein Geld verdienen.«

»Du hast irgendwie gar nicht so unrecht.« Ich lächelte und trank mein Glas aus.

»Mein Junge, du bist klug, schnell und stark. Du hast dich durchs Leben *geboxt*. Es ist noch nicht zu spät … Du hast die Chance, alles zu verändern … Lauf nicht mehr weg …«

Ich ging ins Bad. Es war in einem katastrophalen Zustand; der Spiegel über dem Waschbecken war zerbrochen und von zahllosen Rissen übersät, schwarzer Dreck kroch die Ecken hoch, überall hatte sich Schimmel gebildet. Dieses Leben erschien mir so fremd. Dabei hatte ich selbst schon fast genauso gelebt. *So will ich nicht enden*. Ich sah in den Spiegel über dem Waschbecken. Die tiefen Schatten unter meinen Augen waren ein Beleg langer, schlafloser Drogennächte, meine krumme Nase war geschwollen und ein Fleischklumpen hing aus der Stelle, wo früher einmal ein Zahn gewesen war. Zahir hatte recht – ich sah beschissen aus. Mein Gesicht war grau, meine Augen drohten tief in den Höhlen zu verschwinden. Ich erkannte mich selbst nicht wieder. Ich wusch mein Gesicht. Als ich den Kopf unter den Wasserhahn hielt, fiel mir plötzlich die Geschichte von dem kleinen Löwen wieder ein, die mir Khalil als Kind erzählt hatte.

Ein Löwe, der aus Angst immer wieder weggerannt war, bis er sein Gesicht ins Wasser getaucht und erkannt hatte, dass er die ganze Zeit vor sich selbst davongelaufen war.

Wer bist du?, fragte ich mich. Als ich aufblickte, sah ich mich – in unzählige Splitter und Scherben zerbrochen.

Du musst endlich die Konsequenzen für deine Taten tragen ...

Es ist noch nicht zu spät, du hast die Chance alles zu verändern, lauf nicht mehr weg ...

Adrianas und Zahirs Worte hallten polternd durch meine Hirnwindungen. Sie hatten recht – ich war lange genug davongerannt.

Kapitel 29
Der Tiger im Käfig

Jetzt ein wenig Koks ... nur ein bisschen ... Es wird dir guttun ...

Ich stand auf und machte einige Schritte in meiner Zelle – meinem neuen Heim. Meine Zelle war düster und kalt. Ein Bett, ein Tisch, ein kleiner Schrank. Der Raum war etwa neun Quadratmeter groß. Neun Quadratmeter zum Gehen. Neun Quadratmeter zum Atmen. Neun Quadratmeter zum Leben. Ein Häftlingsleben in der Jugendstrafanstalt Hahnöfersand.

Du fühlst dich hundeelend ... Du brauchst es ... sonst erstickst du ...

Kurz nachdem ich mich gestellt hatte, hatte ich von meinem Anwalt erfahren, dass ich knapp an Cems Geschlecht vorbeigeschossen und auch seine Leistenschlagader um Haaresbreite verfehlt hatte. Ich hatte Cem weder entmannt noch getötet; er hatte schwer verletzt überlebt. Vor Freude tanzte ich in meiner Zelle. Ich war so dankbar. Ich hätte mir nicht vorstellen können, je noch einmal einen Sinn im Leben zu finden, wenn dieser Mensch durch meine Hände gestorben wäre. Der Gedanke, für sehr lange Zeit eingesperrt zu sein, erschien mir nun nicht mehr so unerträglich. Ich war ein reuiger Sünder und empfand den Freiheitsentzug irgendwie sogar als erleichternd. Gewissensbisse und der kalte Entzug machten mir viel mehr zu schaffen; die Sucht ließ mich nicht zur Ruhe kommen, wie ein Dämon redete sie auf mich ein. Herzklopfen. Atemnot. *Ich brauch was …*

Ich hätte mir den kalten Entzug nie so schwer vorgestellt. Es war doch nur Koks, kein Heroin, aber mein Hirn litt grausamen Liebeskummer; es lechzte geradezu nach dem weißen Schnee. Depressionen schwebten wie dunkle, drückende Regenwolken über mir. Ich lehnte die tägliche Freistunde auf dem weiten umzäunten Hof ab und verweigerte jeden Besuch – ich schämte mich, meinen Eltern unter die Augen zu treten. Ich aß nicht, redete nicht, wollte nichts – nichts außer Koks. *Ein wenig Koks …* Ich schloss die Augen und versuchte an etwas anderes zu denken, aber es war unmöglich.

Du hast dich noch nie nach etwas so sehr gesehnt. Weder nach dem warmen Schenkeln eines Mädchens noch nach dem guten Essen deiner Mutter, weder nach Liebe noch nach Geld, weder nach Freiheit noch nach innerer Ruhe. Du hast noch nie etwas so sehr vermisst, dass es dir fast den Verstand raubt; ja, es fehlt dir so sehr, dass der Gedanke an nur einen einzigen Krümel Koks ein Feuerwerk der Gefühle in dir auslöst; so sehr, dass du für ein winziges Gramm deine Niere eintauschen würdest.

Der Raum wurde immer enger. Die Wände kamen auf mich zu. Ich hatte das Gefühl zu ersticken. Ich schwitzte und rang nach Luft. Ich versuchte mir etwas Riesiges vorzustellen; einen Ozean, den Himmel, die Sterne – doch meine Gedanken wurden immer wieder in den gleichen engen Strudel hineingerissen: Koks, Koks, Koks.

Du hast noch nie so gelitten. Als würde man langsam deinen Schädel aufsägen, dein weiches rosa Hirn mit langen dünnen Nadeln durchbohren; als würde man deine Bauchdecke aufschlitzen, deine Leber aufstechen; als würde man dich bei lebendigem Leib häuten … Du kannst dem ein Ende machen … mach dem ein Ende! Zieh eine Linie!

Ich merkte, wie meine Lippe warm wurde. Ein schaumiges Gemisch aus Schnodder und Blut trat aus meiner Nase. Ich musste stark bleiben. Ich musste durchhalten. Irgendwann würde dieses Gefühl vorbeigehen …

Koks! Du brauchst es! Nimm es! Schnupf das reine Glück und das helle Licht wird deine Sorgen ausblenden …

Nein! Ich presste meine Hände gegen meine Schädeldecke, als könnte ich dadurch der Stimme in meinem Kopf die Luft abdrücken.

Koks! Hör auf, dich dagegen zu wehren!

Nein! Ich muss kämpfen. Ich öffnete das Fenster und drückte meine Wange gegen die Gitterstäbe; ein kalter Luftzug streifte meine Haut. Ich presste mein Gesicht fester an das Gitter, so lange, bis es wehtat. Es war ein schöner Schmerz. Es tat so gut, denn für wenige Sekunden hielt die Stimme der Sucht endlich mal die Klappe.

Am nächsten Tag ließ ich meine Nase vom Gefängnisarzt untersuchen. Mein Körper war müde und ausgelaugt. Ich fühlte mich niedergeschlagen, mit allen Kräften am Ende.

»Der Bruch ist eindeutig, du solltest das operativ behandeln lassen«, sagte der Arzt. »Deine Schleimhäute sind ziemlich angegriffen; du hast Löcher da drinnen – das kommt aber nicht vom Bruch. Ich gehe davon aus, dass du jede Menge kokst oder gekokst hast, und Kokain hat eine kristalline, scharfkantige Form, es schädigt die Nasenschleimhaut. Außerdem hast du eine Stinknase ...«

»Eine *was?*«

»In deinen Nasenhöhlen bilden sich Krusten und Eiter. Alles, was aus deiner Nase rauskommt, stinkt wie totes Aas – Stinknase eben«, erklärte der Doktor. Er hatte unzählige Leberflecken im Gesicht. Ich versuchte sie zu zählen: 1, 2, 3 ... 10, 11, 12 ...

»Hörst du mir zu? Du bekommst eine Nasenspülung und ab sofort – kein Koks mehr!«, sagte er.

»Ich hab sowieso damit aufgehört.«

»Na, dann viel Glück!«

Mohammed war mein erster Mithäftling. Er war Araber und hatte wiederholt ohne Arbeitserlaubnis gearbeitet – ihm drohte nach der Haft die Abschiebung. Ich nannte ihn Black Muslim, weil er dunkle, erdige Haut hatte, eine weiße gehäkelte Gebetsmütze auf seinem kahlen Schädel trug und sehr gläubig war. Er betete fünfmal am Tag, aß kein Schweinefleisch, trank keinen Alkohol und sagte nach fast jedem Satz *inschallah, bismillah* oder *alhamdulillah*. Er war ein angenehmer Zimmergenosse und seine ruhige Stimme schenkte auch mir zeitweise Ruhe und Frieden.

Eines Nachts wachte ich von einem seltsamen Geräusch auf. Die Zelle war dunkel, nur ein heller Strahl von der Neonlaterne draußen fiel herein. Ich blickte auf und sah Black Muslim, wie er in den kleinen Wandspiegel starrte. Seine Arme waren angewinkelt und er presste seine Hände gegen die Wand. Was machte er da? Es war mitten in der Nacht! Dann lehnte er seinen Kopf zurück, holte aus und rotzte sein Spiegelbild an. Eine schaumige Speichelspur floss den Spiegel herunter. Er wiederholte den Vorgang mehrmals, bis die Glasfläche von nassen Stellen übersät war. Gerade als ich ihm zurufen wollte, den Unsinn endlich sein zu lassen, streckte er seine lange Zunge heraus und wischte damit über den Spiegel. *Igitt.* Hatte er den Verstand verloren? Wie besessen leckte er seine Spucke von der Spiegeloberfläche. Gern hätte ich ihm eine verpasst und seinem wahnsinnigen Treiben ein Ende gesetzt, doch der Anblick dieses jungen Mannes, der sein eigenes Spiegelbild ableckte, machte mich … ein wenig nervös.

Schließlich stand ich auf und packte ihn am Arm. Er riss sich los, schrie etwas auf Arabisch, heulte und lachte gleichzeitig. *Okay, okay.* Ich fragte mich, was in seinem Kopf vor sich ging – wie konnte jemand nach nur zwei Wochen Knast schon verrückt werden? Der Krach hatte die Beamten aufmerksam gemacht, sie schlossen die Zellentür auf und zerrten den heulenden und lachenden Mohammed mit sich. Und ich hatte gedacht, *ich* sei verrückt … Mohammed sah ich nie wieder – es hieß, er sei in die Psychiatrie verlegt worden.

Ich war nun seit *ungefähr* zwei Monaten in Haft. Mein Gefühl für Stunden und Tage war verlorengegangen. Wenn die Sonne unterging, war ich nur glücklich, einen weiteren Tag ohne Kokain ausgestanden zu haben. Dabei wäre es gar nicht schwierig gewesen, im Knast an Drogen ranzukommen – manche fingen sogar dort erst damit an. Gefängnisdealer und Konsumenten bekamen den Stoff von ihren Freundinnen oder irgendwelchen nicht astreinen Beamten. Im Knast lebte das perfekte Drogenpublikum: ein Haufen haltloser, desillusionierter und gelangweilter Jugendlicher.

Der Gefängnisalltag hatte nichts mit den Darstellungen in amerikanischen Gangsterfilmen zu tun, wo volltätowierte, muskelbepackte Jungs im Freien Gewichte stemmen oder sich zu gemeingefährlichen Gangs zusammenschließen. In Hahnöfersand saßen vorwiegend halbstarke, mehr oder minder bedrohlich wirkende Jugendliche mit meist astdürren Armen – von dem Fraß, den sie uns vorsetzten, bekam man keine Muckis. Die meisten saßen wegen irgendwelcher Sammeldelikte ein: Erpressung, Körperverletzung, mehrfacher Diebstahl, Haschischdealen. Viele waren noch sehr jung, und da war eine Art Unschuld in all ihrer Schuld; sie schrieben ihren Freundinnen tränenverschmierte Liebesbriefe und weinten sich bei Besuchen im warmen Schoß der Mutter aus. Eher als die Insassen selbst waren in der Jungendhaftanstalt die Einsamkeit und die Langeweile gemeingefährlich – sie brachten die innere Leere zum Vorschein wie ein Röntgenbild gebrochene Knochen.

Generell konnte das Gefängnis nur als eine Endstation zum Wegstecken gescheiterter Jugendlicher taugen, denn es war einfach nicht dazu geeignet, sie zu »bessern« und sie auf eine Reintegration in die Gesellschaft vorzubereiten. Der Knast war nicht schrecklich genug, um abzuschrecken. Man verlor nur seine Zeit und den Bezug zur Außenwelt. Nach einem solchen Gefängnisaufenthalt ist ein entlassener Jugendlicher wie ein tollpatschiger Welpe, der in einen dunklen Karton gesperrt gewesen ist – er findet sich in der neuen Welt nicht zurecht. In seiner Verwirrung zertritt er Blumenbeete, kneift in Hosenbeine, hebt sein Beinchen auf dem Teppich und wird zur Strafe wieder eingesperrt.

Auch wenn das Jugendgefängnis im Allgemeinen also seinen Zweck verfehlen dürfte – für mich erwies es sich nachgerade als ein Segen, denn es war der optimale Ort, um meine verloren geglaubte Seele wiederzufinden. Vierundzwanzig Stunden *allein*. Allein mit meinen Erinnerungen, dem Schmerz, den Gedanken. Allein mit mir selbst. Ich konnte nicht mehr fliehen. Ich *wollte* nicht mehr fliehen. Ich wollte kämpfen. Also stellte ich mich der Konfrontation mit mir selbst und dachte über mein Leben nach – warum alles so schrecklich schiefgelaufen war.

Je mehr ich reflektierte, desto bewusster wurde mir, dass die Flucht vor qualvollen Erinnerungen nur in noch mehr Schmerz gemündet hatte. Irgendwann hatte ich begonnen, mich nur noch an Oberflächlichem zu messen; nach jenem rasch vergänglichen, hohlen Status zu streben, den mir Geld, Gewalt und falsche Freunde verliehen. Die wirklich wichtigen Dinge im Leben hatte ich aus den

Augen verloren. Dinge, die eben keine *Dinge* waren – die man nie hätte kaufen können. Das Kokain war nur deshalb zu meiner Droge geworden, weil es mir das Gefühl gegeben hatte, unbesiegbar zu sein – doch das war ich nicht. Ich war ein Mensch. Verwundbar. Mit Fehlern und Schwächen. Und das war auch gut so. Das Kokain hatte mir geholfen, dieses Wissen zu verdrängen. Jetzt ging es darum, es zu akzeptieren.

Ich würde damit leben müssen, Adriana für immer verloren zu haben. Ich fühlte mich verantwortlich für alles, was ich ihr angetan hatte und was sie durch den Kontakt mit mir hatte erleiden müssen; Dinge, die nie wiedergutzumachen waren. *Gott, aber sie fehlt mir so ...* Ich hatte sie niemals so sehr vermisst wie zu dieser Zeit, und mein Herz füllte sich wie ein Brunnen mit Kummer – ich hatte das Gefühl, darin zu ertrinken. Wie gerne hätte ich sie angerufen, ihr einen Brief geschrieben und sie angebettelt, mich zu besuchen – doch ich musste sie loslassen. Ein Leben ohne mich war das Beste für sie. Die Trennung war meine Strafe. Eine harte Strafe, doch ich hatte sie verdient.

Eines Nachts, als Einsamkeit und Entzug mir wieder einmal besonders zu schaffen machten, beschloss ich, die Briefe meiner Familie zu lesen. Sie waren bereits geöffnet, weil die Justizbeamten alle Briefe immer zuerst lasen, bevor ein Häftling sie erhielt, aber ich hatte sie bislang unbeachtet zur Seite geschoben. Ich hatte Angst vor ihrem möglichen Inhalt, fürchtete mich vor Vorwürfen, Anschuldigungen, Ablehnung. Doch auch dieser Konfrontation musste ich mich irgendwann stellen.

Da meine Eltern noch immer nicht richtig auf Deutsch schreiben und lesen konnten, formulierte Jackie die Briefe in ihrem Namen. Mit einem mulmigen Gefühl im Bauch beugte ich mich über die auseinandergefalteten Blätter und war überrascht. Ich hatte mit allem gerechnet, nur nicht damit – in den Briefen fand ich nur *Liebe*. Worte und Sätze, die mich tief berührten.

Wir haben Dich nicht aufgegeben ... Wir glauben daran, dass Du alles wiedergutmachen kannst – Du musst es nur wollen.

Du hättest weglaufen können, aber Du hast dich gestellt. Wir sind stolz auf Dich ... Du hast Dich entschieden, Dein Leben zu verändern. Bleib stark, verliere nie Deine Hoffnung ...

Leid gibt uns Substanz, und ein Mensch, der nicht leidet, findet nicht zu sich selbst. Es formt oder verformt uns – es liegt in Deiner Hand, zu Asche zu zerfallen oder wiederaufzuerstehen. Ich erkannte die Worte meiner Mutter wieder, Worte, die ich erst jetzt wirklich verstand. Sie hielt noch immer zu mir.

Besonders verblüfft war ich über meinen Vater, dessen Gebote ich allesamt gebrochen hatte. Das Folgende kam eindeutig von ihm:

> *Warte, bis du in dich selber blickst –*
> *Erkenne, was dort wächst.*
> *Oh Suchender.*
> *Ein Blatt in diesem Garten*
> *Bedeutet mehr als alle Blätter,*
> *Die im Paradies du findest!*

Rumis Verse sollen Dir eine Anweisung sein, mein Sohn – lass Dich von ihnen leiten.

Ich konnte es kaum glauben, derart viel Unterstützung von meiner Familie zu erfahren, dabei hatte ich sie jahrelang nur enttäuscht. Dieser Rückhalt schenkte mir sehr viel Kraft.

Sie hatten mir auch Fotos geschickt; von meiner Kindheit in Kabul, meinen Geschwistern, meinen Eltern ... und dann dieses eine Bild: zwei Jungen, Arm im Arm, vor der Kulisse der Trümmerstadt Kabul. Im Hintergrund die meerblauen Berge. Der dunkelhaarige Junge – ich – hat den Blick auf den hellhaarigen gerichtet, und der lacht in die Linse, als gäbe es kein Morgen.

Das in der Mitte halb durchgerissene Foto war mit der Zeit gealtert wie das Gesicht eines Greises. Es war übersät von zerknitterten Falten und dunklen Flecken, die an Altersmale erinnerten. Alt, blass und vergilbt war es geworden, dieses Bild. Doch meine Erinnerung, die, lange verdrängt, nun voller Kraft wieder in mir aufstieg, war auch nach all den Jahren nicht verblasst, sie war taufrisch und ungetrübt, wie ein Quell klaren Wassers; ein lebenspendender Brunnen tief in mir drinnen. Ein Brunnen, von dem jeder Tropfen so wertvoll war, dass er sorgsam bewahrt werden musste. Ein Brunnen voller Erinnerungen. Erinnerungen an Khalil.

In dieser Nacht schlief ich zum ersten Mal seit langer, langer Zeit mit einem tiefen Gefühl von Ruhe und Frieden ein.

Ein Traum. Ich bin ein Kind und stehe auf einem grünen Hügel in einem Bergtal. Es ist glühend heiß. Die Sonnenstrahlen schmelzen und tropfen herunter – goldgelbe Tropfen spritzen auf meine Haut, aber sie verbrennen mich nicht. Auf der gegenüberliegenden Seite des Tals steht Khalil. Flüssige Sonnentropfen träufeln von seinen gelben Locken. Zwischen uns liegt ein dunkler Tümpel.

Mir ist so heiß. Ich brauche eine Abkühlung. Ich traue mich nicht, in den Tümpel zu springen – er sieht düster und dreckig aus. Khalil winkt. Er lächelt. Du musst keine Angst haben! Spring hinein, ruft er mir zu. Er macht mir Mut. Spring! Ich ziehe meine Kleider aus und springe ins Wasser. Es ist ein schleimiger brauner Sumpf; Aas und Fischskelette schwimmen an mir vorbei. Ich habe das Gefühl zu ertrinken. Panik überkommt mich. Keine Angst, höre ich Khalil noch rufen, als mich eine kraftvolle Strömung erfasst.

Ich gerate in einen Wasserfall, und mit einem Mal finde ich mich in einem klaren Quell wieder. Was für ein Wasser, denke ich, es ist so rein, so warm wie ein Mutterherz, weiße Wolkenreste schweben darin. Sie streifen meinen Bauch und kitzeln mich, ich lache laut. Ich bin glücklich. So glücklich. Ich lege mich auf die Wasseroberfläche und lasse mich treiben. Ich weiß nicht, wo ich ankommen werde, aber ich spüre die Kraft der Strömung in mir und ich weiß, dass es dort schön sein wird.

Ich erwachte mit einem unbeschreiblichen Gefühl im Leib. Intensiv und nicht von dieser Welt; wert, einbalsamiert zu werden. Als hätte mir mein Traum einen Türspalt aufgetan, durch den ich einen Blick ins Paradies werfen durfte. Von diesem Moment an wusste ich, dass ich das Schlimmste überstanden hatte – die schwerste Zeit war vorüber. Dachte ich.

Meine Zelle wurde aufgesperrt, und ich beschloss, heute früh am Hofgang teilzunehmen. Ich sah mich um: Rasen, Bäume, ein hoher Sicherheitszaun. Hahnöfersand wurde auf einer Insel erbaut und um uns herum war Wasser. Draußen war es kühl und ich setzte die Kapuze meines Pullovers auf.

Es war ein grauer Tag. Morgenfrische lag in der Luft. Ein feiner Nebel legte einen Schleier über alles und kristallklarer Tau tropfte von den Blättern der Pflanzen ins saftige Gras. Die Sonne versteckte sich noch hinter der Mauer, doch ringsum hellten ihre gleißenden Strahlen bereits den Himmel auf.

Ich joggte los. Mein Körper war steif wie der Körper eines Toten, bei dem die Leichenstarre eingetreten ist. Jede Bewegung kostete mich Mühe. Doch die Kälte weckte mich, weckte mich aus meiner Totenstarre, meinem Winterschlaf, der jahrelang angehalten hatte.

Nach nur wenigen Minuten bekam ich Seitenstechen und Schmerzen in der Brust. Ich war überhaupt nicht in Form. Die Kälte schnitt mir in die Haut und fraß sich brennend in die Lungen, doch ich hörte nicht auf zu rennen. Der Schweiß tropfte von meiner Stirn, ich ballte meine Fäuste, und die trockene Haut an meinen Händen riss auf, doch ich hielt nicht an. Lief vorbei an Insassen und blau gekleideten Beamten.

Du wurdest verwundet, hast Fehler begangen und Menschen wehgetan, aber du hast auch Liebe und Freundschaft kennengelernt, hast eine Familie, die zu dir hält. Es gibt noch so viel, wofür es sich zu kämpfen lohnt.

Ich rannte weiter, überwand die Schmerzen. *Schneller. So schnell du kannst!* Die saubere Luft drang durch meine verstopften Atemwege und mein Körper schien mir mit einem Mal reiner. Als hätte man die Luken zu einem verstaubten Raum geöffnet und einen Windzug eingelassen.

Ich fühlte mich in diesem Moment auf eine angenehme Weise allein. Unsichtbar. Versunken. Ohne verloren zu sein. In meinem Schädel herrschte paradiesische Stille. Ich lief eine Stunde lang. Bis man mich grob wieder hineinkommandierte.

Ich schloss die Augen und meine Lungen sogen die Luft ein. *Du kannst alles schaffen, du darfst nur nicht aufhören zu kämpfen.* Als ich meine Lider wieder öffnete, erschienen die Umrisse der Morgensonne über der Mauer und hüllten mich in ihr gleißendes Licht. Es war, als wäre nach all den Jahren der Kälte und Dunkelheit auch in mir die Sonne neu aufgegangen.

Am Abend taten mir die Muskeln weh. Ich war müde, aber es war nicht diese depressive Trägheit, die ich seit Beginn meines kalten Entzugs gespürt hatte. Und dann bemerkte ich es: Die sonst ständig drängende Stimme der Sucht hatte seit Stunden zu flüstern und zu locken aufgehört. Bewegung und Sport schienen sie mundtot zu machen.

Eines Abends zappte ich durch die TV-Kanäle und blieb bei einem Boxkampf hängen. Es kämpfte *der Tiger* Dariusz Michalczewski – sein Kampfstil faszinierte mich sofort. Diese Wucht in seinen Fäusten – seine Schläge waren wie Detonationen – und die Bewegungen dennoch geschmeidig wie die einer Raubkatze. Ich saß wie gebannt vor dem Apparat. Der Tiger scheuchte seinen Gegner durch die Ringecken, und obwohl Dariusz ein stämmiger Kerl war, wirkte er alles andere als grobschlächtig. Es war wie ein Tanz! Jeder sitzende Punch versetzte das Publikum in Aufruhr; die Zuschauer jubelten und feuerten ihn an – so viel Ansehen und Zustimmung, weil einer sich prügelte? Das tat ich schon seit Jahren, nur ohne Handschuhe und nicht im Ring ... Er schien Respekt zu genießen, und nicht etwa nur den fragwürdigen Respekt der Straße, sondern den der gesamten Gesellschaft. Beeindruckend! Die euphorische Stimmung riss mich mit, und wenn er einen Treffer landete, ballte auch ich meine Fäuste. Es war so lebendig – als würde der Tiger direkt in meiner Zelle kämpfen! Als er den Kampf durch technischen K. o. gewann, freute ich mich riesig. Meine Faszination für den Boxsport war geboren.

Immer dann, wenn die Sucht wieder auf mich einschwatzte, stellte ich meine Matratze auf und malträtierte sie mit Boxhieben. Immer dann, wenn mich die Wut erneut packte, machte ich in meiner Zelle Schattenboxen, bis ich mich aus ihren Klauen befreit, die Wut siegreich abgeschüttelt hatte. Immer dann, wenn die Wände mich zu erdrücken drohten, begann ich mit Kniebeugen und Liegestützen, bis ich die Enge vergaß.

Ich posierte vor dem kleinen Spiegel und stellte mir vor, ein Kämpfer wie der Tiger zu sein – unbesiegbar und stark –, so wie ich mir früher vorgestellt hatte, Bruce Lee zu sein.

Von meiner Familie ließ ich mir etliche Biografien von Boxern schicken: Muhammad Ali, Mike Tyson und eben Dariusz Michalczewski. Diese Geschichten und Schicksale faszinierten mich. Boxer konnten die unterschiedlichsten Typen und Charaktere sein, nur eines waren sie nie: langweilig und aalglatt. Auch fiel mir gleich auf, dass Boxen, anders als etwa Tennis, nicht gerade ein Mittelklassesport ist. Fast alle berühmten Kämpfer kamen quasi aus der Gosse und hatten sich hochgeboxt. Ein Sport, wie für mich gemacht.

Ich erkannte auch viele Parallelen zwischen den Laufbahnen dieser Boxer und meinem Leben. Sowohl Ali als auch Tyson stammten aus sehr ärmlichen Verhältnissen, waren schlechte Schüler gewesen, hatten frühzeitig die Schule geschmissen. Tyson war ohne Vater aufgewachsen, wie über viele Jahre auch ich, und war unter seinen Altersgenossen ein Außenseiter, der in täglichen Straßenraufereien in den Slums von Brooklyn um sein Überleben hatte kämpfen müssen. Auf sich aufmerksam gemacht hatte er bereits in jungen Jahren vor allem durch Dutzende Delikte wie Raubüberfall, Körperverletzung und Diebstahl, bis er mit dreizehn schließlich festgenommen und in eine Verwahrungsanstalt für schwer erziehbare Jugendliche eingeliefert wurde. Seine kriminelle Karriere war also praktisch schon vorgezeichnet gewesen, bis er dort – in einer Art Jugendknast, so wie ich – von seinem Sportlehrer als Boxer entdeckt wurde. Seine Mutter hatte in ihm immer nur das verwahrloste, gescheiterte Straßenkind gesehen, und Tyson sollte fortan darunter leiden, dass sie starb, als er sechzehn war, und er sie somit nie auf ihren »missratenen Sohn« hatte stolz machen können.

An Ali wiederum faszinierte mich besonders, dass er sich nicht einfach auf seinen Box-Lorbeeren ausgeruht hat, sondern seine Berühmtheit zur politischen Veränderung einsetzte. Er nahm in Kauf, dass ihm der Weltmeistertitel aberkannt wurde, als er aus Protest gegen den Vietnamkrieg den Wehrdienst verweigerte, und kämpfte gegen die allseitigen Diskriminierungen, die er aufgrund seiner Religion und seiner Hautfarbe erfuhr. Er wechselte seinen Namen, als er zum Islam übertrat, setzte sich für die Gleichberechtigung der Farbigen ein und stärkte durch seinen Kampf »Rumble in the Jungle« mitten im Herzen Afrikas das Selbstbewusstsein eines ganzen geschundenen Kontinents. Er war wirklich ein Vorbild.

Die folgenden Monate im Jugendknast verliefen vergleichsweise reibungslos. Meine Familie besuchte mich einmal alle zwei Wochen und wir kamen uns wieder näher. Ich holte meinen Realschulabschluss nach, las Bücher und schaute Fernsehen. In einem kleinen Trainingsraum im Gefängnis stemmte ich Hanteln und Gewichte. Dort war es zwar immer voll und das Angebot reichlich spartanisch, aber für meine Zwecke reichte es erst einmal vollkommen aus. Der Sport und die amateurhaften Boxbewegungen, die ich mir vom Bildschirm abgeschaut hatte, halfen mir ungemein, einen neuen Bezug zu meinem Körper zu finden. Jedes Mal wenn ich meine Klamotten vollgeschwitzt hatte, fühlte ich mich wieder ein wenig sauberer.

Jackie hatte inzwischen ihr erstes Staatsexamen gemacht und es irgendwie geschafft, beim Gericht durchzusetzen, dass sie mich einmal wöchentlich unterrichten durfte. Sie kam, doch hauptsächlich unterhielten wir uns über Gott und die Welt. Ich hatte mich ihr nie stärker verbunden gefühlt. Sie eine angehende Rechtsanwältin; ich ein Sträfling. Wir waren so gegensätzlich wie die zwei Seiten einer Münze – und doch gehörten wir zusammen.

Bei einem dieser Besuche fing sie plötzlich an, von Jamal zu sprechen. Adriana hatte sich vor ihrem Umzug von meiner Familie verabschiedet und meiner Mutter im Vertrauen die ganze Geschichte erzählt. Das war der Hauptgrund, warum ich die Unterstützung meiner Familie erhielt – die meine Tat zwar verurteilte, aber nun dennoch ein gewisses Verständnis und Mitgefühl zeigte. Allein schon den Namen Jamal zu hören machte mich aggressiv. »Ich möchte nicht über ihn reden«, sagte ich barsch.

»Aber es gibt etwas, was ich dir sagen muss.«

Wie sich herausstellte, war Jamal auf der Flucht; er hatte vor einer Woche zwei jungen Männern in den Kopf geschossen. Offenbar ohne irgendeinen nachvollziehbaren Grund. Sie waren beide tot. Er war verschwunden.

Diese Nachricht beschäftigte mich wochenlang. Hatte *das* der Krieg aus uns gemacht? Khalil war tot, ich ein Häftling, Jamal ein Mörder – er hatte zwei Menschen umgebracht. Waren wir alle nur Sklaven unserer Vergangenheit? Was würde nun wohl aus mir werden? Sollte ich ewig zwischen vier Wänden eingesperrt bleiben? Wie würde das alles nur enden?

Die Gerichtsverhandlung war ein Spektakel. Ein Drama in mehreren Akten; teils Tragödie, teils Farce. Mein Anwalt war ein grauhaariger älterer Herr mit einem überwältigenden Charisma, das alle anderen vor ihm klein erscheinen ließ. Er konnte fluchen wie ein Rohrspatz, war dafür berüchtigt, immer mal wieder verbale Knockouts auszuteilen, und besaß nicht die übliche Arroganz eines versnobten Juristen, der seine Mandaten von oben herab betrachtet. Er war ein wahrer Machiavelli des Rechts und seine Worte trafen die Schwachstellen seiner Gegner zielgerade wie ein spitzer Pfeil. Er hatte mich schon des Öfteren rausgeboxt – ein guter Sparringspartner, wenn man so will. Ich durfte einige Male miterleben, wie er Staatsanwälte und Richter mit Worten förmlich wie Kürbisse aushöhlte, bis sie ohne weitere Gegenwehr vor ihm zu Boden gingen. Sieg durch technischen K. o.

Doch dieses Mal war es nicht so einfach. Der Fall war klar. Ich hatte vor Zeugen mehrfach auf jemanden geschossen, ihn fast umgebracht. Der Staatsanwalt vertrat die Auffassung, dass ich ein gewalttätiger Widerholungstäter sei. Also müsse ich bestraft werden und die Härte des Gesetzes in seiner vollen Wucht erfahren.

Doch mein Anwalt hielt ein eindringliches Plädoyer und legte lang und breit meine Familiengeschichte dar, die ihm Jackie in ausführlichen Gesprächen erzählt hatte. Er berichtete vom Krieg in Afghanistan, formte mit seinen Händen den schwangeren Bauch einer Mutter. Mit Bomben und Krieg, Schmerzensschreien und Angst im Nacken kam er auf diese Welt! Den Anwesenden klappte die Kinnlade herunter – inklusive mir.

Nach sieben Monaten Untersuchungshaft hatte er mich rausgeboxt – ich kam frei. Das Urteil lautete zwar auf drei Jahre, aber die Untersuchungshaft und mein Schulabschluss im Gefängnis wurden mir angerechnet, und so blieben nur noch zwei Jahre auf Bewährung. Mit entscheidend für meine Entlassung war auch, dass ich im Gefängnis sechs Monate lang eine Antiaggressionstherapie hatte machen müssen, die sich nun in der Freiheit bewähren sollte. Es war unglaublich, aber ich hatte eine zweite Chance bekommen. Und ich war entschlossen, sie zu nutzen.

Kapitel 30
Durchboxen

Meine bisherigen Erfahrungen hatten mich eins gelehrt: Das Leben ist eine blühende Rose – wunderschön und voller Dornen. Nimmt man sie falsch und ungeschickt in die Hand, verletzt man sich oder zerstört die Blüte. Freude und Leid scheinen immer eng miteinander verwachsen zu sein.

Die letzten Jahre über hatte ich gehasst und geliebt, gelitten und Leid zugefügt, Niederlagen einstecken und Verluste hinnehmen müssen. Als ich nun vor den Toren des Gefängnisses stand, wehte mir eine warme Sommerbrise entgegen. Ich schloss die Augen und atmete den Duft von Erde und süßen Rosen ein. Es roch einerseits wunderbar nach Freiheit, andererseits rief dieser Duft jedoch auch ein mulmiges Gefühl in mir wach. Nie hätte ich damit gerechnet, so frühzeitig entlassen zu werden. Ich wusste überhaupt nichts mit mir anzufangen. Der Schmerz über die Trennung von Adriana und über Jamals Tat steckte noch tief in meinen Gliedern. Ich hatte keine richtigen Freunde mehr – Noah hatte sich wegen meines Kontakts zu Jamal längst von mir distanziert und mit Aleeke und meiner alten Gang wollte ich nun nichts mehr zu tun haben –, ich war vorbestraft und ohne echte berufliche Perspektive: Wo war mein Lichtblick? Der Gedanke an meine Zukunft bereitete mir Unwohlsein. Als hätte ich ein faules Stück Fleisch verschluckt, das mir nun schwer und drückend im Magen lag. Ich ertappte mich bei einem sonderbaren Gedanken: Vielleicht wäre es für mich besser gewesen, im Knast zu bleiben. Nun hatte ich nicht den Hauch einer Ahnung, wie mein Leben weitergehen sollte. Aber eines zumindest wusste ich. Ich wollte boxen. Das musste für den Anfang genügen.

Ich zog wieder bei meinen Eltern ein, und das Erste, was ich unternahm, war, mich bei einem Boxverein anzumelden – ein erster Schritt in Richtung auf mein Ziel; ein Schritt, der mich von entmutigenden Gedanken und lockenden Versuchungen ablenken sollte.

Boxen kann ja wohl nicht so schwer sein, dachte ich. Immerhin hatte ich unzählige Straßenkämpfe bestritten, und als ehemaliger Geldeintreiber wusste ich, meine Fäuste einzusetzen. Außerdem hatte ich mich doch schon die ganze Zeit durchs Leben geboxt – oder etwa nicht? Nun würde ich mich eben im Ring und mit Handschuhen prügeln. Kein Problem. Boxen bedeutete *sich schlagen* – was sonst? Was konnte da noch groß anderes dahinterstecken …

Ganz so einfach sollte es aber natürlich nicht werden. Ein Sattel auf einem Pferd macht es nicht gleich zahm – und ein Straßenkämpfer ist kein Boxer, nur weil er gepolsterte Handschuhe trägt. Es war zunächst einmal eine unglaubliche körperliche Tortur. Meine sportlichen Fähigkeiten – Kondition, Kraft, Schnelligkeit – hatten unter den Alkohol- und Kokainexzessen der letzten Jahre merklich gelitten: Ich bewegte mich wie eine alte Schildkröte, die nach ein paar lahmen Kriechmetern erschöpft den Kopf einzieht. Wochenlang musste ich mich nach beinahe jeder Trainingseinheit übergeben und abends im Bett bekam ich vor Muskelkrämpfen kaum ein Auge zu. Von der Fußzehe bis zur Schädeldecke – alles schmerzte. Dabei bestand mein ganzes Training bisher nur aus Seilspringen, Konditionsarbeit, Zirkeltraining und einigen boxerisch *angehauchten* Übungen. Ich hatte noch kein einziges Mal Sparring gemacht, keinen Tag wie ein echter Boxer trainiert. Selbst die Mädels aus meinem Kurs schienen mehr Kraft und Ausdauer zu haben als ich – zumindest kotzten sie nach dem Training nicht in den Abfalleimer.

Es war frustrierend. Mein Körper schien um zwanzig Jahre gealtert; die Knochen fühlten sich altersschwach und brüchig, die Muskeln weich und müde an. Ich keuchte wie ein Lungenkranker. Wenn ich übelschmeckenden Schleim aushustete, stellte ich mir vor, Teile meiner Eingeweide von mir zu geben – grüne, übelschmeckende Eingeweide. So musste es in meinem Inneren aussehen: alles grün und widerlich. Was hatte ich mir da nur angetan? Wie sollte ich das je wieder hinkriegen?

Das entmutigende Bewusstsein dieser scheinbaren Aussichtslosigkeit all meiner Bemühungen weckte in mir ab und an noch immer die Sehnsucht nach einer befreienden Line oder einer zügellosen Partynacht. *Komm, lass es sein, lass dich fallen, mach dir nichts vor, warum quälst du dich, es hat doch alles keinen Sinn!* Wenn dieses Verlangen übermächtig zu werden drohte, ging ich joggen oder packte meine Sachen und fuhr zum Sport. Ich bin überzeugt, dass diese Kämpfe mit mir selbst die schwersten meines Lebens waren, und immer dann, wenn ich wieder einen gewonnen hatte, war ich unglaublich stolz. Ich gab mich nicht mehr einfach meinen Schwächen und Lastern hin, sondern kämpfte mit aller Kraft und Entschiedenheit dagegen an. Jeden Tag neu.

Der wichtigste und eigentliche Kampf fand im Kopf statt. Da war etwa dieser *eine* Moment, der während des Trainings immer wieder erneut auftauchte, der Moment des Es-geht-nicht-mehr; Seitenstiche kamen mir dann wie Peitschenhiebe vor, jeder Atemzug brannte, als würde ich Feuer statt Spucke schlucken, und mein Körper drängte mich, das Handtuch zu werfen. Doch ich gab nicht auf. Nie. Das verschaffte mir ein stärkeres, echteres Selbstbewusstsein, als es das Kokain je vermocht hatte. Zuvor war ich nur so lange Superman gewesen, wie die Wirkung einer Line anhielt, um mich dann rasch in ein erschreckendes Häufchen Elend zu verwandeln.

Über zwei Jahre hinweg quälte ich mich praktisch nur durch und lernte so, immer wieder an meine Grenzen zu gehen, sie dadurch immer weiter zu verschieben – eine der prägendsten Erfahrungen in meinem Leben. Dank der bei alledem bewiesenen Disziplin durfte ich dann auch endlich wie ein *richtiger* Boxer trainieren und Sparring machen.

Ich liebte das Gym. Es war ein dunkler Raum in einem Keller. In der Mitte befand sich der viereckige Ring, an den Wänden prangten Poster von Boxlegenden wie Muhammad Ali, Max Schmeling und Mike Tyson, von den Decken hingen abgenutzte Ledersandsäcke. Durch die kleinen, weit oben gelegenen Fenster drang mattes Licht in den Raum und ließ die flirrenden Staubflocken leuchten. Das Gym strahlte etwas Kaputtes und Anziehendes zugleich aus – wie eine sinnliche Frau mit einem verbitterten, gebrochenen Herzen. Der säuerliche Geruch von Schweiß in den gebrauchten Handschuhen, das vibrierende Gefühl, wenn meine Fäuste auf den Sandsack einschlugen, und die Konzentration all meiner Gedanken auf einen Punkt – das wurde nun mein Leben. Hier meinte ich, den Sinn meines Daseins gefunden zu haben.

Ich widmete meine ganze Zeit dem Boxtraining, so wie damals kurzzeitig dem Basketball. Doch Boxen und Basketball sind nicht miteinander vergleichbar. Im Boxsport steckt eine ganz eigene Tiefe, die meinem von Rastlosigkeit geplagten Wesen eine gewisse Ruhe schenkte. Im Gegensatz zum Mannschaftssport ist man im Ring mit sich allein – mit sich und seinen Gedanken –, wenn man also während eines Kampfes müde wird, kann man nicht einfach den Ball abgeben und die anderen machen lassen; und hat man am Ende verloren, trägt man ganz allein die Schuld. Man verliert allein – und nirgends ist die Niederlage schlimmer als im Ring. Denn man verliert vor den Augen aller, liegt gedemütigt am Boden, während der andere siegreich die Fäuste reckt. Doch genau darin lag für mich auch der Reiz – ich war nur noch von mir selbst abhängig.

Ich hatte bereits so viel erlebt, schwere Zeiten durchgemacht und Dinge überstanden, an denen andere zerbrochen wären, und das gab mir nun das Gefühl, die nötige Substanz zu besitzen, um standhalten zu können – eine Substanz, die weniger eine Sache des Körpers und der Muskeln ist als eine des Geistes, der Seele, des Selbstgefühls. Ich war an Härte gewöhnt und hatte schwere persönliche Niederlagen einstecken müssen. Nun fühlte ich mich innerlich stark und gefestigt genug, es im Ring mit jedem Gegner aufzunehmen.

Nach Ende des Fastenmonats Ramadan versammelte sich die ganze Familie Rahimi zur Feier des traditionellen islamischen Zuckerfests. Unsere Familie war mittlerweile gewachsen: Meine Geschwister hatten allesamt geheiratet und Jackie bereits eine Tochter zur Welt gebracht. Sie waren beruflich wie privat erfolgreich, während ich auf beiden Ebenen versagt hatte. Ich war ein ehemaliger Krimineller, der nun statt säumiger Schuldner einen Sandsack verprügelte – das war meine bislang größte Entwicklung –, und *darüber* freuten sich schon alle wie über das Wimpernklimpern eines Komapatienten.

Im engen Wohnzimmer war es stickig und laut, weil alle wild durcheinanderplapperten. Auch Zahir war an diesem Tag anwesend und erzählte alte afghanische Anekdoten. Immer die gleichen, Mullah Nasreddin und Co., als würde ein seniler Zauberer nach jedem Zauberspruch stets dasselbe alte Karnickel aus dem gleichen Hut ziehen. Mein Onkel wirkte mindestens fünfzehn Jahre älter, als er war; der Zahn der Zeit und des Whiskys nagten merklich an ihm – aber nicht an seinen Witzen.

»Hamid«, rief er plötzlich. »Hast du nun dein Talent entdeckt? Weißt du, wie du dein Geld verdienen willst?«

»Ich möchte Boxer werden!«, schoss es aus mir heraus, als hätte ich nur auf diese eine Frage gewartet. Doch im nächsten Augenblick bereute ich es schon wieder, denn alle hatten mitgehört und die Stimmung im Raum kippte schlagartig. Eine unangenehme Stille machte sich breit. Jemand räusperte sich, als hätte ich etwas furchtbar Peinliches von mir gegeben. Engineer-Sahibs Blick hatte sich mit einem Mal verdüstert.

»Ich dachte, du wolltest dein Abitur nachholen«, sagte Jackie.

»Wie kommst du darauf?«, fragte ich. »Das habe ich nie behauptet.«

»Aber du wolltest doch dein Leben in den Griff bekommen oder etwa nicht?«

»Also ohne Abitur bin ich verloren?«, fragte ich in sarkastischem Ton.

»Reicht dir das nicht langsam?«, herrschte mich plötzlich mein Vater an. »Hast du nicht genug Leid über unsere Familie gebracht?« Seine Stimme klang beherrscht, aber es lag Eiseskälte darin. Meine Familie hatte mein sportliches Interesse mit Begeisterung aufgenommen. Besser Sport als Drogen. Besser Sport, als auf den Straßen herumzulungern. Besser Sport, als jemanden anzuschießen – aber *nur* Sport? Auch noch *Boxen?* Das schien ihnen nicht zu schmecken.

»Wie füge ich euch mit Boxen *Leid* zu?«, fragte ich trotzig.

»Kannst du dich denn nur an Gewalt erfreuen? Bist du durch und durch ein Barbar?« In Fragen getarnte Vorwürfe. Ich seufzte.

»Lass ihn doch Boxer werden, wenn er unbedingt Boxer werden will«, verteidigte mich Julie. »Bruce Lee war doch auch ein Kampfmeister – und er ist eine Legende. Vielleicht kann das auch unser Hamid schaffen.« Sie zwinkerte mir aufmunternd zu.

»Pff … vergleich diesen Hahnenkampf nicht mit der hohen asiatischen Kampfkunst und unseren Hamid nicht mit einem Bruce Lee …«, versetzte Engineer-Sahib. Eine verbale Ohrfeige, aber ich versuchte Ruhe zu bewahren.

»Boxen ist kein regelloser barbarischer Kampf. Im Gegenteil – ich übe *kontrollierte* Gewalt aus. Es geht nicht einfach nur ums Draufschlagen, sondern darum, im Ring gezielte, wohlüberlegte Treffer zu landen. Ein Boxer darf sich nie, auf keinen Fall, in der Freizeit prügeln – er würde sich dadurch Riesenprobleme einhandeln. Im Ring gelten ganz andere Regeln als auf der Straße. Hier herrscht Respekt und man kämpft fair.« Wenn sie mehr über das Boxen wussten, würden sie es vielleicht eher verstehen.

»Schön und gut, aber das ist kein Berufswunsch, und mit so einem Blödsinn lässt sich auch nicht der Lebensunterhalt bestreiten; diese albernen Hahnenkämpfe ...«, meinte mein Vater verächtlich.

Spott! Er hatte nur Spott für mich übrig! Einen Moment lang verspürte ich ein bedrückendes Gefühl in der Brust. Das Gefühl, das sich einstellt, wenn andere nicht an dich glauben, dich nicht einmal verstehen wollen, weil deine Träume nicht in deren festgefügten gesellschaftlichen Rahmen passen und somit möglichst unter den Tisch gekehrt werden sollen. Abitur, Studium, ein »anständiger« Beruf – so hatten es meine Geschwister vorgemacht, und daran sollte ich mir gefälligst ein Beispiel nehmen.

Du willst Profiboxer werden, hörte ich nicht auf, mir innerlich Mut zu machen. Weltmeister. Das ist dein Ziel. Du brauchst nicht die Bestätigung anderer.

»Das reicht jetzt aber! Mein Gott!«, brüllte Zahir. »Siehst du denn nicht, wie seine Augen leuchten, wenn er über das Boxen spricht? Wie zwei Sternschnuppen an einem Nachthimmel! Soll dieser Glanz etwa erlöschen? Bravo, Hamid! Bravo!«

Dann erzählte er wieder dieselbe Geschichte von Joseph Pujol und seinen weltberühmten Fürzen im Moulin Rouge, die selbst Thronfolger und Könige begeisterten. Es wirkte, als wollte er verzweifelt die Stimmung heben. Er tat mir beinahe leid.

Zumindest bei meinem Bruder hatte er immerhin Erfolg. »Fabelhaft«, sagte Wahid lachend. »Zahir hat recht, man sollte seinen Träumen folgen – ganz egal, wie unrealistisch sie sind.« Mein Bruder hatte mittlerweile einen eigenen Schönheitssalon in der Langen Reihe eröffnet. Zu dessen geschmackvoller Einrichtung gehörte auch eine aus Gips gefertigte Miniaturnachbildung der Buddha-Statuen von Bamiyan, die 2001 von den Taliban gesprengt worden waren. Im Nachhinein erschien sein Traum vom traurigen Goldbuddha nun fast prophetisch.

»Mir reicht es mit dir!« Mein Vater sah seinen Bruder an. »Dauernd versuchst du meinen Kindern schwachsinnige Ansichten ins Hirn zu pflanzen! Gott sei Dank hattest du auf die anderen keinen besonderen Einfluss. Aber bei dem da«, er zeigte auf mich, »hat es gefruchtet – er steuert direkt darauf zu, genauso ein Versager zu werden wie *du*.«

Nach diesem Abend sprach Zahir kein Wort mehr mit meinem Vater. Nie wieder. Mein Vater konnte seinen falschen Stolz nicht überwinden und hat sich niemals entschuldigt. Nicht einmal an Zahirs Sterbebett.

Kurz nach diesem eher bittersüßen Zuckerfest zog ich aus. Eigentlich waren die Gründe fast dieselben wie zuvor: weil ich beschlossen hatte, mein Geld damit zu verdienen, mich durchs Leben zu boxen. Nur dass dies nun nicht mehr nach den Gesetzen der Straße, sondern nach den Regeln des Rings geschehen sollte.

Also bereitete mich auf meinen ersten wichtigen Amateurkampf vor. Dabei war ich nachlässig und sorglos. Keine Angst. Keine Nervosität. Ich war siegessicher … und verlor nach Punkten.

Der Trainer meines Gegners nannte mich abfällig einen »Rummelboxer«, der über keinerlei technische Fähigkeiten verfüge. Diese Niederlage war ein herber Rückschlag, damit hatte ich nicht gerechnet. Straßenkämpfe waren offenbar nicht mit der Erfahrung eines Amateurboxers gleichzusetzten. Ich schien kein begnadetes Talent zu sein, aber ich hatte Biss.

Es war, wie Zahir gesagt hatte: Wenn man etwas liebt, findet man auch Wege, damit sein Geld zu verdienen. Aber das geht nicht über Nacht und setzt oft jahrelange Hartnäckigkeit voraus. Der Boxsport nahm mich nun völlig für sich ein, ging mir in Fleisch und Blut über. Wenn ich auf den Sandsack einhämmerte, verschmolz ich förmlich mit meinen Bewegungen. Ich konnte meinen Emotionen freien Lauf lassen. Mich gehen lassen. Boxen war ein Ventil für all meine negativen Gefühle geworden – ich liebte es – und wollte nicht mehr darauf verzichten. Keine Niederlage würde mich abhalten können.

Ich suchte mir einen Trainer und hatte Glück, dass ich Owen Reece fand. Der Jamaikaner Reece war Assistenztrainer beim Boxstall Universum, bei dem auch die Klitschko-Brüder lange Jahre unter Vertrag standen. Er war selbst einige Jahre ein erfolgreicher Profiboxer gewesen und hatte unter anderem um den Internationalen Deutschen Mittelgewichtstitel gekämpft, bis er sich bei einem Straßenkampf eine schwere Augenverletzung zuzog, die ihn dazu zwang, seine Karriere vorzeitig zu beenden.

Der kleine, dunkelhäutige Reece begrüßte mich mit dem Gesichtsausdruck eines Mannes, der den verpassten Chancen seines Lebens noch nachtrauert und der nun darum kämpft, anderen *ihre* Chance zu sichern und zumindest als Trainer daran teilzuhaben. Doch zuerst einmal holte er mich auf den nüchternen Boden der Tatsachen zurück. Boxer gebe es wie Sand am Meer, dozierte er, und manche bestritten über *einhundert* Amateurkämpfe, bis es ihnen endlich gelinge, ins Profilager zu wechseln. Erst aus der Erfahrung eines Boxers erwachse die Stärke seines Punchs, und: »So ein Punch *muss* sitzen.« Das beteuerte er immer wieder. »Du hast noch den Punch eines verspielten Jungen und wirst dein Pulver verschießen wie einen Samenerguss beim ersten Mal – du bist noch nicht so weit«, schärfte er mir ein.

Die Sache mit dem Geld schien ebenfalls nicht ganz so einfach zu sein. Während ich als unerbittlicher Geldeintreiber meine blutig erworbenen Moneten regelrecht zum Fenster hatte hinauswerfen können, sind Profiboxer oft so arm wie verkannte Schriftsteller oder sonstige brotlose Künstler. »Selbst *wenn* du schließlich Profi wirst, können Jahre vergehen, bis Asche reinkommt.« Kein Profiboxer streicht sofort die großen Kampfbörsen ein. Der Boxmarkt war und ist ein dreckiges Geschäft. Die meisten Boxer werden von ihren Managern ausgenommen und in ihren besten Jahren verschlissen. Sobald ihnen die Kraft ausgeht und sie immer öfter verlieren, werden sie achtlos weggeworfen wie abgerauchte Zigarettenkippen. Rund 99,9 Prozent der weltweit aktiven Boxer schaffen nie den großen Durchbruch. Für mickrige Börsen nehmen sie Knochenbrüche und schwere Verletzungen in Kauf. Je älter sie werden, desto mehr schrumpft die Chance auf Erfolg. Die einstigen Träume von Weltmeistertitel und Ruhm zerrinnen im Angesicht der rauen Realität und die meisten Profiboxer enden als Fallobst.

Nun warf das für mich eine wichtige Frage auf: Wie verdiene ich mein Geld? Schließlich brauchte ich etliches an Knete, um meinen Trainer und das Boxequipment zu bezahlen. Folglich benötigte ich einen Plan B, um an Kohle zu kommen – und zwar an ehrlich verdiente Kohle. Glücklicherweise hatte ich schon in jungen Jahren von meinem ausgezeichneten Geschäftssinn profitiert und wusste, wie man sein Geld vermehrt – dieses Talent nun aber in *legale* Bahnen zu lenken würde indes nicht so einfach werden. Immerhin war ich vorbestraft und konnte nicht einfach mir nichts, dir nichts ein Unternehmen gründen. Überhaupt musste ich zunächst einmal etwas finden, womit sich Geld verdienen ließ.

Da ich mich in der Nachtclubszene gut auskannte, bot sich das Führen einer Bar oder Diskothek an. Ich hatte in meinen wilden Jahren die schicksten und teuersten Locations überall auf der Welt besucht – von Paris bis Mailand kannte ich sie alle. Es durfte kein gewöhnlicher Club werden; davon gab es genug. Ich musste mir etwas Besonderes einfallen lassen. So kam ich, von einem Thailand-Aufenthalt inspiriert, auf die Idee mit der Buddha Lounge, die ich dann direkt neben dem Schönheitssalon meines Bruders eröffnete. Ich kratzte meine Ersparnisse zusammen und lieh mir Geld von meinen Geschwistern, die mir auch in all den bürokratischen Angelegenheiten halfen, bei denen die Behörden mir als Vorbestraftem Steine in den Weg zu legen suchten.

Ich kreierte also einen schicken Gastronomiebetrieb, eine Mischung aus Bar, Disko und Sushi-Restaurant. Ich hatte mir viel Mühe bei der Innenausstattung gemacht: Der Laden war ganz in edlen Schwarz- und Goldtönen gehalten und mit viel Liebe zum Detail eingerichtet. Mit der Buddha Lounge wollte ich ein Statement setzten: einen friedlichen Ort schaffen, wo Menschen über die verschiedenen Religionen und Kulturen hinweg einfach zusammentreffen, um miteinander einen schönen Abend zu verbringen. Und es wurde ein voller Erfolg. Die Hamburger Prominenz besuchte meine Bar, und die Magazine schrieben über den neuen Szeneladen.

Plötzlich war aus mir ein bekannter Gastronom geworden – dabei war es mir doch lediglich darum gegangen, das nötige Geld fürs Boxen ranzuschaffen. Meine Nächte wurden erschöpfend lang – beziehungsweise kurz –, da ich oft bis spät in der Nacht in der Bar mit anpackte und frühmorgens wieder fit fürs Training sein musste. Ich verausgabte mich mehr und mehr und merkte bald, dass es so nicht weiterging. Wenn man etwas tut, muss man es mit Leib und Seele tun, und dann bleibt kein Platz für etwas anderes. Ich musste mich entscheiden – Bar oder Boxen. Die Entscheidung fiel mir nicht schwer, und ich verkaufte die Buddha Lounge zu einer gewinnbringenden Summe. Mittlerweile hatte ich etliche, wenn auch nicht weiter wichtige Amateurerfolge vorzuweisen und wollte nun endlich ins Profiboxen einsteigen; koste es, was es wolle.

Doch Promoter und Boxställe wollten nichts von mir wissen. Wer bist du überhaupt? Wie viele Amateurkämpfe kannst du vorweisen? Warst du Olympiasieger? Nein. Haha! Stell dich hinten an, du Grünschnabel! Dennoch gab ich nicht auf. Ich ließ mich von Weltmeistern als Sparringspartner *benutzen*, um Erfahrungen zu sammeln. Mir wurden wieder die Nase gebrochen und die Rippen geprellt, ich schlief mit Schmerzen ein und wachte mit Schmerzen auf. Boxen ist eben kein Sport für Weicheier, man muss hart im Nehmen sein, Schmerzen und Niederlagen einstecken können und jederzeit auf einen Knochenbruch oder schwere Verletzungen vorbereitet sein. Es ist ein Sport für Männer, die von ganz unten kommen und sich für nichts zu schade sind.

Mein Trainer erkannte meinen Ehrgeiz und wusste ihn zu würdigen – eines Tages verkündete er mir, dass ich eine Chance hätte. Eine *echte* Chance? Nicht als Fallobst oder vorprogrammierter Verlierer? Nein. Eine echte Chance für einen echten Kampf im November 2006. Aber die Sache hatte einen Haken. Ich musste mir den Kampf *verdienen*, was bedeutete, dass ich mindestens fünfhundert Karten verkaufen müsste. *Fünfhundert?* Wie sollte ich fünfhundert Eintrittskarten an den Mann bringen? Wisse er auch nicht, aber das sei eben der Deal. Fünfhundert Karten gegen einen Vorkampf und den Einstieg ins Profiboxen. Ein Promoter, der in Hamburg gern eine dicke Lippe riskierte und selbst dauernd in Skandale und alle möglichen Schwierigkeiten verwickelt war, würde mir diesen Vorkampf *schenken*. Wer ich war, was ich vorher gemacht hatte, ob ich im Knast war, auf Menschen geschossen hatte – all das kratze ihn nicht die Bohne, solange ich nur die Alsterdorfer Sporthalle vollmachte.

Ich fackelte nicht lange. Eine Chance ist eine Chance – und man muss sie ergreifen. Ich bereitete mich sehr hart auf meinen ersten Profikampf vor, schließlich hatte ich dadurch auch die Möglichkeit erhalten, mich vor meiner Familie zu beweisen. Ich wollte keinesfalls verlieren und nahm die Angelegenheit sehr ernst.

Ich überlegte lange, welchen Kampfnamen ich mir zulegen sollte. Es musste etwas Bedeutungsvolles sein. Meine Gedanken kehrten immer wieder in meine Kindheit und zu jenem Tag zurück, als Khalil mir die Videokassette mit dem Bruce-Lee-Film geschenkt und damit mein Interesse an der Kampfkunst geweckt hatte. *Bruce Lee war ein Kämpfer – genauso wie du. Kleiner Drache! Das war sein Beiname gewesen. Der Drache ist das mächtigste Fabelwesen und lässt sich von nichts und niemandem unterkriegen.* Ich zauderte nicht lange und war von nun an *The Dragon*.

Jetzt galt es, Werbung für meinen ersten Kampf zu machen – mittels Eigenvermarktung. Schließlich musste ich fünfhundert Karten loswerden und bezog meine Gage für diesen Kampf aus einer kleinen Provision für die Kartenverkäufe. Mitten im Winter zog ich durch Hamburg und plakatierte eigenhändig überall Hamid Rahimis an die Wände. Die Leute blieben stehen und starrten erst mich und meine leimverklebten Hände und dann das Plakat an. Was zum Teufel, fragten sie sich. So ein narzisstischer Kerl, hängt überall sein Bild auf. Es war schon peinlich, aber so war es eben, und da musste ich durch. Einmal rutschte ich vor aller Augen auf einer Leimspur aus. Ein andermal bekam ich eine deftige Anzeige wegen Wildplakatierung. Ich zog von Geschäftstür zu Geschäftstür und bat die Ladeninhaber, meine Plakate aufzuhängen oder mich als Sponsor zu unterstützen. Doch das Echo war mäßig.

Was mir aber auffiel, war das große Interesse meiner Landsleute. Afghane, Boxen, Gewinnen? Ihre Augen leuchteten sofort wie verrückt. Wir haben so wenig Sportler … so wenige … Keine Idole … keine Sieger … Ja, gewinne, du musst gewinnen! Wir kommen! Jaja, wir kommen und unterstützen dich, damit ein Afghane gewinnt! Also verteilte ich meine Plakate nun ganz gezielt in afghanischen Geschäften und Lokalen, etwa auf dem Steindamm und ringsum in St. Georg, und erzielte damit erste Erfolge. Ich verkaufte Karten und zog kleinere Sponsoren an Land. Unter der afghanischen Community in Hamburg sprach sich schnell herum, dass *ein Afghane* einen Boxkampf bestreiten würde. Es war unglaublich – mein Handy klingelte Sturm –, die Karten gingen weg wie warme Semmeln. Rückblickend muss ich sagen, dass meine Landsleute an mich glaubten, als es niemand sonst getan hat. Dafür bin ich ihnen heute noch dankbar.

Dass die Afghanen in Deutschland sich so sehr für mich einsetzten, lag allerdings auch an der politischen Lage. Nach dem 11. September 2001 hatte sich die Situation für viele Afghanen sehr verändert – George Bushs »Krieg gegen den Terror« hatte auch die Nebenwirkung gehabt, dass in Deutschland jeder mit orientalischem Aussehen vielfach gleich als potenzieller Terrorist und Taliban betrachtet wurde. Die Medien brachten fast ausschließlich schlechte Meldungen über das Land, und die Exilafghanen litten unter diesem medial verzerrten Bild, das auch auf sie selbst abfärbte und ihnen ihren Nationalstolz zu nehmen drohte. Und da freuten sie sich natürlich doppelt, wenn einer aus ihren Kreisen etwas erreichte und sie jemanden hatten, auf den sie stolz sein konnten. Auch wenn ich damals noch ein völliger Niemand war, haben mich meine Landsleute gewissermaßen dazu erkoren, ihr Held zu sein. Eine Ehre, aber natürlich auch eine Verpflichtung.

Ich fühlte mich stark für diesen Kampf. Meine Familie und knapp vierhundert Afghanen, die ich weiter nicht kannte, waren anwesend. Vor dem Duell ging ich innerlich alles noch einmal durch, was ich während meiner Vorbereitungswochen gelernt hatte. Ich führte mir etwa einen bestimmten Schlag vor Augen, der direkt die Leber meines Gegners trifft und ihn zu Boden werfen kann. Den Aufwärtshaken, der im richtigen Moment die Deckung durchbricht und ihn außer Gefecht setzt. Die schnelle Bewegung der Beine, die keine Sekunde ruhen dürfen und Publikum und Gegner einen Tanz aus Angriff und Verteidigung vorzuführen haben. »Nicht die Anzahl der Treffer ist entscheidend, sondern ihre Qualität«, hatte Owen mir eingetrichtert. »Hör auf dein Gefühl, es ist die wichtigste Stimme im Ring.«

Meine Angst, den Ring als Verlierer zu verlassen, war sehr groß. Meine Knie zitterten. Da waren so viele Leute, die aus irgendeinem Grund an mich glaubten. Ich segnete meine roten Handschuhe. Sie waren heute meine einzigen Helfer. Ansonsten war ich ganz auf mich allein gestellt.

Dann ertönt die Stimme des Ansagers: *Hamid The Dragon Rahimi.* Ich marschiere in den Ring und blende alles aus. Die Menschen, die Gedanken, die Ängste. Aufs Höchste fokussiert steige ich durch die Ringseile. So viel Jubel – warum jubeln sie so? Aus dem Augenwinkel sehe ich meine Familie in der ersten Reihe. Auch sie scheinen ein wenig verunsichert – warum jubeln denn so viele wegen mir? Mein Vater versteht die Welt nicht mehr. Er ist wahrscheinlich nur mitgekommen, weil meine Mutter ihn überredet hat.

Schallend ertönt der Gong. Mein Gegner ist ein stämmiger Slawe mit den Augen eines Jagdhundes. Er beobachtet meine Bewegungen haargenau. Ich rühre meine Beine, rolle den Oberkörper, tänzle auf ihn zu. Mein Körper pendelt wie eine Waage hin und her. Ich verpasse ihm einen Seitwärtshaken. Er taumelt. Jubel! Ich setze eine Links-rechts-Kombination nach. Er klammert sich an mir fest und der Ringrichter zieht uns auseinander. Gong! Die erste Runde à drei Minuten ist vorbei.

Ich setze mich in meine Ecke und lehne die Arme an das Ringseil. Owen spricht ein paar motivierende Worte. Gong. Es geht weiter. In der vierten Runde treffe ich meinen Gegner in die Leber. Er krümmt sich. Ich gewinne nach Punkten. Ich kann es nicht glauben. Die Halle tobt! Ja, selbst mein Vater tobt! Er hat die Arme in der Luft und jubelt.

Doch mit diesem Gewinn war der Weg nach oben noch längst nicht geebnet. Ein Aufbaugegner folgte dem anderen und die großen Kämpfe blieben aus. Aber Geduld ist der Schlüssel zum Erfolg. Ich durfte mein Ziel nie aus den Augen verlieren.

Schließlich, Ende 2007, kam endlich die große Chance. Es hatte sich herumgesprochen, dass ich eine große Fangemeinde um mich versammelte. Lauter Afghanen, die die afghanische Flagge vor mir her schwenkten und mich verehrten wie einen Muhammad Ali vom Hindukusch. Die Veranstalter dachten wohl an das Geld und ich witterte die ganz große Chance. Ein Kampf um die Deutsche Meisterschaft. Wenn ich gewinne, ist das mein Durchbruch. Dieses Mal bereitete ich mich besonders hart vor.

Der Sportleralltag gestaltet sich als beständige Herausforderung, das ist im Boxen so wie in vielen anderen Disziplinen auch. *Verzicht* ist das Wort: auf Rauchen, Partys, üppiges Essen. Man muss sich gesund ernähren und mindestens zehn Trainingseinheiten die Woche durchführen. Seilspringen, Liegestützen, Übungen mit dem Medizinball, Laufen, Boxen … Meine Liste war lang, doch ich musste nicht nur physisch, sondern ebenso mental stark sein. Deshalb beschäftigte ich mich auch intensiv mit der Historie des Boxens und erneut mit den Biografien der erfolgreichsten Boxer der Welt. Ich schaute mir zudem Mitschnitte von legendären Boxkämpfen an, wie etwa den »Thrilla in Manila« mit Muhammad Ali und Joe Frazier. Ein Kampf zwischen zwei Titanen, der insgesamt über vierzehn Runden ging und beide an ihre äußersten Grenzen und darüber hinaus brachte: Selbst Sieger Ali brach noch im Ring bewusstlos zusammen.

Da wurde mir klar, was Boxen eigentlich ist – ein Tanz. Mit Bewegungen, fließend wie Wasser, das sich durch Bergtäler schlängelt. Jeder Schritt erfordert größte Konzentration, jeder Schlag muss sitzen. Man hat keine Zeit, mit sich zu hadern, und muss sich auf seinen Instinkt verlassen. Ein guter Boxer ist wie ein Schachgroßmeister, der seinem Gegner Fallen stellt und die Schwachstellen im richtigen Moment erkennt. Schachmatt. Knockout. Mit wildem, planlosem Draufhauen hat das nichts zu tun. Wie es schon Muhammad Ali sehr treffend formuliert hat: *Fliege wie ein Schmetterling und steche wie eine Biene.*

Eine Woche vor meinem großen Kampf fühlte ich mich fitter denn je. An jenem Abend schlief ich mit einem Siegerlächeln ein und hatte das Gefühl, endlich angekommen zu sein.

Kapitel 31

Unschuldig

Hamburg, Dezember 2007
Ein lautes Geräusch reißt mich aus dem Schlaf. Rufe. Gebrüll. Schritte. Meine Augen sind weit aufgerissen, doch sie sehen nichts; die nächtliche Dunkelheit hat den Raum verschluckt. Ich zittere, trotz der Wärme unter meiner Decke. Fast bin ich wieder das Kind von damals, das bei Bombenhagel unter die Wolldecke seiner Mutter kroch.

Ich höre das Quietschen von Sohlen auf glattem Parkettfußboden. Das müssen Einbrecher sein. Die Schritte kommen näher, sind

schon ganz nah, als sie abrupt stoppen – direkt vor meiner Schlaf-
zimmertür. Uns trennt nur noch eine dünne Wand. Mein Herz
schlägt bis zum Hals. Ich bin mittlerweile stark – stärker als je zuvor,
rede ich mir ein – und werde mich verteidigen. Dieses Mal lasse ich
mich nicht einfach ausknocken.

Dann geht alles ganz schnell: Mit einem Knall wird die Tür auf-
gebrochen und kippt polternd aus den Angeln. Eins, zwei, drei, vier,
fünf Maskierte stürmen das Zimmer.

Das ist der Augenblick, los! Wie aus einem Katapult geschossen,
springe ich hoch und stelle mich in Kampfposition. Sie versammeln
sich im Halbkreis um mich herum. In schwarze Kleidung gehüllt,
Gewehre im Arm – der eine wie der andere. Man kann sie nicht
auseinanderhalten. Das sind keine Menschen, sie haben keine Gesichter; Nase und Mund sind vermummt, die Augen zwar frei, doch
die tief sitzenden Helme erlauben keinen Blick hinein. Eine Einheit
aus gesichtslosen Gespenstern. Sie sehen aus wie Gangster. Gangster
in meinem Schlafzimmer.

Sie kommen näher – fünfmal ein Schritt nach vorn. Sie richten
ihre Gewehre auf mich – fünf Gewehre zielen auf meine Brust. Mein
Herz springt im Brustkorb, zerspringt beinahe vor Angst – ein Herz,
das fünf Gewehren standhalten muss.

»Auf den Boden, auf den Boden mit dir!« Fünf Stimmen brüllen
im Chor. Ich reagiere nicht. »Runter mit dir!« Ein Vermummter deu-
tet mit dem Gewehr auf den Fußboden. Was kann ich noch machen?
Ich sehe sie an und balle meine Fäuste; zwei nackte Fäuste gegen ihre
Waffen. »Runter mit dir!«, brüllen sie gleichzeitig.

Ich gehorche nicht, so wie ich nie gehorcht habe – und weil ich
mich ihnen nicht beuge, passiert nun, was passieren muss: Wie ein
Sturm reißen sie mich nieder, sie greifen nach meinen Händen, drücken mich am Nacken herunter und umschlingen meine Schultern.
Ich schlage wie von Sinnen um mich, verteile ziellos Fausthiebe,
Tritte, keile mit den Ellbogen. Ich fühle mich heiß und kalt, schwach
und gleichzeitig stark.

Es gelingt mir, mich aus dem Griff mehrerer Männer zu befrei-
en und einen von ihnen mit einem kräftigen Boxschlag zu treffen,
doch nun drängen sie mich alle vereint in die Ecke und ihre Hiebe
hageln auf mich ein. Mein Körper kämpft sich durch ein Gewitter

aus Prügeln und Gebrüll. Ich bin wie ein Löwe, den man in die Enge getrieben hat – der noch kämpft, obwohl er weiß, dass es vorbei ist –, und sich nur noch wehrt, weil seine Wildheit stärker ist als jede Vernunft.

Ich stehe mit dem Rücken zur Wand, von vorne stürzen sich rechts und links Vermummte auf mich, wollen noch meinen letzten Widerstand brechen, und dann spüre ich etwas Hartes auf meine Leber einschlagen. Ein stechender Schmerz lässt mich taumeln und besiegt zu Boden sinken. Mir ist schwindelig, aber ich werde nicht ohnmächtig, denn im Laufe der Jahre habe ich mich an physische Schmerzen gewöhnt. Mein Kopf will mir bersten, ein Gefühl, als würde man einen langen Nagel durch meinen Schädel hämmern.

Ich spüre das Gewicht zweier Männer im Rücken und ein Knie im Nacken. Ich brülle meine Wut heraus. »Lasst mich los – ihr verdammten ...« Doch ehe ich den Satz beendet habe, wird das Gewicht auf meinen Nacken verlagert; mein Kehlkopf wird gegen den Boden gepresst. Ich kann kaum mehr Luft holen. Meine Beine zappeln wie die Flossen eines Fisches, der gerade ins Netz gegangen ist und sich verzweifelt gegen das Ersticken wehrt. Ein Vermummter senkt seinen Kopf zu mir und sieht mich an.

»Bist du nun ruhig?«, fragt er. Ich röchele. *Wenn ich nur einen Wunsch frei hätte, dann würde ich dich anrotzen!* Doch in dieser Position bekomme ich die Kiefer nicht auseinander.

»Hör auf, hör auf, hör auf!«, ordnet eine Stimme an, die nicht wie eine Menschenstimme klingt. In ihr liegt kein Gefühl. Sie ist kalt wie die Haut einer Leiche und monoton wie auf Band gesprochen. Die Vermummten sind für einen kurzen Moment unachtsam und der Druck lässt nach. Sofort versuche ich Spucke im Mundraum zu sammeln, was sich als durchaus schwierig erweist, denn meine Zunge ist trocken wie der Steppenboden im Spätsommer. Ich spucke einen Schaumklumpen aus, der sich an meiner Unterlippe aufhängt und auf das Holz tropft. Nicht einmal richtig rotzen kann ich!

»Jetzt hör endlich auf!« Einer packt mich am Hinterkopf und mit einem Mal schlägt meine Stirn auf das harte Parkett. Für wenige Sekunden ist alles in Finsternis getaucht, nur ein paar flirrende, weiß-bunte Punkte tanzen vor meinen Augen. Sie haben mich gefangen genommen, ich fühle mich hilflos. Es gibt kein Entrinnen.

Schwarze Stiefel machen knirschende Geräusche, während sie mit festen Schritten hin und her marschieren. Erdkrümel blättern von ihren Sohlen, werden seelenruhig verteilt und festgetreten – ihr Dreck auf meinem Parkett. Aus dem Augenwinkel sehe ich durch die Ritzen der Jalousie Mondlicht in den Raum sickern. Der Wind pfeift und rüttelt am Fenster, als wolle er herein.

Ein Klicken. Handschellen rasten an meinen Armgelenken ein. Ein taubes Gefühl überzieht meine Fingerspitzen.

In diesem Moment war es, als würde ich aus einem Traum erwachen, und mir wurde klar: Das waren keine Gangster. Ein Sonderkommando der Polizei hatte mich überwältigt.

Nur – warum? Was hatte ich verbrochen? *Diese* Zeiten waren doch längst vorbei … Es konnte nur ein Irrtum sein. »Was habe ich getan?«, schoss es aus mir heraus. Ich versuchte hochzuschauen.

»Halt die Fresse und runter mit dem Kopf«, befahl ein Vermummter barsch und presste meinen Schädel zurück auf Stiefelhöhe.

Gewehre und Uniformen verleihen immer Macht, dachte ich. Nicht, weil die kümmerlichen Gestalten, die unter all den Schichten aus Kleidern und Schutzwesten steckten, besonders stark gewesen wären – nein, sie durften einfach alles, und das gab ihnen alle Macht der Welt. Sie konnten mich jetzt, in diesem Moment, erschießen und es wie einen Unfall aussehen lassen. Mein Bewusstsein der Ohnmacht überwältigte mich – ich war ihnen ausgeliefert.

Jemand schaltete das Licht ein und es brannte in meinen Augen wie Schwefelsäure. Weitere Stiefel traten in den Raum, doch diese Männer waren nicht vermummt. Wortlos durchstöberten sie die Zimmer meiner Wohnung, öffneten wie selbstverständlich Schränke und Türen, wühlten in meiner Wäsche und kippten Regale aus. Jemand fand meinen Autoschlüssel.

»Der Porsche 911 steht vor der Tür, gründlich durchsuchen und beschlagnahmen«, befahl eine Männerstimme. Ein Polizist fegte mit der Hand über mein oberstes Schrankfach und stieß eine Kiste um. Schwarz-weiße Fotos fielen heraus und verteilten sich vor meinen Augen. Meine Kindheits- und Jugendfotografien. Khalil. Zahir. Adriana.

Der Beamte kniete sich nieder und hob ein Foto auf. Ein Bild von Adriana, das ich im Urlaub geschossen hatte. Es zeigte sie in einem sonnengelben Bikini; sie lachte mit strahlend weißen Zähnen in die Kamera und im Hintergrund wölbten sich blaue Meereswogen. Ich hatte mich von diesem Schnappschuss nie trennen können; er hielt die Erinnerung an ein unbeschwertes Lächeln fest – ein Lächeln, das dann erfroren war wie ein zarter Schmetterling in einer Frostperiode.

Der dickliche Polizist hatte eine platte Nase und runde Schweinsäuglein. Sein Blick blieb an dem Foto haften und die Pupillen seiner Schweinsäuglein weiteten sich, als wolle er sich jedes kleine Detail einprägen. Als würde er es in Gedanken abfotografieren und die Datei in seinem Hirn speichern.

»Was glotzt du denn so?«, geiferte ich. Mein Nacken war mittlerweile steif geworden und ich verspürte einen krampfartigen Schmerz.

»Problem?«, fragte er. Ich konnte es genau sehen, dieses unverschämte Grinsen.

»Pack sofort das Foto weg, hörst du?«

Er zuckte mit den Achseln, stand auf und ließ das Foto fallen. Sein schmutziger Stiefel trat drauf und Adrianas unbeschwertes Lächeln blieb an der Sohle haften – er streifte es gleichgültig wieder ab, als wäre es bloß ein Klumpen Dreck.

Ich setzte gerade zu einer wüsten Beleidigung an, als er plötzlich laut ausrief: »Hier ist etwas!« Seine Stimme klang aufgeregt. Alle Stiefel kamen zurück ins Schlafzimmer getrampelt und versammelten sich um ihn herum. Er zog ein Paket aus dem Regal.

»Da haben wir doch, was wir suchen«, sagte er und öffnete es langsam.

Tag 1

Etwa vierundzwanzig Stunden verbrachte ich in Polizeigewahrsam, bis ich in die Untersuchungshaftanstalt am Holstenglacis überführt wurde. Anders als in den anderen deutschen Bundesländern kommt man in Hamburg schon vor der Anhörung durch den Haftrichter in die UHA. Der Ort war mir nicht ganz unbekannt: Schon damals hatte ich einige Tage am Holstenglacis verbracht, bevor ich in die Jugendstrafanstalt Hahnöfersand verlegt worden war – die UHA war mir als ein kalter, dreckiger Ort in Erinnerung geblieben, weitaus schlimmer als der Jugendknast. Ohnehin besitzt man in der U-Haft weniger Rechte und Freiheiten als ein verurteilter Häftling. Die Untersuchungshaftanstalt Hamburg besteht aus mehreren massigen, ummauerten Gebäuden, die so gar nicht in die feine Idylle am Dammtor passen wollen; auf der einen Seite sitzen, umzäunt von Stacheldraht, die Häftlinge ihre Zeit ab, auf der anderen flanieren Spaziergänger im Park Planten un Blomen. Im Frühling wachsen ringsum Narzissen und Tulpen, und Menschen sonnen sich auf Liegestühlen, während sie von mutmaßlichen Mördern und Vergewaltigern beobachtet werden können.

Nach einigen zermürbenden Zwischenstationen führte mich ein lakonischer Beamter mit trägem Gang in einen kahlen Raum, wo zwei weitere Beamte auf mich warteten. Einer, er hatte blasse, von Akne zerfressene Haut und schwulstige Lippen, musterte mich.

»Ausziehen«, sagte er schroff. Ich streifte Pullover und Hose ab.

»*Ganz* ausziehen.«

Ich zog Socken und Unterhose aus und bedeckte meinen Intimbereich. Es war ein demütigender Moment – als hätte ich mit meinen Kleidern auch meine Würde abgelegt. So muss sich ein Einsiedlerkrebs fühlen, den man gewaltsam aus seiner Behausung gerissen und in die kalte Welt hinausgeworfen hat – schutzlos und verloren.

»Bücken«, ordnete der Blasse emotionslos an. Ich knirschte mit den Zähnen und rührte mich nicht. »Bücken. Keene Gegenstände in de Körperöffnungen.«

Ich habe Männer in Uniformen nie ausstehen können, eine Abneigung, die vermutlich schon in Afghanistan während des Krieges entstanden ist. Sie erscheinen mir unnahbar, fischblütig und unempfänglich für menschliche Regungen. Natürlich gibt es auch unter ihnen humane Leute mit Anstand – dennoch bin ich mir sicher, dass die meisten ihre Macht missbrauchen oder zumindest gerne missbrauchen würden. Jedes Vorhaben, einen Staatsdiener anzuklagen, ist in der Regel zum Scheitern verurteilt. Schließlich ist es kein Geheimnis, dass der Staat seine Ordnungshüter schützt, wie das Panzerglas den Papst, und ihnen damit eine gewisse Narrenfreiheit einräumt. Haben diese Leute dann ihre Uniformen an, freuen sie sich, endlich einmal am längeren Hebel zu sitzen – etwas, was vielen dieser Würstchen in ihrem normalen Leben sonst nie vergönnt ist.

Da ein Häftling ohnehin sozialer Abschaum ist – ein lästiger Kaugummi, der sich nicht von der Schuhsohle kratzen lässt –, kann man ihn triezen, ohne moralische Bedenken und ohne dafür belangt zu werden.

Sobald also ein solcher Beamter vor mir steht und mich in überheblicher Beamtenmanier seine Amtsgewalt spüren lassen will, regt sich in mir ein unartiger Nervenstrang, und mein Bedürfnis, ihn zu provozieren, wächst ins Unermessliche. Das habe ich wohl von Zahir geerbt.

»Also, ich weiß ja nicht, was du dir alles in den Arsch schiebst … aber ich führe nichts bei oder *in* mir«, sagte ich unverschämt. Der Blasse kniff die Augenbrauen zusammen und spitzte seine unnatürlich aufgeblasenen Lippen.

»Bücken! Keene Gegenstände in de Körperöffnungen!«, wiederholte er erbost.

»Willst du unbedingt mein Arschloch sehen oder warum?«, fragte ich spitz. »Ist das etwa dein Job – Arschlöcher durchsuchen?«

»Halt's Maul! Regel is Regel!«

»Und wenn morgen die Regel aufgestellt wird, dass dich jeder Häftling einmal kräftig in den Arsch bumsen muss, bevor er in die Zelle darf – was machst du dann?«

»Verdammt, halt's Maul! Bücken, nich reden – Arschloch!«

Ich drehte mich um und tat wie verlangt. Da kam mir ein spontaner Einfall – ein kleiner Streich schadet nie. Ich war mir nicht sicher, ob es klappen würde, aber ich konnte es zumindest versuchen. Das wird ein Spaß! Ich muss mich nur konzentrieren und genug Druck aufbauen, dachte ich und hielt die Luft an. Auch wenn ich nicht Joseph Pujol bin … In der Zwischenzeit inspizierte der Beamte mein Gesäß. Ich kniff die Hinterbacken zusammen.

»Arschbaggen auseinander!«, befahl er. Ich gehorchte. Jetzt! Ich presste … und ließ einen fahren – direkt in sein Gesicht. *Ha! Das hast du nun davon – du Arschloch-Kontrolleur!*

»Argh …«, stieß der blasse Beamte hervor. Ich drehte mich um; er fluchte und wedelte mit der Hand vor seinem Gesicht. Es war jetzt sogar noch eine Spur blasser geworden. Ich amüsierte mich prächtig. Sein Kollege unterdrückte ein Lachen – der Arschloch-Beamte war sichtlich eingeschnappt und verschränkte die Arme vor der Brust.

»Frech! Ich mach nu meen Job!«, rief er in einem beinahe verzweifelten Ton und zog eine Schnute. Er schleuderte immer nur halbe, schlecht verständliche Sätze heraus, als besäße er auch nur einen halben Wortschatz. Sein menschlicher Kontakt beschränkte sich vermutlich weitestgehend auf die Häftlinge – Häftlinge, die zum Großteil Ausländer waren und deren Sprachgewohnheiten er mit der Zeit wohl adaptiert hatte. Den ganzen Tag über hockte er in einem grell beleuchteten Raum, umgeben von Gefängnisinsassen. Deshalb war er auch so blass. Er war doch selbst ein Gefangener – lebenslänglich eingesperrt. Plötzlich tat er mir leid.

»War doch nur Spaß …« sagte ich versöhnlich und ließ die restliche Prozedur kommentarlos über mich ergehen. Erst als alles sorgfältig überprüft und begutachtet war, durfte ich mich wieder anziehen.

Mir wurde eine Zelle im Zugangshaus zugewiesen. Dort blieben die Gefangenen für gewöhnlich nur wenige Tage, dann kamen sie frei oder wurden in ein anderes Gebäude verlegt. Meine Zelle war ein eiskalter, seelenloser Raum – hier war das einzige Menschliche der Gestank nach Exkrementen und Pisse. Ich sah mich um; der Putz fiel von der Decke und die Wände waren vergilbt. In der einen Ecke stand ein Bett mit abwaschbarer Matratze – für den Fall, dass man sich einnässte –, in der anderen eine heruntergekommene Toilette, offen im Raum, daneben ein Waschbecken, dessen Lack absplitterte, und ein morscher Holztisch samt Suppenteller aus Porzellan und Metallbesteck. Das lächerlich kleine Fenster befand sich recht weit oben und war kreuz und quer vergittert. *Ich muss wohl auf den Tisch steigen, um überhaupt nach draußen schauen zu können.*

»Eine echte Luxussuite«, meinte ich sarkastisch.

»Wie bitte?«, fragte der Justizvollzugsbeamte, der mich zu meiner Zelle geführt hatte.

»Echter Luxus!«, johlte ich.

»Jaja.« Er verdrehte die Augen. »Sie kennen die Hausordnung? Die nächste Mahlzeit gibt es …«, er schaute auf seine Armbanduhr, »… in knapp zwei Stunden.«

Ich nickte und rieb mein borstiges Kinn. »Wo klingle ich, wenn ich was brauche?«

»Wenn Sie *was* brauchen?«

»Ein paar frische Handtücher, Pay-TV oder ein saftiges Steak.«

»Sie sind mir ja ein Witzbold ... hier ist eine Klingel – aber diese betätigen Sie bitte *nur* im Notfall.«

Ich machte einen Schritt auf den Tisch zu und nahm die Metallgabel und das Brotmesser in die Hand. »Wenn ich mir ... beispielsweise die Kehle aufschlitzen möchte?«

»Ähm ... also ...« Der Beamte schien verunsichert. »Das haben Sie doch nicht vor, oder?«

»Also, schwer macht man es mir hier jedenfalls nicht.« Ich fuchtelte mit der Gabel herum. »Das ist ja eine richtige Waffe!«

»Lassen Sie das!«, mahnte er streng.

»Selbstmord scheint hier regelrecht befürwortet zu werden.« Ich strich mit den Fingerkuppen über die spitzen Gabelzinken.

»Irgendwie müsst ihr ja essen, oder?«

»Wie wäre es mit Plastikgeschirr?«

»Wenn sich jemand umbringen will, wird er so oder so einen Weg finden, stimmt's?«, entgegnete er grantig.

»Also erleichtert ihr ihm das gleich? Wer sich umbringt, ist eben selbst schuld, stimmt's?«

Der Beamte stöhnte. »Herr Rahimi, Sie sind ein echter Plagegeist – Sie machen sich hier keine Freunde.«

»Glauben Sie mir – das habe ich auch überhaupt nicht vor.« Prüfend drückte ich mir die Gabel gegen die Kehle. »Könnte klappen.«

»Wenn Sie die Gabel nicht sofort weglegen und diese Spielchen unterlassen, lasse ich Sie von hier wegbringen und anschnallen. Glauben Sie mir, wir können auch anders.« Seufzend legte ich die Gabel an ihren Platz neben dem Suppenteller zurück. Der Beamte schien nun endgültig genug von mir zu haben und rasselte seinen Text herunter. »Sie werden morgens um 6.30 Uhr geweckt, dann müssen Sie Ihr Bett machen, die Zelle aufräumen und vollständig angekleidet Ihr Frühstück in Empfang nehmen.«

»Ich hoffe doch, dass es Kaviar und frischen O-Saft gibt – immerhin bin ich nur Gast«, sagte ich grinsend. Der Beamte schüttelte nur den Kopf und machte, dass er rauskam.

Noch war ich mir sicher, dass sich alles bald aufklären und ich binnen weniger Stunden wieder in Freiheit sein würde – deshalb konnte ich noch lachen. In den kommenden Tagen, Wochen, Monaten sollte mir mein Lachen aber ordentlich vergehen.

Mit einem dumpfen Dröhnen rastete die schwere Zellentür ein. Als sich der Schlüssel im Schloss drehte und sich die Schritte langsam entfernten, überkam mich ein Gefühl, als lege sich ein Paar unsichtbare Hände um meinen Hals; ihre Fingerspitzen bohrten sich in meine Gurgel und drückten mir die Luft ab. Mein Puls raste. *Ablenken. Schnell. Sofort.* Ich sprang auf und ging unruhig in meinem kleinen Raum hin und her.

Das ist alles nur ein Missverständnis. Ja. Ich werde morgen rauskommen. In vier Tagen ist der Kampf um die Deutsche Meisterschaft – bis dahin bin ich längst wieder auf freiem Fuß. So wird es sein. Ja. So muss es sein. So und nicht anders.

Ich rief mir die Sätze aus dem Haftbefehl ins Gedächtnis. Dass ich dringend verdächtig sei, gemeinschaftlich mit unerlaubten Betäubungsmitteln in nicht geringer Menge Handel getrieben zu haben, hatte es darin geheißen. Dass ich in Hamburg Kokain in hervorragender Qualität beziehe. Dass Haftgrund der Fluchtgefahr bestehe.

Meine Beklemmungen wuchsen und ein ungutes Gefühl machte sich in meiner Magengrube breit. Mehr oder minder wurde mir da vorgeworfen, ein Drogenlieferant der albanischen Mafia zu sein. Mehr wusste ich zu diesem Zeitpunkt noch nicht. Bei der Durchsuchung hatten sie meinen Porsche, eine Rolex Submariner und ein Paket mit 53 350 Euro in bar beschlagnahmt – jenes verdächtige Paket, das der dickliche Polizist mit den Schweinsäuglein aus dem Regal gezogen hatte. Das Geld war als Anzahlung für meine Eigentumswohnung gedacht gewesen. Kokain oder sonstige Drogen hatten die Polizisten aber nicht gefunden. Natürlich nicht.

Ich wollte es nicht glauben … Hatte mir womöglich jemand eine Falle gestellt? Tausend Gedanken schossen mir durch den Kopf. Ich führte zwar seit Jahren ein anderes Leben, aber es musste noch immer eine Menge Leute geben, die mich hassten. Leute von früher, die nicht vergessen konnten.

Der Beschuldigte Rahimi habe angesichts der Schwere des Tatvorwurfes bei Verurteilung mit der Verhängung einer langjährigen Freiheitsstrafe zu rechnen, hatte es des Weiteren im Haftbefehl geheißen. Ich schluckte und setzte mich auf die Bettkante. Die Zellenwände waren vollgekritzelt – das meiste in kyrillischer Schrift. Ein Satz fiel mir sofort ins Auge, und er sollte sich im Laufe der folgenden Monate noch oft bestätigen:

Glaube eher an die Jungfräulichkeit einer Hure als an die Gerechtigkeit der Justiz!

Tag 2

Es war ja nicht das erste Mal, dass ich einsitzen musste – aber dieses Mal fühlte es sich anders an. Schließlich hatte ich nichts *getan*. Die Stunden im Knast tröpfelten langsam vor sich hin wie dickflüssiger Sirup. 1, 2, 3, 4, 5, 6, 7, 8, 9 ... Als säße man den gesamten Tag vor einer Wanduhr. Sekunden wurden zu Minuten, Minuten zu Stunden, Stunden zu Tagen ... und ein Tag im Gefängnis vergeht unglaublich langsam – insbesondere wenn man unschuldig sitzt. Dann ist das Gefängnis nicht einmal Strafe, nicht einmal Sühne, sondern nichts als sinnlos vergeudete Lebenszeit. Der Knast war für einen Mann wie mich, der immer nach Unabhängigkeit gestrebt hatte, wie eine Art Kastration. Ich verlor jedes Recht auf Selbstbestimmung. Aufstehen, wenn ein Beamter mich weckte. Essen, wenn man es mir brachte. In den Hof gehen, wenn man es mir befahl. Schlafen, wenn das Licht ausgeknipst wurde. Telefonieren auf Antrag, Besuche auf Antrag, Zellenverlegung auf Antrag – nur zum Scheißen brauchte ich keinen Antrag. Mein Tagesablauf war streng geregelt, und die erste Anweisung der Hausordnung war, dass wir verpflichtet waren, uns strikt an den vorgeschriebenen Tagesablauf zu halten. Was bedeutete: 6.30 Uhr aufstehen, 7.00 Uhr frühstücken, 11.30 Uhr Mittagessen, 16.30 Abendbrot, 22.00 Uhr Nachtruhe; eine Stunde am Tag Hofgang und 23 Stunden eingesperrt sein – so sah ein Tag in der UHA aus. Ein Tag wie der andere.

Das Frühstück war eine Gaumenvergewaltigung. Zum Trinken gab es nur Wasser – und da ich keinen Stromanschluss hatte, konnte ich mir auch keinen Tee kochen. Zum Essen gab es irgendetwas, das wie labbriges Brot aussah und wie Pappe schmeckte, dazu farblose Wurst mit dem Aufdruck »3. Wahl«.

Was für ein Mäusefraß, dachte ich, aber ich war hungrig und aß. Beim Hofgang trotteten etwa dreißig Häftlinge eine Stunde lang im Kreis – natürlich alle in vorgegebener Richtung. Sie unterhielten sich, rauchten oder zogen einfach ihre Kreise. Es war Winter. Eine perlweiße Maske aus Schnee vermummte die Erde, und die Sonne strahlte aus wolkenlosem Himmel. Die Luft schmeckte erfrischend klar und ich bekam Lust, mich zu bewegen, also machte ich einige Dehnübungen und lief etwas schneller als die anderen Inhaftierten. In Hahnöfersand hatte ich einfach loslaufen und eine Stunde lang joggen können. Doch hier wurde ich augenblicklich vom Aufseher ermahnt.

»Langsam! Keine hektischen Bewegungen! Sonst Ausschluss oder Arrest!«

Ich blieb abrupt stehen und sah ihn verständnislos an. *Sonst Ausschluss oder Arrest? Du verdammter Staatsknecht, Amts-Speichellecker, Furzriecher der Obrigkeit! Arrest im Knast – ha, dass ich nicht lache! Ihr habt mir meine Freiheit genommen! Was schert mich das bisschen, was ihr da an Strafen noch draufsatteln könnt? Was wollt ihr einem Gefangenen, der nichts mehr hat, noch wegnehmen?* Ich lief unbekümmert weiter.

»Hey! Langsam!«, brüllte der Aufseher. Ich wollte gerade etwas zurückbrüllen, als mich ein Mithäftling von der Seite ansprach.

»Eh, diech kienne iech doch«, sagte er mit einem auffälligen slawischen Akzent. Er war von Bärengröße und hatte einen rötlichen Vollbart. »Du biest doch diese Boxstar ...«

Boxstar? So hatte mich noch *nie* jemand genannt. Meine vier bisherigen Profikämpfe waren wenig spektakulär gewesen ... eben Aufbaukämpfe ... und als Amateur hatte ich keine großen Siege zu verzeichnen gehabt. Ich fühlte mich geschmeichelt. Eigentlich hatte ich keine Lust auf eine Unterhaltung, aber dieser Typ schien sich für Boxen zu interessieren – vielleicht war er sogar ein Fan von mir –, da durfte ich nicht arrogant rüberkommen.

»Ja«, antwortete ich lässig und dehnte meine Hände. »Du bist wohl ein Boxfan.«

»Nee, iech kienne nur Klitschko«, sagte er und zog an seiner Fluppe.

»Aha, und woher kennst du dann mich?«

»Jieder kiennt diech chier, du biest Tietelseit von alle Zeitunge ...«

»Unsinn – du verwechselst mich.«

»Chamid Raimi?«, vergewisserte er sich und blies Rauch aus. Ich war überrascht.

»Ja ... so ähnlich.« *Titelseite – wovon redet er bloß?*

»Boxstar – bei dier Drogenmafia ... cheche, cheche«, sagte er lachend. »Stieht überall, wussteste niecht?«

»Nein ...«

»Einie Frage – wenn du biest berühmte Boxer, warum du verkaufst Drogen?«

»Ich bin kein *berühmter* Boxer ... und ich verkaufe auch keine Drogen – ich bin unschuldig«, antwortete ich bestimmt.

»Jaja ... wier alle sind unschuldig ... cheche, cheche.« Er zwinkerte. »Also – wann kiempfst du gegen Klitschko?«

Ich ließ es mir von den anderen Häftlingen bestätigen – tatsächlich, mein Gesicht schmückte alle möglichen Titelseiten des ganzen Landes: *Schlag gegen Kokain-Mafia – Profiboxer als Dealer verhaftet ... Profiboxer ist Koks-Dealer. Dealer-Ring gesprengt ... Boxstar bei der albanischen Mafia* und so weiter.

Über zwei Jahre lang hatte ich versucht, durch meinen Sport auf mich aufmerksam zu machen, doch es war mir nicht gelungen. Kaum einer hatte mich auch nur zur Kenntnis genommen. Nun war ich mit einem Mal ein berühmter *Boxstar* – aber auch nur weil ich ein vermeintlicher Drogenlieferant war. Es war eine Farce. Anscheinend ließen sich die Medien nur durch *schlechte* Taten beeindrucken. Die Staatsanwaltschaft hatte nicht gezögert, den Journalisten, die wie blutdürstige Haie vom süßen Hauch der Sensation angelockt worden waren, ihr Futter zu geben.

Am Abend stellte ich meine Matratze senkrecht auf und boxte unaufhörlich darauf ein. Ich schlug und schlug. Immer wieder und wieder. Bis mein Herz stoßweise Adrenalin in meinen Körper pumpte. Bis mein Schweiß auf die Zellenwand spritzte. Bis meine Klamotten nass und schwer waren.

Ich stellte mich vor den kleinen, schmierigen Spiegel. Meine Wangen waren gerötet, der Schweiß troff mir nur so von der Stirn, ich atmete schwer. Die Staatsanwaltschaft hatte mich den Medien als ihren dicksten Fisch präsentiert.

Aber ihr rechnet nicht damit, dass so ein Fisch immense Kräfte entwickeln, das Netz zerreißen und zurück in die Freiheit schwimmen kann – er darf nur nicht aufhören zu kämpfen.

Und so begann ein neuer Kampf in meinem Leben – gegen die deutsche Justiz.

Tag 15

Nach und nach hatte ich Ordner um Ordner mit Prozessakten und Observationsberichten erhalten. Irgendwann wurden die Aktenberge so groß, dass gar nicht mehr alles in meine Zelle passte; ein Gebirge aus Papierbergen, durch die ich mich graben musste. Die Observationsberichte enthielten unter anderem Protokolle von abgehörten Gesprächen und Fotografien von allen möglichen Leuten, die ich zum allergrößten Teil noch nie gesehen hatte. Ich erfuhr, dass der Anlass für meine Festnahme ein mitgehörtes Telefongespräch zwischen zwei Albanern gewesen war, das ein Polizeidolmetscher übersetzt hatte. In dem Telefonat war es immer wieder um den »Afghanen« mit dem »Porsche« gegangen, von dem die Albaner vermutlich beliefert wurden. Das Verzwickte an der Sache war, dass ich einen der beiden tatsächlich kannte – ein Zufall, der angesichts meiner Vergangenheit als krimineller Schläger allerdings auch kaum ein Wunder war. Schließlich war ich ein bunter Hund der Schattenwelt gewesen.

Afghane, der Porsche ... wie war das möglich? Ich zerbrach mir darüber lange den Kopf. Es konnte doch nicht einfach nur ein dubioser Zufall sein. Es musste irgendeine andere logische Erklärung geben. Im Grunde lag die Antwort die ganze Zeit auf der Hand und war so simpel, dass nicht nur ich sie glatt übersah.

Der konkrete Vorwurf lautete, dass ich möglicherweise von einem *unbekannten* Lieferanten *feinstes* Kokain erworben und es vermutlich an einem *unbekannten* Ort vorrätig gelagert hatte. Im Klartext: Ich handelte mit unsichtbaren Drogen, die nirgendwo waren und die auch keiner je gesehen, probiert, gefunden hatte – jedoch waren sie von feinster Qualität, so viel wusste man schon mal. Wenn schon, denn schon.

Ich gehe also her und behaupte, ein Apfel ist faul – ein Apfel, den ich weder probiert noch gesehen habe und von dem ich auch nicht weiß, wo er sein soll. Dann beschuldige ich irgendeinen armen Sack – einen, der womöglich gar schon mal einen Apfel gegessen hat –, diesen Apfel irgendwo im Nirgendwo deponiert zu haben. Und er soll ihn doch bitte rausrücken, und zwar dalli.

Wie wäre so etwas zu nennen? Ein Gerücht. Oder eben ein Beschluss des Gerichts. Die Beweislage sei eindeutig schwammig, so

teilte mir mein Anwalt mit, und alles liefe auf einen reinen Indizien-
prozess hinaus.

Ich war also möglichweise unter Umständen der Kopf einer Dro-
genbande – weil ich jemanden flüchtig kannte, der über einen Afghanen mit einem Porsche gesprochen hatte?

Ja. So konnte man es sehen. Das klang doch plausibel, nicht
wahr? Es *könnte* schließlich so sein.

Und diese mehr als spärlichen Indizien sollten nun also womög-
lich dafür sorgen, dass die Welt und das Leben in den kommenden
Jahren vor einer vergitterten Luke an mir vorbeirauschen würden?
Was war denn mit dem Rechtsgrundsatz des *in dubio pro reo?* Im
Zweifel für den Angeklagten?

Nun, wenn man aber die lausige Beweislage mit meiner kriminellen Vergangenheit multiplizierte; Einbrüche, gefährliche Körperverletzung, versuchter Totschlag … ich kannte meine Akte – dann
ergab das ein handfestes Urteil. Zweifelsfrei. Ich war nicht gerade ein
Mann mit reiner Weste.

Also raubte mir meine Vergangenheit jetzt meine Zukunft?

Sie trug zumindest dazu bei.

Nein, ich konnte nicht von mir behaupten, ein Unschuldslamm
gewesen zu sein – ganz im Gegenteil. Ich hatte in meinem Leben
so einige Dinge getan, auf die ich nicht stolz war – aber *Drogen*
verkaufen …? Kokain ist ein Gift, das Körper und Geist von innen
heraus ausräuchert. Es tötet. Es hätte beinahe *mich* getötet. Ich hätte das niemandem antun wollen – diesen langsamen innerlichen
Tod.

Wenn sie mich schuldig sprachen, drohten mir bis zu sieben Jahre Haft für organisiertes Verbrechen. *Sieben Jahre.* Dann würde ich
weitaus mehr als nur meine Freiheit verlieren. Meine Familie würde
sich von mir abwenden. Meine Karriere wäre beendet, noch bevor
sie überhaupt richtig angefangen hatte. Ich hatte weder eine Berufs-
ausbildung noch irgendwelche anderen Perspektiven – ich konnte
nur boxen. Aber sieben Jahre ohne richtiges Training, ohne Geld,
sieben Jahre nur herumsitzen und altern … das würde nicht funktionieren, da konnte ich das Boxen an den Nagel hängen.

Mein Leben hing an einem seidenen Faden – in den Fingern einer blinden Justitia.

Tag 20

Gleich in den ersten Tagen nach meiner Inhaftierung hatte ich beschlossen, dass nicht der Knast mich, sondern ich den Knast prägen würde. *Dafür muss ich stark sein. Bei klarem Verstand bleiben.*

Ich achtete darauf, mich nicht zu sehr in Selbstgespräche und Grübeleien zu vertiefen, und nur so wenig wie unbedingt nötig zu schlafen, um nicht träge zu werden. Trotz der widrigen Umstände versuchte ich mein tagtägliches Trainingsprogramm irgendwie durchzuziehen. Hier gab es weder einen Sandsack noch einen Punchingball – ich hatte nicht einmal genug Platz, um mich richtig zu bewegen –, aber Not macht eben erfinderisch. Ich füllte den Mülleimer mit Wasser und funktionierte ihn in eine Hantel um, machte Schattenboxen, Klimmzüge an Gitterstäben. Ich zerriss ein Bettlaken und knotete mir ein Springseil, und meine Matratze musste weiterhin als Boxsack herhalten. Sport hat eine elementare Kraft. Er löste etwas in meinem Körper und meinem Geist aus. Etwas, das meine mentalen Gitterstäbe sprengte. Wenn ich schwitzte und mein Herz pochte, fühlte ich mich … frei. Wirklich frei. Frei hinter Gittern.

Da wir nur zweimal die Woche duschen durften, musste ich mich am Waschbecken waschen. Ich hatte bis dato noch kein Geld erhalten – Geld, das mir meine Familie auf mein Knastkonto überwiesen hatte. Wegen der Weihnachtsfeiertage dauerte alles etwas länger, und ohne Geld konnte ich mir auch keine Hygieneartikel kaufen, deshalb musste ich mir den Bart mit einer Nagelschere stutzen. Es gab im Knast zwar die Möglichkeit, für ein paar lausige Kröten zu arbeiten, aber ich war noch immer im Zugangshaus und dort durfte man keiner Beschäftigung nachgehen. Ein weiterer Nachteil des Zugangshauses bestand darin, dass die Gefangenen dauernd wechselten und man somit keine Freundschaften oder Beziehungen über Fenstergespräche aufbauen konnte.

Mein Antrag auf Verlegung in eine andere Zelle wurde mit der Begründung einer Notwendigkeit der Tätertrennung abgelehnt. In der UHA befanden sich noch andere in diesen Fall verwickelte Verdächtige, und wir durften uns auf keinen Fall über den Weg laufen, da wir sonst unsere Aussagen aufeinander hätten abstimmen können. Was den Punkt Aussage angeht, hatte ich bislang *nichts* gesagt. Meine in Gerichtsdingen bestens beschlagene große Schwester hatte mir beigebracht, bis zum Prozess *immer* den Mund zu halten und um Gottes willen *nie* eine vorzeitige Aussage zu machen – Staatsanwälte sind Wortklauber und drehen und wenden jeden ausgesprochenen Satz so lange, bis sie ihn gegen dich verwenden können.

Ich hatte bislang weder einen Brief noch Besuch erhalten, und 23 Stunden am Tag in Gefangenschaft alleine waren öde und einsam. Deshalb erlaubte ich mir den einen oder anderen Spaß, um mir die Langeweile zu vertreiben.

Ich betätigte den Notfallknopf. Nach sagenhaften fünfundvierzig Minuten kam gemächlich ein Beamter angetrottet. Im Knast ist man völlig von den Wärtern abhängig; wenn es brennt oder man auf dumme Gedanken kommt, sind sie der Tropf, der den Häftling am Leben erhält. Ich hatte nicht vor, mich umzubringen. Mein Glück. Denn bei der hier unter Beweis gestellten Eile hätte ein Insasse vermutlich schon an einer Schürfwunde verbluten können. Als er mich wohlbehalten sah, wurde der Beamte wütend und fuhr mich an. Immer waren sie unfreundlich und aggressiv, drohten manchmal gar mit Schlägen. Ich gab an, eine Aussage machen zu wollen. Da wurde er gleich freundlicher.

Also führte mich der Wärter durch die engen Flure in einen Raum, der von kaltem Neonlicht durchflutet wurde. Ein blendendes, unangenehmes Licht, in dessen Schein jeder wie ein blasser Leichnam wirkte. Die Ermittlungsbeamten und Protokollführer freuten sich einen Keks über meine Entscheidung und behandelten mich wie einen Fürsten. Ich wolle etwas vom Thailänder? Kein Problem. Ich schlang mir den Magen voll. Es war eine willkommene Abwechslung zum täglichen Mäusefraß – bei dem man nie genau wusste, was es überhaupt war. Hm … jetzt vielleicht noch etwas Süßes zum Nachtisch. Etwas Süßes? Sie lächelten angespannt. Kurz darauf bekam ich auch etwas Süßes. So, jetzt aber. Legen Sie los, Herr Rahimi! Ihre Haut war blassgelb und ihr Lächeln statisch wie das eines aufgemalten Smileys. Hm … nee … heute vielleicht doch nicht … bin jetzt doch nicht bereit für eine Aussage – aber danke fürs Essen – vielleicht nächstes Mal. Diese Zeremonie wiederholte sich dreimal.

Am Ende fingen sie immer an zu brüllen. Aussage oder Abmarsch in die Zelle! Doch ich konnte keine Aussage machen – worüber auch? Was hatte ich denn zu berichten? *Ich bin hier in eine*

Sache verwickelt, ohne zu wissen, wie oder warum. Ich bin unschuldig!
Unschuldig! Unschuldig! Jetzt aber Abmarsch – das interessiert hier
nun wirklich niemanden.

Tag 30

Mein erster Besuch kommt. Ein Gefängnisinsasse hat wenig, woran
er sich festhalten, und noch weniger, worauf er sich freuen kann. Ein
Besuch ist ein Festtag. Eine Möglichkeit, aus dem monotonen All-
tagstrott auszubrechen. Ein Insasse mag nach der Haft rehabilitiert
sein oder nicht – aber er ist immer bindend dankbar. Dankbar der
Frau, die auf ihn gewartet, der Mutter, die ihm Trost gespendet, und
dem Freund, der ihm Mut zugesprochen hat. Distanz schafft Nähe –
das weiß wohl jeder Häftling.

Ich freute mich auf den Besuch ungemein; so sehr, dass ich die
Nacht davor nicht hatte schlafen können. Mir fehlte meine Familie. So sehr wie nie zuvor. Wir durften nun dreißig Minuten miteinander verbringen, bewacht von einer gestrengen Beamtin und in
einem Raum, der die Nüchternheit und Kälte einer frigiden Frau
ausstrahlte. Ich war recht nervös und versuchte, einen fröhlichen Gesichtsausdruck aufzusetzen, um meine Familie nicht zu beunruhi-
gen.

Meine Mutter, Wahid und Jackie saßen mir gegenüber an einem
polierten weißen Tisch. Julie und mein Vater waren nicht gekommen. Julie hatte wenige Tage zuvor ein Kind bekommen, und wie sich
herausstellte, hatte ihr meine Familie die Inhaftierung verschwiegen,
um sie nicht aufzuregen. Eine typisch afghanische Verhaltensweise:
Unangenehme und traurige Dinge, selbst Todesfälle, werden aus allen möglichen unlogischen Gründen erst einmal geheim gehalten,
wenn man meint, das würde gerade nicht »passen«.

»Liest sie denn keine Zeitung?«, fragte ich. Anscheinend, so die
Antwort, hatte ihr Ehemann die Zeitungen vor ihr verstecken können. »Was ist mit Freunden und Verwandten – irgendwer wird sie
doch darauf angesprochen haben.«

»Alle spielen mit«, sagte Wahid.

»Wo, denkt sie, bin ich seit einem Monat?«

»In Paris.«

»In Paris – was mache ich denn da?«, fragte ich belustigt.

»Boxen oder so«, meinte mein Bruder und zuckte mit den Schultern. Ich musste grinsen. So etwas konnte man auch nur Julie erzählen. Sie schien immer nur zur Hälfte anwesend zu sein – ihre andere Hälfte lebte irgendwo zwischen Butterblumen und Modezeitschriften in einer anderen, besseren Welt.

»Na, hoffentlich hat sie es wenigstens gemerkt, als ihr Kind rauswollte«, witzelte ich. Doch keiner lachte. Sie verzogen nicht einmal eine Miene. Meine Mutter brach plötzlich in Schluchzen aus.

»Was … was ist denn los?«, fragte ich besorgt. »Ich komm doch bald raus …«

»Was hast du nur wieder angestellt …«, begann Jackie mit zittriger Stimme. Wahid tätschelte meiner Mutter den Rücken. Die blonde Beamtin kräuselte ihre Lippen und schrieb etwas auf einen Notizblock.

»Wartet mal – glaubt ihr das etwa?«, wollte ich wissen.

»Wir hatten gehofft, dass du anständig geworden bist …«, sagte Wahid enttäuscht.

Das konnte doch nicht wahr sein! »Das bin ich auch – ich bin unschuldig!«, rief ich und sprang auf.

»Hinsetzen«, ermahnte mich die Beamtin.

»Jeder hat es gelesen … der Name Rahimi war überall in der Zeitung …«

»Ja, anscheinend jeder außer Julie«, unterbrach ich meine Schwester.

»Unser Ruf ist ruiniert. Du zerstörst unsere Familie – und das nicht zum ersten Mal«, meinte Jackie vorwurfsvoll. »Meine Professoren haben mich gefragt, ob ich mit dir verwandt sei …«

»Und was hast du geantwortet?«

»Nein!«, schrie Jackie. »Ich schäme mich, deine Schwester zu sein – die Schwester eines mutmaßlichen Drogendealers!«

Mein Herz zog sich zusammen. Das durfte nicht wahr sein. Damit hatte ich überhaupt nicht gerechnet … *Dass mir meine eigene Familie nicht glaubt!*

»Jack, du musst mir glauben – nur dieses eine Mal. Ich bin wirklich unschuldig …«, meine Stimme stockte. Ich kniff meine Augen zusammen.

»Ach, Hamid … du machst nur Probleme.« Wahid schüttelte den Kopf. »Immer nur Probleme …«

»Ich habe mich geändert ...«

»Das hatten wir auch gehofft ...«, sagte Jackie und wischte sich eine Träne aus dem Auge.

»Denkt ihr das wirklich? Dass ich dieses Scheißzeug verkaufe? Etwas, das mich beinahe umgebracht hat? Haltet ihr mich für *so einen* Menschen?«, schrie ich. »*Madar!*« Ich sah meine Mutter an, doch sie würdigte mich keines Blickes und schwieg. »Sieh mich an!«, brüllte ich und schlug mir der blanken Faust auf den Tisch.

Die Beamtin schreckte auf. »Jetzt reicht's aber, sonst breche ich gleich ab!«

Meine Mutter sah mich an. »Ich habe an dich geglaubt und dich immer verteidigt – aber du machst mir Schande«, sagte sie mit fester Stimme. »Mir und deinem Vater.« Ihr Blick war eindringlich und ernüchtert. Als sei sie wachgerüttelt worden. Als hätte sie mich endgültig aufgegeben. Immerhin hatte sie mich wenigstens noch besucht, was mein Vater verweigerte. Drogen zu verkaufen war für ihn schlimmer als Mord. Er habe keinen Sohn mehr, soll er wiederholt gesagt haben. Keinen Sohn mit Namen Hamid.

Es war niederschmetternd. Ich fühlte mich wie ausgeknockt. *Sie glauben dir nicht – wer würde dir schon glauben?*, fragte eine Stimme in mir. Ja ... wer würde mir schon glauben? Niemand. Es war wie in der Fabel vom Hirtenjungen, der immer wieder gelogen, »Wolf! Wolf! Wolf!« gerufen und Alarm ausgelöst hat. Als er dann wieder ruft und die Wahrheit sagt, glaubt ihm niemand mehr und der Wolf kann ihn seelenruhig fressen.

So sehr ich mich auch auf den Besuch meiner Familie gefreut hatte – hinterher saß ich nur umso trauriger und einsamer, *verlassener* in meiner Zelle. Nicht einmal meine Familie hielt noch zu mir. Eine beruhigende Neuigkeit am Rande hatte ich immerhin erfahren. »Übrigens – danke für das großzügige Weihnachtsgeschenk«, hatte mir Wahid vor dem Gehen noch zugeraunt. *Wie bitte?* »Das Geschenk – in deiner Manteltasche.« Ich blickte ihn nur ratlos an. Erst als ich wieder in meiner Zelle saß, begriff ich, was er mir zu sagen versucht hatte. Ich besaß einen auffälligen langen Ledermantel, »Zuhältermantel«, nannte ich ihn manchmal scherzhaft. Bei meiner Verhaftung steckten in einer seiner Taschen 20 000 Euro in bar. Ich war davon ausgegangen, dass wohl irgendein Polizist mit langen

Fingern das Geld heimlich eingesteckt hatte, da es nirgendwo in den Protokollen aufgeführt wurde – schließlich hatten die Polizisten die ganze Bude auf den Kopf gestellt. Doch nun hatte Wahid das Geld beim Ausräumen meiner Wohnung gefunden. Offenbar hatten sie es also einfach *übersehen*. Wie schlampig kann man denn arbeiten? Und das ausgerechnet von den sonst doch immer so ordnungsgeilen deutschen Polizisten! Sie hatten Matratzen und Kissen aufgerissen und meine Wäsche durchwühlt, aber in die Taschen meines Zuhältermantels schauten sie nicht. In meinen Augen warf das ein bezeichnendes Licht auf die Farce dieser ganzen Verhaftungsgeschichte.

Tag 70
Siebzig Tage. Ich war noch immer hier. Dabei hatte mein Anwalt gleich nach meiner Inhaftierung Haftverschonung beantragt und mit vielen Argumenten aufwendig deutlich gemacht, warum in meinem Fall keine Fluchtgefahr bestehe. Diesem Antrag war auch sowohl vom Amts- wie vom Landgericht stattgegeben worden; beide Gerichte sahen keinen Grund, mich bis zur Verhandlung in Haft zu belassen.

Als der Bescheid vom Amtsgericht gekommen war, hatte ein Beamter meine Zellentür aufgeschlossen und mich aufgefordert, mein spärliches Hab und Gut zusammenzupacken – ich dürfe nach Hause gehen. Endlich! Mein Herz machte einen Freudensprung.

Ich wartete und wartete, ohne dass etwas passierte. Nach einigen Stunden kam der Beamte wieder. Wie sich herausstellte, hatte der Staatsanwalt gegen den Erlass Beschwerde eingereicht.

Was das bedeute?

Abwarten.

Warten worauf?

Auf die Antwort des Landgerichts.

Wann würde die eintreffen?

In einigen Tagen – oder Wochen –, das könne man nicht genau sagen.

Es dauerte Wochen. Das Landgericht sprach *wieder* die Haftverschonung aus. Der Staatsanwalt reichte *wieder* Beschwerde ein. Ich musste *wieder* abwarten.

Worauf?

Auf die Antwort des Oberlandesgerichts. Das könne dauern. Bürokratischer Bockmist!

So sei das eben. Die Tür fiel mit einem lauten Poltern ins Schloss.

Was für ein grausames Spiel mit der Hoffnung! Es erinnerte mich an das tierquälende Spiel meiner Kindertage am Hansaplatz, das Spiel mit dem Ohrwurm: Schütte das Insekt mit Erde zu und jedes Mal, wenn es sich freigebuddelt hat, begräbst du es wieder. Jetzt war ich das Würmchen, und meine Freiheit scheiterte an einem verbissenen Staatsanwalt. Er hatte mich durch alle Instanzen gezerrt, es geschafft, mich drei Monate in Haft zu behalten.

Die monatelangen Observationen waren schließlich teuer gewesen ... die Zeitungen hatten davon berichtet ... von ihrem verhafteten Boxstar! Da musste der Staatsanwalt schon hart bleiben; sein guter Ruf stand auf dem Spiel. Er kämpfte. Ich kämpfte. Es war ein Katz-und-Maus-Spiel – und ich war die Maus. Eine Maus, die man in einen dunklen Schacht geworfen hatte; langsam schloss man über ihr den Gullydeckel, so dass ihre Welt in Finsternis versank. Natürlich hatte ich längst den Kampf um die Meisterschaft verpasst, und ein hochdotierter Werbevertrag war mir durch die Lappen gegangen. Ein beträchtlicher Teil meiner Ersparnisse befand sich in der Asservatenkammer der Polizei und die Anwaltskosten waren hoch. Doch die materiellen Verluste taten nicht so weh – schlimmer war das abhandengekommene Vertrauen, denn das würde sich nur schwer wieder aufbauen lassen.

Mein Umfeld schien sich mehr und mehr von mir abzuwenden. Der Boxstall hatte meinem Trainer mit Kündigung gedroht, falls er mich weiterhin trainieren wollte – so gesehen hatte ich keinen Trainer mehr. Ich bekam nur wenige Briefe. In der Jugendhaft hatte mir Jackie wöchentlich geschrieben und mich besucht, nun schienen mich alle endgültig aufgegeben zu haben.

Nachts dachte ich oft darüber nach. Nachts, wenn die Lichter ausgeschaltet waren. Nachts, wenn die ersten Mauerrufer kamen – Familienmitglieder und Freunde von Häftlingen, denen die wenigen Besuchstage nicht reichten, die ihre Angehörigen sehen oder zumindest ihre Stimmen hören wollten. Wir vermissen dich! Wir lieben dich! Wir glauben an dich! Wo waren meine Mauerrufer? Sie kamen nicht. Denn keiner glaubte noch an mich.

Aber ich glaube noch an mich! Denn ich kenne die Wahrheit! Ich habe noch Hoffnung! Hast du das wirklich, fragte mich eine innere Stimme. Noch Hoffnung? Wenn der Staatsanwalt dich bis jetzt festhalten konnte – warum dann nicht länger? Wie viele als Mörder oder Vergewaltiger Verurteilte kommen erst nach Jahren und Jahrzehnten der Haft als Unschuldige wieder frei? Wie groß ist die Dunkelziffer derjenigen Unschuldigen, deren Unschuld sich niemals herausstellt? Falsche Zeugenaussagen, Verwechslungen, schlampiges Vorgehen der Justiz … ganze Leben wurden und werden einfach so zerstört …

»Die Hoffnung ist der Regenbogen über den herabstürzenden jähen Bach des Lebens«, hatte mein Vater in unseren ersten Monaten am Hansaplatz den Philosophen Nietzsche zitiert. *Ich gebe meine Hoffnung nicht auf! Ohne Hoffnung gibt es kein Licht. Ohne Licht kein Leben.*

Öffne deine Augen, antwortete meine innere Stimme.

Ich öffnete sie. Leere. Dunkelheit. Das pure Nichts. *Wo nur ist mein Licht?*

Nacht 80

Ein ohrenbetäubender Schrei! Ich schreckte aus dem Schlaf. Mein Herz hämmerte in der Brust. Ich hatte Mühe, mich zurechtzufinden. Wo war ich? Im Knast. Was war das gewesen? Keine Ahnung. Hatte ich womöglich nur wieder mal Albträume gehabt? Aber dieser Schrei … er vibrierte noch in meinen Knochen …

Schon wieder! Dieser grelle, gellende Schrei. Er ging durch Mark und Bein.

»Halt's Maul, du verdammter Nigger«, brüllte ein Beamter. Elender Rassist. Hier drinnen darfst du deinen inneren Schweinehund unbehelligt rauslassen! Deinen dreckigen, wütenden Schweinehund – denn Gefangene sind taub und stumm, weil die Gesellschaft ihnen kein Gehör schenkt!

Der Häftling winselte. Er schrie. Er weinte. Keiner scherte sich um ihn. Keiner scherte sich um uns. Wir waren gesichtslose Häftlinge. Ein Haufen seelenloser Zellennummern.

Wieder! Ein markerschütternder Schrei! Er ließ die Mauern erbeben. Mein Puls schlug schneller.

»Scheiß Nigger, halt dein Maul!«

Vor rund sechzig Jahren war die UHA noch eine der zentralen Hinrichtungsstätten des Deutschen Reichs gewesen; damals, als der Rassismus noch deutsche Staatsdoktrin war. Ein Fallbeil ließ Menschenköpfe rollen – es wurden etwa fünfhundert Menschen hingerichtet, Schuldige wie Unschuldige. Seitdem hatte es einige Umbauarbeiten gegeben. Die Häftlinge verloren nicht mehr ihre Köpfe, nur noch ihren Verstand. Ich hatte mich längst an die jaulenden Männer gewöhnt, die sich Nacht für Nacht in den Schlaf weinten wie betrogene Ehefrauen – der Knast verwandelte sie in schluchzende, weinerliche Tölpel. Aber dieser Schrei … Wer kann so schreien? Als trüge da jemand Kleider aus Feuer. Als würde man da jemanden in Stücke schneiden. Ein Schrei wie aus der Hölle.

»Hey!«, rief ich. Ich kannte meinen Zellennachbarn nicht, hatte ihn nur wenige Male beim Hofgang gesehen. »Hey – du!«

»Halt die Schnauze!«, brüllte ein Wärter. Das säte Wut. Eine Menge Wut. So wenig Menschlichkeit. Sie waren hart wie Mauern. Kalt wie ein Gefängnisgitter.

»Was, wenn er Hilfe braucht?«, rief ich durch die Wände.

Doch der Schrei war verstummt. Stille.

Am nächsten Morgen beim Aufschluss zum Hofgang bemerkte ich eine Blutlache vor der Tür meiner Nachbarzelle und machte den Beamten darauf aufmerksam. Er löste Alarm aus. Erst jetzt fanden die Schreie der Nacht ihr Echo. Doch da war niemand mehr, der Hilfe gebraucht hätte. Der *Nigger* hatte sich umgebracht. Ein toter *Nigger* in dieser Nacht. Ein lärmendes Maul weniger.

Tag 90

Der Beschluss des Oberlandesgerichts traf ein und riss mir den Boden unter den Füßen weg. Amts- und Landgericht hatten keine Fluchtgefahr gesehen – zwei Instanzen. Ich war mir sicher gewesen, dass auch die dritte so entscheiden würde. Es wäre die letzte Hürde vor der Freiheit gewesen – dagegen hätte der Staatsanwalt nichts mehr ausrichten können. Ich hätte zumindest vorerst gewonnen. Aber das Oberlandesgericht entschied anders. Ich hatte verloren. Der Beschluss hatte meine dünnhäutige Hoffnung zerrissen.

Gefangen. Du bist gefangen. Du kommst hier nicht mehr raus. Nein. Dieses Mal nicht.

Und warum? Wegen irgendwelcher voreingenommener Justizbeamten. Was hatte ich getan? Nichts. Wo blieb die Gerechtigkeit? Auf der Strecke. Ich erinnert mich, wie mein Vater zum ersten Mal das Grundgesetz in der Hand gehabt hatte. Er hatte die ersten zwanzig Artikel gelesen und am Rand die Bedeutung mit einem blauen Stift auf Dari angemerkt. Wisst ihr was hier drin steht?, hatte er mit feierlicher Stimme gefragt. Hier werden die höchsten Menschenrechte festgehalten. Wir leben in einem Rechtstaat, der seine Bürger schützt. *Die Würde des Menschen ist unantastbar,* rezitierte er. *Sie zu achten und zu schützen ist Verpflichtung aller staatlichen Gewalt.* Und dann versuchte er begeistert, uns alle Artikel zu erläutern, als ob es sich dabei um die größte Entdeckung der Welt, ja, eine göttliche Offenbarung handelte. Doch nun musste ich begreifen, dass all diese großartigen Artikel und Gesetze nur Papier sind, das in die Hände von Menschen gelegt wird, die daraus nach eigenem Gutdünken ihre Anklagen und Urteile ablesen, die bisweilen so haarsträubend und hanebüchen sein können, dass der ursprüngliche Sinn des Gesetzes geradezu in sein Gegenteil verkehrt scheint. Meine Glaube an den Rechtsstaat war zutiefst erschüttert. Der Rechtsstaat schützt seine Bürger – aber wer schützt uns vor diesem Rechtsstaat?

Als nun mein beklommenes Gefühl der Hilflosigkeit gegenüber diesem System der malmenden Justizmühlen immer mehr wuchs, beschloss ich, Jackie einen Brief zu schreiben. Da ich wusste, dass die Briefe von den Staatsbeamten gelesen wurden, wollte ich so auch indirekt meine Meinung äußern. Mehr als das konnte ich nicht tun. Meine Schwester hatte soeben ihr zweites Staatsexamen bestanden. Sie eine Juristin. Ich ein Häftling. Zwei Geschwister.

Liebe Jack,
herzlichen Glückwunsch, dass Du endlich, nach gefühlten hundert Jahren, Dein Studium erfolgreich bestanden hast. Ist Dir aufgefallen, dass Du immer dann, wenn ich gerade im Knast bin, ein Examen bestehst? Also, wenn ich das nächste Mal eingebuchtet werde, erwarte ich einen Doktortitel. Kleiner Scherz. Wie es aussieht, komme ich erst gar nicht raus, um noch einmal reinzukommen.

Ich bin stolz auf Dich – auch wenn Du ein Rechtsknecht bist. Besonders stolz, weil Du keine Staatsanwältin geworden bist. Denn dieser Rechtstaat ... für den willst Du nicht arbeiten.

»Glaube eher an die Jungfräulichkeit einer Hure, als an die Gerechtigkeit der Justiz!« Das war der erste Satz, den ich hier gelesen habe.

Ich weiß, was Du Dir wieder denkst; ich mache nur Probleme ... Du glaubst mir nicht ... das weiß ich schon alles ... Aber hast Du die Protokolle gelesen? Ein Witz! Wofür sitze ich überhaupt fest? Wegen einem Wort? Und der Beschluss erst! Eine Komödie. Du musst ihn lesen. Verdunklungsgefahr – ha! Dass ich nicht lache. Und die Begründung erst.

Sie schreiben, ich hätte keinen festen Wohnsitz, da ich von 2004 bis 2006 in meiner Bar in der Langen Reihe angemeldet war – dabei handele es sich um einen Gastronomiebetrieb und keine Meldeadresse. Idioten in Pinguinsroben! Über meiner Bar war meine Wohnung! Direkt darüber – es war dieselbe Meldeadresse.

Sie zweifeln an der Aktualität meiner Boxpläne – ich hätte seit fünf Monaten keinen Kampf mehr bestritten. Ja, denn sie haben mich nicht kämpfen lassen! Sie haben mich eingesperrt und nicht einmal auf Kaution zum Bestreiten der Deutschen Meisterschaft rausgelassen! Alte, senile Greise! Das haben sie schon wieder vergessen!

Außerdem könnte ich untertauchen – nicht etwa in Afghanistan, nein, im Drogenmilieu. Ist das eine eigene Stadt? Drogenbarone als Könige, Haschischdealer als Bauern, Prostituierte als Mätressen?

Übrigens halten sie es für unrealistisch, dass ich über 100 000 Euro für den Verkauf meiner Bar erhalten habe – warum, fragen sie sich, sollte jemand so viel für eine Bar bezahlen ...

Also Schwesterchen, ist das richtig? Einfach zu schreiben, dass sie es sich nicht VORSTELLEN können? Weder interessierte sie der Kaufvertrag noch mein Kontoauszug.

Diese Leute vom OBERlandesgericht – tragen sie einen Heiligenkranz oder warum benehmen sie sich wie allwissende Götter?

Wie es aussieht, muss ich in meinem Loch verfaulen, aber das ist nicht schlimm – wir haben es schon schlimmer gehabt, oder, Schwesterchen? Und wir haben es trotzdem geschafft. Kannst Du Dich erinnern? Wir standen wie begossene Pudel am Hamburger Hauptbahnhof – eine Gruppe Öl-Augen mit Kriegserinnerungen. Dann die dreckige

Wohnung am Hansaplatz – sie ähnelte übrigens meiner Zelle. Aber wir haben es irgendwie gemeistert – ihr sogar sehr gut. Ihr habt Familien gegründet und Du bist Rechtsanwältin – Du hast etwas aus Dir gemacht. Dein Fleiß wurde nun belohnt. Auch wenn Du nicht stolz bist, mich als Bruder zu haben, bin ich stolz, dass Du meine Schwester bist. Ich weiß, dass ich euch die letzten Jahre oft Kummer bereitet habe – das tut mir leid. Ich erwarte nicht, dass Du oder irgendwer mir glaubt – aber Du solltest wissen, dass ich es wirklich versucht habe. Ich habe wirklich versucht, ein besserer Mensch zu werden. Und selbst wenn ich die nächsten Jahre hinter Gittern verbringen muss, werde ich damit nie aufhören – nie aufhören, ein besserer Mensch sein zu wollen.

Tag 105

Lieber Hamid,

Dein Brief hat mich gerührt und zum Nachdenken bewogen.

Ja, nun bin ich ein offizieller Rechtsknecht und Du hast mich wieder daran zurückerinnert, warum ich das überhaupt habe werden wollen. Ich wollte Menschen helfen. Menschen wie Dir, die sich in einer misslichen Lage befinden. Ich habe Dich voreilig verurteilt – das tut mir leid. Ich habe mich durch die Observationsprotokolle und Beschlüsse gelesen – es ist tatsächlich kaum zu glauben. Mir ist beim Lesen eines aufgefallen:

Albaner und Afghane – das hört sich ziemlich ähnlich an. Dieses Wort ist der Stützpfeiler, auf dem die Anschuldigungen bauen. Die Protokolle wurden von einem Polizeidolmetscher übersetzt und lediglich mit einem Kürzel versehen. Sie wurden nur ein einziges Mal übersetzt. Das erscheint mir schleierhaft. Ich habe mich mit Deinem Anwalt in Verbindung gesetzt. Die Protokolle werden derzeit von einem neutralen Dolmetscher geprüft. Vielleicht wissen wir bald mehr.

Du sollst wissen, dass ich Dich vermisse, liebe und an Dich glaube. Du bist mein Fleisch und Blut – ich werde Dich niemals aufgeben.

Es gibt etwas, das ich Dir mitteilen muss. Ich hoffe, dieser Brief wird Dich rechtzeitig erreichen. Zahir ist sehr krank. Hamid, er wird sterben.

Wir müssen Dich rausbekommen.

Zahir. Meine Kehle schnürte sich zu. Ich konnte kaum atmen.

Ich muss ihn sehen. Ein letztes Mal. Aber ich komme hier nicht raus.

Meine nackten Fäuste schlugen gegen die Zellenwand, bis die Haut an den Knöcheln aufriss, bis meine Fäuste bluteten, bis sie taub vor Schmerz waren. Ich sank zu Boden mit dem Rücken an der Wand. Ich schlug den Hinterkopf an die Wand, wieder und wieder. Mit körperlichen Schmerzen versuchte ich den Schmerz in meiner Seele zu übertönen, aber so viel körperliche Schmerzen gibt es nicht auf dieser Welt, nicht für mich.

Tag 113

113 Tage. Meine Tage waren Tropfen. Tropfen, die sich in monotonen Abständen unter einem Wasserhahn sammelten. Ein immer wiederkehrender Laut – als tröpfele die Ewigkeit durch ein Leck in meinen Schädelinnenraum – trieb mich in den Wahnsinn. Zahir war tot. Übermorgen war die Beerdigung. Ich durfte nicht hingehen. Hatte mich nicht einmal von ihm verabschieden können. Mein Anwalt hatte für mich einen Antrag gestellt, ihn noch ein letztes Mal sehen zu dürfen, meine Familie hatte die stolze Kaution von 50 000 Euro aufgebracht, ich wäre in Handschellen und mit Polizeibegleitung gekommen ... doch der Antrag wurde abgelehnt. Schließlich sei Zahir »nur« ein Onkel gewesen.

Ein Mensch, der kaum mit jemandem redet, mit dem kaum jemand redet, läuft Gefahr, seinen Verstand zu verlieren. Dauerhafte Einsamkeit verwandelt das Hirn in formlosen Brei. Ich kletterte auf den Tisch und presste meine Wangen an die Gitterstäbe. Ich konnte hinter die Mauer sehen. Dort war der Regen, die Sonne, das Leben, der grüne Park mit seinen Blumen – die Freiheit.

Eine Taube krallte sich an den Gitterstäben fest und setzte sich auf den Fensterrand. Gurr gurr, machte sie.

»Hallo«, begrüßte ich sie. »Bist du gekommen, um mir Gesellschaft zu leisten?«

Gurr gurr, wiederholte sie. Es sah aus, als würde sie nicken.

»Vielleicht habe ich etwas Brot für dich.« Gurr gurr, sie schien sich zu freuen. Ich fand tatsächlich ein wenig altes Brot und steckte es ihr durch die Gitterstäbe. Sie neigte ihren krummen Schnabel und verschlang krümelnd die Brocken. Sie war dicklich und grau und hatte auf dem Kopf eine braune Stelle, die ein wenig an einen Leberfleck erinnerte. *Ich sollte sie Gorbatschow nennen.* Ja, ein toller Name.

»Gorbatschow hat den Kalten Krieg beendet, wusstest du das?«

Gurr gurr. Gorbatschow steckte seinen Schnabel durch die Gitter und riss mir das Brot aus den Fingern. Es war so schön, wieder mit jemandem sprechen zu können. So einer Taube konnte ich alles erzählen. Sie hörte mir zu. Ich könnte sie in meine Sorgen und Ängste einweihen. »Du erzählst es aber niemandem weiter, hörst du, Gorbatschow?«

Gurr gurr. Gorbatschow sah mich mit treuen Knopfaugen an. Eine wahre Friedenstaube.

»Ja. Dir kann ich vertrauen. Du wirst mich nicht verurteilen.« Ich erzählte Gorbatschow alles. Die Geschichten von Zahir und mir. Was für ein Mensch er gewesen war.

»Du hättest ihn gemocht, Gorbatschow! Auch wenn er von den Russen nicht viel gehalten hat. Er war eine ehrliche Haut – hat nie ein Blatt vor den Mund genommen.«

Gurr gurr, das Täubchen nickte beeindruckt.

»Er hat gerne getrunken – er war eben ein Lebemann. Der Alkohol hat seine Leber verseucht … er wurde immer gelber … immer kranker …« Ich schluckte.

Gurr gurr, Gorbatschow schüttelte den Kopf.

»Er war ein guter Mensch …«

Gurr gurr, Gorbatschow schlug mit den Flügeln und es sah so aus, als wolle er sich am Kopf kratzen.

Ruckartig flog meine Zellentür auf. »He! Tauben füttern verboten!«, rief ein Beamter. »Steht in der Hausordnung.«

»Warum?«

»Warum? Darum! Das Brot macht sie krank.«

»Das Brot, das wir essen?«

»Ja.«

Ich betrachtete Gorbatschow. Er sah tatsächlich ein wenig mitgenommen aus. Er hatte einige kahle Stellen in seinem Federkleid. Fütterten ihn auch noch andere mit diesem krank machenden Gefangenenbrot?

»Wenn ich Gorbatschow nicht füttere, fliegt er weg«, erklärte ich dem Beamten. »Und er ist ein wirklich ausgezeichneter Gesprächspartner.«

»Wer?«

»Gorbatschow ...«

»Die Taube da?« Der Beamte schien ein wenig verwirrt.

»Ja.«

»Lassen Sie einfach das Füttern sein.«

»Aber das ist Gorbatschow ... Er hat den Kalten Krieg beendet!«

»Lassen Sie es einfach! Punkt. Und jetzt Klappe halten.«

»Ist ja gut.« Er riegelte die Tür wieder ab.

In dieser Nacht betete ich zum ersten Mal nach langer Zeit wieder zu Gott. Ich bat ihn, nur dieses eine, letzte Mal verschont zu werden, flehte ihn an, mich irgendwie hier rauszubringen, nur für eine Stunde, nur um mich von Zahir verabschieden zu können. Ja, ich versuchte förmlich, mit Gott zu handeln, und machte ihm im Gegenzug alle möglichen Versprechungen: Ich würde Opfer bringen, spenden, helfen, Gutes tun, ein besserer Mensch werden, ein Kämpfer für eine bessere Welt, eine Welt, in der Frieden herrschte und in der niemand unschuldig im Gefängnis saß. Dafür wolle ich all mein Können, meine Hände, Fäuste, meine Fähigkeiten einsetzen.

Doch Gott schwieg. In dieser Nacht schwieg er. Irgendwann fühlte ich mich trotzdem seltsam beruhigt und sank in einen tiefen Schlaf.

Tag 114

Am nächsten Morgen wurde unerwartet meine Zellentür aufgeschlossen. Es war der Geburtstag meiner Mutter und der Tag vor der Beerdigung meines Onkels, der in Afghanistan immer wie ein Vater zu mir gewesen war. Helles Licht strömte oben durchs Gitterfenster herein. Ein sonniger Tag im Frühling.

»Los, packen Sie Ihre Sachen«, forderte mich barsch der Wärter auf.

»Warum – werde ich endlich verlegt?«

»Sie dürfen nach Hause gehen.«

»Wohin?«

»Nach Hause.«

»In welches Haus denn? Haus B?«

»Nach Hause! In Ihre Wohnung!«

»Warum denn das?«, fragte ich.

»Blitzentlassung.«

»Das glaube ich nicht.«

Der Beamte sah mich streng an. »Sie packen jetzt Ihre Sachen und verschwinden von hier.«

»Nein.« Ich war es leid. Dieses ewige Hin und Her. Erst durfte ich das Gefängnis nicht einmal für eine kurze Stunde in Handschellen verlassen, und jetzt sollte ich plötzlich frei sein? Spielten sie mir einen Streich?

»Sie müssen! Na, wird's bald?«

Ich begriff es nicht. Ich wurde nicht darüber aufgeklärt, warum man mich so plötzlich entließ. Man warf mich einfach raus. Mit einem Mal schien ich den Beamten regelrecht peinlich zu sein und man wollte mich so schnell wie möglich loshaben.

Und dann stand ich plötzlich mit zwei blauen Müllsäcken – meinem ganzen Hab und Gut – auf der Holstenglacis-Straße. Ein Teil von mir wäre am liebsten schnellstmöglich über die Straße gerannt und hätte sich hinter einem der parkenden Autos versteckt, aus Furcht, die Justizbeamten könnten es sich gleich wieder anders überlegen. Dieser Teil von mir, der ängstliche und pessimistische, hatte sich schon damit abgefunden, die nächsten sieben Jahre zwischen grauen Wänden hinter einer verriegelten Tür einzuschlafen und aufzuwachen. Doch ein anderer Teil von mir, der stolze und zuversichtliche, ließ mich selbstbewusst direkt vor den Toren der Haftanstalt stehen bleiben und erst einmal kräftig durchatmen. *Du musst nicht weglaufen, Hamid!* Dieser Teil von mir hatte monatelang gehofft und gekämpft, den Glauben an ein Wunder nie verloren, bis das Wunder nun endlich die verriegelte Tür meiner Zelle geöffnet hatte. Womöglich hatte mein Gebet ja doch geholfen?

Die genaueren Umstände waren mir zu diesem Zeitpunkt noch unklar. Ich wusste lediglich, dass eine Blitzentlassung verfügt worden war. Offenbar hatte ein Übersetzungsfehler in den Observierungsprotokollen zu einer versehentlichen Verhaftung geführt. Den »Afghanen« in dem mitgehörten Gespräch der Albaner hatte es nie gegeben. Ich setzte mich auf den Bordstein. Mein Kopf schwirrte und es fiel mir schwer, einen klaren Gedanken zu fassen. War das nun Realität oder Traum? War ich wirklich vier Monate lang unschuldig im Knast gesessen und jetzt plötzlich frei, so mir nichts, dir nichts? Ein Übersetzungsfehler ... Wie Jackie es geahnt hatte.

Noch wusste niemand, dass ich entlassen worden war. Ich überlegte, was ich nun mit mir anfangen sollte. Ich konnte ja nicht einfach nach Hause gehen. Meine Wohnung hatte aufgegeben werden müssen, und meine Besitztümer waren in den verschiedenen Kellern meiner Familienmitglieder verteilt. Ich trug seit zwei Tagen denselben schwarzen Jogginganzug, der noch nach Gefängnis roch, und hatte braune Sommersandalen an den Füßen.

Als nun der helle Frühlingstag auf mich einströmte, laut die Autos an mir vorbeibrausten und geschäftige Menschen vorübergingen, kam es mir so vor, als hätte ich mein Leben lang in einem Kerker gehaust. Es war, als würden meine Augen zum ersten Mal das Licht der Sonne erblicken, als hätte der Regen noch nie meine Haut berührt. Das Schönste war der himmlische Duft, der meine Sinne benebelte. Es war der süße Duft der Freiheit.

Ich winkte ein Taxi herbei. Es gab da jemanden, von dem ich mich noch verabschieden musste.

Kapitel 32
Der Friedenskämpfer

Frühjahr 2008
Der aufdringliche Geruch nach Krankenhaus und Desinfektionsmitteln drängte sich in mein Riechorgan. Die blauen Müllsäcke raschelten in meinen Händen. Ich stellte sie vor der Tür ab. Langsam und vorsichtig, als hätte ich Angst, jemanden zu wecken, drückte ich die Klinke herunter. Tränenverschmierte Gesichter starrten mich an, als sei ich ein Geist. Ich, hier. In Freiheit. Bei ihnen. Wer hätte noch daran geglaubt? Meine Mutter schlug die Hand vor den Mund, schüttelte sich, schloss die Augen. Und weinte. Mein Vater, altersschwach und selbst schwer herzkrank, hockte zusammengekauert auf

einem Stuhl; die stolzen, unter Falten vergrabenen Augen voller Reue – Reue über all die Worte, Erklärungen, Entschuldigungen gegenüber seinem Bruder, für die es nun zu spät war. Julies Mundwinkel fingen an zu zittern, sie kniff die Brauen zusammen. Jackie presste die Lippen gegeneinander und senkte den Blick. Wahids schmale Augen waren glasig, aber er lächelte mich an – lächelte, weil er sein Lächeln nie verloren hatte.

Sie hatten um das Totenbett an der Wand einen Halbkreis gebildet. Nacheinander rückten sie zur Seite; es war, als würde sich ein Vorhang öffnen, um nun den Blick auf einen der Protagonisten meiner Kindheit freizugeben. Auf einen geliebten Menschen, der mich geprägt und gerettet hat. Sein Gesicht war gelb und aufgedunsen, wie ein Schwamm, der alle Tränen dieser Welt in sich aufgesaugt hat.

Im Krieg hatte ich so manchen Leichnam zu sehen bekommen. Es ist kaum glaublich, dass der Tod so viele Gesichter hat – im wahrsten Sinne des Wortes. So hatte etwa Khalil friedlich und zufrieden ausgesehen, als hielte er nur ein kleines Nickerchen, während nun Zahir die elende Qual seines Lebens in den Zügen trug – eines einsamen und weggeworfenen Lebens. Seine Finger waren gekrümmt, als würde er noch immer sein Whiskyglas umklammern, und der Mund leicht geöffnet, als hätte er den Tod mit einem erleichterten Seufzer willkommen geheißen. Ich fragte mich, ob sich in unseren toten erstarrten Gesichtern nicht vielleicht irgendwie genau das Leben widerspiegelt, das wir geführt haben.

Beim Anblick meines Onkels wurden in mir Erinnerungen wach und flatterten durch meinen Kopf. Wie ihm der Holzschaft der Kalaschnikow die Nase gebrochen und er noch unter marternden Schmerzen die sowjetischen *Hurenböcke* beschimpft hatte – seine Wortwahl war so hart wie sein Leben gewesen. Wie er uns im patriotischen Wahn immer wieder seine Ansichten eingepaukt hatte. *Der afghanische Kämpfer lässt sich von niemandem vorschreiben, wie er zu leben hat!* Ich erinnerte mich auch an jene Novembertage vor einigen Jahren zurück, als ich Cem niedergeschossen hatte und in meiner Not bei Zahir aufgetaucht war, meiner einzigen und letzten Anlaufstelle. *Du hast dich durchs Leben geboxt. Es ist noch nicht zu spät ... Du hast die Chance, alles zu verändern ... Lauf nicht mehr weg ...* Nein, auch *sein* Leben war nicht umsonst gewesen, auch er hatte eine Saat gesät, die aufgegangen war. Ich hatte damals beschlossen, mehr aus meinem Leben zu machen als er aus dem seinen, mich dem Leben zu stellen, etwas zu bewegen, zu verändern, in Gang zu setzen.

»Danke …«, flüsterte ich. Meine Stimme versagte, blieb stecken, der Trauerkloß in meinem Hals war zu dick. Meine Geschwister kamen von allen Seiten und umarmten mich.

Nun war er tot. Seine Seele war aus dem sterblichen Körper gewichen – fort, wie die Trunkenheit am Morgen nach einem rauschenden Fest.

Da räusperte sich mein sonst so in sich gekehrter Bruder und fing an … ja, er fing an zu *singen*. »*Zingdagi chist* – was ist das Leben?«, stimmte er Zahirs Lieblingslied an und traf damit den Nerv der Stunde. Es war, als hätte er ein verstaubtes Fotoalbum mit alten Kindheitsbildern geöffnet. Damals, in Zeiten des Krieges, war unser unerschrockener Onkel wie der Flügel eines Vogels gewesen, der sich schützend um seine zitternde Brut legte. Er hatte uns die Angst genommen, sie war davongeflogen wie eine Feder im Wind.

Eine unbeschreibliche Stimmung aus Freude und Trauer, Liebe und Leid verbreitete sich im Raum, als nun die Erinnerungen wie Schmetterlinge aus diesem alten Fotoalbum flatterten. Auf einmal waren wir nicht mehr die Erwachsenen, die sich in ihrer neuen Heimat eingelebt und dort ihr Leben mehr oder weniger gemeistert hatten. Wir waren nicht mehr die gereiften Menschen, die ihre Vergangenheit längst hinter sich gelassen hatten. Wir waren wieder Kinder. Kinder, die sich umarmten, wenn sie Angst hatten. Kinder, die sich im Bombenhagel an den Händen fassten. Kinder, die Lieder sangen, um den Kummer zu vergessen. Und plötzlich sangen wir alle.

Zingdagi chist?
Lass uns die Sorgen des Lebens vergessen
Sorge dich nicht um morgen
Mein Herz sagt, sorge dich nicht um morgen …
Der Himmel und die Erde sagen, trauere dem Leben nicht nach …

Eine unendliche Sehnsucht stieg in mir auf – eine Sehnsucht nach der Heimat. Und in den kommenden Jahren sollte diese Sehnsucht nicht mehr abklingen.

Juni 2011

Das Anschnallsymbol leuchtete auf und ich zog meinen Gurt stramm. Das Triebwerk begann sich wie ein immenses Hamsterrad zu drehen, der Sitz unter meinem Hintern vibrierte. Langsam rollte unser Flugzeug über den grauen Asphalt, wurde dann schneller und lauter und immer schneller und lauter, bis es sich mit einem dumpfen Holpern vom Erdboden löste und steil in den Himmel stieg. Druck legte sich auf meine Ohren, ich schluckte und sah aus meinem ovalen Fensterchen. Grauwattiges Nichts verschlang die Hochhäuser der Stadt unter mir. Die Landfläche wurde unter meinen Augen klein und immer kleiner, bis sie verschwand.

Meine Reise hatte begonnen. Die Rückkehr in mein Heimatland.

Nach Zahirs Beerdigung hatte ich lange über mein bisheriges Leben nachgedacht. Über die Menschen, die ich geliebt und verloren hatte, über die Dinge, die geschehen, über die Zeit, die vergangen und die Tränen, die getrocknet waren. Wie war es wohl Adriana ergangen – hatte sie den Schmerz überwunden? Und Noah, den ich so einfach gegen Jamal ausgetauscht hatte? Den vielen Opfern, die ich im Laufe meiner kriminellen Jahre wie am Laufband abgefertigt hatte? Wie hatte meine Mutter meinetwegen gelitten; die letzte Kraft hatte ich ihr wie Mark aus den Knochen gesaugt. Und mein Vater, er war fast ertaubt und sein Herz war schwach wie der Atem eines Todgeweihten geworden, ohne dass ich es überhaupt wahrgenommen hatte. Meinen Onkel hatte ich einfach verkümmern lassen, einsam und verlassen, ohne mich weiter um ihn zu sorgen. Nun war er tot. Unwiderruflich tot. Es war zu spät. Die Zeit schien mir davonzurennen. Sie ist verflucht schnell. So unaufhaltsam. Und sie nimmt alles Wertvolle mit. Die verpassten Gelegenheiten. Nicht ausgesprochene Worte. Nicht ausgeführte Taten. Momente wie Staubkörner, die im Rausch eines fahrenden Zuges davongetragen werden. Sicher, ich hatte mein Leben in den Griff bekommen, ich war ein Besserer geworden – aber reichte das denn wirklich aus?

Nach meiner Entlassung hatte ich sofort wieder angefangen zu boxen. Es war seltsam, aber seit der Zeit im Gefängnis und dem Tod meines Onkels fühlte ich mich nur noch stärker. Das Leid schien sich über die Jahre hinweg durch meine Knochen gefressen und meiner

351

Seele eine neue Substanz verliehen zu haben. Es war wie in der orientalischen Sage vom *Simurgh*, dem Vogel mit der Kraft von dreißig Vögeln, der verbrennt, um aus seiner Asche wiederaufzuerstehen. Ich erinnerte mich an Zahirs Worte: *Wir können am Schmerz wachsen oder an ihm zerbrechen. So oder so ist das Leid der Weg in unser Ich. Ohne Wunden können wir es nicht finden.* Ich war am Schmerz gewachsen – er daran zerbrochen.

Mit der Kraft und der Willensstärke von dreißig Männern trainierte, verzichtete, kämpfte ich und stieg so bald wie möglich wieder in den Ring. Denn um verlorene Zeit zu trauern, ist selbst verlorene Zeit. Wenn die Sonne aufging, kämpfte ich. Wenn sie unterging, kämpfte ich. Wenn im Frühling Grashalme wuchsen, der Sommer sie austrocknete, der Herbst sie mit Laub und der Winter mit Schnee bedeckte, kämpfte ich. Meine Nase wurde wieder gebrochen, mein Trommelfell platzte, doch ich biss die Zähne zusammen, denn ich hatte noch einen weiten Weg vor mir. Ich kämpfte und gewann einen Kampf nach dem anderen. So wurde ich unter anderem Asienmeister der Pan Asian Boxing Association (PABA) und WBU-Weltmeister im Mittelgewicht. Es war ein wundervolles Gefühl, einen Titel in meinen Händen zu halten.

Selbst meine Familie hatte mit der Zeit begonnen, mich zu unterstützen. Sie sahen das Feuer in meinen Augen, wenn ich vom Boxen sprach, spürten den Willen und den Fleiß hinter meinen Kämpfen. Das erste Mal im Leben nahm man mich für meine Ziele ernst. Aber nur boxen – konnte das wirklich alles sein? Und wenn es so war, warum war mein Gewissen dann nicht beruhigt, meine Seele nicht besänftigt, mein Herz nicht erfüllt? Meine Gedanken waren noch immer rastlos, viele meiner Nächte schlaflos, meine Träume haltlos. Ich war noch immer auf der Suche. Nach einer Chance. Manches wiedergutzumachen. Im Gefängnis hatte ich mit Gott verhandelt, ihn darum gebeten, mich ein letztes Mal zu verschonen. Gott hatte es gut mit mir gemeint. Ich hatte ein Versprechen abgegeben. Das wollte ich nicht brechen.

Immer wenn ich meine Kämpfe bestritt, waren die Hallen voller Landsleute, die mich anfeuerten, und ihre Zahl wuchs und wuchs, wie die Armee eines siegreichen Feldherren. Wenn meine Hände gehoben und mein Sieg verkündet wurde, stürmten sie den Ring und legten mir die afghanische Flagge wie einen Umhang um die Schultern. Ich lebte nun seit fast zwei Jahrzehnten im Exil und war seitdem kein einziges Mal wieder in meiner Heimat gewesen – und dennoch war ich für die Afghanen nicht nur in Deutschland, sondern auch im fernen Afghanistan selbst ein *Held*. Ich erhielt so viel Anerkennung von ihnen. Meine sportlichen Erfolge liefen auf allen afghanischen Fernsehkanälen neben den Berichten über Bombenattentate und die neusten politischen Ereignisse rauf und runter – nur warum? Warum *ich*? Gab es für dieses von inneren Kämpfen zerrissene Land nicht viel Wichtigeres als die Kämpfe eines Mittelgewichtboxers im Ring?

Eines Abends hatte ich eine Begegnung. Ich hatte gerade meinen vierzehnten Boxkampf durch einen klaren K. o. gewonnen und ruhte mich nun in einem Raum in der Alsterdorfer Sporthalle aus, da traten drei Jugendliche zögernd hinter der Tür hervor. Sie mussten sich irgendwie durch die Security geschleust haben. Ihre Kleider waren altmodisch und die Haare viel zu stark gegelt; anhand ihres gesamten Erscheinungsbilds erkannte ich gleich, dass es afghanische Asylanten waren. Sie lächelten schüchtern und baten mich auf Dari um ein Foto. Ich ließ mich abwechselnd mit ihnen fotografieren.

»Du bist unser *karamon*, unser Champion«, sagte einer. Er hatte ein schwarzes Muttermal auf der Stirn und war kleinwüchsig, trotzdem war er eindeutig der Älteste der drei. »Wir lieben dich.« Ich bedankte mich. Die drei Jungen waren Brüder und wie sich herausstellte, lebten sie erst seit drei Monaten in Deutschland. Ich fragte sie, wie sie sich überhaupt die Tickets für die Veranstaltung hatten leisten können.

»Gespart. Wir kennen dich schon aus dem afghanischen Fernsehen und wollten dich unbedingt sehen, *mefami*«, antwortete ein anderer Bruder, der noch ziemlich jung aussah. Er umarmte mich stürmisch. Ich lächelte, wischte mir den noch vom Kampf herrührenden Schweiß von der Stirn und bat sie, auf einer Holzbank Platz zu nehmen. Die drei Jungen sahen mich mit leuchtenden Augen an und setzten sich.

»Erzählt mir doch ein bisschen – wie geht es unserem Afghanistan?« Es war lange her, dass ich jemanden getroffen hatte, der direkt aus der Heimat kam, und ich interessierte mich sehr für Neuigkeiten aus erster Hand. Auch nach knapp zwanzig Jahren im Exil verspürte ich noch immer eine tiefe Verbindung zu meiner Heimat. Es war wie die Liebe zu einem Kind, von dem man sich hat trennen müssen. Mir war aufgefallen, dass ich und die gesamte Welt seit Jahrzehnten nur noch Schlechtes über dieses Land zu hören bekommen hatten, da die internationalen Medienmeldungen eben vor allem von negativen Neuigkeiten bestimmt sind: Wenn mal wieder die Taliban angegriffen haben, eine Bombe explodiert ist, soundso viele Menschen gestorben sind – dann reden wir von Afghanistan; einem entwürdigten, vom Krieg gebeutelten Land. *Das kann doch nicht alles sein!* Ich erinnerte mich an meine Kindheit und die vielen schönen Tage, die ich unter leuchtend gelben Akazien mit meinem besten Freund verbrachte hatte. Ich vermisste *dieses* Afghanistan.

»Besser«, sagten sie gleichzeitig. »Afghanistan ist auf dem Weg der Besserung.« Sie berichteten von dem gefährdeten Prozess des Wandels, in dem sich unsere Heimat befindet. Dessen Ausgang war und ist noch völlig offen, doch sie zeigten sich zuversichtlich.

»Wie geht es den Menschen dort?«, fragte ich weiter.

Sie sahen sich gegenseitig an und wackelten mit den Köpfen, als wüssten sie es selbst nicht so recht. »Sie kommen zurecht, aber es ist noch ein langer Weg, bis alles *gut* ist. Unsere Familie ist damals in den Iran geflohen, wo wir keine Chance hatten, die Schule zu besuchen oder einer Arbeit nachzugehen. Nach dem Sturz der *talibs* sind wir wie viele Tausende andere Flüchtlinge zurück nach Afghanistan gekommen, doch der Krieg und die *talibs* haben verbrannte Erde und eine entwurzeltes Volk hinterlassen, *mefami*«, erzählte der Kleinwüchsige mit dem Muttermal und schnalzte mit der Zunge.

Ich nickte. »Deshalb seid ihr jetzt hier?«

»Ja. Die *talibs* sind noch immer mächtig und finden weiterhin starken Zulauf. Noch immer gibt es keinen Frieden im Land.« Er schüttelte den Kopf. »Auf den Schulwegen explodieren noch immer die Minen des Kriegs und zerreißen Kinderkörper. Die internationalen Gelder für den Wiederaufbau des Landes verschwinden in den Taschen geldgieriger Politiker; der Fluss, der das Land bewässern sollte, versickert und versiegt, bevor er seinen Bestimmungsort erreicht hat. Man findet wenig Arbeit, viel Armut und nur ungewisse Zukunftsaussichten für die Jugend. Für uns. Wir sind nach Deutschland gekommen, weil wir uns nach einem besseren Leben gesehnt haben – einem Leben wie deinem. Du hast es geschafft, obwohl du einer von uns bist. Das gibt uns Hoffnung. Die Kids in Afghanistan brauchen Leute wie dich, die ihnen Hoffnung geben, die ihnen vorleben, dass das Leben mehr zu bieten hat als nur die Aussicht, den ›Märtyrertod‹ zu sterben.«

Einem Leben wie deinem. Seine Worte rührten mich. Wusste er doch so wenig über mich und mein Leben – das in so vielem alles andere als lobenswert war. »Was denkt ihr, gibt es wirklich Hoffnung für Afghanistan?«, fragte ich.

»*Bale.* Die jungen Leute haben weniger Angst, ihre Meinung zu äußern. Es gibt Frauen- und Studentenorganisationen, die sich für den Wandel, für Menschenrechte und Demokratie einsetzen. Es gibt Sportvereine. Die jungen Menschen haben Visionen, aber sie brauchen auch jemanden, der sie bestärkt, ihnen Mut macht. Sie sehnen sich doch alle nach demselben – einem besseren Leben und …«

»Hamidjan, du musst selbst dorthin«, unterbrach der Jüngere seinen übersprudelnden Muttermal-Bruder. »Wenn du nach Afghanistan kommen würdest …« Er biss sich auf die Lippe. »Du könntest so viel bewegen und unserer Jugend eine Stimme geben.«

»Oder wenn du dort boxen würdest!«, rief plötzlich der Dritte begeistert, der sich bislang zurückgehalten hatte. »So etwas haben die Afghanen noch nie gesehen. *Wallah*, wegen so eines Boxkampfs würden sie sogar den Krieg vergessen! Ha!«

In diesem Augenblick begriff ich das *Warum*. Warum ich in meiner Heimat diesen Status erlangt hatte. In ihren Augen verkörperte ich das *bessere Leben*. Und ihre unstillbare Sehnsucht danach.

Ich kannte dieses Gefühl – das Gefühl, nichts so sehr zu wollen wie ein besseres Leben. Genau dieser Wunsch hat mich durch die unterschiedlichen Etappen meines Lebens getrieben, gar *gepeitscht*. Er hat mich erst zu einem Kriminellen, einem Drogenabhängigen, einem weggesperrten Häftling und dann zu einem erfolgreichen Boxer gemacht. Ich wusste, dass diese tiefe Sehnsucht nach Veränderung und Wandel auch zerstörerische Formen annehmen, zur Sucht und Seuche werden kann – wenn man sich unvernünftige Ziele setzt und hohlen Versprechungen folgt, wenn man sich von den falschen Idolen locken lässt, wenn Männer mit Gewehren die einzigen Helden im Land sind.

In einer schwierigen Zeit war Dariusz Michalczewski mein Vorbild gewesen; nun war *ich selbst* zum Vorbild geworden – zum Vorbild einer neuen Generation junger Afghanen. Einer Generation vernarbter Seelen, die nach Regeneration und Wiedergeburt strebt; der Kinder verbrannter Erde. Ein Schwarm junger Simurgh-Vögel, die aus den Trümmern und der Asche von drei Jahrzehnten Krieg erwachen, um einem totgeglaubten Land nun neues Leben einzuhauchen. Eine Generation aus Paschtunen, Hazara, Tadschiken, Usbeken, die *wachsen* will – wachsen wie ein zartes Pflänzchen, das sich durch eine harte Erdkruste schiebt. Es will blühen, auch dort, wo der Boden unfruchtbar und die Gefahr, zertreten und zerstört zu werden, am größten ist. Ich musste zurück, zurück nach Afghanistan. Ich musste mir vor Ort ein Bild machen, ansonsten wäre ich bloß ein Blinder, der von den Farben der Welt träumt. *Du könntest dort so viel bewegen und unserer Jugend eine Stimme geben. Wegen so eines Boxkampfs würden sie sogar den Krieg vergessen.*

Ich erinnerte mich an die Gefühle, die der Sport in mir ausgelöst hat. An die Prozesse und Veränderungen, die er in Gang brachte. Bei der Fußball-WM 2006 in Deutschland hatte ich gesehen, wie Sport ein positives Bild von einem Land verbreiten und eine Nation im Inland einen kann: Alle Landeskinder standen da jubelnd auf der Straße – Türken, Polen, Araber, Afghanen, Deutsche – und schwenkten ihre deutsche Flagge. Wäre es nicht großartig, wenn so etwas auch in dem von der Weltgemeinschaft abgeschriebenen Bürgerkriegsland Afghanistan mit seinen vielen verfeindeten Ethnien möglich wäre?

Wie wäre es also, wenn ich im Zeichen des Friedens den ersten Profiboxkampf in einem Kriegsgebiet veranstaltete – einen *Fight for Peace?* Hatte nicht schon Muhammad Ali mit seinem »Rumble in the Jungle« am Kongo die Aufmerksamkeit der gesamten Welt auf diesen vergessenen Erdenfleck gelenkt? Was er für das große Afrika getan hatte, konnte ich doch für das kleine Afghanistan tun!

Was, wenn ich der Welt durch so einen Boxkampf zeigen konnte, dass es in Afghanistan mehr gibt als nur Krieg und Terrorismus?

Wenn ich den Menschen im Land Mut machen, ihre Moral stärken, ihr Denken in andere, bessere Richtung lenken und durch meinen sportlichen Kampf einen Beitrag zum Frieden leisten konnte?

Ein Wort von Nelson Mandela kam mir in den Sinn: *Sport hat die Macht, die Welt zu verändern ... Er hat die Macht, Menschen auf eine Art und Weise zu vereinen, wie kaum etwas sonst. Er spricht zu der Jugend in einer Sprache, die sie versteht. Sport kann dort Hoffnung säen, wo vorher nichts als Verzweiflung war.* Es gibt tiefe, existenzielle Kräfte in uns, die Veränderungen und Revolutionen in Gang setzen können. Und dazu gehört auch die Macht des Sports. Denn Sport kennt weder Vorurteile noch Grenzen, er spricht eine Sprache, die jeder versteht. Und in dieser Sprache des Friedens und der Begegnung wollte ich zu den Menschen in meinem Heimatland sprechen. Es begann ein Traum in mir zu reifen, ein Saatkorn zu keimen, auch wenn noch einige Jahre ins Land gingen, bis dieser Traum Früchte tragen und Wirklichkeit werden sollte.

Zwischenstopp in Dubai. In einem kleinen Café am Flughafen warteten wir auf unseren Weiterflug nach Kabul. Das Flugzeug hatte große Verspätung und wir würden nun erst einige Stunden später in Kabul ankommen als geplant – was, wie sich herausstellte, unser großes Glück war. Mein Team bestand aus Christoph, einem deutschen PR-Berater, der noch nie zuvor in Afghanistan gewesen war, meinem Bruder Wahid, der sich neben seiner Tätigkeit als Visagist sehr für Film und Fotografie interessiert und das Ganze mit seiner Kamera festhalten wollte, sowie Sami, einem Afghanen, der sich um die Organisation der Veranstaltung kümmern sollte und schneller reden konnte, als der Wind weht. Mein Team war klein, denn nicht viele hatten sich von der Idee des *Fight for Peace* überzeugen lassen, so dass ich die Kosten aus eigener Tasche stemmen musste. Ich aß einen Salat mit Putenbrust, trank eine prickelnde Apfelschorle und besprach mit den anderen die letzten Schritte vor der großen Ankunft in Kabul. Wir hatten dort Zimmer im Hotel Inter-Continental reserviert. Nach fast zwanzig Jahren würde ich nun zum ersten Mal wieder einen Fuß in meine Heimat setzen. Kabul. Kabuljan. Stadt meiner Erinnerungen. Erinnerungen an eine bittersüße Kindheit – bittersüß wie ein Teller Granatapfelkerne.

Mit dieser Vorbereitungsreise sollte mein Traum vom symbolischen Friedenskampf in Kabul endlich konkrete Gestalt anzunehmen beginnen. Ein Kampf mit den Fäusten statt mit Waffen, in einem Ring statt auf dem Schlachtfeld. Mein Anliegen hatte ich den Boxställen, dem Auswärtigen Amt, der afghanischen Botschaft, zahlreichen potenziellen Sponsoren und allen möglichen anderen Stellen und Menschen vorgetragen. Ich hatte vor vielen Leuten leidenschaftliche Reden gehalten, um sie von meiner Idee zu überzeugen. Ihnen all die Dinge berichtet, an die ich selbst glaubte: dass es Hoffnung für meine Heimat gebe. Dass es neben Bomben, Burka und Taliban in Afghanistan auch Ärzte gibt, die unter allen Umständen operieren, Frauen, die ihr Leben für das Leben anderer riskieren, begabte Künstler, die ihre Kunst ausleben, Sportler, die ihre körperliche Kraft sinnvoll anwenden, und Sänger, die von den Taliban mundtot gemacht wurden und dennoch ihre Stimme nicht verloren haben. Man finde dort Menschen, wurde ich nicht müde zu beteuern, deren Träume die Kraft haben, die Welt zu verändern. Und all diese Menschen haben es verdient, von der Welt gesehen und unterstützt zu werden. Von uns. Von *mir*.

Ich nahm noch einen großen Schluck von meiner Apfelsaftschorle. Die künstlich kalte Luft aus der Klimaanlage trocknete meine Kehle aus. Mein Blick fiel auf den Flachbildschirm im Hintergrund des Cafés: *Selbstmordattentat – Taliban – Kabul – Hotel Inter-Continental – 21 Tote.* Ich schluckte und zog mein Handy aus der Hosentasche: unzählige Anrufe in Abwesenheit und SMS von meinen Eltern und Schwestern. *Geht es dir gut? Ein Angriff auf euer Hotel … um Gottes willen – bist du und Wahid in Sicherheit? Bitte ein Lebenszeichen! Meldet euch!*

Ich war noch nicht einmal in Kabul gelandet und schon wurde ich mit der harten Realität konfrontiert. Christoph legte seine Stirn in Falten. »Worauf habe ich mich da nur eingelassen«, sagte er kopfschüttelnd. »Worauf nur? Mensch, Hamid!«

Christoph, Sami und ich hatten von Deutschland aus alles, was in unserer Macht stand, in Bewegung gesetzt, um uns ein kleines Netzwerk aus sportinteressierten Landsleuten aufzubauen, die gute Kontakte nach Afghanistan hatten. Unser Vorhaben erforderte eine langwierige Planung: Wir brauchten Gelder, Genehmigungen und

Garantieren für die Gewährleistung unserer Sicherheit. Wir hofften auf die finanzielle Unterstützung der Regierung und der deutschen Botschaft – die hatte dann allerdings vor allem nur warme Worte für uns übrig, während die Afghanen ihren herzlichen Worten auch Taten folgen ließen.

Wie zum Teufel willst du einen hochkarätigen Gegner sowie Punkte- und Ringrichter nach *Afghanistan* kriegen?, fragten die Boxställe. Was für einen Sinn soll es haben, eine Sportveranstaltung in *Afghanistan* zu sponsern – wer schaut sich das denn noch an?, fragten die Unternehmer. Die haben dort unten doch ganz andere Probleme und interessieren sich bestimmt nicht für einen Boxkampf.

Das ist zu gefährlich, Herr Rahimi. Die Anschlagsgefahr bei so einer großen und aufwendigen Veranstaltung ist viel zu groß, sagten die Leute vom Auswärtigen Amt. Ich musste feststellen, dass offenbar kaum mehr jemand an eine Regeneration des einst so schönen Landes am Hindukusch glaubte.

Um mit unserem Anliegen in Deutschland überhaupt ernst genommen zu werden, brauchten wir alle möglichen Dokumente, Bestätigungen, Genehmigungen, und vor allem auch ein Schriftstück, das uns vor, während und nach dem Kampf die höchste Sicherheitsstufe zusicherte. Über die Organisation »Afghan Euro Sport«, die afghanische Sportler unterstützt, entstand der Kontakt zu Mohammad Painda Akhtari, dem Präsidenten des afghanischen Amateurbox-Verbands, sowie zu Zahir Aghbar, dem Präsidenten des Nationalen Olympischen Komitees in Afghanistan. Dieser Mann hat in Afghanistan, wo ohne gute Beziehungen nichts läuft, eine Menge zu sagen. Unsere Idee wurde auf afghanischer Seite voller Eifer und Enthusiasmus aufgenommen. Zahir Aghbar erklärte, dass er alles Menschenmögliche tun werde, um zur Realisierung unseres wunderbaren Vorhabens beizutragen, denn das Land brauche ambitionierte Männer und Frauen, die etwas bewegen wollen. Aber zunächst müsse ich nach Afghanistan kommen, um Gespräche zu führen und mir alles vor Ort anzusehen, damit wir zusammen einen Ablaufplan erstellen könnten. Das olympische Komitee würde einen kleinen Empfang vorbereiten. Ich wollte unbedingt kommen.

Als ich an diesem Tag Ende Juni 2011 aus dem Flugzeug stieg, schlug mir eine trockene Hitzewelle entgegen und die altvertraute sandige Luft Kabuls kratzte in meinem Rachen. Ich trug einen taillierten marineblauen Anzug und eine schwarze Pilotenbrille. *Du bist zurückgekommen. Nach so vielen Jahren bist du zurückgekommen.*

Etwa vierzig Männer und Jugendliche mit Fahnen, Plakaten und Hamid-Rahimi-Bildern warteten direkt im kleinen Flughafen, wo riesige Poster von Präsident Hamid Karzai und Ahmad Schah Massoud, dem 2001 ermordeten afghanischen Nationalhelden, prangten. Man umarmte und begrüßte mich, *dankte* mir, dass ich gekommen war. Unser *karamon*, unser *karamon*, sagten sie und klopften mir auf die Schultern. Endlich bist du gekommen! Ich fühlte mich geehrt. Ein Mitarbeiter des Komitees trat auf uns zu, stellte sich vor und erklärte mir den Ablauf der kommenden Tage. »Dein Terminplan ist voll! So voll!«, rief er gellend und schaute in seinen Notizblock. Er war grauhaarig und hatte die spitze Nase und die kleinen Pfoten eines Waschbären. »Die Presse hat darüber berichtet, dass du kommst.«

»Ach, deshalb sind diese ganzen Leute hier«, sagte ich und blickte mich erstaunt um.

»Welche Leute? Haha ... haha ... das sind nur Mitarbeiter und Förderer des Komitees ... haha ... *deine* Leute warten draußen.«

Als ich vor den Flughafen trat, brach ein Getöse aus Jubel und Geschrei wie die Brandung einer tobenden Welle auf mich ein. Mein Atem stockte. »Was wollen diese vielen Menschen hier?«, fragte ich. Was war da los?

»Sie sind wegen dir hier! Du bist unser Held!«, rief der Mann und wedelte mit einer kleinen afghanischen Papierfahne, die er mit seinen Waschbärenpfoten festhielt. Männer in Turbanen, Frauen mit halb bedecktem Haar, Jugendliche und Kinder im *peran tumban*, der traditionellen afghanischen Herrenbekleidung. Mein Gott, das mussten Tausende und Abertausende sein ...

So viele Menschen waren *wegen mir* hier? Nie im Leben hätte ich mir träumen lassen, dass mich so viele Menschen *lieben*.

Jugendliche strömten auf mich zu, versuchten mich zu umarmen und schrien: »Hamid Rahimi, *karamon* – unser Champion! *Zindabad* – lang lebe unser Champion!«

Mein Herz hämmerte wie verrückt. Was für ein Gefühl! Unglaublich! Ich wollte es nicht wahrhaben … Natürlich hatte ich gewusst, dass ich Bewunderer in Afghanistan hatte, aber *diese Massen*? Ich war hier eine Art Popstar. Michael Jackson, Muhammad Ali in Person … Ich verteilte Autogrammkarten und ließ mich mit meinen Fans fotografieren. Ich war aufgeregt – aufgeregter als meine Fans! Eine Gruppe junger Mädchen wollte ein Foto mit mir machen. Ohne jede Scheu legten sie ihre Arme um mich. »So einen Gigolo wie dich haben die Frauen hier noch nie gesehen, hehe«, flüsterte Sami. Ich nahm meine Sonnenbrille ab.

Das kam mir alles so unwirklich vor. Wie ein Traum. Ich war nach so langer Zeit zurückgekehrt – als Held. Wer hätte vor wenigen Jahren noch gedacht, dass sich der traumatisierte Flüchtlingsjunge, der kleine Hazara aus Kabul, zu einem Nationalhelden entwickeln würde? Binnen weniger Monate war der stotternde Außenseiter zum *karamon* der Massen geworden. Unglaublich.

Meine Begleiter drängten sich durch die Meute. Polizisten rückten an und versuchten die Menschen auseinanderzudrängen. Ich wurde mit Mühe aus der Menge gezerrt und in einen schwarzen Panzerwagen gestopft; Autos hupten, Menschen schrien und verfolgten den Wagen. *Diese Leute sind alle wegen dir hier! Wegen dir! Kannst du das glauben? Ich muss bei ihnen sein!*

»Anhalten, bitte anhalten!«, rief ich. Ich konnte nicht abgeschirmt hier im Panzerwagen sitzen, als wolle ich mich vor all diesen Menschen verstecken, die sich doch nur freuten, mich zu sehen. Als ich meinen Begleitern mein Anliegen vortrug, runzelten sie die Stirn. Ob ich denn enden wolle wie John F. Kennedy? Aber ich hatte keine Angst. Alles, was ich wollte, war, näher bei den Menschen zu sein. Nach langen Diskussionen und viel Kopfschütteln durfte ich endlich in einen anderen Wagen der Kolonne steigen. Sofort stand ich auf und streckte meinen Oberkörper durch das offene Schiebedach, breitete die Arme aus. Ringsum jubelten die Massen. »*Zindabad karamon!*«, riefen sie und schlugen sich auf die Brust. Auf ihren Autos prangten Poster von mir, und überall wedelten lachende Menschen mit afghanischen Fahnen. In ihren Augen lag so viel Freude, Hoffnung und Glück. Was für ein stolzes Volk – heute wie damals, dachte ich. Sie haben die Liebe zu ihrem Land nie aufgegeben und gekämpft und gekämpft. Ich winkte und legte als Zeichen meines Respekts meine rechte Hand auf die linke Brusthälfte. Dann hob ich meinen Arm in den Himmel. »*Zindabad* Afghanistan – lang lebe Afghanistan! *Zindabad!*«, rief ich inbrünstig.

Wir fuhren an Lehmhäusern vorbei, an Flüssen, in denen früher noch Patronenhülsen und Leichen geschwommen waren, an Pferden, die Schubkarren zogen, an Schuhputzern und an Kindern, die auf Eseln ritten. Die Eindrücke und Erinnerungen prasselten nur so auf mich ein. Es war ein Wahnsinnsgefühl. Wahid saß still im Wagen und ließ ebenfalls seinen Blick über die Umgebung schweifen. In seinen Augen schimmerten Freude, Glück und Stolz. Wir waren endlich zurück.

Während dieser ersten Tage in Afghanistan seit fast zwei Jahrzehnten lernte ich eine Vielzahl wichtiger politischer Führer und sonstiger bedeutender Lenker des Landes kennen. Etwa am dritten Tag wurde ich von einem ehemaligen Mudschaheddinkämpfer, der sich als Boxfan outete, zum Essen eingeladen. Er lebte in einem riesigen Anwesen, das streng bewacht wurde. Die Kriegswirtschaft hat etliche ihrer Krieger reich gemacht. Er war ein fettleibiger Mann, der mit Händen aß, sich zwischendurch an den nackten Füßen kratzte und einen *pakol* auf dem schwitzenden Schädel trug. Während er begeistert über den seiner Meinung nach besten Moment in der Boxhistorie sprach – nämlich den, als Mike Tyson ein Stück aus Evander Holyfields Ohr biss –, verschluckte er sich und hustete Pilau aus. Er hatte sieben Frauen und ein Dutzend herumtollender Kinder.

»Und mindestens genauso viele *bacchas*«, flüsterte Sami und verzog das Gesicht. Ich erinnerte mich an Kais von den *Watan Doost,* von dem es geheißen hatte, er sei der *Baccha Baazi* eines Mudschahed gewesen. »Das ist Prestige. Je mehr Geld die haben, desto mehr Ehefrauen und tanzende Jungen«, fügte er hinzu. Der Mudschahed schlug vor, die komplette Finanzierung des *Fight for Peace* zu übernehmen. Ich lehnte höflich ab. Lieber zahlte ich alles weiterhin aus eigener Tasche. Ein Friedenskampf, bezahlt von den blutigen Geldern eines ehemaligen Kriegers, der überhaupt nicht begriffen hatte, worum es hier ging? Nein danke.

Mein Vorhaben fand die Unterstützung etlicher herausragender Persönlichkeiten des Landes. So traf ich mich etwa mit der Menschenrechtlerin Sima Samar – einer stillen, schlanken und intelligenten Frau, die sich als Ärztin, Politikerin und Aktivistin seit Jahrzehnten besonders für die Frauen und Kinder Afghanistans starkmacht. Ihr Einsatz gegen Burka und Scharia brachte ihr Morddrohungen religiös konservativer Kreise ein und hatte sie 2003 zum Rücktritt von ihrem Amt als Ministerin für Frauenfragen gezwungen. 2012 sollte ihr lebensgefährliches Engagement dann mit dem Alternativen Nobelpreis gewürdigt werden.

Mit Zahir Akbar führte ich zahlreiche Gespräche. Ich lernte den Präsidenten des Olympischen Komitees als einen groß gewachsenen charismatischen Mann kennen, der mitreißende Reden schwingen und die Menschen für sich einnehmen kann. Auch er träumte von einem fortgeschrittenen Afghanistan und war bereit, jede Entwicklung, die in diese Richtung zu gehen versprach, vorbehaltlos zu unterstützen. Er sicherte mir zu, alles Menschenmögliche zu tun, um zur Realisierung meines Vorhabens beizutragen.

»Du hast morgen einen wichtigen Termin«, verkündete er mir. »Der Präsident – er möchte dich kennenlernen.«

Der Präsident? Mein Herz begann zu schlagen. *Ich* wurde in den Präsidentenpalast eingeladen? Das konnte nur ein Scherz sein. Wieso sollte der Präsident eines Landes einen einzigen Boxer treffen wollen? Wer war ich denn schon?

»Du bewegst unser Volk, Hamid«, erklärte Akbar. »Und berührst ihre Herzen. Das bleibt nicht unbemerkt. Das bekommt selbst der Präsident mit.« Wie war das alles nur möglich?

Am nächsten Morgen ging es also zum Präsidentenpalast. Mein Namensvetter Hamid Karzai begrüßte mich mit seiner typischen Karakulmütze, der *kullah*, auf dem Kopf, er lächelte mild, und wir unterhielten uns eine ganze Weile über das Land und seinen Wandel. Der Grund seiner Einladung war, dass er mich ehren wollte. Er meinte, schon die Tatsache, dass ich bei meinen Boxkämpfen *für* Afghanistan kämpfe und die afghanische Flagge in Europa hochhalte, verdiene Anerkennung. Ich war völlig verdattert und brachte kein Wort heraus. Wahid sah mich mit großen Augen an – war das real? Wir saßen hier im afghanischen Präsidentenpalast und sein Bruder bekam soeben einen Orden verliehen! Den gleichen übrigens, den zuvor auch Donald Rumsfeld für die Befreiung Afghanistans von den Taliban erhalten hatte. Anders als im Fall Rumsfeld bevorzugt *mein sportlicher* Kampf zum Erreichen seiner Ziele statt Bomben allerdings Boxhandschuhe.

Am Abend rief ich meine Eltern an und berichtete von diesem ereignisreichen Tag. Ich musste schreien, damit mein ganz von seinem Hörgerät abhängiger Vater mich überhaupt verstand. Plötzlich trat am anderen Ende der Leitung Stille ein, und ich vergewisserte mich, ob mich mein Vater denn auch verstanden habe.

»Ja. Nun bist du nicht mehr nur mein Sohn. Du bist der Sohn Afghanistans«, sagte er mit rauer Stimme. »Bei Gott, ich war in meinem gesamten Leben noch nie so stolz – das schwöre ich dir. Jetzt kann ich in Frieden sterben.«

Seine Stimme versagte. Ich machte mir Sorgen und fragte meine Mutter, ob denn alles in Ordnung sei. »Dein Vater weint ...«, sagte sie mit stockender Stimme. »Um Gottes willen, er weint ... *bismillah* ... es ist das erste Mal, dass ich ihn weinen sehe – was hast du ihm gesagt?«

Am nächsten Tag spazierte ich wie in alten Tagen durch die Hühnerstraße, kaufte Pistazien und trank frisch gepressten Orangensaft. Es war ein fremder und vertrauter Ort zugleich. Jeder Eindruck, jeder Geruch weckte Kindheitserinnerungen. Etwa daran, wie ich mit Khalil über den Markt geschlendert war und wir *pakora*, Kartoffeln im Teigmantel, gegessen hatten. Es schien, als sei ich nie weggewesen. Händler verkauften Teppiche, Süßigkeiten und Stoffe, Coca-Cola-Reklame prangte an den Wänden. Die unterschiedlichsten Gerüche vermischten sich miteinander. Orientalische Gewürze, Hammelfleisch, frittierter Teig, in Schweiß getränkte Körper.

Ringsherum sah ich auch die eine oder andere vermummte Frau. Obwohl es keine offizielle Burka-Pflicht mehr gab, steckten die Sitten der Taliban noch in den Köpfen der Menschen wie ein entzündetes, eingewachsenes Haar, das man einfach nicht rausbekommt. Ein Junge am Straßenrand blies Ballons auf und verkaufte sie; als ich genauer hinsah, erkannte ich, dass es Kondome waren. Ich musste lachen. Im Gegensatz zum Rest der Welt waren die Leute hier noch so abgeschieden und unaufgeklärt! Ein Land wie ein Kind, das unter Wölfen aufwuchs und nun langsam zurück in die Welt finden muss.

Natürlich war nicht alles schön, und ich sah auch die andere Seite Afghanistans. Sie war ja ohnehin überall, und ich konnte und wollte meine Augen nicht davor verschließen. Ich besuchte die Armenviertel, Kranken- und Waisenhäuser, sah Kinder mit kaputten Zähnen und fehlenden Gliedmaßen, Bombenzerstörung und Ruinen. Ich sah Jugend ohne Vergangenheit und Zukunft, deren trostlose Gegenwart ganz allein daraus bestand, irgendwie dem Hunger zu entkommen und den Tag zu überleben. Von solchen Kindern und Jugendlichen gab es viele in Kabul. Zu viele. Einarmige, Einbeinige, Krüppel, Bettler. Ich sah kaputte Häuser, Trümmer, ausgebrannte Panzer. Afghanistan war und ist noch längst nicht *geheilt* – die Veränderung hat gerade erst begonnen. Aber wenigstens *hat* sie begonnen. Und ich wollte und will mein bescheidenes Etwas dazu beitragen; mit den Mitteln, über die ich verfüge – mit dem Werk meiner Hände und Fäuste.

Sicherlich, für einen Einzelnen ist es nicht leicht, die Welt zu verändern – besonders wenn man nur die ganz große Geschichte im Auge hat. An diesen Veränderungen sind immer viele beteiligt, das kann keiner allein. Aber es ist eben auch jeder *mit*beteiligt, und neben der großen gibt es auch die ganz vielen kleinen Geschichten, aus denen sie sich zusammensetzt. Geschichten wie die meine. Und diese, unsere kleinen Geschichten prägen wir alle selbst, durch unser Tun und Lassen, durch unsere täglichen Entscheidungen. Wir können durch unser Tun den Samen pflanzen für eine bessere Zukunft, auch wenn wir letztlich nicht wirklich steuern können, was aus diesem Samen wird.

Kurz vor meiner Abreise besuchte ich den Makrorayon, den Ort, wo ich aufgewachsen bin. Es schien sich kaum etwas verändert zu haben. Ich erinnerte mich an meine Murmelspiele mit Khalil und Jamal. So viele glückliche Tage, so viele glückliche Stunden, bis die Bombe uns auseinandergerissen hatte. Von uns dreien war letztendlich nur noch ich übrig geblieben. Der letzte Musketier aus Afghanistan.

Die Eisdiele war längst wiederaufgebaut worden und nur noch eine kleine Gedenktafel erinnerte an das schreckliche Ereignis vor vielen Jahren. Die Veränderung war auch hier angekommen; manche Samen waren aufgegangen, andere nicht. Vor einem der Plattenbauten fand ich einen jungen Granatapfelbaum, vielleicht zwanzig Jahre alt. Zwischen seinen Blättern leuchteten rote, runde Früchte mit bittersüßen Kernen.

In dem Haus hatte einst mein Freund Khalil gewohnt.

Es war seltsam, aber jeder in diesem Land schien zu wissen, wer ich war. Als wir einmal an einer Tankstelle hielten, erkannte mich ein schmächtiger Junge, der die Autos tankte. Seine vom Motoröl geschwärzten Hände klopften an die Scheibe. Ich kurbelte das Fenster runter. »Hamid Rahimi?«, fragte er mit aufgerissenen Augen.

»*Bale.*«

»Ha! *Karamon!*«, rief er aus. »Ich habe es in den Nachrichten gehört. *Fight for Peace!* Du *musst* diesen Kampf hier bestreiten – das gesamte Land wartet auf so ein Ereignis!« Ich reichte ihm die Scheine für die Tankfüllung, doch er schüttelte entschieden den Kopf. »*Nene*, das geht auf mich.« Ich sah an ihm herunter, er war barfuß und trug alte Lumpen am Leib. Ich wollte mir nicht ausmalen, wie arm er war.

»*Nene*, nimm das bitte«, sagte ich und drückte ihm das Geld in die Hand.

»Möchtest du mich beleidigen? Ich lasse meinen *karamon* doch nicht bezahlen!« Er hob stolz den Kopf und lächelte. »Ich freue mich auf diesen Kampf. *Wallah*, und wie ich mich freue!«

Als ich Afghanistan verließ, war ich mehr als entschlossen, mein Vorhaben umzusetzen. Für die Menschen. Für den Frieden. Für mich selbst.

Oktober 2012

Mein Gegner Said Mbelwa aus Tansania ist schmächtig, aber muskulös. Er fixiert mich mit seinem Blick und lächelt. Er will spielen. Mich provozieren. Deshalb hält er die Hände unten und ruft grinsend »Come on, boy«, als würden meine Schläge keinerlei Effekt erzielen. Er tänzelt und gestikuliert, zieht all seine Tricks aus der Tasche. Die Halle grölt. Es ist laut und stickig. Es geht um alles. Wir kämpfen nicht nur um den WBO-Interkontinentaltitel – *ich* kämpfe für ganz Afghanistan.

Auch außerhalb des Rings sind die Jahre der Vorbereitung ein schwerer Kampf gewesen, besonders das letzte Jahr, nach meiner ersten Rückkehr ins Land. Mein Vater ist vor drei Monaten gestorben, sein großer Wunsch, diesen Kampf mitzuerleben, konnte nicht mehr erfüllt werden, und die Trauer über seinen Tod hat sich wie ein dunkler Schatten über meine Tage gelegt. Ich habe Schwierigkeiten gehabt, mich zu konzentrieren und die erforderlichen Trainingseinheiten durchzuziehen. Und immer wieder hat der Kampf aufgrund aufreibender organisatorischer Probleme verschoben werden müssen. Das nötige Geld kam nicht zusammen. Ich musste Summe um Summe aus eigener Tasche zuschießen. Letztendlich verkaufte ich, um den Kampf finanzieren zu können, die Wohnung in Kabul, die uns Vater vererbt hatte. Zuletzt, als endlich alles in trockenen Tüchern schien, hatte es neue verheerende Anschläge gegeben und mein geplanter Gegner aus der Dominikanischen Republik hatte in letzter Minute gekniffen und aus Sicherheitsbedenken abgesagt. War nun alles umsonst gewesen? In meinem Umfeld sah ich nur noch mutlose Gesichter. Ich wollte mich mit einem Scheitern nicht abfinden, denn meine Ziele waren mir so wichtig geworden wie Atemzüge, die mich am Leben hielten. In diesen Tagen dachte ich oft an die Worte meines Vaters, damals, als wir noch am Hansaplatz wohnten. *Wenn du irgendwann einmal etwas tust, was du wirklich liebst, und ich meine so sehr, dass du es wie die Luft zum Atmen brauchst, dann wirst du auch bereit sein, alles dafür aufzugeben.* Er hatte recht gehabt. Er starb mit einem Lächeln im Gesicht.

Es erwies sich als ungemein schwer, einen Gegner nach Afghanistan zu locken. Die Boxer hatten Angst vor einem Attentat. Wie für die meisten Menschen war für sie Afghanistan ein in Bombenrauch gehüllter Ort. Es war bereits eine Herausforderung, überhaupt nur einen Sportler zu finden, der sich zur Anreise bereiterklärte. Eine Absage folgte auf die andere.

Schließlich fand sich mit Said Mbelwa doch noch ein Boxer, der mutig ankündigte, in die Bresche springen zu wollen. Aber würde er auch wirklich kommen? Es folgten weitere lange Tage des Bangens und Zitterns. Der Kampftag rückte näher und näher. Ich gab ein Interview nach dem anderen. Die Meldungen und Vorberichte liefen von morgens bis abends in den Nachrichten. Das ganze Land wartete auf diesen Kampf. Wartete auf ein Ereignis, wie es in Afghanistan so noch nie eines gegeben hatte. Wartete und wartete. Sollte es umsonst warten? Doch Mbelwa hielt Wort. Er hatte Mumm. Und jetzt stand er mir gegenüber im Ring und wollte ganz genau dasselbe wie ich: gewinnen.

Aber ich *muss* siegen. Ich will meine Landsleute nicht enttäuschen. In der Ringecke steht mein Bruder und in seinen Händen hält er ein weiß umrahmtes Bild unseres Vaters. Er sollte zusehen. Auch meine Mutter ist mitgekommen, sitzt unter den wenigen Frauen im Publikum – den ersten Frauen bei einem derartigen Ereignis in Afghanistan –, bangt um mich und jubelt. Es liegt eine feuchte Wärme im Raum. Aus dem Augenwinkel heraus sehe ich bärtige Männer, Frauen, Politiker in den ersten Reihen.

Said schlägt gegen meine Arme und gegen meinen Bauch, ich spanne die Muskeln an. In den letzten Wochen haben mich immer wieder Schmerzen im rechten Arm gequält. Eine alte Verletzung. Jetzt spüre ich es wieder, ein zermürbender Schmerz. Doch ich beiße die Zähne zusammen. Der Schweiß rinnt mir die Stirn herunter. In der dritten Runde prallt seine Faust gegen meine Leber. Mein Körper zieht sich zusammen, ich bekomme kurzzeitig keine Luft. Atemnot. Schrille Rufe. Panik. Ich pralle gegen die Ringseile. *Ich habe gelernt, so viel Leid auszuhalten. Ich muss weitermachen.* Ich schnappe keuchend nach Luft. Reiße mich zusammen.

Siebte Runde. Ich bearbeite meinen Gegner mit zahlreichen Körpertreffern. Dann greife ich blindwütig an. Meine Landsleute schreien. Sie wollen, dass ich gewinne. Ich muss gewinnen. Said klammert. Sein Schweiß vermischt sich mit meinem. Ich rieche ihn. Spüre ihn. So nah ist er mir.

Dann verpasse ich ihm einen seitlichen Schlag und treffe ihn hart an der Schulter. Ein heftiger Schlag; die Vibration springt von den Fäusten auf meinen gesamten Körper über. Rufe. Das Publikum grölt. Hamid! Hamid! Hamid! *Karamon! Zindabad* Afghanistan! Said sackt zusammen und hält sich den Arm. Der Ringrichter unterbricht den Kampf, schickt mich in die Ecke und ruft einen Ringarzt. Was nun? Ich sinke müde auf meine Knie und stütze mich mit den Handschuhen ab. *Bitte, Gott. Bitte.* Said könne nicht mehr kämpfen, heißt es, und plötzlich verkündet der Ringrichter den Sieg. *Meinen Sieg.* Sieg durch technischen K. o.

Hast du es geschafft? Deine Vergangenheit hinter dir zu lassen, ein Leben neu zu beginnen, dein bislang wichtigstes Ziel endlich zu erreichen? Hast du es *wirklich* geschafft? Ich kann es nicht glauben. So weit bin ich gegangen. So weit bin ich gekommen.

Dann sehe ich durch den Schleier aus Müdigkeit und Dunst die Farben der afghanischen Flagge, geschwenkt von meinen Landsleuten. Die Zuschauer springen von ihren Stühlen, brüllen, küssen einander und stürmen den Ring. Es wird immer voller. Ich schlage die Hände über meinem Kopf zusammen. Ich lache. Laut. Denn ich lache aus dem Herzen heraus. Ich steige auf die Ringseile und fange den Jubel auf.

Die Menschen legen mir die afghanische Flagge auf den schweißnassen Rücken, heben mich auf ihre Schultern, und es ist, als ritte ich auf den Schwingen eines Vogels, eines starken *Simurghs*. Er trägt mich durch den Ring, zusammen schwingen wir uns hinauf in die Höhe, als würde es weder Dächer noch Grenzen geben, als würde mein Körper in den Himmel ragen wie die schneebedeckten Gipfel der Berge des Hindukusch.

Im leichten Zug eines geöffneten Fensters flattert die afghanische Flagge auf meinen Schultern wie ein einziger kräftiger Flügel.

Ich schwebe über der Menge. Ich fühle mich frei und stark wie ein *Simurgh*. Wie *mein* Afghanistan.

Anne Richter
Fremde Zeichen
239 Seiten, ISBN 978-3-95510-021-6
€ 19,95 (D) / € 20,60 (A)/ sFr 28,50

Wer hat ihn nicht, den Traum vom glücklichen Leben? Anfang der sechziger Jahre lernen sie sich beim Landwirtschaftspraktikum kennen: Hans, der künftige Biologiestudent, aufgewachsen in einem thüringischen Dorf, und Margret, die Professorentochter aus der Universitätsstadt. Das Glück scheint zum Greifen nah. Doch die familiäre Herkunft des jungen Paares und die Vergangenheit ihrer Familien könnten unterschiedlicher nicht sein. Die emotionale Kühle ihres Elternhauses lässt Margret nicht los, Hans holen immer wieder die Ängste seiner Dorfkindheit ein. Als die Mauer fällt, wagen sie einen Neuanfang, ebenso wie ihre Tochter, die in den Süden Frankreichs aufbricht.

⊘ Osburg Verlag

Michael Göring
Vor der Wand
319 Seiten, ISBN 978-3-95510-023-0
€ 19,95 (D) / € 20,60 (A)/ sFr 28,50

»*Warum hast du vierzig Jahre lang geschwiegen?*«
Eine Jugend in den 1960er und 70er Jahren in einer typischen Mittelstandsfamilie, dem Rückgrat der Bundesrepublik, dem Hort der Tabus. In der Vätergeneration glimmt noch die Operetten-Idylle, bei den Jugendlichen geht es um laute Rockmusik, lange Haare, sexuelles Erwachen und viele linke Thesen. Georgs Vater gehört zur sprachlosen Generation, doch Georg bohrt und gibt keine Ruhe. Erst als sein Vater nichts mehr zu verlieren hat, öffnet er sich seinem längst erwachsenen Sohn.

www.osburg-verlag.de